中公文庫

占領神話の崩壊

西　鋭夫
岡崎匡史

中央公論新社

文庫版まえがき

西　鋭　夫

冷たい地下の密室に百年間隠しても、真夏の朝の裏庭で油をかけて燃やし続けても、日本国民が歩んだ歴史の道は消えない。

時の権力者は都合の悪い国史を抹殺し灰にしようとする。だが、国民の精神遺伝子に組み込まれている史実は、美しいことも醜いことも、偉業も後悔をも抱きしめ浄化し、国の大黒柱を堅固にする。

日本帝国は、一八九〇年代から一九四〇年代まで海外戦争に明け暮れた。敵を負かせば、領土が増え、帝国の威厳が増し、国民が豊かになると信じていた。

一九四五（昭和二〇）年になると、贅沢《ぜいたく》なぞしたこともない国民に「ぜいたくは敵だ！」「一億総玉砕！」と恐ろしいスローガンを叫び始めたのは、戦争を指導していた大本営と政治家と財閥とマスコミ。

誰も「禊《みそぎ》」をしない。

知りたくない読みたくない近代史は、国民の関所。暴露された近代史と向き合わなければ、日本は太平洋と日本海で漂《ただよ》う根なし草。

海神《わだつみ》様にお尋ね申し上げます。

真珠湾は「日本百年敗戦」の始まりだったのでしょうか。

二〇二四年　初夏

目次

Ⅳ　日本のユダ・田中隆吉少将――323

第四章　共産党殺しの特高警察——GHQへ再就職……393

占領神話の崩壊

序

一九四一（昭和十六）年十二月八日は、寒い日本の月曜日。ハワイは七日で、日曜日。暖かいハワイの日曜日の早朝、日本が真珠湾に停泊していた米国太平洋艦隊を六〇分で壊《かい》滅《めっ》させた。零戦闘機が撃沈したかった巨大な米空母は、湾内に一隻もいない。停泊しているはずなのに。

この大勝利から六ヵ月後の一九四二（昭和十七）年六月五日（金曜日）から七日（日曜日）まで、また太平洋の真ん中の孤島ミッドウェイ島の近海で日本と米国が世紀の一騎討ちに臨む。日本の外交暗号と海軍暗号を破っていた米海軍は、待ち伏せの地獄網を張って獲物が飛び込んでくるのを待っていた。日本の機動攻撃の要《かなめ》となる空母四隻が撃沈され、優れたパイロットを一一〇名も失った。米海軍は空母一隻を失うが、米国の圧倒的勝利。

日本に新しく空母を造船する時間と資源はない。鉄・石油・食糧などの軍事物資を豊富に持つ米国は、世界一の製造力をフル稼働して、物量戦で日本に猛攻撃をかけてきた。日米戦争は、日本将兵の勇猛果敢だけでは勝てない大量殺戮の戦争だった。

アジア大陸でゲリラ戦を戦っていた日本が太平洋に新しい戦線を開いたために、日本列島が挟み撃ちという最悪の窮地へ陥《おちい》る。米軍の猛攻撃を耐え忍ぶ日本には勝利への希望さえもなくなっていた。ボーイング社製の「B29」爆撃機が豪雨のような無差別爆撃で日本列島を焼け野原にした。飢えた国民は戦争をやめてほしいと願っていたが、それを口に出せば「非国民」として監獄行きだ。特高警察が「非戦」を口にする者たちを牢獄《ろうごく》へ監禁し、拷問《ごうもん》した。

米海兵隊が沖縄へ上陸し、兵士と市民が入り乱れ、肉と骨が飛び散る激戦が繰り広げられた。日本海軍の誇り、戦艦「大和」は沖縄を援護するために「海上特攻隊」として単身出陣するが、米空軍に見つかり死闘を展開して、玉砕《ぎょくさい》。広島と長崎に原子爆弾を落とされ、精魂《せいこん》尽きはてた日本は、一九四五（昭和二〇）年の灼熱《しゃくねつ》の八月十五日（水曜日）、昭和天皇の「玉音放送」で無条件降伏。

マッカーサー元帥が占領軍の司令官として厚木に上陸し、敗戦日本を「民主化する」と宣言。東京にGHQが設立されるやいなや、元帥は「言論の自由」が最も大切だと発言し、違法集団として嫌悪されていた共産党を合法と認め、牢獄に入れられていた共産党員らを釈放した。つばめ返しで、共産党狩りのプロ集団・特高警察を廃止した。「明治憲法は新日本の建設に不適当」と判断した元帥は「新憲法を制定せよ」と命令。さらに、戦争責任者を裁くために「東京裁判」を開廷させた。

これら明治維新よりも劇的な大改革が行われている最中に、日本の指導者たちはいかに振る舞ったのか。保身のために公文書を燃やし、己の過去を改竄《かいざん》した。元帥に擦《す》り寄り、日本の将来のためよりも自分の政治力と財力を増すことに邁進《まいしん》した男たちが大勢いた。

東京裁判では、戦友を裏切る者たちが現れ、「アメリカへ移住させてやる」との言葉に踊らされていた。海軍と陸軍の大将や大臣たちは、戦友を裁いているGHQ高官や検事たちとの宴会へ招待され、危機的食糧難の日本では見たこともないご馳走を頬張《ほおば》り、ワインやバーボンを飲み、お土産にジョニーウォーカーと貴重な鮭や肉の缶詰が重く詰まっている箱を貰った。お返しに日本の戦争指導者たちは、米検事たちを熱海の豪邸へ招き、芸妓《げいぎ》たちと宴《うたげ》で痛飲《つういん》する。解体されたはずの特高警察は、GHQの手先となり、高給を受け取り、米ソ冷戦中、共産党狩りの才能で返り咲く。

近年、占領時代に活躍した日本人たちは「国を守った」として「神話」が創作されているが、スタンフォード大学フーヴァー研究所には占領前後に関する第一次史料がうず高く積まれている。フーヴァー研究所が秘蔵する数十万枚以上からなる膨大な文書は、「フーヴァー・トレジャーズ」(Hoover Treasures)と呼ばれる。いわくつきの史料だ。

占領下日本、フーヴァー研究所は余燼《よじん》くすぶる日本に「東京オフィス」を設立し、貴重な文献や史料を蒐集《しゅうしゅう》した。東京都千代田区神田駿河台《するがだい》一丁目(現在の「日本雑誌会館」)に事務所を構えた東京オフィスは、敗戦国の日本人が喉《のど》から手が出るほど欲しい食糧や酒やタバコ、世界一強いドルの札束と引き換えに「日本の宝」を掻《か》き集めた。目先の利《き》いた東京オフィスが蒐集した一級品の史料は、横浜からスタンフォードへと輸送された。

東京オフィスが集めた史料は、日本近代史の宝の山だ。「GHQ直筆・日本国憲法の原文」「東京裁判の宣誓供述書」「関東軍特務機関の阿片政策」「共産党員の獄中手記」「特高警察の極秘史料」が手つかずのまま山積みにされていた。この宝の山は、半世紀を超えて生き残り、フーヴァー研究所アーカイブズで厳重に保管されてきた。

西鋭夫がこの埋もれた歴史を掘り起こすも、史料が膨大にあったことから岡﨑匡史をフーヴァー研究所に招聘《しょうへい》。紙が劣化して薄茶色になり、判読することすら難しくなっている史料の解読が日夜進められた。『占領神話の崩壊』は、フーヴァー・トレジャーズに残されている極秘史料を紐解《ひもと》き、日本近代史の争点である「日本国憲法」「東京裁判」「共産党と特高警察」の表と裏を徹底的に掘り下げ、目を覆いたくなるような真実を追求し、歴史の改竄《かいざん》を炙《あぶ》り出す。

昭和二〇年の敗戦から日本が弱くなったと言われてきたが、敗戦で日本国民が弱くなったのではなく、原因は米占領中に「日本」を米国へ売った輩《やから》が政府内に、官僚村に大勢おり、米国追随《ついずい》の、無防備の生き様を「平和主義」と教育したからだ。

東京裁判中、日本がアヘン・モルヒネ・ヘロイン・コカインの製造量が世界一で、ナチス・ドイツまでもが潜水艦で麻薬を買いに来ていた事実が暴露《ばくろ》された。麻薬製造に我先に手を出したのは、日本の製薬会社。中国大陸でアヘン販売権をめぐって大喧嘩をしていたのは、三菱商事と三井物産。外務省が仲裁役を買って出る。

日本国民が大切にしなければならないのは「神話」ではなく、「真実」だ。国の歩みは、美しいことばかりではなく恥ずかしく後悔する路《みち》も通ったが、歴史の真実が国民の誇りの芯となり遺伝子となる。

「史実」が我らの鎧《よろい》であり、日本を護る楯《たて》だ。

歴史は国の大黒柱なので、歴史を粗雑に扱うと、国が倒れる。

第一章　フーヴァー・トレジャーズ（Hoover Treasures）

極秘史料発掘

1　敗戦と公文書破棄

廃土《はいど》と化していた日本帝国は、二発の原爆で抗戦不可能を認識させられた。一九四五年八月十四日（火曜日）、昭和天皇臨席の御前《ごぜん》会議を開き「ポツダム宣言受諾」を決定した。翌十五日（水曜日）正午、昭和天皇（一九〇一～一九八九年）の肉声によって「朕《ちん》深ク世界ノ大勢ト帝國ノ現状トニ鑑《かんが》ミ……」から始まる文字数八〇二の「大東亜戦争終結ノ詔書」（「玉音放送」）が放送された。昭和天皇は「敗戦」という言葉を使われずに、「萬世《ばんせい》ノ爲《ため》ニ太平《たいへい》ヲ開カムト欲ス」と述べられた。

「玉音放送」を東京の立憲民政党本部で聴き入っていた松村謙三《まつむらけんぞう》（一八八三～一九七一年・東久邇宮内閣厚生大臣・幣原内閣農林大臣・鳩山内閣文部大臣を歴任）は、「窓外《そうがい》をみると、おほり端の官庁街のかなた、こなたから白煙《はくえん》が立ちのぼっているし、丸の内の高層街も同様なのだ。それは、連合軍が上陸、入京してきて秘密書類を奪われては大変と、あらゆる大切な書類を焼き捨てたのだが、それほど人心は恐慌《きょうこう》をきたしていた」と、八月十五日を振り返っている（松村謙三『三代回顧録』東洋経済新報社・一九六四年）。

日本帝国は、ナチス・ドイツの轍《てつ》を踏まないように、重要史料を狂ったように焼却。御前会議が行われた八月十四日、閣議において機密文書の破棄《はき》を決断。各省庁で組織的な文書焼却が実施された（「占領前　文書焼却を指示　元法相奥野誠亮さん」『読売新聞』二〇一五年八月十日）。

陸海軍は、すぐさま全陸軍部隊に対して、「各部隊の保有する機秘密書類は速かに焼却」せよと指令を出す。陸軍大臣の管轄《かんかつ》に置かれている憲兵隊は、書類を素早く焼却する方法まで指示した。「防空壕《ぼうくうごう》等内に於《おい》て火力による自然的通風を利用し逐次《ちくじ》投入する」「揮発油《きはつゆ》等をかけ焼却するは早きに以て遅し」「非常万一の場合は英断を以て連名簿、兵籍《へいせき》等のみを残し一切の書類を焼却するを要す」「焼却の時期は各級指揮官の独断と英断を必要とする」（加藤聖文「敗戦と公文書廃棄」『史料館研究紀要』第三三号・二〇〇二年）。

焼け野原の東京で、すでに燃えるものなぞない帝都で、また煙と黒い灰が舞った。当時、内務省官房文書課事務官であった大山正《おおやまただし》（一九一三〜二〇〇六年・内務省を経て、戦後は社会保険庁長官・厚生事務次官を歴任）は、終戦直後に「内務省の文書を全部焼くようにという命令が出まして、後になってどういう人にどういう迷惑がかかるか分からないから、選択なしに全部燃やせということで、内務省の裏庭で、三日三晩、炎々と夜空を焦がして燃やしました。棒を持ってきて、よく焼けるように書類の山を引っかき回したという記憶があります」と証言する（大山正「文書を全部焼く」大霞会編『内務省外史 続』財団法人地方財務協会・一九八七年）。

黒い灰が舞い上がったのは東京だけではない。京都府庁では、特高警察に関する史料を残さず破棄した。敗戦直後に破棄・焼却された京都府の行政文書は九〇〇〇冊を超える（大内昭雄『米軍基地下の京都 1945年〜1958年』文理閣・二〇一七年）。

ダグラス・マッカーサー元帥（Douglas MacArthur・一八八〇〜一九六四年）が日本の土を踏むまでの二週間のうちに、政府中枢から市町村に至るまで戦争に関係する機密書類が燃やされた。戦禍の余燼《よじん》くすぶる日本で、黒い炎と灰がいたる所で舞い上がっていたのだ。

一九四二（昭和十七）年に設立された大東亜省（委任統治領・占領地域の統治を管轄）では、政治・外交関係文書のすべてが焼却対象とされた。八月十四日、東郷茂徳《とうごうしげのり》（一八八二〜一九五〇年）外務大臣兼大東亜大臣は、「機密文書、電信符号、暗号機械ハ状況ニ依リ遅滞《ちたい》ナク毀却《ききやく》ス」と中国や東南アジアの公館に対して訓戒《くんかい》。

八月十六日（木曜日）、満洲国首脳部間で会議が開かれ、満洲国が保管している全文書の破棄を決定し、ボイラーで焼却処分。満洲国政府の大部分の書類は消滅した。終戦間近の八月八日、突如にソ連が参戦したため、樺太《からふと》庁内でも重要文書・地図・文献の内地移送と関連文書の焼却処分が取り決められた（服部龍二『外交を記録し、公開する』東京大学出版会・二〇二〇年・加藤「敗戦と公文書廃棄」）。

元特高警察官の井形正寿《いがたまさとし》（一九二一～二〇一一年）は、八月十五日（水曜日）の午後、「特高関係の書類を焼却せよとの指令が入ったので、山なす書類を暑い陽ざしのなかで次々にドラム缶に投げ込み、まる二日間かけて焼いた」と証言している（井形正寿『「特高」経験者として伝えたいこと』新日本出版社・二〇一一年）。

外交文書にいたっては、広島に原爆が投下された翌八月七日（火曜日）、外務次官・松《まつ》本俊一《もとしゅんいち》（一八九七～一九八七年・著作に『モスクワにかける虹――日ソ国交回復秘録』）、政務局長・安東義良《あんどうよしろう》（一八九七～一九八六年・戦後は衆議院議員となり、晩年は拓殖大学総長を務める）、条約局長・渋沢信一《しぶさわしんいち》（一八九八～一九八三年・戦後は駐スペイン大使や駐タイ大使を歴任）の幹部が集まり、終戦時の非常措置として外交文書の焼却を決定。東京帝国大学出身の三人は、原爆投下とソ連の参戦を目前にし、敗戦処理の決断をしていた。昭和期の政治と外交、条約や協定、軍事に関する外務省の記録六六九八冊が失われた（服部『外交を記録し、公開する』）。

しかし、日本帝国の焚書坑儒《ふんしょこうじゅ》ともいえる隠匿《いんとく》は、過大視ではないかという意見もある。戦前の公文書は、保管・整理されてきたが、研究者が探している史料に辿《たど》りつけないので、焼却されたと思い込んでしまうからだ（牟田昌平「戦前の公文書にかかわる神話と現実」小川千代子、小出いずみ編『アーカイブへのアクセス』日外アソシエーツ・二〇〇八年)。

大本営で機密文書の破棄命令が出されていたものの、敗戦直後の混乱のなかで徹底的な公文書破棄が遂行されたかについては、疑問が残る。なぜなら、各省庁及び関係機関の判断が命運を握っていたからだ。海外に眼を向ければ、在外公館接収で、連合国に引き渡された文書もある。日本国内では、参謀本部の高級軍人たちは大本営陸軍部重要書類を持ち出し自宅のドラム缶に隠した。

外務省では機密度の高い六六九八冊もの外交文書を焼却したが、一九四四(昭和十九)年四月に三万三〇〇〇冊を埼玉県の銀行や個人所有の倉庫に疎開《そかい》させ、同年六月には各国との条約原本を日本銀行本店地下金庫に移した。戦禍から免れた「疎開史料」は、後にGHQに接収される憂き目に遭う(石本理彩「外務省文書の疎開・焼却・接収・返還」『アジ歴ニューズレター』第二三号・二〇一七年)。

さらに深刻なことは、日本では公文書が「私文書」として残される悪癖《あくへき》があった。とくに、近代史の文書は「公私の境界」が曖昧。官僚が作成した文書は公的なものだが、決裁文書などを除くとほとんどの資料が個人の手許《てもと》に残される。役職を退いても、後任者に引き継がれることは稀だ。「公文書であるべきものが私文書として保管され、本人の死後私文書として発見されるケースが極めて多い」のである(加藤「敗戦と公文書廃棄」・瀬畑源『公文書問題』集英社・二〇一八年)。

このように日本国民の財産である史料は、国内だけでなく世界各地に散らばっている。占領政策に参画したGHQの職員たちのなかには、史料を本国に持ち帰った者もいる。流転した史料を追い、所蔵館の蒐集を探らねばならない。日本に関する膨大な史料が数奇な運命を経て、スタンフォード大学フーヴァー研究所には手つかずのまま眠っている。

2　フーヴァー研究所東京オフィス

世界屈指の研究機関フーヴァー研究所は、第一次世界大戦が終わった翌年の一九一九（大正八）年にスタンフォード大学の第一期卒業生ハーバート・C・フーヴァー（Herbert C. Hoover・一八七四～一九六四年）が戦争の惨禍を省《かえり》みて、平和を探求する研究機関として設立された。

クウェーカー教徒のフーヴァー元大統領は、質素な家庭環境で育ち、幼少期に両親を失い苦労を重ねるが、運良く新設のスタンフォード大学に入学。努力と運により、人生の成功への道を切り開き、人道支援と平和の確立において、国際社会に多大な貢献をした。フーヴァーは、貧しい幼年時代から富豪への立身出世、そして大統領にまで上り詰めた偉大な人物だ。しかし、世界恐慌による政治的責任を負わされ、政敵のフランクリン・D・ルーズベルト（Franklin D. Roosevelt・一八八二～一九四五年）により米国政権から追放状態にされた。

フーヴァーは対日宥和論《たいにちゆうわろん》を説いており、ルーズベルトの度重なる日本への挑発と経済封鎖を危惧していた。このまま放置すると、日米大戦になると判断したのだ。フーヴァーは表舞台に出ないように友人の力を使う。全米宗教界に影響力を持つスタンレー・ジョーンズ牧師（Stanley Jones・一八八四～一九七三年・アメリカメソジスト派）がルーズベルトを説得し、大統領から昭和天皇宛に親電（一九四一年十二月六日）が送られた。

昭和天皇に親電が上奏《じょうそう》されたのは、真珠湾攻撃の約三〇分前。十二月八日（月曜日）午前三時（ハワイ時間七日午前七時三〇分）に東郷茂徳外相が持参した。ルーズベルトの親書をいち早く陛下にお伝えすることを本国から指示されていた駐日米国大使のジョセフ・C・グルー（Joseph C. Grew・一八八〇～一九六五年）は、七日（日曜日）の真夜中に東郷外相と会見。グルーが日本の外務省官邸を去ったのは、日をまたいだ午前十二時三〇分頃（寺崎英成、マリコ・テラサキ・ミラー『昭和天皇独白録 寺崎英成御用掛日記』文藝春秋・一九九一年・ジョセフ・C・グルー『滞日十年 下巻』毎日新聞社・一九四八年）。

なぜこれほどの重要文書が昭和天皇にすぐ届けられなかったのか。それは、戦争をしたい日本の参謀本部が東京電報局を差し押さえ、親電を遅滞《ちたい》させていたからだ。フーヴァーの日米開戦回避は徒労《とろう》に終わった。参謀本部は、一九四一年十一月二十九日（土曜日）以来、通信省電務局外国電信課に対して情報統制のためにドイツとイタリアを除く、外国からの電報を五時間遅らせるように要請していた。ルーズベルトが親電を送ったことが短波放送で流れた直後には、「十五時間遅らせる」ようにと指示が出された（防衛庁防衛研修所戦史部『戦史叢書 大本営陸軍部 大東亞戦争開戦経緯〈5〉』朝雲新聞社・一九七四年）。

フーヴァーが政治工作をした事実は、彼の回顧録 *Freedom Betrayed* から削除されている。草稿段階では書かれていたが、完成版の回顧録から、日米開戦回避に努力した事実は伏せられている（Herbert Hoover, George H. Nash. ed. 2011. *Freedom Betrayed: Herbert Hoover's Secret History of the Second World War and Its Aftermath*, Hoover Institution Press・ハーバート・フーバー、ジョージ・H・ナッシュ編『裏切られた自由（上下巻）』草思社・二〇〇七年・井口治夫『誤解された大統領』名古屋大学出版会・二〇一八年）。

外交は、時の政府の専権事項である。一七九九年に制定された合衆国の法律「ローガン法」（米国政府と争っている外国と、米政府の許可がない個人が交渉することを禁ずる）に抵触《ていしょく》する恐れがあるため、フーヴァーは *Freedom Betrayed* で日米開戦回避の工作は伏せたのだ。

ルーズベルト大統領は、太平洋戦争末期の一九四五（昭和二〇）年四月十二日に脳出血で死去。副大統領ハリー・S・トルーマン（Harry S. Truman・一八八四～一九七二年）が、大統領に昇格した。

フーヴァーは、同年四月、穏健派の鈴木貫太郎《すずきかんたろう》（一八六八～一九四八年）が首相になった時点で、天皇制を存続させ、日本と早期に講和すべきだと考えていた。フーヴァーは、トルーマン大統領に「無条件降伏」は天皇制廃止を意味しないことを日本に伝えるべきであると助言。しかし、日本人嫌いのトルーマンは日本への原爆投下を決行。

広島への原爆投下についてフーヴァーは、「第一次世界大戦における毒ガスの使用と同様、自分の良心に背く現象である」「アメリカの歴史に比類のないほどの残虐性を刷り込んでしまった」「この事実は我が国民の良心をいつまでも苛《さいな》むことになるだろう」と懺悔《ざんげ》している（Hoover, *Freedom Betrayed*・フーバー、ナッシュ編『裏切られた自由（下巻）』）。

日本に対してフーヴァーの力が発揮されたのは、GHQによる占領下である。フーヴァー研究所の出先機関「東京オフィス」が占領下の日本で設立された。この貴重な事実は、歴史の「ゴミ箱」に捨てられたままだった。

東京湾に停泊する戦艦「ミズーリ号」にて「降伏文書」の調印が行われた約一ヵ月後の一九四五年十月十四日（日曜日）、東京に在住している日本人のスタンフォード大学卒業生たちが会合を開く。彼らは、「なぜ日本が戦争に突入し、大敗を喫してしまったのか」「その根本的な原因は何か」「太平洋戦争の原因を究明するためには、戦争に関する公文書や外交文書を分析する必要がある」「記録文書の保存が不可欠だ」という話しあいのなかで史料蒐集計画が練られた（Yoshio Higashiuchi. 1951. *Literature on Contemporary Japan: Based on Materials Collected by the Tokyo Office, The Hoover Institute and Library on War, Revolution and Peace.* The Tokyo Office: Hoover Institute and Library・註・Institute と書いてあるが、Institution

が正式名）。

この計画を実行する東京オフィスの設立を推進したのは、奈良静馬《ならしずま》（一八八六〜一九四七年）と云われている。彼は、一九一六（大正五）年にハワイに渡り、米国各地の日本語学校で校長を務めた。スタンフォード大学で歴史学を学び、一九二二（大正十一）年に修士号を取得。修士論文は、*The Relations between Japan and the Philippines*（指導教官 P.J. Treat）という論考で、キリスト教からみた日本とフィリピンの交流史である。二五三ページからなる修士論文は、スタンフォード大学グリーン図書館特別コレクションで閲覧することができる（Shizuma Nara. 1922. *The Relations between Japan and the Philippines.* MA Thesis, Stanford University）。日本語版は太平洋戦争中の一九四二（昭和十七）年に大日本雄弁会講談社（現在の「講談社」）から『西班牙《スペイン》古文書を通じて見たる日本と比律賓《フィリピン》』と題して公刊された。奈良静馬は、一九三〇（昭和五）年に日本に帰国し、講談社に入社。「日本雑誌協会」の講談社代表として頭角《とうかく》を現し、「日本出版文化協会」の理事をつとめた。

東京オフィスは、東京都千代田区神田駿河台二丁目、現在の「日本雑誌会館」に事務所を構えた。まさに、奈良静馬の「日本雑誌協会」の事務所と同じ場所である。古書街で有名な神保町《じんぼうちょう》が目と鼻の先にあり、文人の宿として知られる「山の上ホテル」（占領中、GHQに接収され陸軍婦人部隊の宿舎）が近くにある。明治大学や日本大学や専修大学も近くにあり、政府の主要機関へのアクセスにも便利である。絶好の場所に東京オフィスが設立された。

3 ＧＨＱとスタンフォード人脈

占領下、なぜ東京オフィスを容易に設立できたのか。ＧＨＱは占領体制の秩序を乱す不満分子に眼を光らせていたはずである。日本人だけで大掛かりな組織を作れるとは考えられない。

アメリカの共和党人脈の後押しがあった。フーヴァーは共和党、そしてマッカーサーも共和党だ。

実際に東京オフィスの活動に力を貸したのが、ＧＨＱ参謀第二部（Ｇ―２）部長で筋金入りの共和党員チャールズ・Ａ・ウィロビー少将（Charles A. Willoughby・一八九二～一九七二年）。ウィロビーは諜報活動・保安・検閲を任務としていたので、日本に散らばっている資料蒐集に協力することは、彼の仕事を進める上で有利に働くと考えたのだろう。反共主義者のウィロビーは、除隊後、中央情報局（ＣＩＡ）の設立にも一役買った人物である。

もう一人の協力者がマッカーサー元帥の優秀な副官ボナー・Ｆ・フェラーズ准将（Bonner F. Fellers・一八九六～一九七三年）だ。フェラーズはインディアナ州のアーラム大学で学び、ウェストポイント陸軍士官学校を卒業後、マニラでマッカーサーとフィリピンのマニュエル・L・ケソン大統領（Manuel L. Quezon・一八七八〜一九四四年）との間で連絡将校として働き、対日心理戦で活躍した情報将校。フェラーズは一九四五（昭和二〇）年九月二十七日（木曜日）、昭和天皇が初めて米国大使官邸にマッカーサーをご訪問されたとき、接待役として昭和天皇をお出迎えしたことで知られる（岡崎匡史『日本占領と宗教改革』学術出版会・二〇一二年）。

「フーヴァー研究所東京オフィス」は、一九四五年十一月にGHQの許可を得て発足した。東京オフィスの代表に就任したのは、東内良雄《ひがしうちよしお》（一九三七年スタンフォード大学卒・一九五三年に「ジャパンタイムズ」に入社し、一九七二〜一九八一年まで社長）。非公式の監督者としてGHQ天然資源局長ヒューバート・G・シェンク大佐（Hubert G. Schenck・一八九七〜一九六〇年・スタンフォード大学教授）が就いた。日米のスタンフォード人脈が占領下の日本で結びつき、活動がはじまった。「フェラーズ文書」「ウィロビー文書」「シェンク文書」は、フーヴァー研究所公文書館に保管されている（Nobutaka Ike. 1958. *The Hoover Institution Collection on Japan*, Hoover Institution Press）。

4　フーヴァー元大統領とマッカーサー元帥

スタンフォードの日本人卒業生の構想で組織された東京オフィスだが、本国のフーヴァー研究所はどのような対応をしたのか。

一九四六（昭和二十一）年五月五日（日曜日）、フーヴァー元大統領はスタンフォードの関係者やＧＨＱの高官と一緒に東京オフィスを視察した。貧困に喘《あえ》いでいた日本の食料事情を調査するためトルーマン大統領の特命を受けたフーヴァーは、飢饉緊急委員長として東南アジアを歴訪し日本に立ち寄る。フーヴァーは第一次世界大戦で敗れたドイツの戦後処理をした実績があり、ドイツで学校給食を開始し普及を図った慈善家の顔を持つ（"SCAP Officials make Detailed Reports on Food Situation for Hoover Mission," 6 May 1946, *The United States, President's Famine Emergency Committee Records, 1946-1947*, Box 28-4, Hoover Institution Archives, Stanford University）。

フーヴァーの来日で東京オフィスは活気づいたが、さまざまな困難に直面した。急激なインフレが敗戦日本を襲ったので、文献を購入する費用がかさむ。さらに、東京オフィスの活動に疑念が降りかかる。一九四七（昭和二十二）年十一月十一日、フーヴァー元大統領はスタンフォードからシェンク大佐に手紙を送った。

親愛なるシェンク大佐

あなたもご存じのように、フーヴァー研究所東京オフィスの蒐集活動が誤解を受けておりましたが、ようやく疑念を払拭することが出来ました。マッカーサー元帥の手紙のコピー（九月二十九日付）があなたの手元にあると思います。その元帥の手紙に記されているように、ウィリアム・H・ドレイパー陸軍次官が東京オフィスの蒐集活動を保証してくださり、GHQ最高司令官マッカーサー元帥の許可のもと活動を続けることができるようになりました。米国陸軍省とマッカーサー元帥との信頼により合意され、私が望んでいる東京オフィスの活動が継続できることになったのです。

さらに、数日前にケネス・C・ロイヤル陸軍長官が私を訪れてくださり、国防省は史料蒐集活動の継続を全面的に認めるので安心してくださいと伝えてくださいました。その上、何か問題が起こったら、ロイヤル陸軍長官が善処するとまで言ってくださったのです。

マッカーサー元帥も図書館事業は大変価値のあることであると認めてくださり、活動許可の手紙を寄こしてくださいました。チャールズ・A・ウィロビー少将は、当初から文献蒐集事業に関与しており、我々の活動に大変強い関心を抱いております。ウィロビー少将は、今後も関心を持ち続けると手紙を寄こしているのです。

私の事業を応援してくれた紳士諸君に深く感謝しております。この数年来、フーヴァー研究所に集められたコレクションは、アメリカ合衆国に奉仕する重要な役割を果たし、継続する価値ある事業です。

懸案となっていた課題は、すべて解決されました。あなた方は、これまで通り活動を続けることができます。日本における文献蒐集事業は、米国当局の関心のもと、十分な支援を得ていると私は確信しております。

敬具

ハーバート・フーヴァー

(Higashiuchi. *Literature on Contemporary Japan*・著者訳)

この手紙から読み取れることは、東京オフィスの活動に一時ストップがかかったのだ。日本政府やGHQ組織の職権を侵害したとも考えられるが、現在のところ原因が記された史料が表に出ていない。文化財の海外持ち出しという批判を受けたのかもしれない。日本の貴重な文献が、海外に流出することに忸怩《じくじ》たる思いをした者もいたはずだ。

海外流出という疑念の声があがるのも当然。フーヴァー研究所には、「A級戦犯」として訴追された平沼騏一郎《ひらぬまきいちろう》（一八六七〜一九五二年）や荒木貞夫《あらきさだお》（一八七七〜一九六六年）の史料が保管されている。平沼家の談話によれば、「戦後直後研究者を名乗る人物に資料の一部を貸与したところ、それが返却されないまま行方がわからなくなった」という（加藤陽子「平沼騏一郎関係文書についてのスコープ」フーヴァー研究所閲覧用目録）。

さらに、荒木家によると「東京大学法学部研究者を名乗る男が、戦後A級戦犯から仮釈放の身となった荒木のもとを訪れ、史料の寄託《きたく》を申し入れた。荒木はそれを諒《りょう》とし、史料の一部を東京大学法学部研究室へ寄贈することとした。しかし、後日判明したところによれば、そのような研究者は実在せず、史料は古書市場に売りに出されていた」のである。このような史料を東京オフィスが古書市場で買い取ったのだろう（加藤陽子「荒木貞夫関係文書についてのスコープ」フーヴァー研究所閲覧用目録）。

法制局長官、最高裁判所判事などを歴任し、日本国憲法制定に間近で関わった入江俊郎《いりえとしお》（一九〇一～一九七二年）の史料もフーヴァー・アーカイブズにあるが、史料の最後のページに神保町の老舗古書店「巌松堂《がんしょうどう》」で販売されていた形跡がある。

戦後の混乱期にどのような経緯で史料が流失したのか謎は残るが、窮地《きゅうち》に陥った東京オフィスの活動を背後で支えていたのがフーヴァーと米国政権内部の協力者である。米軍が正式に「東京オフィス」を認めたことは、フーヴァーが影響力を行使したことの成果である。

マッカーサー元帥は、「私の古くからの友人であるフーヴァー元大統領が蒐集したコレクションに、世界中の学者が感謝するだろう」と声援を送った。

5　蔵書助言委員会の設置

東京オフィスが開設されてから二年が経過したころ、フーヴァー研究所は公式に東京オフィスを出先機関として認めた。一九四七年十一月二十六日、フーヴァー元大統領とフーヴァー研究所所長ハロルド・H・フィッシャー（Harold H. Fisher・一八九〇～一九七五年）は、「東京フーヴァー研究所・蔵書助言委員会」を認可した。蔵書助言委員会は、東京オフィスの活動方針を示し、助言を与える役割を負った。

フィッシャー所長は、太平洋戦争中の一九四五年一月の段階で、日本と中国の近現代の文献を蒐集する三つの方針を掲げていた。フィッシャーの蒐集方針は、（一）戦争関連史料は、軍事作戦よりも戦争が起こった原因と結果に焦点をあてること、（二）革命関連史料は、あらゆる形態の革命運動について取り扱うこと、（三）平和関連史料は、政治・経済・文化・平和団体などすべての国際関係の分野を含めることであった（Ramon H. Myers. "The East Asian Collection," in Peter Duignan. ed. 1985. *The Library of the Hoover Institution on War, Revolution and Peace*, Hoover Institution Press）。

東京オフィスは、蔵書助言委員会の決定に従って五年間の蒐集活動を実施した。蔵書助言委員会は、次のメンバーで構成された。

名誉会長：ヒューバート・G・シェンク

代表：Mr. Seizo Motomura（日本名未特定・スタンフォード一九〇九年卒）

秘書会計：市川義夫（スタンフォード一九二五年卒・本州製紙勤務）

米国メンバー

ドナルド・R・ニューゼント中佐（スタンフォード大学卒で教育学修士、極東史で博士号・GHQ民間情報教育局〔CIE〕局長として日本の教育改革に多大な影響）

トマス・C・スミス（スタンフォード大学准教授）

日本メンバー

Miss Shizuko Ichihashi（日本名未特定）

徳澤《とくざわ》龍潭《りゅうたん》（京都帝国大学卒業後、スタンフォード大学留学）

河合《かわい》一雄《かずお》（ジャパンタイムズ編集長・一九四九年にスタンフォード大学講師・一九六〇年に占領史の古典となる*Japan's American Interlude*をシカゴ大学出版局から刊行）

兼務：東内良雄、Mr. Harumi Okamoto（日本名未特定）

（Higashiuchi. *Literature on Contemporary Japan*）

一九四七（昭和二十二）年から一九五〇（昭和二十五）年にかけて、スタンフォードと東京で蔵書助言委員会は一六回開催された。一九五〇年一月、フーヴァー研究所のフィッシャー所長が蔵書助言委員会に参加し、東京オフィスの活動に助言を与えた。日本研究で著名な英国人ジョージ・サンソム卿（Sir George Sansom・一八八三〜一九六五年）は、一九五〇年十二月二十七日に開催された一六回目の蔵書助言委員会に特別ゲストとして招かれ、蒐集事業に貴重な助言を行ったという記録が残っている。

蔵書助言委員会は、東京オフィスに内務省関連史料をはじめ、反政府文学やマイクロフィルムを購入することも促した。効率よく迅速にコレクションを確保するため、一九五〇年には北海道と九州にまで調査員を派遣した。北海道の蒐集では、ＧＨＱの民事局及び北海道担当のジョン・Ｂ・スィッツァー司令官（John B. Switzer・生没年不明）と陸軍民間部のオリン・ヘイズ（Orrin Hays・生没年不明）が協力した。九州では、ＧＨＱの民事局九州担当のジョセフ・Ｈ・ブルクハイム司令官（Joseph H. Burgheim・生没年不明）と彼の部下ジョン・Ｗ・ローク（John W. Rourk・生没年不明）の協力のもと蒐集活動を成功させることができた。

6　幻の日本近代史文書

神田駿河台《するがだい》の東京オフィスに日本全国の貴重な記録や書籍が集められ、横浜からスタンフォードへと輸送されてゆく。最初の発送は一九四六（昭和二十一）年三月。東京オフィスが開設された一九四五（昭和二〇）年十一月から一九五一（昭和二十六）年三月一日まで、書籍・専門書・新聞などを含む合計一四六八箱が海路でサンフランシスコ湾へ入り、そこからトラックで六〇分間走り、フーヴァー研究所へ運ばれた。

フーヴァー研究所に届いた文献は、米国議会図書館分類表に従って整理され、本のタイトルは日本語・ローマ字・英語で表記された。コレクションは膨大に増え続け、日本の政治・経済・社会・文化や徳川時代の文献だけでなく、中国の共産党と国民党の動乱など極東地域まで範囲が広がった。

東京オフィスは、中国語の文献も購入している。なぜなら、一九四九年に毛沢東（一八九三〜一九七六年）の主導のもと中華人民共和国が建国されたので、中国語の文献入手が困難になると予想されたからである。東京オフィスは、一九一二年の中華民国成立前後に関する数千冊にものぼる書籍や文書を入手。中国における共産主義運動に関する文書を蒐集した。

日本にとって興味深い史料は「極東国際軍事裁判」(東京裁判)で起訴された人物の供述書である。東京裁判で事務総局をしていたジョージ・W・ハンリー大佐(George W. Hanley・生没年不明)から史料が提供された。東京オフィスが蒐集した史料は「日本近代史文書」(Japanese Modern History Manuscript Collection)の中核を占めているが、東京裁判の史料はBox 64~67に保管されている。

東京オフィスの活動はこれだけではない。スタンフォード大学の図書館閲覧用に、日本と中国の歴史・文化・文学に関する一〇〇〇冊以上もの著作を購入。これらの文献はスタンフォード大学図書館に送られ、貴重なチベット仏教の聖典のコピーも含まれている。チベット仏教の聖典は、チベットで修行しダライ・ラマ十三世(一八七六~一九三三年)から高く評価された日本人僧侶多田等観《ただとうかん》(一八九〇~一九六七年)から寄附されたものである。この寄附の背景には、蔵書助言委員会のシェンク大佐と徳澤龍潭の助力があったとされる。多田等観はスタンフォード大学アジア研究所から招聘され、二年間アメリカで研究生活を過ごした。スタンフォード大学が貴重な史料を提供してくれたことに感謝の意を示したのだ。

7　東京オフィスと日本人協力者

東京オフィスの関係者たちは、日本の各省庁や研究機関や図書館と親密な関係を築いた。たとえば、国立国会図書館からは三八〇〇以上もの日本政府の刊行物がフーヴァー図書館に寄贈《きぞう》されている。東京オフィスの記録に残っている人物を列挙する。

・猪谷《いたに》善一《ぜんいち》（一八九九〜一九八〇年・経済学者・日本貿易協会専務理事）
・金森徳次郎《かなもりとくじろう》（一八八六〜一九五九年・法制局長官・国務大臣・初代国会図書館長）
・久留間鮫造《くるまさめぞう》（一八九三〜一九八二年・法政大学名誉教授・大原社会問題研究所所長）
・児玉作左衛門《こだまさくざえもん》（一八九五〜一九七〇年・アイヌ研究者・北海道大学名誉教授）
・髙木八尺《たかぎやさか》（一八八九〜一九八四年・アメリカ研究家・貴族院議員・東京大学図書館長）
・髙瀬荘太郎《たかせそうたろう》（一八九二〜一九六六年・東京商科大学学長・文部大臣・通産大臣）
・南原《なんばら》繁《しげる》（一八八九〜一九七四年・政治学者・東京大学総長）
・平野義太郎《ひらのよしたろう》（一八九七〜一九八〇年・中国研究所所長・日本平和委員会会長）
・藤原銀次郎《ふじわらぎんじろう》（一八六九〜一九六〇年・王子製紙社長・貴族院議員・国務大臣・軍需大臣）

彼らが具体的にどのような支援をしたのかは明確ではない。しかし、有益な助言や協力や記録を提供したとされる政財界の大物たちである。東京オフィスの責任者・東内良雄は、彼らに深い感謝を捧げた。

東京オフィスの関係者はこの世を去り、関係文書も少ない。東京オフィスを構想した奈良静馬は、占領中の一九四七（昭和二十二）年三月十二日（水曜日）に亡くなる。東京オフィスが蒐集した史料は、半世紀を超えて生き残り、忘れ去られた歴史に、今から陽光《ようこう》があてられる。

《参考文献》

・井形正寿『「特高」経験者として伝えたいこと』新日本出版社・二〇一一年
・井口治夫『誤解された大統領――フーヴァーと総合安全保障構想』名古屋大学出版会・二〇一八年
・石本理彩「外務省文書の疎開・焼却・接収・返還」『アジ歴ニューズレター』第二三号・二〇一七年
・大内昭雄『米軍基地下の京都　1945年～1958年』文理閣・二〇一七年
・岡崎匡史『日本占領と宗教改革』学術出版会・二〇一二年
・加藤聖文「敗戦と公文書廃棄――植民地・占領地における実態」『史料館研究紀要』第三三号・二〇〇二年
・加藤陽子「平沼騏一郎関係文書についてのスコープ」（フーヴァー研究所閲覧用目録）
・加藤陽子「荒木貞夫関係文書についてのスコープ」（フーヴァー研究所閲覧用目録）
・瀬畑源『公文書問題――日本の「闇」の核心』集英社・二〇一八年
・ジョセフ・C・グルー『滞日十年 下巻』石川欣一訳・毎日新聞社・一九四八年
・大霞会編『内務省外史 続』財団法人地方財務協会・一九八七年
・寺崎英成、マリコ・テラサキ・ミラー『昭和天皇独白録 寺崎英成御用掛日記』文藝春秋・一九九一年
・奈良静馬『西班牙古文書を通じて見たる日本と比律賓』大日本雄弁会講談社・一九四二年

・西鋭夫『國破れてマッカーサー』中央公論社・一九九八年
・服部龍二『外交を記録し、公開する——なぜ公文書管理が重要なのか』東京大学出版会・二〇二〇年
・ハーバート・フーバー、ジョージ・H・ナッシュ編『裏切られた自由（上下巻）フーバー大統領が語る第二次世界大戦の隠された歴史とその後遺症』渡辺惣樹訳・草思社・二〇〇七年
・防衛庁防衛研修所戦史部『戦史叢書　大本営陸軍部　大東亜戦争開戦経緯〈5〉』朝雲新聞社・一九七四年
・松村謙三『三代回顧録』東洋経済新報社・一九六四年
・牟田昌平「戦前の公文書にかかわる神話と現実」小川千代子、小出いずみ編『アーカイブへのアクセス——日本の経験、アメリカの経験・日米アーカイブセミナー2007の記録』日外アソシエーツ株式会社・二〇〇八年
・「占領前　文書焼却を指示　元法相奥野誠亮さん」『読売新聞』二〇一五年八月十日
・Herbert Hoover, George H. Nash. ed. 2011. *Freedom Betrayed: Herbert Hoover's Secret History of the Second World War and Its Aftermath,* Hoover Institution Press.
・Nobutaka Ike. 1958. *The Hoover Institution Collection on Japan,* Hoover Institution Press.
・Peter Duignan. ed. 1985. *The Library of the Hoover Institution on War, Revolution and Peace,* Hoover Institution Press.
・"SCAP Officials make Detailed Reports on Food Situation for Hoover Mission," 6 May 1946, *The United States, President's Famine Emergency Committee Records, 1946-1947,* Box 28-4, Hoover Institution Archives, Stanford University.

- Shizuma Nara. 1922. *The Relations between Japan and the Philippines.* MA Thesis, Stanford University.
- Yoshio Higashiuchi. 1951. *Literature on Contemporary Japan: Based on Materials Collected by the Tokyo Office, The Hoover Institute and Library on War, Revolution and Peace.* The Tokyo Office: Hoover Institute and Library.

第二章　敗戦を歪めた吉田茂憲法

Ⅰ　GHQ直筆憲法

1　マッカーサー三原則

七〇分間で戦後日本の運命が決まった。

一九四六（昭和二十一）年二月十三日（水曜日）、午前一〇時から十一時一〇分。

外務大臣吉田茂《よしだしげる》（一八七八〜一九六七年）が忘れようとしても忘れられないあの朝。

米空軍の無差別焼夷弾が東京を黒い廃墟《はいきょ》にしていた時、焼失をまぬがれた六本木の「原田積善会《はらだせきぜんかい》」の建物を外務大臣官邸兼自宅にしていた吉田茂は、マッカーサー元帥（一八八〇〜一九六四年）の右腕コートニー・ホイットニー准将（Courtney Whitney・一八九七〜一九六九年）を出迎えた。

原田積善会は一九二〇（大正九）年に実業家の原田二郎《はらだじろう》（一八四九〜一九三〇年）が社会福祉のために私財を投じて設立。現在も慈善活動を続けている。旧地に「日本国憲法草案審議の地」と小さな記念碑が建っている。

ホイットニーは「元帥は松本憲法草案を嫌悪しておられるので、今日、我らGHQが作成した模範的な憲法草案を持って来ました。このGHQ草案に基づいて、早急に日本版を作成して下さい。もし、あなたたちが改正案を速やかに提出しなければ、元帥は天皇を守りきれなくなります」と脅《おど》す。

マッカーサー元帥は、厚木に上陸早々、総理大臣の幣原喜重郎《しではらきじゅうろう》（一八七二～一九五一年）に「新憲法草案を提出せよ」と命令。

幣原は、商法学が専門の国務大臣・松本烝治《まつもとじょうじ》博士（一八七七～一九五四年）に草案の作成を依頼する。松本委員会は必死に草案を書く。

「松本草案」は、マッカーサー元帥に提出されるほぼ前日の一九四六年二月一日（金曜日）に『毎日新聞』にスクープされた。

GHQで「松本草案」は瞬時に英訳され、元帥に手渡される。元帥、激怒。何がマッカーサーをかくも怒らせたのか。

松本草案：「天皇ハ至尊《しそん》ニシテ侵スヘカラス」

明治憲法：「天皇ハ神聖ニシテ侵スヘカラス」

この言葉の曲芸《きょくげい》がマッカーサーの逆鱗《げきりん》に触れた。マッカーサーの失望の言葉を引用すれば、「松本草案」の息の根を即座に止めた理由が分かる。

「天皇大権には手を触れていない」

「陸海軍が『軍隊』という単語に変わっただけだ」

「松本草案は国民の少ない権利をさらに減らし、義務を増やしただけである。権利の絶対保障は全くない……憲法をこの国の最高法とする規定がない。この欠陥は致命的である」

「建物の内部構造を変えないで、玄関だけを新築する彼らの技術は見事である」

「辛抱強く指導してやったのに、このザマか」と失望したのか、それとも不透明な日本のやり方で裏切られたと思ったのか、日本側に自分が気にいる憲法が書けないと確信したマッカーサーは、第一子分の民政局長ホイットニー准将に自分の直筆のノートを手渡し、速やかに憲法草案を書けと命じた。

Ｉ

「天皇は国家の元首の地位にある」

「皇位の継承は世襲による」
「天皇の義務と権能は、憲法に従って行使され、憲法に示された国民の意思に応じたものでなければならない」

Ⅱ

「国家の権利としての戦争行為は放棄する。日本は、（国際）紛争解決、および自衛のためでさえも、その手段としての戦争を放棄する。国の安全保障のためには現在世界に生まれつつある高い理念、理想に頼る」
「陸、海、空軍は決して認められない。またいかなる交戦権も与えられない」

Ⅲ

「日本の封建制は廃止される」
「皇族以外の爵位は現存のものに限る」
「今日以後、貴族特権は政府もしくは民間機関においてなんらの権力も持たない」
「国家予算はイギリスの制度を見習う」

（西鋭夫『國破れてマッカーサー』中央公論社・一九九八年）

民政局は、「マッカーサー・ノート」を忠実に反映させた憲法草案をほぼ一週間で書き上げ、一九四六(昭和二十一)年二月十日、マッカーサーに提出。マッカーサーの修正と承認を得て、二月十三日、ホイットニーは「ＧＨＱ草案」を吉田茂と松本烝治と白洲次郎へ手渡す。

2　ラウエル文書解禁

「マッカーサー・ノート」を土台にして書かれたＧＨＱ原本オリジナルは、五通だけしか作成されていない。

五通が手渡された人名を列挙する。

一通目と二通目　マッカーサー(元帥)
三通目　ホイットニー(准将)
四通目　日本政府
五通目　ラウエル(陸軍中佐)

なぜ、上記の五つの宛先が分かったのかを説明する。

フーヴァー研究所の膨大な「Hoover Treasures」の中に埋蔵されている史料を検索していた時、「ラウエル文書」（極秘解除・二〇一一年二月八日）を再度調査していた。

マイロ・E・ラウエル陸軍中佐（Milo E. Rowell・一九〇三〜一九七七年）は、GHQ民政局法規課長として、日本国憲法制定に深く関与した人物。スタンフォード大学から法学博士号を授与された弁護士だ。占領が終わり、本国に帰国し、保管していた史料を一九七五年にフーヴァー研究所アーカイブズへ贈呈した。

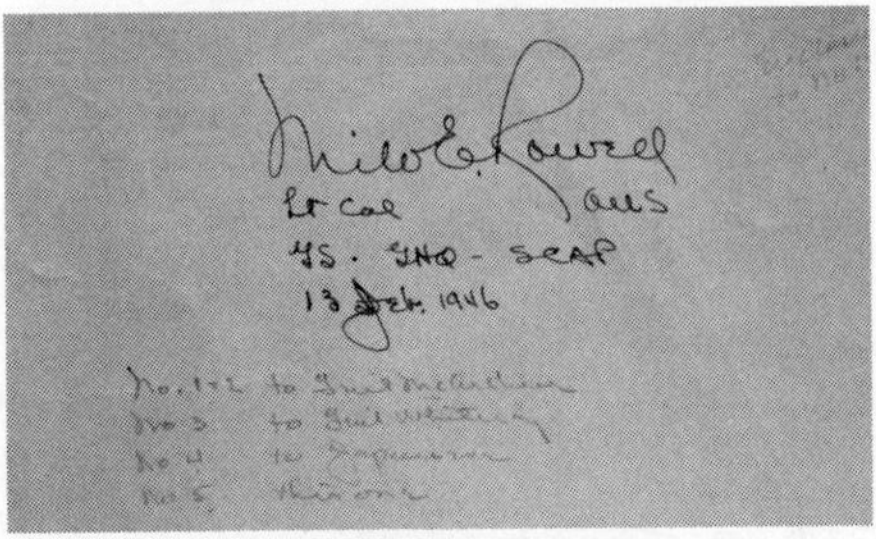

"Constitution of Japan," *Rowell Papers,* Box 1-6, Hoover Institution Archives, Stanford University.

「ラウエル文書」の複製は日本にも伝わっている。ラウエルと生前に親交のあった高柳《たかやなぎ》賢三《けんぞう》（一八八七〜一九六七年・東京大学法学部教授・元憲法調査会会長）は、個人的に複写の一部を入手し、『日本国憲法制定の過程——連合国総司令部側の記録による』（一九七二年・全二巻）を発表した。また近年では原秀成《はらひでしげ》による『日本国憲法制定の系譜』（二〇〇四〜二〇〇六年・全三巻）が刊行されており、英語圏ではデール・M・ヘレガース（Dale M. Hellegers）による *We, the Japanese People: World War II and the Origins of the Japanese Constitution*（二〇〇二年・

二巻本）により、日本国憲法の包括的な研究が進んでいる。

さらに、ミシガン大学に保管されているアルフレッド・R・ハッシー（Alfred R. Hussey・一九〇二〜一九六四年）の文書は広く知られている。「ハッシー文書」は、「ラウエル文書」と重なる箇所も多い。国立国会図書館のホームページ上で「日本国憲法の誕生」と題して貴重な史料が紹介されている。残念ながら、すべての文書が和訳されておらず、解説も行き届いていない。

これらの先駆的な研究とは異にする私たちの調査では、「ラウエル文書」のオリジナルを注意深く隅々まで考察し、正確な臨場感のある和訳をしたことで、新たな真実が浮かび上がってきた。

ラウエル自身が保管していた憲法草案の原本「五通目」を一枚一枚、ゆっくりと捲《めく》っていた。タイプライター用のわら半紙は、七〇年以上も経っているので、変色し薄い茶色。フーヴァーの文書検閲室の蛍光灯からの光りか、それとも外から間接的に入ってくる陽光のためか、表紙の裏に鉛筆で走り書きしたものがチラと目にとまった。今にも消えそうな鉛筆書きで五名の名前が書いてある。虫眼鏡で集中しなければ判別できないほど薄くなっていた。鉛筆の走り書きはラウエル自身の五通目なので、彼の手書きだ。

繰り返すが、オリジナルは五通しか作成されていない。世界に五通しかない。問題は、四通目の「日本政府」。誰の手に渡ったのか。

ラウエルは説明書きを残している。一九四六年二月十三日早朝、外務大臣官邸に向かう前、ホイットニー准将はラウエルを執務室に呼び寄せた。五部作成されたGHQ草案の一部をラウエルに手渡しながら、一通目と二通目はマッカーサー元帥、三通目がホイットニー、四通目が吉田茂外相、五通目がラウエルのものだと、説明をうけた（"Memo by Milo E. Rowell," 16 June 1975, *Milo E. Rowell Papers*, Box 1-6, Hoover Institution Archives, Stanford University・フーヴァー・トレジャーズ【文書二】）。

ラウエルによる五名の走り書きは、松本烝治、吉田茂、白洲次郎らとの会議の後に書かれたものではない。会議がはじまる前、ホイットニーの執務室で書かれた可能性が強い。つまり、四通目の「日本政府」とは「吉田茂」であり、二月十二日に完成した「GHQ草案」は、吉田茂に渡されていたと見るべきだ。

吉田茂は、GHQから超特別扱いにされていた。この占領期の早い段階から、GHQは吉田を将来の総理大臣として育て、米国の傀儡政権を創立する計画を立てていたのだろう。

前日の十二日、GHQ（ホイットニー准将）からオリジナルの一通を秘密裏に手渡されていた吉田茂は、一九四六年二月十三日に松本烝治や白洲次郎と共にGHQ草案を貰う。その時に吉田は複写（六通目）を受け取る。吉田は二通を受け取ることになる。吉田茂は、松本烝治にも白洲次郎にも幣原喜重郎にも、GHQ草案のオリジナルを持っていることを言わない。一生、極秘にしたままだ。そのGHQ草案オリジナルはフーヴァー研究所で極秘扱いにされ、二〇一一（平成二十三）年二月八日に極秘解除となり、公開された。

3　GHQ憲法が手渡された瞬間

一九四六年二月十三日（水曜日）午前一〇時、六本木の原田積善会で敗戦日本の運命を決めた瞬間の実録を、我々は丁寧に読む。マッカーサーの第一子分ホイットニーが吉田茂と松本烝治へ、天皇の命を奪う戦犯裁判の可能性をチラつかせながら、GHQ草案を受け入れるように迫った。左記は、その会議実録。ホイットニー准将の部下三名が記録した。

フーヴァー・トレジャーズ【文書二】

実録

ホイットニー准将が最高司令官の名代として吉田茂外相にマッカーサー草案を手交《しゅこう》

一九四六年二月十三日

ホイットニー准将は、午前一〇時に外務大臣官邸に到着した。准将に随伴《ずいはん》したのは部下三名・チャールズ・L・ケーディス、マイロ・E・ラウエル、アルフレッド・R・ハッシー。

吉田茂外務大臣の側近をしていた白洲次郎が私たちを邸内に招き入れ、ガラス張りの明るい快適な部屋に案内した。そこには、吉田茂外務大臣、国務大臣で憲法問題調査委員会委員長の松本烝治、外務省から通訳の長谷川元吉がいた。彼らは立ち上がり私たちを迎え入れた。屋内のテーブルには、すでにホイットニー准将に提出された「松本草案」と思われる紙やノートが散らかっていた。

ホイットニー准将は、朝陽を背にして座った。日本側は我々に対面するように着席したので、彼らの顔は陽光に照らされ、表情がよく読めた。ケーディス、ラウエル、ハッシーの三名もホイットニー准将の隣に座り、日本側と向きあった。席につくとすぐ、ホイットニー准将は「松本草案」について一語一語念を押すようにゆっくりと「松本草案」の死刑宣告を述べ始めた。

先日、あなた方が提出した憲法草案（註・松本草案）は、自由と民主主義の文書として最高司令官が受け入れることは絶対にできません。しかし、マッカーサー元帥は、専制支配の悪政に苦しんできた日本国民を護るべく、自由で開放的な憲法が国民のために必要不可欠であると深く認識されておられます。今日、あなた方に提示する草案は、マッカーサー元帥が日本の現状を憂い、日本を民主主義国家へ導くために必要な諸原理を具体化し、元帥自身が承認された文書です。この草案の内容について、あなた方が正確に理解するように後ほど詳しく説明します。あなた方が今からこの草案を検討できるよう、私と部下は一時退席させて頂きます。

ホイットニー准将の衝撃的な発言に、日本の出席者は、突然、脳震盪《のうしんとう》に襲われたかのごとく無表情で物も言わない。とくに、吉田外相の顔は動揺と絶望感を露わにしていた。ガラス張りの部屋には張り詰めた緊張感が満ちていた。

ホイットニー准将は、私たち部下三名の方を向き、憲法草案を日本側に渡すように命じた。草案の複写六番が吉田外相、複写七番が松本博士、複写八番が長谷川、複写九番から二〇番が白洲次郎に渡された。白洲氏は全員のために受取の署名をした（註・オリジナルの五通から十五通の複写を作り持参していた）。

一〇時一〇分、ホイットニー准将と私たち三名の部下はガラス張りの部屋を出て、陽あたりのよい庭に出た。その時、アメリカの飛行機が一機、官邸の上空を飛び去った。

十五分ほどたって、白洲氏が陽あたりの良い庭に出てきた。ホイットニー准将は、もの静かにポツリと「われわれはこの庭で、原子力の光で暖をとってくつろいでいるんだよ」と言った（註・米軍の恐ろしさを忘れるなよと脅しているのだ）。

白洲氏が部屋から外にくるまで、日本側の全員が憲法草案を詳しく読み、吉田外相と松本博士がＧＨＱ草案を討議したのだろう。

一〇時四〇分、白洲氏は吉田外相と松本博士の議論に加わるために呼び戻された。

それから数分後、白洲氏は再び庭に出て来て大臣二人の準備が整いましたと知らせにきた。私たちは部屋に戻り元の席に着いた。

松本博士は通訳を介して草案の内容は理解したが、自分の案とは全く違うと言い、幣原首相にGHQ草案を見せた後でなければ、何も発言できないと述べた。

私たちは、テーブルの上に散らかっていた松本博士の松本草案に関する資料が片付けられ、封筒の中に戻してあることに気づいた。GHQ草案を討議していた時、松本資料を見る必要もなかったからだ。

吉田外相の表情は、真っ暗で険《けわ》しかった。彼の苦痛の表情はホイットニー准将が話している間も変わることがなかった。通訳の長谷川の表情は、会談の間、文字どおり生気のないままだった。いや、それよりもひどく、彼は話すときに生理的な障害を生じており、声を出すため絶えず唾《つば》を飲み込み、唇を濡らしていた。

松本博士はホイットニー准将に全神経を集中して聴いていた。しかし、彼はホイットニー准将の顔を一度も見ない。博士の顔は、部下である私たち三名の方を向いていたが、目を合わせない。

吉田外相は、ホイットニー准将を食い入るように凝視していたが、時折横目でちらりと私たちへ視線を投げた。彼の視線は、私たちのうちの一人のところまで来ると、すぐに元の方向に戻った。白洲氏はホイットニー准将が説明している間、鉛筆でおびただしいメモを書き留めていた。

松本博士がGHQ草案を完全に理解したと述べたのを受けて、ホイットニー准将は、これから私はゆっくり喋るつもりだと発言した。というのも、もし松本博士が分からない点があれば、いつでも私の発言に口を挟んで頂いて構わない。吉田外相だけでなく松本博士にも、私の発言すべてを一語残らず理解して欲しいからであると告げた。

通訳の長谷川がホイットニー准将の発言を訳さないうちに、松本博士はあなたの仰っていることは分かっていますが、あなた方の憲法案には説明書が用意されているのかどうかお伺いしたいと発言。ホイットニー准将は、説明書はないが、私たちの憲法草案の文言はとても分かりやすいので、誤解の余地のないものだと返答した。

ホイットニー准将は説明を続ける。

今や、あなた方は憲法草案の内容を熟知したのですから、私としては、これまで通り、お互いに手の内をすべて見せ合うことを望んでおります。マッカーサー元帥がこの憲法に込めた精神と彼自身の希望を説明させてください。元師は、近ごろ各政党がそれぞれ公表している憲法草案は国民のあいだでも改正が必要であるという意思の表れであると理解されておられます。国民が憲法改正を勝ち取るのを確実にすることが元帥の決意なのです。

天皇を戦犯として軍事裁判にかけよ、と他国からの圧力は高まってきております。

あなた方がご存じかどうか知りませんが、マッカーサー元帥はこの圧力から天皇を守る決意をされておられます。元帥はこれまで天皇を擁護《ようご》してきました。なぜなら、元帥は天皇を守ることが正義だと考えておられ、今後も力の及ぶ限りそうされるでしょう。みなさん、元帥といえども神のように万能ではありません。しかし、元帥は日本がこの新憲法を受け入れるのなら、天皇に誰も手が出せないようにするため全力で尽力されるでしょう。新憲法を容認すれば、日本が連合軍の占領から独立する日もずっと早くなります。それは、連合軍が要求している基本的自由が日本国民に与えられたと見られるからです。

元帥は、私がこの草案を日本政府と政党に提示するように命じられました。その採用についてみなさんが審議をした後、望むなら、この憲法は元帥の完全な支持を受けた憲法として国民に提示してもよいとまで断言されているのです。もちろん、元帥はこれをあなた方に押し付けてはおりません。ですが、元帥は、この憲法に明記されている民主主義の原則を国民に提示すべきだと決意されておられます。あなた方の自主的な行動によってこの新憲法を国民に示すことを願っておられます。もし、自主的に出来ないのなら、元帥自らが公示することになるでしょう。そうなると、みなさんのメンツは丸つぶれです。元帥はこの新憲法によって敗戦国日本が世界の諸国に対して、恒久平和を目指す道徳的指導者になり得る機会を与えておられるのです。

あなた方がこの憲法草案を受け入れて、政治的に進歩的・革新的となること、すなわち急速に左翼化することで、あなた方の地位と権威は元帥により保証されます。いままでのように極右のままだと、あなた方の政治生命は終わります。この憲法草案を受け入れることが、反動的な国体護持派と見なされているあなた方が生き残る唯一の望みであるという現実を忘れないでください。はっきりと断言しますが、草案を受け入れれば、あなた方の権力が延命します。受け入れなければ、あなたたちの政治生命は速やかに終焉《しゅうえん》を迎えます。元帥は、日本国民がこの憲法草案、もしくは、私たちが望む諸原則が反映されていない他の憲法を選ぶ自由もあるべきだと考えておられます。

ホイットニー准将が話をしている間、着席していた吉田外相は無意識に両手のひらをズボンの腿《もも》にこすりつけ前後に動かしていた。ホイットニー准将は、慎重かつ強い確信をもって、ひときわ慇懃《いんぎん》に説明したので、日本側に深い感銘を与えた。

話し終えたホイットニー准将は、松本博士が一度も通訳の助けを借りなかったことに気がついた。松本博士は、ホイットニー准将のご説明はすべて理解しておりますが、この内容について幣原首相と相談しなければならないので、それまでホイットニー准将に返答することはできないと言ってから、質問が一つあると言った。通訳をとおして、一院制を定めた条文に関して論じ始めた。

松本博士は、ＧＨＱ草案の国会に関する条項で、一院制が採用されていることを指摘した。一院制は、日本の立法府の歴史とは全く無縁なので、なぜ一院制を採用したのか知りたいと言う。

ホイットニー准将の返答。

華族制度は廃止されることになるので、貴族院は不要となる。ＧＨＱ草案に明記されている抑制と均衡の原理によって、一院制の議会を設置するのが最も分かりやすい。米国の上院は、面積や人口に関係なく各州が平等に代表を選出している。人口の多い州が下院で多数を占めることを抑制するためである。しかし、日本の事情は米国とは異なっていると説明した。

松本博士の反論。

諸外国の多くが議会運営を安定させるために二院制を採用している。もし一院制だと、ある党が多数を占めたら極端な方向に進み、また他の党が多数を占めたら正反対の方向に進んでしまう。そのため、二院制を採った方が政府の政策に安定と継続性をもたらすことができると述べた。

ホイットニー准将は、草案の原則を損なわない限り、マッカーサー元帥は二院制に反対されないであろうと答えた。准将は、この憲法草案がこのままの状態で受諾される必要はないが、これからどのような草案が出てこようとも、このＧＨＱ草案に盛り込まれた基本原則が書き込まれていなければ、マッカーサー元帥が承認されることは絶対にないと念を押した。松本博士は、議論は本日話し得るところまで出来たと思うと述べた。

吉田外相はホイットニー准将に、この草案について幣原首相にすべて報告し、首相と閣僚の意見を聞いてから、次の会合を開きたいと申し出た。

ホイットニー准将の返答。

吉田外相、あなたがこの草案を他の閣僚たちに報告し、草案の条項を検討する時間を望むことは当然です。元帥は、憲法改正を最優先的に検討してもらいたいと望んでおられます。元帥は、憲法草案は総選挙が実施される前に日本国民に示すべきであり、国民が憲法改正について自由に意見を表明するために十分な時間が与えられるべきだと発言されております。先ほど説明したように、元帥は日本政府がこの憲法案を国民に提示すれば、その時元帥自身もこの案を強く支持し、賛成の態度を公表すると言われております。しかし、日本政府が提案に失敗したら、元帥が自らこの草案を日本国民に提示されます。この草案は元帥ならびに連合軍の諸原則を象徴したものであり、日本政府が喜んで受け入れるべき内容です。なぜなら、この憲法は、日本が自由で民主主義の国家となりうるもので、ポツダム宣言を履行する意思を表現することになるからです。

ホイットニー准将は、われわれ部下三名に向いて、何かつけ加えることはないかと訊ねられたので、ありませんと答えた。

ホイットニー准将は吉田外相に、あなたの政治作業の助けになると思い、草案の複写を十五部置いていきます。次の会談の日程は、後ほどお知らせ下さい。私も部下たちも、あなた方の都合のよい日に会談できるように日時を準備しておくことを約束します、と述べた。

吉田外相がこの案件を極秘にしておいてもらいたいと願い出た。ホイットニー准将は、吉田外相、これまでも秘密が守られてきたように、これからも守られるでしょう。内密にしておくことは、元帥のためではなく、あなた方にとって好都合であり、あなた方を守るためでもあるのです。では、みなさん、さようなら。あなた方と会合することができて感謝いたします。お返事をお待ちしております、と述べた。

ホイットニー准将は、立ち上がり帰る際に、白洲氏に帽子と手袋を取ってきてもらいたいと言った。白洲氏は、いつも非常に落ち着いて礼儀正しい人物だが、今回は慌てて玄関の近くにある控室に向かい走り出した。しかし、彼は私たちが会合していた部屋の隣にある書斎に帽子と手袋を置いたことをど忘れしており、急いで戻ってきてその書斎へ行き、帽子と手袋をとって、極度に動転した面持ちでホイットニー准将に手渡した。

十一時一〇分、ホイットニー准将と共に随行したケーディス、ラウエル、ハッシーは外務大臣官邸を後にした。

チャールズ・L・ケーディス　陸軍大佐
マイロ・E・ラウエル　陸軍中佐
アルフレッド・R・ハッシー　海軍中佐

("Record of events on 13 February 1946 when proposed new Constitution for Japan was submitted to the Foreign Minister, Mr. Yoshida, in behalf of the Supreme Commander," *Rowell Papers*, Box 1-5. ・著者訳)

ケーディスとラウエルとハッシーの三名が外務大臣官邸を後にした直後に、この生々しい会談実録を書き残した。勝者と敗者の会談は、勝者の四〇分のひなたぼっこを挟んで、七〇分間で閉会。日本の無条件降伏という惨状と反論も許してもらえない屈辱に満ちた日本国の無残な姿が目の前に蘇《よみがえ》ってくる。

4 戦争放棄は「第八条」

一九四六（昭和二十一）年二月十三日（水曜日）に、ホイットニー准将から吉田茂外相に手渡されたGHQ憲法草案で注目すべきは「戦争放棄」の条文だ。

GHQ草案では、「戦争放棄」をいかに規定したのか。英文と和文（著者訳）を見てみる。

フーヴァー・トレジャーズ【文書三】

第二章 戦争放棄

第八条

War as a sovereign right of the nation is abolished. The threat or use of force is forever renounced as a means for settling disputes with any other nation.

No army, navy, air force, or other war potential will ever be authorized and no rights of belligerency will ever be conferred upon the State.

("Constitution of Japan," *Rowell Papers*, Box 1-6.)

「国家の主権による戦争は廃止する。他国との紛争解決の手段として、武力による威嚇ないし行使は永久に放棄する。」

「陸海空軍ないしその他の潜在的な戦力の保持を未来永劫に認めない。交戦権が国家に与えられることもない。」

GHQ憲法草案の第九条をみても、戦争放棄はない。一九四六年二月十三日のGHQ草案で「戦争放棄」を高らかに謳ったのは、第八条だった。第八条が「平和憲法」では第九条となる。

それでも、マッカーサーは「憲法九条」の発案者は自分でないと、二度釈明している。

第一回目。

朝鮮戦争の戦略をめぐり、マッカーサーがトルーマン大統領に解任された三週間後、一九五一（昭和二十六）年五月五日、ワシントンの米国議会の外交・軍事公聴会で、第九条は「幣原首相が新憲法の中に書き入れた」と断言した。

第二回目は、彼の『回顧録』の中で込み入った釈明を書く。

「（幣原首相は）一九四六年一月二十四日正午、私の司令部に来て、ペニシリンについて礼を言った。私は彼がどこか当惑《とうわく》げで、躊躇《ちゅうちょ》しているのに気付いたので、言いたいことがあるなら率直に話すように勧めた。すると、彼は新憲法が最終決定する時には、いわゆる戦争放棄条項を含めるよう要求した。同時に彼はいかなる軍事機構も禁止するよう提案した」（西『國破れてマッカーサー』）

この一月二十四日に行われたマッカーサーと幣原との会見から八日後の二月一日、「松本草案」が『毎日新聞』にスクープされて、すぐさま英訳され、マッカーサーに提出された。幣原が「新憲法」として心に抱いたのは「松本草案」である。松本草案の他には政府案はない。幣原は松本草案に賛同していた。

幣原が「新憲法が最終決定する時には」と言ったと、マッカーサーがわざわざ『回顧録』の中で特記したことで、自分が隠そうとしていた真実を無意識にさらけ出してしまっている。幣原やマッカーサーがこの遅い段階まで（松本草案が出てくる八日前まで）、最も重大かつ理想的な条項（戦争放棄）を書き加えることを保留する理由もない。

さらに探求してみると、次のことがわかる。

（一）マッカーサーは、松本委員会の進行について何も知らなかった、と主張しているが、彼はジェームズ・F・バーンズ国務長官（James F. Byrnes・一八八二〜一九七二年）に一九四五年十月から一九四六年三月にかけ、極秘電報で「私は大臣たちに民主主義の原則について教育するため、彼らと幾度も個人的に会った」と述べている。

（二）東京のGHQに配属されていた国務省高官のアチソン顧問は、すでに一九四六年一月七日（『毎日新聞』にスクープされる二十五日前）、マッカーサーに日本政府の松本草案が天皇大権を帝国憲法に規定されたままにしておくつもりですと警告している。マッカーサーにとって、この項目だけでも松本草案を拒絶する十分な理由だった（註・日本人スパイがアチソンに報告したのだ）。

（三）幣原が戦争放棄を自発的に提案したとすれば、「松本草案」のことしか頭にない。検討されていたのは同草案だけであり、幣原は自分が指名した松本博士と緊密な協議を続けていたからだ。

5　マッカーサーの独壇場

二月一日に提出された「松本草案」は、「陸海軍」の代わりに「軍隊」という言葉を含んでいた。さらに、天皇は宣戦と条約締結権を持っており、緊急事態以外は国会の同意を必要とすることになっていた。どの国でも、「緊急事態」の下で戦争を行うものだ。

この草案を一目見たマッカーサーは憤怒《ふんぬ》し、ホイットニーに日本が憲法上、戦争できぬだけでなく自衛さえもできぬようにせよ、と命じた。

マッカーサーがホイットニーに書かせた草案では、「国権の発動たる戦争は放棄する」となった。二月三日のマッカーサー直筆のノートにもそう書いてある。

一九四六年三月七日（日本政府内で極秘にされていた「マッカーサー草案」と酷似した「内閣案」が公表された日）、幣原首相は、ＡＰ記者に「ＧＨＱと内閣との審議中、日本側は戦争放棄条項に何の反対も表明しなかった」と語る。日本側が提案したのなら、「GHQ側は反対しなかった」と言うはずだ。

吉田茂は、「それを提案したのはマッカーサー元帥であり……それに対し幣原男爵は熱意をもってそれに応じたという印象をもっている」と自分の回顧録に書いた。吉田は、五通作成された「GHQ草案」の一通を手渡され、その中の「第八条」に戦争放棄の記述を読んでいたのに、後年、すでに亡くなっていた幣原首相に責任を擦《なす》り付ける。GHQ草案の「第八条・戦争放棄」を日本人で初めて目にしたのは、吉田茂。

現代の私たちは、「第九条」の平和幻想に囚われ、イデオロギー論争をしている。私たちは九条の檻《おり》から抜け出すことができない。日本国民にプライドの鼓動《こどう》が脈打っているのならば、GHQ史料に基づいた正確な考察をするときである。

《参考文献》

・古関彰一『日本国憲法の誕生 増補改訂版』岩波書店・二〇一七年
・高柳賢三、大友一郎、田中英夫編『日本国憲法制定の過程——連合国総司令部側の記録による
Ⅰ 原文と翻訳』有斐閣・一九七二年
・高柳賢三、大友一郎、田中英夫編『日本国憲法制定の過程——連合国総司令部側の記録による
Ⅱ 解説』有斐閣・一九七二年
・西鋭夫『國破れてマッカーサー』中央公論社・一九九八年
・原秀成『日本国憲法制定の系譜〈1〉戦争終結まで』日本評論社・二〇〇四年
・原秀成『日本国憲法制定の系譜〈2〉戦後米国で』日本評論社・二〇〇五年
・原秀成『日本国憲法制定の系譜〈3〉戦後日本で』日本評論社・二〇〇六年
・Hellegers, Dale M. 2002. *We, the Japanese People: World War II and the Origins of the Japanese Constitution, Vol., 1, 2.* Stanford: Stanford University Press.

フーヴァー・トレジャーズ

【文書一】"Memo by Milo E. Rowell," 16 June 1975, *Milo E. Rowell Papers,* Box 1-6.

【文書二】"Record of events on 13 February 1946 when proposed new Constitution for Japan was submitted to the Foreign Minister, Mr. Yoshida, in behalf of the Supreme Commander," *Rowell Papers,* Box 1-5.

【文書三】 "Constitution of Japan," *Rowell Papers*, Box 1-6.

Ⅱ　憲法試案

1　近衛文麿の草案

一九三七（昭和十二）年七夕《たなばた》の夜、北京近郷の盧溝橋《ろこうきょう》で日本軍と中国軍の間で発砲事件が勃発し、それがこじれにこじれ、日中戦争へと悪化する。日中戦争中に総理大臣を務めた近衛文麿《このえふみまろ》（一八九一〜一九四五年）は、米占領がはじまってすぐに、マッカーサー元帥に予約をとらずに面会。政治顧問ジョージ・アチソン（George Atcheson・一八九六〜一九四七年）も同席。その直後、昭和天皇の許可を得て、民主主義的な憲法草案を書く作業に取り掛かる。

十月九日に成立した幣原内閣で、近衛は内大臣府御用掛《ごようがかり》になった。極めて強力な地位である。その権限は憲法改正などを含んでいなかったが、近衛はそれに着手した。

十月十一日、マッカーサーは、幣原首相に一八八九（明治二十二）年の明治憲法を改正せよと命じた。

ＧＨＱが悪の法典と見下していた「明治憲法」を丸写しにした「近衛草案」は、近衛の側近からＧＨＱへ漏れまくる。元帥やホイットニーたちは極度の危機感に襲われる。「近衛草案」が天皇のお墨付《すみつ》きを貰うと、取り下げることが極端に難しくなる。

近衛を失脚させるためにアチソンの提案を受け入れた元帥は、近衛にＡ級戦犯の烙印《らくいん》を押し「十二月十六日までに巣鴨プリズンへ出頭せよ」と命令。十六日（日曜日）の未明、近衛は青酸カリで服毒自殺。

自殺前夜、十五日（土曜日）の深夜、家族や使用人が寝静まった頃、近衛文麿は次男の通隆《みちたか》（一九二二〜二〇一二年・東京大学史料編纂所教授・「霞山会《かざんかい》」会長を歴任）と話し込んでいた。父親の自殺を予感した通隆は、「今夜は一緒に寝ましょうか」と誘ったが、文麿は「いつもの通り独りで寝かせてくれ」「しかし少し話して行ったらどうか」と夜中の二時頃まで話し込む。

その際、通隆は「何か書いておいて下さい」と頼んだ。

「なにか書くものを」と言葉少なめに言った近衛文麿は、次男が差し出した用紙に「字句の整ったものではないが、僕の今の気持ちはこうだ」と書き綴った。これが、近衛文麿の「遺書」となる。

僕は支那事変以来、多くの政治上過誤《かご》を犯した。之に対し深く責任を感じて居るが、所謂《いわゆる》戦争犯罪人として、米国の法廷に於て、裁判を受けることは、堪《た》へ難い事である。殊《こと》に僕は、支那事変に責任を感ずればこそ、此事変解決を最大の使命とした。そして此解決の唯一の途《みち》は、米国との諒解《りょうかい》にありとの結論に達し、日米交渉に全力を尽くしたのである。その米国から今、犯罪人として指名を受ける事は、誠に残念に思ふ。しかし、僕の志は知る人ぞ知る。僕は米国に於てさへ、そこに多少の知己《ちき》が存することを確信する。

戦争に伴う昂奮《こうふん》と激情と、勝てる者の行過ぎた増長と、敗れたる者の過度の卑屈と、故意の中傷と、誤解に本づく流言蜚語《りゅうげんひご》と、是等一切の輿論《よろん》なるものも、いつかは冷静を取戻し、正常に復する時も来よう。其時初めて、神の法廷に於て、正義の判決が下されよう（矢部貞治『近衛文麿』読売新聞社・一九七六年）。

近衛が憲法草案を書いていなければ、マッカーサーからA級戦犯に指名されていなかったかもしれない。

2　政党憲法草案

十月二十五日（木曜日）、幣原内閣は「憲法問題調査委員会」（松本烝治委員長）を設置。幣原首相は閣僚たちと頻繁に会議をして、天皇大権と民主主義の間に横たわる深い溝《みぞ》をどのような言葉で埋めることが出来るかと苦悩した。

その間、各政党も競って独自の憲法案を公表。

一九四五年十一月十一日（日曜日）日本共産党「新憲法の骨子」。
一九四五年十二月二十七日（木曜日）憲法研究会「憲法草案要綱」。
一九四六年一月二十一日（月曜日）自由党「憲法改正要綱」。
一九四六年二月十四日（木曜日）進歩党「憲法改正要綱」。
一九四六年二月二十四日（日曜日）社会党「憲法改正要綱」。

ＧＨＱ民政局は各党の新憲法草案を分析する。

「天皇は臣民《しんみん》の輔翼《ほよく》に依り憲法の条規に従い統治権を行う」と断言した進歩党の草案は、「全提案の中でも最も保守的」であり、「天皇大権がそのまま残っている」「個人の自由、民主的手続きにも欠けている」と一蹴《いっしゅう》された。

「天皇は統治権の総攬者《そうらんしゃ》なり」と言明した自由党案は「進歩党案と五十歩百歩である」と無視された。

「社会党案」は、民政局の受けが良かった。「人権は経済的保障とともに規定されていた。司法権の独立もある。国会は三分の二の多数決で憲法改正ができる。個人の尊重に基づいた政府の機構ができている。国会が国家権力の最高機関になる。市民的自由も完全に保障されている。天皇は政治権力から切り離されている」。

「主権は人民にある」と宣言した共産党の提案は「主権は人民にあり……天皇制は廃止する。基本的人権の完全実施、ことに経済的裏付けに注意を払っている」と褒《ほ》められた。

GHQにとって「共産党案」が最良のものだったが、共産党案であるが故に、口が裂けても言えない。GHQは、日本共産党は極悪人スターリンのスパイの巣だと思っていた。しかし、この時期、GHQの内部には「共産主義シンパ」が相当いたので「共産党草案」が高く評価されたのだ。一年後、GHQ内部で「赤狩り」が始まる。

市民団体も草案を公表したが、民政局は（一）不当な捜索、押収から保護される権利の条項がない、犯罪の追及、刑の執行に際して個人の保護条項がない、（二）婦人参政権、婦人の社会・経済・政治的平等の提案がない、（三）地方自治の提唱もない、と指摘した。

GHQの落胆《らくたん》が見える。日本国民の思想的盲点を見せられた思いだったのだろう。

3　民間憲法草案

市民団体の草案で、民政局の目に留まった草案がある。「ラウエル文書」のなかに残されていたのは「憲法研究会」の草案だ（全文は史料紹介を参照・フーヴァー・トレジャーズ【文書四】）。憲法研究会とは、知識人七名で構成された民間団体。

高野岩三郎《たかのいわさぶろう》（一八七一～一九四九年・七十四歳・東京帝大経済学部教授・大原社会問題研究所所長）

馬場恒吾《ばばつねご》（一八七五～一九五六年・七〇歳・ジャパンタイムズ編集長・評論活動・後に読売新聞社長）

杉森孝次郎《すぎもりこうじろう》（一八八一～一九六八年・六十四歳・早稲田大学教授）

森戸辰男《もりとたつお》（一八八八～一九八四年・五十七歳・社会思想家・初代広島大学学長・後に文部大臣）

岩淵辰雄《いわぶちたつお》（一八九二～一九七五年・五十三歳・政治評論家・貴族院議員）

室伏高信《むろふせこうしん》（一八九二～一九七〇年・五十二歳・雑誌「日本評論」主筆、雑誌「新生」発行）

鈴木《すずき》　安蔵《やすぞう》（一九〇四～一九八三年・四十一歳・憲法学者）

社会運動家の高野岩三郎が「民間で憲法制定の準備・研究をする必要がある」と呼びかけ、憲法研究会を結成した。戦塵《せんじん》が燻《くすぶ》る一九四五年十一月十四日と二十一日に会合を開き、憲法案について議論が交わされた。

憲法研究会のリーダー的存在である東京帝大教授の高野岩三郎は、草案を自ら執筆し、天皇制を廃止し、国家の元首は国民の選挙による大統領を採るべきだと主張。しかし、メンバーの大半は「理論的には共和制に賛成」だが、国民感情を考えると「時期尚早《じきしょうそう》」という意見が多数を占めた。

意見を取りまとめたのは、研究会で最年少の憲法学者の鈴木安蔵。京都帝国大学出身の鈴木は、「治安維持法」で検挙され二年間の投獄生活を送り、出所後の著作『憲法の歴史的研究』は発禁処分の憂き目にあっている。

一九四五年十二月二十三日から鈴木安蔵が憲法案を起草し二十五日に書き上げた。そして、十二月二十六日に（註・公表されたのは二十七日、新聞公表は二十八日ともいわれている）メンバーの七名が集まり、草案に署名。約二ヵ月の奮闘をへて発表された（佐藤達夫『日本国憲法成立史　第二巻』有斐閣・一九六四年）。

4　ラウエルによる憲法研究会の評価

ＧＨＱ民政局のラウエル中佐は、一九四六（昭和二十一）年一月十一日付で「民間団体による憲法改正草案に対する所見」という五ページにもわたる覚書を書き残している。ラウエルは「憲法研究会」の草案を「自由主義的」と高く評価した。

フーヴァー・トレジャーズ【文書五】

（一）国民主権が認められている。
（二）出生、身分、性別、人種、国籍による差別が禁止されており、華族制度が撤廃されている。
（三）労働者に対して、一日八時間労働制、有給休暇、入院無料制、老齢年金を導入している。
（四）国民投票制が規定されている。
（五）国会が皇室経費の財政支出を握っており、繰り越し予算が禁止されている。会計検査院の院長は選挙によって選ばれる。
（六）財産所有の権利は公共の福祉を理由として制限される。

（七）新憲法は十年以内に制定すべきとしている。

その一方で、ラウエルは「憲法は国の最高法規であることを明確に宣言すべき」だと指摘し、「国民の権利」についても次の要件を満たさねばならないと論評した。ラウエル中佐は、特別高等警察の「人権無視」を知っていた。

（一）人身保護令状と同等の諸権利を認める。
（二）刑事事件で迅速な公開裁判を保障する。
（三）二重処罰を禁止する。
（四）自己負罪拒否特権（註・自分に不利益な供述を強要されないこと）を保障する。
（五）不利益な証言に対して刑事被告人に審問する権利を保障する。
（六）弁護士を依頼する権利を刑事被告人に保障する。
（七）不当な捜査や押収から国民を保障する。

（"Comments on Constitutional Revision proposed by Private Group," *Rowell Papers*, Box 1-1.）

ラウエルは憲法を承認するには上記の条件が不可欠だとし、「違憲立法審査権」も導入すべきとした。ラウエルが「憲法研究会」の草案を頭の片隅において、「ＧＨＱ草案」に取り組んだことは疑いもない。日本の政党や民間団体が書いた憲法案では、「憲法研究会」の草案が「日本国憲法」に最も近いものだ。

しかし、「憲法研究会草案」でさえも「戦争放棄」の条項はない。「国民ハ民主主義並平和思想ニ基ク人格完成社会道徳確立諸民族トノ協同ニ努ムルノ義務ヲ有ス」という文言のみだ。

「憲法研究会」は十年以内に新憲法を制定すべきであると期日を定めたが、ＧＨＱは十日以内で日本国憲法を書いた。なぜ、こんな短期間で「ＧＨＱ草案」が誕生したのか。ＧＨＱが絶対的な政治力を行使せざるを得ない状況が迫っていた。

フーヴァー・トレジャーズ【文書四】

憲法研究会の憲法草案要綱（昭和二〇年十二月二十七日発表）

高野岩三郎、馬場恒吾、杉森孝次郎、森戸辰男、岩淵辰雄、室伏高信、鈴木安蔵

根本原則（統治権）

一、日本国ノ統治権ハ日本国民ヨリ発ス

一、天皇ハ国政ヲ親ラセス国政ノ一切ノ最高責任者ハ内閣トス

一、天皇ハ国民ノ委任ニヨリ専ラ国家的儀礼ヲ司ル

一、天皇ノ即位ハ議会ノ承認ヲ経ルモノトス

一、摂政ヲ置クハ議会ノ議決ニヨル

国民権利義務

一、国民ハ法律ノ前ニ平等ニシテ出生又ハ身分ニ基ク一切ノ差別ハ之ヲ廃止ス

一、爵位勲章其ノ他ノ栄典ハ総テ廃止ス
一、国民ノ言論学術芸術宗教ノ自由ヲ妨ケル如何ナル法令ヲモ発布スルヲ得ス
一、国民ハ拷問ヲ加ヘラルルコトナシ
一、国民ハ国民請願国民発案及国民表決ノ権利ヲ有ス
一、国民ハ労働ノ義務ヲ有ス
一、国民ハ労働ニ従事シ其ノ労働ニ対シテ報酬ヲ受クルノ権利ヲ有ス
一、国民ハ健康ニシテ文化的水準ノ生活ヲ営ム権利ヲ有ス
一、国民ハ休息ノ権利ヲ有ス国家ハ最高八時間労働ノ実施勤労者ニ対スル有給休暇制療養所社交教養機関ノ完備ヲナスヘシ
一、国民ハ老年疾病其ノ他ノ事情ニヨリ労働不能ニ陥リタル場合生活ヲ保証サル権利ヲ有ス
一、男女ハ公的並私的ニ完全ニ平等ノ権利ヲ享有ス
一、民族人種ニヨル差別ヲ禁ス
一、国民ハ民主主義並平和思想ニ基ク人格完成社会道徳確立諸民族トノ協同ニ努ムルノ義務ヲ有ス

議　会

一、議会ハ立法権ヲ掌握ス法律ヲ議決シ歳入及歳出予算ヲ承認シ行政ニ関スル準則ヲ定メ及其ノ執行ヲ監督ス条約ニシテ立法事項ニ関スルモノハ其ノ承認ヲ得ルヲ要ス

一、議会ハ二院ヨリ成ル

一、第一院ハ全国一区ノ大選挙区制ニヨリ満二十歳以上ノ男女平等直接秘密選挙（比例代表ノ主義）ニヨリテ満二十歳以上ノ者ヨリ公選セラレタル議員ヲ以テ組織サレ其ノ権限ハ第二院ニ優先ス

一、第二院ハ各種職業並其ノ中ノ階層ヨリ公選セラレタル満二十歳以上ノ議員ヲ以テ組織サル

一、第一院ニ於テ二度可決サレタル一切ノ法律案ハ第二院ニ於テ否決スルヲ得ス

一、議会ハ無休トス

ソノ休会スル場合ハ常任委員会ソノ職責ヲ代行ス

一、議会ノ会議ハ公開ス秘密会ヲ廃ス

一、議会ハ議長並書記官長ヲ選出ス

一、議会ハ憲法違反其ノ他重大ナル過失ノ廉ニヨリ大臣並官吏ニ対スル公訴ヲ提起スルヲ得之カ審理ノ為ニ国事裁判所ヲ設ク

一、議会ハ国民投票ニヨリテ解散ヲ可決サレタルトキハ直チニ解散スヘシ

一、国民投票ニヨリ議会ノ決議ヲ無効ナラシムルニハ有権者ノ過半数カ投票ニ参加セル場合ナルヲ要ス

内　閣

一、総理大臣ハ両院議長ノ推薦ニヨリテ決ス
各省大臣国務大臣ハ総理大臣任命ス

一、内閣ハ外ニ対シテ国ヲ代表ス

一、内閣ハ議会ニ対シ連帯責任ヲ負フ其ノ職ニ在ルニハ議会ノ信任アルコトヲ要ス

一、国民投票ニヨリテ不信任ヲ決議サレタルトキハ内閣ハ其ノ職ヲ去ルヘシ

一、内閣ハ官吏ヲ任免ス

一、内閣ハ国民ノ名ニ於テ恩赦権ヲ行フ

一、内閣ハ法律ヲ執行スル為ニ命令ヲ発ス

司　法

一、司法権ハ国民ノ名ニヨリ裁判所構成法及陪審法ノ定ムル所ニヨリ裁判之ヲ行フ

一、裁判官ハ独立ニシテ唯法律ニノミ服ス

一、大審院ハ最高ノ司法機関ニシテ一切ノ下級司法機関ヲ監督ス

大審院長ハ公選トス国事裁判所長ヲ兼ヌ

一、大審院判事ハ第二院議長ノ推薦ニヨリ第二院ノ承認ヲ経テ就任ス

一、行政裁判所長検事総長ハ公選トス

一、検察官ハ行政機関ヨリ独立ス

一、無罪ノ判決ヲ受ケタル者ニ対スル国家補償ハ遺憾ナキヲ期スヘシ

会計及財政

一、国ノ歳出歳入ハ各会計年度毎ニ詳細明確ニ予算ニ規定シ会計年度ノ開始前ニ法律ヲ以テ之ヲ定ム

一、事業会計ニ就テハ毎年事業計画書ヲ提出シ議会ノ承認ヲ経ヘシ特別会計ハ唯事業会計ニ就テノミ之ヲ設クルヲ得

一、租税ヲ課シ税率ヲ変更スルハ一年毎ニ法律ヲ以テ之ヲ定ムヘシ

一、国債其ノ他予算ニ定メタルモノヲ除ク外国庫ノ負担トナルヘキ契約ハ一年毎ニ議会ノ承認ヲ経ヘシ

一、皇室費ハ一年毎ニ議会ノ承認ヲ経ヘシ

一、予算ハ先ツ第一院ニ提出スヘシ其ノ承認ヲ経タル項目及金額ニ就テハ第二院之ヲ否決スルヲ得ス

一、租税ノ賦課ハ公正ナルヘシ苟モ消費税ヲ偏重シテ国民ニ過重ノ負担ヲ負ハシムルヲ禁ス

一、歳入歳出ノ決算ハ速ニ会計検査院ニ提出シ其ノ検査ヲ経タル後之ヲ次ノ会計年度ニ議会ニ提出シ政府ノ責任解除ヲ求ムヘシ

会計検査院ノ組織及権限ハ法律ヲ以テ之ヲ定ム

会計検査院長ハ公選トス

経　済

一、経済生活ハ国民各自ヲシテ人間ニ値スヘキ健全ナル生活ヲ為サシムルヲ目的トシ正義進歩平等ノ原則ニ適合スルヲ要ス

各人ノ私有並経済上ノ自由ハ此ノ限界内ニ於テ保障サル

所有権ハ同時ニ公共ノ権利ニ役立ツヘキ義務ヲ要ス

一、土地ノ分配及利用ハ総テノ国民ニ健康ナル生活ヲ保障シ得ル如ク為サルヘシ

寄生的土地所有並封建的小作料ハ禁止ス

一、精神的労作著作者発明家芸術家ノ権利ハ保護セラルヘシ

一、労働者其ノ他一切ノ勤労者ノ労働条件改善ノ為ノ結社並運動ノ自由ハ保障セラルヘシ之ヲ制限又ハ妨害スル法令契約及処置ハ総テ禁止ス

補則

一、憲法ハ立法ニヨリ改正ス但シ議員ノ三分ノ二以上ノ出席及出席議員ノ半数以上ノ同意アルヲ要ス

国民請願ニ基キ国民投票ヲ以テ憲法ノ改正ヲ決スル場合ニ於テハ有権者ノ過半数ノ同意アルコトヲ要ス

一、此ノ憲法ノ規定並精神ニ反スル一切ノ法令及制度ハ直チニ廃止ス

一、皇室典範ハ議会ノ議ヲ経テ定ムルヲ要ス

一、此ノ憲法公布後遅クモ十年以内ニ国民授票ニヨル新憲法ノ制定ヲナスヘシ

《参考文献》

・佐藤達夫『日本国憲法成立史 第二巻』有斐閣・一九六四年
・西鋭夫『國破れてマッカーサー』中央公論社・一九九八年
・矢部貞治『近衛文麿』読売新聞社・一九七六年

フーヴァー・トレジャーズ
【文書四】「憲法研究会の憲法草案要綱」*Rowell Papers*, Box 1-2.
【文書五】"Comments on Constitutional Revision proposed by Private Group," *Rowell Papers*, Box 1-1.

Ⅲ　世紀のスクープ

1　漏洩した松本草案

一九四六（昭和二十一）年二月十三日（水曜日）は、日本の命運を分けた日。

その十二日前に大事件が起こった。二月一日（金曜日）、『毎日新聞』が超極秘の「松本草案」の全文をスクープした。この世紀の特ダネがなければ、GHQ直筆憲法が一週間で作成されることはなかった。

『毎日新聞』にすっぱ抜かれた「松本草案」は、すぐさまGHQで翻訳された。ホイットニー准将は松本（政府）案の英訳を同封して、マッカーサー元帥に進言。

フーヴァー・トレジャーズ【文書六】

ホイットニー准将からマッカーサー元帥へ

一九四六年二月二日付

（一）昨日の二月一日、『毎日新聞』は憲法問題調査委員会（註・松本委員会）が作成した憲法改正案と称する文書をスクープし掲載しました。「松本草案」の仮訳を同封いたします（附属文書A）。

（二）「松本草案」は極めて保守的な内容で、天皇の地位になんら変更を加えておりません。天皇はすべての統治権を保持しているのです。その他に問題もありますが、この理由だけでも「松本草案」はマスコミや国民の間でも評判が芳《かんば》しくありません。

（三）日本政府は公式に不祥事が起きたことを認めております。昨夜、内閣書記官長の楢橋渡《ならはしわたる》は『毎日新聞』にスクープされた改正草案は松本委員会のものではないと公式に否定しましたが、同時に楢橋は松本委員会のメンバーによって作成された案に近いと認めております。

（四）『毎日新聞』に掲載された草案は松本烝治による草案と思われます。なぜなら、昨日、松本は新聞記者に対して、文言の若干の変更を除けば、天皇の地位は改正憲法においても実質的に同じであると述べているからです。

（五）今朝、外務省から電話があり、二月五日午前に予定されていた吉田茂外相との非公式会談を延期したいと申し入れがありました。「松本草案」を議論する予定でしたが、七日に変更を求めてきました。私は会談を二月十二日にまで延期しました。なぜなら、吉田外相の世論を測る観測気球が失敗したので、憲法問題調査委員会が忠実に「ポツダム宣言」に従い、真剣に憲法改正に取り組むと考えたからです（註・ホイットニーは『毎日新聞』のスクープを吉田たちの「世論工作」と見ていたようだ）。

（六）すべてを「極秘」にしたい吉田外相が心配しなくてもよいように、私が極秘会談を延期したのは得策だと考えたからです。なぜなら、マッカーサー元帥の立場からみられて、憲法改正の主導権を握っている極右派が誤った方向に突き進んでいることが判明したからです。日本政府が決めた憲法改正案がＧＨＱにとって受け入れ難い場合、最初からやり直すことを強制しなければなりません。それよりも、日本政府が憲法改正案を正式に提出する前に、ＧＨＱから指導を与える方が戦略として優れていると思い、ご提案させて頂きます。

コートニー・ホイットニー
陸軍准将
民政局長

（“Memorandum: For the Supreme Commander, Subject: Constitution Reform (Matsumoto Draft), From: Courtney Whitney,” *Rowell Papers*, Box 1-3.・著者訳）

英訳された「松本草案」がホイットニーの覚書と共に元帥に宛てられた。ホイットニー准将は、漏れたのは「松本草案」に違いないと確信している。日本トップの憲法学者が三ヵ月の懸命の努力を結集した「松本草案」を一瞥《いちべつ》したマッカーサーは、激怒激憤。「旧明治憲法の言葉を換えたものにすぎない」「三ヵ月かかっても、憲法は全く同じである。いや、悪くなった」。

マッカーサーは松本個人を攻撃し、「極めて極右的（an extreme reactionary）であり、独断的であらゆる審議を牛耳っていた」と吐き捨てる。民政局の松本評価は、「天皇制（Emperor System）護持と国体維持に最も熱烈で、完璧な保守派である」。

二月五日に予定されていた吉田外務大臣との会議延長を請う連絡が二月二日にＧＨＱに入る。ホイットニー准将は一週間の猶予を与えた。「松本草案」が不評だったので、日本側が憲法草案を造り直してくる、と淡《あわ》い期待をかけた。それと同時に、ＧＨＱが日本政府を指導すべく動きだした。

『毎日新聞』によるスクープ報道がGHQを硬化させたことは確実だ。マッカーサーは、日本政府がもはや民主的な新憲法を書けないと判断し、自ら憲法を執筆する決断に至る。

2　憲法問題調査委員会と密告者

松本改正案が『毎日新聞』に暴露《ばくろ》され、日本政府も衝撃を受けた。

二月一日の閣議で松本烝治大臣は、「憲法問題調査委員会の甲案でも乙案でもなく、研究の過程においてつくった一つの案にすぎないものであったので、委員会の案としてきまったものではない」と弁明。スクープされたことに対して内閣に責任は全くないと言い張った(入江俊郎『憲法成立の経緯と憲法上の諸問題』第一法規出版・一九七六年)。

内閣書記官長の楢橋渡《ならはしわたる》(一九〇二〜一九七三年)は、松本委員会のメンバーによって作成された案に近いことを認めた。漏洩《ろうえい》した犯人は誰だ。

憲法問題調査委員会名簿(一九四六年二月一日現在)

委員長　松本《まつもと》　烝治《じょうじ》(国務大臣・元東京帝国大学教授)

顧　問　清水《しみず》　澄《とおる》(枢密院副議長・帝国学士院会員)

委員

美濃部《みのべ》達吉《たつきち》（帝国学士院会員・元東京帝国大学教授）
野村《のむら》淳治《じゅんじ》（東京帝国大学教授）
宮澤《みやざわ》俊義《としよし》（東京帝国大学教授）
清宮《きよみや》四郎《しろう》（東北帝国大学教授）
河村《かわむら》又介《またすけ》（九州帝国大学教授）
諸橋《もろはし》襄《のぼる》（枢密院書記官長）
小林《こばやし》次郎《じろう》（貴族院書記官長）
大地《だいち》真《まこと》（衆議院書記官長）
野田《のだ》卯一《ういち》（大蔵省主計局長）
奥野《おくの》健一《けんいち》（司法省民事局長）
楢橋《ならはし》渡《わたる》（内閣書記官長）
石黒《いしぐろ》武重《たけしげ》（法制局長官）
入江《いりえ》俊郎《としお》（法制局次長）
佐藤《さとう》達夫《たつお》（法制局第一部長）

補助員

刑部《ぎょうぶ》荘《とおる》（東京帝国大学教授）
佐藤《さとう》功《いさお》（東京帝国大学講師）
窪谷《くぼのや》直光《なおみつ》（大蔵書記官）

外に嘱託　古井《ふるい》喜実《よしみ》（元内務次官）
（参照・芦部信喜、高見勝利、高橋和之、日比野勤編『日本国憲法制定資料全集（一）』信山社・一九九七年）

『毎日新聞』に流出した資料は、委員の宮澤俊義《みやざわとしよし》（一八九九〜一九七六年・東京帝大教授・憲法学者）がとりまとめた草案だった。松本大臣が執筆した憲法試案は、宮澤委員によって形式が整えられ、委員の意見をまとめた草案など数種類が作成されていた。
宮澤俊義は、大正デモクラシーで活躍し「天皇機関説」を提唱した美濃部達吉《みのべたつきち》（一八七三〜一九四八年・東京帝大名誉教授）の愛弟子《まなでし》。「松本草案」に協力していた宮澤委員は、後に「八月革命説」を提唱。八月革命説とは、一九四五年八月に日本が「ポツダム宣言」を受諾し、国家の主権が天皇から国民へ移り、憲法は国民が制定したと述べる説だ。戦後、宮澤は憲法学の権威的存在となる。

3　迷宮入りの特ダネ

特ダネをつかんだ記者は、西山柳造《にしやまりゅうぞう》（一九一六〜二〇〇五年）である。一九一六（大正五）年生まれの西山は、東北帝国大学法学部を卒業し、一九四二年に毎日新聞社に入社。

アジア・太平洋戦争に従軍し、敗戦後は再び『毎日新聞』の政治部記者として活躍した人物だ。西山は五〇年間以上も情報源を明かさない。さまざまな憶測が流れた。

（一）政府高官によるリーク

用心深いホイットニー准将が吉田茂の「観測気球」ではないかと見方を示しているように、政府高官が意図的に新聞社にリークをしたのではないか。「松本草案」を値踏みし、世論の動向を確かめるためだ。ところが、日本国内の反響は不評だったので、ホイットニーは「観測気球は失敗した」と表現した。これはホイットニーの深読みしすぎだろう。

草案発表直前で日本政府がわざわざ手の込んだ方法をとるのか。吉田茂は「内密」「極秘」と何度もホイットニーに懇願した政治家だ。憲法草案の情報を新聞社に流すことにメリットがあるのか。日本政府の誰が得をするのか。

（二）宮澤俊義の弟によるリーク

憲法問題調査委員会のメンバーのなかに『毎日新聞』の関係者がいる。憲法学者の宮澤俊義だ。宮澤の弟（明義）は毎日新聞の記者をしており、「松本草案」に深く関与している宮澤の身内から情報が漏れた疑いがある。しかし、宮澤明義は文化部の記者であり、本人も強く否定している。特ダネをつかんだ西山記者も、情報源は宮澤記者ではないと打ち消した（古関彰一『日本国憲法の誕生 増補改訂版』岩波書店・二〇一七年）。

半世紀以上たった一九九七（平成九）年、西山記者はようやく草案の入手先を明らかにした。「草案は政府の憲法問題調査委員会の事務局から入手した」と証言する。本人の説明なので鵜呑《うの》みにすることは禁物だ。

首相官邸一階にあった松本委員会の事務局に協力者がおり、極秘に草案を借りだした……（中略）……当時、有楽町にあった毎日新聞東京本社に草案を持ち込み、デスク以下で手分けして書き写したうえ、一時間後に元に戻した（「憲法草案スクープ 西山柳造氏インタビュー」『毎日新聞』一九九七年五月三日）。

西山記者は事務局の誰が協力したかまでは答えない。当時、日本で最も重要な文書を極秘に手渡してくれた事務員の名前が分からないのではなく、知っているから明かさなかったのだ。事務局の謎の男か女は、松本草案を暴露することで、ある野党を応援していたのだろう。日本国憲法の誕生に深く関わる特ダネは「迷宮入り」。

4 憲法改正権限

『毎日新聞』にスクープが掲載された一九四六年二月一日（金曜日）、ホイットニー准将からマッカーサー元帥に重要な覚書が宛てられた。「松本草案」の英訳がＧＨＱで行われている間に、ホイットニーは日本国憲法を改正する権限をマッカーサー元帥が保持しているとご報告する。

フーヴァー・トレジャーズ【文書七】

一九四六年二月一日付

ホイットニー准将からマッカーサー元帥へ

日本の憲法改正は急速に峠《とうげ》にさしかかりつつあります。いくつかの改正案が日本政府や民間によって起草されました。憲法改正は、まもなく始まる総選挙の争点になるでしょう。

現況下で、最高司令官であられるマッカーサー元帥が日本の憲法を根本的に変革する際、権限がどこまで及ぶのか考察いたしました。日本政府によって作成された憲法案を元帥が承認されるか、されないか、または日本政府に命令や指令を発することができるのかという問題です。

私の意見を申し上げさせていただきますと、極東委員会による政策決定が発表されていない限り、元帥は日本の占領を任されている権限と同じように憲法改正の権限があります。当然のことながら、極東委員会の政策決定があれば、元帥といえども拘束をうけることになります……（後略）……

米国陸軍准将・民政局局長
コートニー・ホイットニー

（"Memorandum: For the Supreme Commander, Subject: Constitution Reform, From: Courtney Whitney," *Rowell Papers*, Box 1-2.・著者訳）

ＧＨＱが独断で憲法改正を実施できるかを精査した報告書だ。ホイットニー准将は、「松本草案」がスクープされる以前から憲法改正権限がＧＨＱにあるのか調べていたのだろう。

マッカーサーが憲法改正を命令した場合、法的な根拠が必要なのだ。さもないと、第二次世界大戦に勝利した連合国（とくにソ連や英国）から批判の矢面《やおもて》に立たされ、マッカーサーの面子《めんつ》が潰れかねない。

ホイットニー率いる民政局は、極東委員会が憲法改正の方針を正式に決定する前であればマッカーサーに絶対的な権限があると結論を導き出した。

マッカーサーが独断で憲法改正をするには二つの足枷《あしかせ》があった。「極東委員会」と「対日理事会」である。米国による日本占領が開始された当初から、ソ連は日本の分割占領を主張し米国の単独占領に猛反発していた。米国政府は、ソ連の不平を鎮《しず》めるため、東京に

「対日理事会」、ワシントンの旧日本大使館に「極東委員会」を設置した。

極東委員会の初めての会合は、一九四六（昭和二十一）年二月二十六日に予定されていた。マッカーサーに残されている時間は、一ヵ月もない。マッカーサーは極東委員会に先を越されないように先手を打つ。

ホイットニー報告に力づけられたマッカーサーは、自ら憲法改正に乗り出せるだけの根拠を手に入れた。「松本草案」のスクープと相まって、「マッカーサー直筆憲法」へと拍車がかかる。

ホイットニー准将がマッカーサー元帥へ憲法改正権限について進言したのは、『毎日新聞』（二月一日）の「松本草案」スクープで衝撃を受け、日本政府はGHQが望んでいるような憲法を書けないと判断したからだ。

GHQは、憲法制定の主導権を日本から奪い取る。

二月三日に「マッカーサー三原則」が提示され、ホイットニーは「GHQ草案」の締め切り日をリンカーン誕生日の二月十二日に設定（コートニー・ホイットニー『日本におけるマッカーサー』毎日新聞社・一九五七年）。

二月四日から十二日までのわずか九日間で「GHQ草案」が書き上げられ、二月十三日に、吉田茂、松本烝治、白洲次郎に有無を言わさず「GHQ草案」が手渡された。

ワシントンで極東委員会の会合が始まる前に、東京のマッカーサーはすでに「松本草案」を拒絶し、ホイットニーに「GHQ草案」を用意させ、それを幣原内閣に押し付けた。同時に、GHQはまだ機能していない極東委員会を持ち出し、極東委員会は皇室廃止ばかりでなく天皇の死刑さえ考えており、日本政府がマッカーサー草案を拒否すれば、自分としてはどうすることもできないと脅し、「GHQ草案」を既成事実化した。

吉田外相は、マッカーサーがなぜこのように早急に動いたか分からないと言いながら、「どの国の軍人にも共通の、性急さによるもの」と推測している。問題の焦点は、軍人マッカーサーの「性急さ」ではない（西鋭夫『國破れてマッカーサー』中央公論社・一九九八年）。

マッカーサーが強硬な態度に出たのは、占領で最も重要な成果（新憲法）をめぐり、極東委員会の出鼻を挫《くじ》き、無力にしたかったからだ。極東委員会が日本占領の政策決定機関として動き始める前に、彼は最も華々しい業績を自分だけで成し遂げたい。

マッカーサーは俊敏さと強引さで圧勝した。東京で新憲法が成立したため、ワシントンの極東委員会には重大な政策事項はなくなった。マッカーサーがのちに極東委員会を「討論サークル」と侮辱したのもうなずける。

日本側（吉田茂や松本烝治）が言葉を挟む機会は、全くなかった。日本政府は、マッカーサー憲法草案を和文に翻訳する仕事につかされた。それも「早くしろ」と急かされながら。

《参考文献》

・芦部信喜、高見勝利、高橋和之、日比野勤編『日本国憲法制定資料全集（二）』信山社・一九九七年
・入江俊郎『憲法成立の経緯と憲法上の諸問題——入江俊郎論集』第一法規出版・一九七六年
・古関彰一『日本国憲法の誕生 増補改訂版』岩波書店・二〇一七年
・コートニー・ホイットニー『日本におけるマッカーサー——彼はわれわれに何を残したか』毎日新聞社外信部訳・毎日新聞社・一九五七年
・西鋭夫『國破れてマッカーサー』中央公論社・一九九八年
・「憲法草案スクープ 西山柳造氏インタビュー」『毎日新聞』一九九七年五月三日

フーヴァー・トレジャーズ

【文書六】“Memorandum: For the Supreme Commander, Subject: Constitution Reform (Matsumoto Draft), From: Courtney Whitney,” *Rowell Papers*, Box 1-3.
【文書七】“Memorandum: For the Supreme Commander, Subject: Constitution Reform, From: Courtney Whitney,” *Rowell Papers*, Box 1-2.

Ⅳ　虚像の男・白洲次郎

1　「ジープ・ウェイ・レター」

一九四六（昭和二十一）年二月十三日（水曜日）、ホイットニー准将から吉田茂外相に「ＧＨＱ草案」が手渡された。「ＧＨＱ草案」に衝撃を受けた吉田は、幣原首相と閣僚たちに報告する。全員、茫然自失《ぼうぜんじしつ》。閣議では、ＧＨＱに「松本草案」の再評価を促すことになった。

二日後、二月十五日（金曜日）、白洲次郎（二日後に四十四歳）が松本大臣と吉田外相の期待を代弁してホイットニー准将に英文の手紙「ジープ・ウェイ」を送る。

フーヴァー・トレジャーズ【文書八】

白洲次郎からホイットニー准将宛の手紙

一九四六年二月十五日付

我が親愛なるホイットニー准将閣下

昨日、GHQ本部（註・皇居前の第一生命ビル・現存）で准将に偶然お目にかかった時、私の意見にご興味をもっておられるようでしたので、勇気をだしてこの手紙を差し出させていただきます。

GHQ草案を受け取った松本博士や閣僚の反応を思いつくまま、述べたいと存じます。

GHQ草案は、彼らに衝撃を与えました。松本博士は、若い頃、過激なほどの社会主義者であり、現在でも自由主義者（liberal）と信じております。その松本博士ほどの地位と資質を持ってしてもGHQ草案に驚愕いたしました。（第一線の法学者であられる博士があれほどの衝撃を受けられたのですから、永きにわたり彼が憲法学で指導的地位を保っていましたが、その地位の維持は難しくなっています。）

松本博士は、GHQ草案と松本草案の目指すところは一つであり、精神は共通であると信じております。博士は、准将と同じように、いや准将よりも、日本の行く末を憂慮しております。日本は博士の母国なのですから、当然でしょう。博士は常々、日

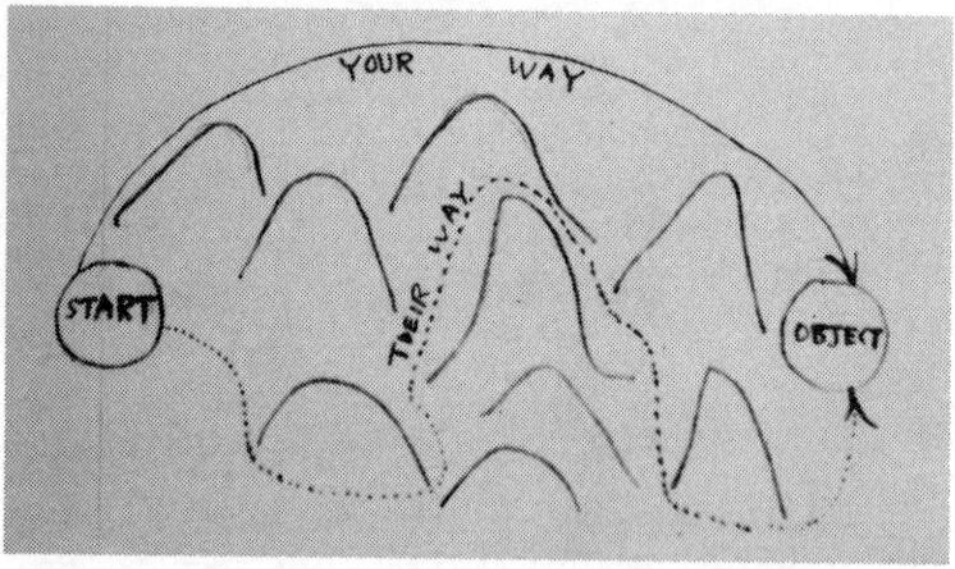

"Letter : The Jeep Way Letter from Jiro Shirasu," *Rowell Papers,* Box 1-5.

本が非立憲国であることを嘆き、立憲的で民主的な原理を根付かせるべきだと願っておりました。

松本博士と閣僚たちは、GHQと日本政府が目指す最終目的地は同じなのですが、私は目的地に至る道順を選ぶのに大きな違いがあると感じております。GHQの道は、最短ルートの一直線でアメリカ流です。日本の道路は、回り道で、曲がりくねり狭いので、日本流にならざるを得ません。GHQの方法は滑走路のようだと言えるでしょう。日本の流儀は、でこぼこ道を走るジープのようなものです。（日本道路は悪路だと承知しております。）松本博士は、次のような印象を描きました。

私は、准将のお立場を十分理解し敬意を払っております。私は、アメリカのさまざまなことを高く評価しており、今でもリンドバーグが初めて単独大西洋横断飛行をした偉業を讃《たた》えております。しかし、アメリカでもリンドバーグのような人物は稀でございます。日本においても、リンドバーグのような傑作の人物がこれまで登場したかどうか分かりません。

私は日本の閣僚の方々の見解も理解しております。近年、日本では政党政治が機能していませんでしたので、閣僚たちは国民が改正案をどこまで支持してくれるのか、見当もつかないのです。閣僚たちは、毎朝の新聞で極端な左翼に扇動された暴動の記事を読み恐れておりますが、大多数の国民は共産主義を忌《い》み嫌い、天皇を深く敬愛していると理解しております。閣僚たちが心配していることは、あまりにも急進的な改正案が国会に提出されると、帝国議会で痛烈な反対ヤジを受けて、政府が提案を取り下げる窮地へ追い込まれ、失敗することです。彼らは、用心深く慎重に時間をかけることが大切だと考えております。

閣僚たちは、日本で政党政治が機能していた時代を鮮明に覚えております。政党が大局を見通せず、目先の事にとらわれ汚職などで腐敗していたこともありましたが、政党政治こそが「民主的原理」であると広く知られていました。

以前、日本国内のいたるところで、軍人は侮蔑《ぶべつ》視されていたのです。将校がサーベルをぶら下げて路面電車に乗ることさえ出来ませんでした。軍事予算は、あらゆる分野で大胆に削られました。ですが、准将もご存じのように、激しい反発が起こり、軍国主義が台頭してきたのです。それゆえ、閣僚たちは徹底的な大改革をすぐさま実行することを非常に恐れているのです。「GHQ憲法草案」は間違いなく極端な反動を誘発しますので、感情的な反発を避けるために、ゆっくりと慎重に進めてゆきたいと願っております。

私は、すべての閣僚は憲法改正を発議する権利が天皇陛下ではなく、帝国議会に与えられれば、政治的な戦いはほぼ勝利を収め、今後組まれる内閣も国民の意思に従い、憲法改正にこぎつけると考えております。

このような小言を書き連ねてしまいましたので、紙不足に拍車をかけたのではないかと案じております。しかし、准将は私の欠点をお許しくださると思います。なにせ、亡き父親の性格を受け継いでしまったのですから。

謹言
白洲次郎

（"Letter: The Jeep Way Letter from Jiro Shirasu," *Rowell Papers*, Box 1-5.・著者訳）

白洲は、幣原内閣が「GHQ草案」に大きな衝撃を受けたことを伝え、憲法改正の目的は同じだが、そこに至るまでの道筋が違うのだと説明を試みる。急激な改正案をごり押しすると、廃止になった軍隊や国民が反乱を起こす可能性があるので、日本の実情に沿うように憲法案をゆっくりと時間をかけて修正させようとした。急速に改正案を推し進めると、戦前に「軍国主義」が台頭したように、こんどは極左の「共産主義」が台頭すると仄《ほの》めかす。米国政府も東京のGHQも、すでに世界で冷戦が始まっている現実を鑑みて、日本共産党を極度に恐れており、スパイたちを潜らせていた。

白洲は、松本烝治国務大臣を熱烈な「社会主義者」であり「自由主義思想」の持ち主であると触れ込む。GHQとの交渉のためとは言え、見え透いた嘘をつく。ホイットニー准将の猜疑心《さいぎしん》を駆り立てたに違いない。白洲は、なぜ「松本草案」が即死したのか分かっていない。

白洲次郎には占領終結後から、輝しき神話が捏造《ねつぞう》され、「GHQから恐れられた男」とまで評価されている。白洲の手紙がGHQを躊躇《ちゅうちょ》させたのか。ホイットニー准将は白洲の手紙を部下たちに回覧して共に嘲笑《ちょうしょう》したろう。マッカーサー元帥も、この「慎重な日本流で改革する」のは、国粋主義者や極右たちが言い訳に利用し、何も変えないようにするための煙幕《えんまく》だと熟知していた。

芦屋《あしや》の富豪の家に生まれ、背が一七五センチと高く、その上ハンサムで、春夏秋冬、お誂《あつら》えの背広で一寸の隙もなく、スポーツ・カーを乗り回し、ケンブリッジ大学に遊学した白洲の心の奥深くに、アメリカ人を舐めていることが文面からにじみ出ている。ホイットニーがそれを見逃すわけがない。白洲の英文はイギリス英語のスペルだ。幼稚なジープが山道を登るイラストまで描いた白洲の短い手紙は、吉田や松本の期待や願望を永久に潰した。

白洲がマッカーサー元帥の右腕ホイットニー准将への私書に手書きでジープが山道を登っている絵を描いて日本の窮地を説明したことは、ホイットニーの逆鱗《げきりん》に触れたろう。バカにしているのか、と思ったに違いない。

ダメ押しは、手紙の終わりに白洲の父親に言及したことだ。白洲文平《しらすぶんぺい》（一八六九〜一九三五年）は、ハーヴァード大学を卒業し三井銀行や鐘紡《かねぼう》を経て、綿花貿易で巨万の富を築く。豪快な遊び人で「白洲将軍」とまで囃《はや》された。なぜ、その父親をわざわざ手紙で登場させたのか。真意は不明だが、身の程をわきまえずホイットニーに手紙を送ったことは、父親譲りの性分だと責任転嫁をしようと試みたのだろうが、白洲の手紙を読んだホイットニーに通じていないだろう。

白洲がホイットニー准将へ手紙を送った時、日本全土は米空軍の無差別攻撃で破壊状態の焦土《しょうど》。飢えた国民には明日への希望もなかった。わずか六ヵ月前、米軍は日本の非戦闘市民の頭上に原子爆弾二発を落とし、日本から無条件降伏を勝ち取った。戦闘に関わったこともない白洲は「無条件降伏」の現状を理解しておらず、勇者マッカーサーの側近中の側近と交渉するかのごとく非礼な手紙を書いた。「白洲に勇気があった」の次元ではない。現状を把握できていない無知な男の無謀な行動だった。それを許すホイットニーではない。吉田がみずから危ない手紙を書かず、白洲に書かせたのは、吉田の老獪《ろうかい》さか。

2　返り討ちにされた白洲次郎

一九四六（昭和二十一）年二月十六日（土曜日）、ホイットニー准将は前日に受け取った白洲次郎の手紙に返答する。

フーヴァー・トレジャーズ【文書九】

ホイットニー准将から白洲次郎へ返信

一九四六年二月十六日付

白洲次郎さま

あなたの十五日付の手紙を受け取りました。二月十三日にマッカーサー元帥の名代として手渡した「ＧＨＱ案」に対する松本博士と閣僚の方々の感想を率直に書き連ねて頂き、ありがとうございます。

二月十三日の午後、ＧＨＱ本部のロビーであなたと会った際に少し話しました。私は、あなたの手紙で松本博士がＧＨＱ草案に全面的に賛同していると聞き嬉しく思います。これは、松本博士が先見の明のある指導者であることを証明するものです。このような指導力が敗戦日本で求められている重要な素質です。

しかし、大きな問題が残っています。それは、松本博士と閣僚の方々が異論反論を述べることなく、忠実かつ積極的に憲法改革を実行する道徳的勇気を持っているのかという問題です。

まだあります。彼らがマッカーサー元帥の考えを心より共有し、権利と自由の闘士となる決意を固めているのでしょうか。過去の壊滅的失敗に学び、今から平和の道を目指し、戦争を悪と見る新しい日本を樹立し、国際社会の仲間として人権の維持と発展に献身できる国になれるのでしょうか。できないのなら、必要な素質を備えている次の世代の指導者に政権を譲るべきではないか、ということです。

あなたは、同じ目的を追求する時、日本と米国では方法が違うことを絵図で説明してくれました。私は、この違いを十分理解しています。しかし、この違いこそが現在の日本の苦境の根本原因でしょう。ゆっくりと動く時間的な余裕はありません。

松本博士と閣僚の方々が見落としている事実があります。憲法を改正して米国と共通の目的を達成するには、GHQ草案に書かれた元帥の諸原則を実行できる人物が必要だということです。元帥の確固たる支持を得ることで、取り組む人の政治的権力は高まります。つまり、事務的な手続きや議会運営や国民生活を心配することなく、敏速に憲法改正を実施できる人材が必要なのです。日本政府とマッカーサー元帥の支持を得さえすれば、帝国議会でヤジを受けるようなことはありません。

マッカーサー元帥は、日本国民の伝統の拠り所である天皇を深く理解しておられます。元帥は、憲法草案において天皇と皇統を尊厳がある地位に留めておこうとしておられます。同時に、政治権力は国民が握ることを大前提としております。これらの目的は正確に日本国民に知らせるべきことです。元帥は、次の総選挙が実施される前に、日本国民に政治改革について十分に知らせるべきだと決意しておられます。新しく選ばれる国会で、国民が自由に意見を表明できるようにすべきなのです。

GHQ草案は、明確かつ簡潔に書かれているので、誤解を招く恐れは全くありません。元帥は用語のささいな変更や手続きの規定を否定されているのではありません。憲法草案が日本国民に理解され、確実に運用されることを願っております。しかし、元帥はGHQ案の基本原則が損なわれることを絶対に許しません。不必要な遅滞工作も許されません。

十三日に閣僚の方々に伝えたように、マッカーサー元帥は人類の意識が向上し、すべての人が求めている基本的人権を日本国民に与えておられるのです。この憲法は、戦禍で苦しんでいる日本が世界のなかで平和を愛する道徳的な指導者になれる機会を与えているのです。

日本の憲法改正問題は、日本国民だけの関心事に留まりません。日本国民とマッカーサー元帥だけの課題ではないのです。繰り返しますが、連合国の管理下に置かれている日本が解放されるためには、占領から独立させてもらえるのには、海外の世論を十分に満足させなければならないことをしっかりと認識していただく必要があります。

閣僚の方々の頭に叩き込んでいただきたいことは、日本政府がこの改正問題に真剣に取り組まないまま時間が経ち、ついにマッカーサー元帥が自ら乗り出さなければならない事態になれば、外部（註・極東委員会）から敗戦日本に対して目も当てられない荒療治となる憲法が押しつけられてくる可能性が極めて高いということです。

手紙のなかで白洲氏は「ＧＨＱ草案」を「あまりに急進的」と表現しておりますが、やがて外部から押しつけられるかもしれない憲法草案では「急進的」どころか、元帥がＧＨＱ案で維持されようとしている日本の伝統や機構さえも跡形もなく壊されてしまうでしょう。

最後に、十五日付のお手紙で率直に意見を述べてくださったあなたの熱意にお礼申しあげます。

敬具

コートニー・ホイットニー
アメリカ合衆国陸軍准将

（"Letter: Answering Jeep Way Letter," *Rowell Papers*, Box 1-5.・著者訳）

返信が吉田や松本に読まれることを分かっているホイットニーは、松本博士を先見の明のある素晴らしい政治家とおだて、博士が憲法改正に賛成しているのは力強いことだが、日本を再建するにはさらなる道徳的勇気が必要であると説く。

しかし、「GHQ案」を変更することは一切認めず、遅らせるような策略は絶対に許さないと釘を刺す。注目すべきは、日本がGHQ案を飲まなければ、米国以外の戦勝国が煮え湯のような憲法を押しつけてくるぞと脅していること。天皇陛下と皇室の命と草案受け入れとを物々交換している生々しい現実が曝け出されている。

GHQ案よりも過激な憲法案が天皇を軍事裁判で裁けと要求する英国・中国・ソ連・フランス・オーストラリアから押し付けられるぞ、と再度白洲を恫喝《どうかつ》する。足掻《あが》く白洲は、ホイットニーにとって赤子の手を捻《ひね》るようなものだ。日本にGHQ憲法を断れる権利も選択も最初からない。マッカーサーを断れる日本人は一人もいない。

ホイットニーの英文手紙は、一行がこれでもかというほど長く、文法的にも複雑で分かりにくい。白洲の質問に全く興味もなく、GHQ案を早く国会で通過させろと急かし、オタオタしているとよそから恐ろしい草案が出てくるぞと脅す。

私たちがホイットニーの返信文から受けた印象は、ホイットニーは白洲の嫌米態度を完壁に感知しており、白洲に往復ビンタを食わせるかのように、わざと解読困難な文章を書き、弱者いじめを楽しんでいる准将の姿だ。吉田茂のブレーンとしてホイットニーに挑戦したが、数時間後、白洲は返り討ちにされた。

白洲次郎はGHQから蛇蝎《だかつ》のごとく嫌われていた。白洲は事実と違うことを言いふらし、GHQの内部を対立させようとしていたことをホイットニーは感づいていたからである。敗戦国の外務大臣の腰巾着《こしぎんちゃく》のように動き回る白洲の態度に虫酸《むしず》が走っていたのだ。彼が馴れ馴れしく背中を叩いてくることに我慢ならなかった。

白洲を嫌いなのは、GHQだけではない。日本人からも嫌悪されていた。白洲の「自分がその気になれば、いつでも大臣になって見せると自慢する」のが鼻持ちならない。なぜ、白洲次郎は吉田茂に重用されていたのか。白洲が吉田茂の三女・和子《かずこ》（一九一五～一九九六年・第九十二代内閣総理大臣を務めた麻生太郎の母親）と麻生太賀吉《あそうたかきち》（一九一一～一九八〇年・麻生セメント会長）の仲人役を務めていたからである（佐藤朝泰『閨閥』立風書房・一九八一年）。

さらに、白洲次郎の妻・正子《まさこ》（一九一〇～一九九八年）の祖父は、薩摩藩出身で海軍大臣を務めた明治の元勲・樺山資紀《かばやますけのり》（一八三七～一九二二年）。吉田茂の妻雪子《ゆきこ》の父は、薩摩藩出身の牧野伸顕《まきののぶあき》（一八六一～一九四九年・大久保利通の次男として誕生）。維新の立役者というDNAが連なっている。吉田にとって、白洲次郎は身内の感覚だったのだろう。

米占領が終わりに近づく頃、吉田茂は白洲次郎を駐米大使に推薦。しかし、この目論見《もくろみ》は強い反対に遭い、頓挫《とんざ》。一九五一（昭和二十六）年に白洲が東北電力会長となり、政治舞台から引き下がったとき、GHQにも日本の政治家たちにも、彼を惜しむものはいなかった（ハリー・E・ワイルズ『東京旋風』時事通信社・一九五四年）。

3　松本烝治の挫折

原子爆弾二発で勝ったと驕《おご》る者から惨敗した賊軍への命令には、容赦も情けも美学もない。白洲次郎は、ホイットニー准将からの手紙で打ちのめされた。それから六日後、再び、両者が顔を合わせる。このときの主役は、白洲ではない。白洲に出番なぞない。日本側の主役は、松本烝治。

一九四六年二月二十二日（金曜日）、松本烝治・吉田茂・白洲次郎は、ホイットニー准将らと会談。アメリカ側の出席者は、ケーディス、ハッシー、ラウエル、エラマン嬢である。この詳細な記録も「ラウエル文書」に残されている。

フーヴァー・トレジャーズ【文書十】

会談記録

会談日時：一九四六年二月二十二日（金曜日）
米国側出席者：ホイットニー准将
ケーディス陸軍大佐
ハッシー海軍中佐
ラウエル陸軍中佐
エラマン嬢（秘書・書記）
日本側出席者：松本烝治
吉田　茂
白洲次郎

憲法承認の手続き

松本博士：私たちは「ＧＨＱ草案」の基本理念は受け入れておりますが、運用可能な草案なのかと、疑問を持っております。

ホイットニー准将：運用可能なものにするために、私たちは協力を惜しみません。私たちは、新憲法で基本原則と手続きを一体化して運用するつもりです。法的手続きに関して、GHQは日本政府と検討したいと思っております。あなた方が持っている実践的な知恵に敬意を抱いておりますし、私たちよりも日本の実情にあった文書を起草できると信じています。

昨日、マッカーサー元師が幣原首相に説明されたように、憲法の基本原則と形の変更は絶対に譲《ゆず》れないのです。松本博士にお伺いしたいのは、憲法を実際に運用するためにいかに取り組むおつもりかです。

松本博士：初めに申し上げたいことがあります。私たちは「GHQ草案」の基本原則に反対ではありません。しかし、少し質問させてください。

「大日本帝国憲法」（註・明治憲法）を存続させつつ、GHQ案の基本原則を明治憲法の中に書き込んで憲法改正をするのか。それとも、ゼロから新しい憲法案を起草するのかです。

ホイットニー准将：私たちは、その問題を熟慮しました。明治憲法を下敷きにして修正を試みましたが、不可能だったのです。新憲法は、間もなく世界にお披露目され、大きな関心を惹《ひ》くべき文書だということを肝に銘じておいてください。真新しい憲法を作ることで、これからの日本の姿をはっきり示すことができるのです。新憲法に込められた精神に反する現存の法律や官庁からの命令は、すべて無効になります。

松本博士：明治憲法には承認規定があります。（松本博士は、承認の意味を憲法改正手続きか、あるいは批准を指しているのか、明確に発言しなかった。）

ハッシー海軍中佐：松本博士は、「ＧＨＱ草案」の承認手続きについて取り上げているのですか。明治憲法の改正手続きですか。それとも、新憲法を作るという意味ですか。天皇が新憲法（註・ＧＨＱ草案）を国会に提示し、国会が可決すれば、容易《たやす》いことです。

ケーディス陸軍大佐：明治憲法の改正手続きという観点から見て、新憲法を受け入れる際にどこに問題があるのですか。

松本博士：明治憲法では、天皇の勅令により議案を帝国議会に付します。ＧＨＱ案には、天皇の発議権がないので、改正草案の提出は不可能なのです。新憲法案は「われわれ日本国民は」という文言から始まっておりますので、ここで天皇主権と矛盾が生じます。

さらに、新憲法案は国会の出席議員の三分の二の賛成で承認されると定めております。明治憲法では、総議員の三分の二が出席し、なおかつ出席議員の三分の二の賛成を得なければなりません。その上、日本の議会は二院制です。新憲法では、上院（註・貴族院）の規定が全くありません。

ハッシー海軍中佐：松本博士の第一の懸念ですが、全く矛盾しません。天皇は明治憲法のもとで新憲法を発議することになります。天皇が選挙で選ばれた国民の代表が集まる国会に憲法草案を提出し、国会が可決するのです。憲法承認に関して、貴族院の議決を追加することに私たちは反対しません。

松本博士：明治憲法にはすでに憲法改正の規定があります。ですから、新憲法草案の九十二条は必要ないでしょう。

ケーディス陸軍大佐：それは違います。明治憲法のもとで改正案を提出した時、もし貴族院議員の相当数が欠席すれば、新憲法は成立しません。両議員の三分の一を超えた人数が田舎に里帰りしたまま議会を休めば、新憲法は承認されません。

ハッシー海軍中佐：明治憲法の第七十三条を改正し、ＧＨＱ案の第九十二条を入れれば、新憲法は成立するでしょう。

ホイットニー准将：そのように実施することもできます。しかし、マッカーサー元帥の承認を得て、天皇が帝国議会の審議にかければ、新憲法が成立することは確実です。明治憲法の規定のもとで、帝国議会の賛同を得られるはずです。

それが難しいようであれば、裏口を使えばよいでしょう。お望みであれば、ＧＨＱ案の九十二条を削除しても構いません。私たちの関心は、新憲法を日本国民に提示することなのですから。

ケーディス陸軍大佐：松本博士、憲法改正には総議員三分の二の賛成が必要だと発言しましたが、それは現在の総議員を指しているのでしょうか。衆議院と貴族院の議員のなかで、公職から追放された人物たちはどうするのですか。追放者も、松本博士のいう総議員に含まれているのですか。

松本博士：確信はもてませんが、貴族院で在任議員の三分の二、衆議院の総議員の三分の二、になるかと思います（註・松本はこれから公職追放になる人数を挙げているのだ）。

ホイットニー准将：この議論はいずれ決着するでしょう。重要なことは、マッカーサー元帥・天皇・国会で憲法が承認されるように妥協点を探ることです。

憲法前文

松本博士：前文は、憲法の一部を成しているのですか。

ホイットニー准将：もちろんです。前文の目的は、新憲法の最も重要な原理を示すことにあります。各条文は読まなくとも、前文を読む人々が数多くおります。故に、前文は重要なのです。私たちは、この憲法を全世界に劇的に披露し、受け入れられるようにしたいのです。

松本博士：そうであれば、前文は天皇からの御言葉という形にするべきです。

ケーディス陸軍大佐：新憲法案を帝国議会に付す際、天皇が勅語を渙発《かんぱつ》することで、解決できませんか。

松本博士：明治憲法では、憲法を改正されたいとの意思表示は、天皇自身が行うと定められております。憲法と共に前文が提示されるのであれば、前文の文言を勅語式に書き直して国民に新憲法を発表すべきです。

ホイットニー准将：そんなことをすれば、問題はとても複雑になります。私たちは、憲法は国民の中から湧き上がってくるものだと信じております。天から国民に降ってくるものではないのです。天皇は、随意に憲法の議論を先んずることができます。新憲法は日本国民の進むべき道を表示したものであると、国民に対して表明することができるのです。

白洲：国会が憲法を提案する前に、ＧＨＱは天皇が先立って勅語を出すことに反対しないということですか。

ケーディス陸軍大佐：反対しません。天皇の勅語は前文と憲法に貼り付ける表紙に過ぎません。

ホイットニー准将：勅語の内容が新憲法の原則に反していなければ、なんら問題ありません。

ハッシー海軍中佐：手続きの流れは、はっきりしております。天皇が帝国議会に新憲法の提起をします。帝国議会が改正案を受け入れる議決をすると同時に、国会は国民を代表する国会となります（註・帝国議会ではなくなる）。国会で憲法が公示されたら、天皇は勅語で自らの見解を述べればよいのです。

ホイットニー准将：天皇が国民に対して新憲法の精神を受け入れるように告げるのです。その後、マッカーサー元帥が世界に向けて、新しい民主主義憲法が日本国民により採択されたと宣言されるのです。

松本博士：私はこの手続きについてもっと研究をしなければなりません。新憲法のなかで、骨格となり変更を許さない条項はいくつあるのでしょうか。内閣に対して、どの条項が絶対に不可欠なのか、伝えなくてはなりません。

ホイットニー准将：憲法の条文全部が基本原則です。日本国民に分かりやすいように文言に修正が入ることは了承《りょうしょう》しております。憲法の形も、日本の状況では運用が難しいようであれば、修正が加えられることも承知しています。しかし、この憲法は、完全な一体をなすものなので、一部を切ったり貼ったりできません。

ラウエル陸軍中佐：新憲法は、各章が相互に関連し、一体をなすものとして起草されております。一ヵ条を削るとか、一章を削除するという草案ではありません。

一院制

松本博士：新憲法の基礎となる一院制は替えられないのですか。

ホイットニー准将：昨日、マッカーサー元帥は、幣原首相に日本では二院制は不要だと説明されました。しかし、内閣が二院制を強く望み、国民選挙によって両院の議員が選ばれるならば、元帥は二院制に反対されないでしょう。元帥は、一院制が一目瞭然で実際的な制度だと考えておられます。

松本博士：国民選挙で両院が選出されれば、反対されないのですね。アメリカの大統領選挙における選挙人制度は、直接選挙に該当するのですか。

ハッシー海軍中佐：松本博士の質問は、都道府県議会の投票によって、上院議員（貴族院または参議院）を選出することをＧＨＱが認めるのか、ということですか。

松本博士：そうです。

ホイットニー准将：都道府県議会が上院議員を選ぶ方式は、都道府県議会の議員が国民投票によって選ばれていれば、容認できます。

松本博士：上院議員の少数が選挙ではなく、内閣や他の省庁から選ばれるとしたら、どうでしょうか。

ホイットニー准将：マッカーサー元帥はお許しにならないでしょう。元帥は国民による普通選挙の実現を強く主張しておられます。都道府県議会による選挙が許されるのは、議会そのものが国民の選挙によって選ばれているからです。元帥はムッソリーニの大評議会のような方法は認めないでしょう。イタリアのような諮問機関が政治を牛耳る制度は絶対に容認できません。

戦争放棄

松本博士：戦争放棄を独立した章としないで、前文に書き入れてはどうですか。

ホイットニー准将：戦争放棄をわざわざ独立した章立てにしたのは、この条項がそれほど重要なので最大限に強調するためです。吉田外相にはすでに話したことですが、戦争放棄の条項は、日本が恒久平和に向けて前進している姿を見せ、また全世界で道徳的指導者となる機会を提供しているのです。昨日（註・二月二十一日）、マッカーサー元帥も幣原首相にそのように説明されました。

戦争放棄は、憲法の諸原則の中に埋没させてはいけません。際立たせる必要があるのです。元帥は、戦争放棄の原則が世界から大絶賛される条項と考えておられます。敗戦日本は、まさに今、世界から好意的な評価を受ける必要があるのです。

松本博士：前文に戦争放棄が記載されるのであれば、不適当とまでは言いませんが、戦争放棄を前文ではなく条項で規定するのはとても異例なことです。

ハッシー海軍中佐：松本博士は、戦争放棄を単に原則に過ぎないと考えているのですか。

松本博士：その通りです。

ハッシー海軍中佐：松本博士のお考えは分かりますが、戦争放棄は基本法そのものに組み入れるべきです。そうすれば、この条項が力強いものになるからです。

ホイットニー准将：戦争放棄の宣言は、最大限の好印象を世界諸国に与えるようにすべきです。戦争放棄の原則をGHQ草案の第一章ではなく第二章としたのは、天皇と皇室が日本国民の心の拠り所である現実を尊重したからです。私としては、戦争放棄が決定的に重要なので、新憲法の第一章にしたいくらいです。

「新皇室典範」

松本博士：皇室典範は、国会で制定される必要があるのでしょうか。明治憲法のもとでは、皇室典範は皇族会議のメンバーの合意により決定されるものです。皇室と宮内省は政府から独立した自治権を有しております。

ホイットニー准将：皇室典範が国民の代表者から承認を受けないのであれば、日本国民の主権を尊重しているという政府の姿勢は、GHQ側から見れば、うわべだけの建前になってしまいます。

ケーディス陸軍大佐：イギリスの国王と同じように、天皇も法の下にあると規定しました。

ラウエル陸軍中佐：現在の皇室典範は、憲法より上にあるのです。

ホイットニー准将：皇室典範が国会で制定されなければ、新憲法の趣旨が損なわれます。これは不可欠な条項です。

松本博士：つまり、皇室典範も国会に縛られることが基本原則ということですか。

ホイットニー准将：そうです。

明治憲法と新憲法草案の類似性

松本博士：ＧＨＱ草案の条項には、明治憲法ですでに書かれている内容もあります。条文を繰り返しているに過ぎません。

ホイットニー准将：それは、そうかもしれません。明治憲法ですでに盛り込まれている良い規定は、運用を妨げられることなく、存続するでしょう。新憲法の基本的権利に抵触する法律だけ、廃止することになります。

司法部――最高裁判所裁判官の任命

松本博士：ＧＨＱ草案の第七十一条では、最高裁判所の裁判官は国会によって任命されると規定されております。これでは、最高裁判所は不安定な機関になってしまいます。

民政局全員：それは、条文の読み違いです。内閣が最高裁判所の裁判官を任命します。国会が決めるのは、陪席裁判官の数だけです。

形と翻訳の問題

松本博士：「GHQ草案」に基づき新憲法を作るとなると日本語に書き直させなければなりません。天皇陛下が用いられる漢語調の雅《みやび》やかな和文に直すには膨大な時間を要します。日本人は文体に神経質なので、一つの言い回しでも、何週間と議論するので困難を伴います。憲法前文は和訳がとても難しい箇所です。数年前、「不戦条約」を締結する際、外務大臣が「人民ノ意見」という言葉を用いました。この用語をめぐり国会が何週間も議論したのです。

ホイットニー准将：昨日、マッカーサー元帥が幣原首相に説明されたように、GHQとしては、日本政府を急かすつもりはありませんが、元帥は「GHQ草案」を可決させるには迅速に行動することが要《かなめ》であると考えておられます。元帥は、自分が全権を握っているからこそ、新憲法を成立させることができると確信なされております。元帥がこの憲法草案を成立させたい理由は、昨日、幣原首相に申し上げた通りです。

日本政府とGHQは、憲法の諸原則についてすでに同意に達しております。私も部下たちも、あらゆる方法であなた方を応援するつもりです。とにかく、残り時間が非常に少ないので、迅速に成立させることが一番大切なのです。このことをお忘れにならないように。

松本博士：日本政府とGHQ間の問題は、憲法改正への意気込みではなく、用語と文体なのです。

ホイットニー准将：松本博士、あなたのような有能な方がこの作業に当たって下さることは光栄なことです。ですが、迅速に行動すべきなのです。あなた方が憲法草案の条項を一項ずつ注意深く検討する立場なのは承知しております。二日ほどかかることも分かっております。しかし、それ以上長引かせてはならないのです。

吉田外相：不必要に作業を遅らせるようなことはいたしません。

ホイットニー准将：新憲法草案の基本原則に不必要な変更をせずに、日本国民が理解できるよう適切な用語と文体に直すことを提案しているのですね。どのくらいの時間を要しますか。

松本博士：何ともいえません。内閣の承認を得てからでないと、はっきりと申しあげられません。本日の午後、私たちの会談内容を内閣に報告いたします。同時に、憲法草案を和文にする作業に取りかかるつもりです。

ホイットニー准将：今日の私たちの話し合いは、昨日、マッカーサー元帥が幣原首相に話した内容と同じです。あなた方は、今朝、閣議で幣原首相から元帥との会談内容の報告を受けたと伺っております。

松本博士：幣原首相は、憲法の基本原則のみを内閣に報告されました。憲法の形に関しての議論はしておりません。今日の話し合いが終わったら、私から内閣に詳細を報告いたします。

ホイットニー准将：松本博士、お望みであれば、憲法の形を整える際、基本原則を逸脱していないか見極めるため私の部下を同席させましょうか。喜んで、部下たちを差し向けます。

ケーディス陸軍大佐：GHQ草案はすでに翻訳されていますか。

白洲：はい。翻訳されております。しかし、その文言と形は日本国民に憲法として示せるものではありません。

吉田外相：二月二十六日（火曜日）に閣議があります。閣議の後、和訳と形を整えるのに何日かかるのかが分かりますので、ホイットニー准将に報告することができるでしょう。私たちは、ここで話された内容を完全な極秘扱いにして下さると信じております。

ホイットニー准将：もちろん、秘密のままです。元帥には、吉田外相と松本博士のもとで翻訳作業が来週末の前には終えるであろうと報告しておきます。あなた方が取り組む翻訳作業の貢献は計り知れないものです。それは、日本国民の幸福と安寧《あんねい》のためなのですから。

ケーディス陸軍大佐：憲法の諸原則をしっかり確認するため、再度一緒に英文を読み返しますか。

白洲：その必要はありません。私たちは内容を理解しております。

ホイットニー准将：申し分ないですね。これで、すべてのことが明確になりました。残された課題は、GHQ草案を立派な形にするということだけです。

（"Meeting of General Whitney, Colonel Kades, Commander Hussey, Lt. Col. Rowell, Miss R. Ellerman with Dr. Matsumoto, Mr. Yoshida and Mr. Shirasu," *Rowell Papers*, Box 1-5.・著者訳）

松本烝治は、GHQがすでに埋葬した「明治憲法」を掘り起こし、明治憲法の文章を土台として「GHQ草案」の基本的な原理を書き込みたいと必死に食い下がるが、あっけなく却下された。

GHQは、日本側に「GHQ草案」を日本の実情と言語に合うように和訳せよと繰り返す。日米交渉、何度やってもGHQは問答無用の姿勢を崩さない。ホイットニー准将は、何度も「スピードが大事だ」と急かしている。背景に極東委員会との時間をめぐる攻防があったが、日本側は知る由もない。日本側の国際音痴も甚だしい。ＧＨＱ指導ではなく、「極東委員会」で日本の新憲法を審議すべきと反駁《はんばく》する発想すらなかった。

ＧＨＱ草案の翻訳を「不必要に作業を遅らせるようなことはいたしません」と言明していた吉田茂は、一九六三（昭和三十八）年に刊行した『世界と日本』のなかで、「総司令部側が口癖のように繰り返したのが、極東委員会あたりとの関係で結局皇室のためになるのだ」という台詞《せりふ》だったと振り返る。吉田は、「世には新憲法制定過程における総司令部の異常な督促ぶりに対する非難をこめて、マッカーサー憲法などと称するものがあるが、もしそこに強制の事実がありとしても、それは日本政府が総司令部によって強制されたのではなく、総司令部を含めた日本そのものが、四囲《しい》の情勢によって強制されたものである」と弁明する（吉田茂『世界と日本』番町書房・初版一九六三年・中公文庫・一九九一年）。

ＧＨＱに寝返っている吉田茂とは対照的に、「松本草案」が即死しても、「明治憲法」に固執した松本大臣。この会議で、プライドの高いインテリ大臣は打ちのめされていただろう。松本は手記で、この日の会談を「努《つと》めて円滑に和気藹々裡《わきあいあいり》に会見」を終えたが、「然《さ》も衷心《ちゅうしん》は憂慮に耐へす」と書き残している（入江俊郎『憲法成立の経緯と憲法上の諸問題』第一法規出版・一九七六年）。勝てない相手を前に、自分を慰めているのか。

ＧＨＱの記録と松本大臣の手記を読み比べると愕然《がくぜん》とする事実がある。

吉田茂が会談内容を完全な極秘扱いにして下さいとGHQに懇願している姿は、松本大臣の手記からは見て取れない。恥ずかしくて、日記に書き残せなかったのか。それとも、吉田茂と口裏を合わせ、己の都合に悪いことは、のちに読まれるかもしれない記録に残さなかったのか。日本側が残さなかった「極秘」は、米国の公文書館でGHQ史料として永久に保存されている。

《参考文献》

・入江俊郎『憲法成立の経緯と憲法上の諸問題——入江俊郎論集』第一法規出版・一九七六年
・佐藤朝泰『閨閥——日本のニュー・エスタブリッシュメント』立風書房・一九八一年
・ハリー・E・ワイルズ『東京旋風——これが占領軍だった』井上勇訳・時事通信社・一九五四年
・吉田茂『世界と日本』中公文庫・一九九一年

フーヴァー・トレジャーズ
【文書八】"Letter: The Jeep Way Letter from Jiro Shirasu," *Rowell Papers*, Box 1-5.
【文書九】"Letter: Answering Jeep Way Letter," *Rowell Papers*, Box 1-5.
【文書十】"Meeting of General Whitney, Colonel Kades, Commander Hussey, Lt. Col. Rowell, Miss R. Ellerman with Dr. Matsumoto, Mr. Yoshida and Mr. Shirasu," *Rowell Papers*, Box 1-5.

V　内通者と愛欲

1　GHQ幹部との密談

一九四六（昭和二十一）年二月十五日（金曜日）、白洲次郎が「ジープ・ウェイ・レター」をホイットニー准将に送ったその日、ある日本人がGHQ幹部と会合をしていた。お呼ばれされていたのが、ラウエル中佐とハッシー中佐である。この二人は、二月十三日（水曜日）、ホイットニー准将と共に外務省官邸を訪れ、「GHQ憲法草案」を手交《しゅこう》した人物である。

ラウエル中佐は、二月十五日の夜に起きた出来事を翌十六日（土曜日）に上司のホイットニー准将に報告。

フーヴァー・トレジャーズ【文書十一】

楢橋渡《ならはしわたる》との会談記録

一九四六年二月十六日（土曜日）

（一）二月十五日の午後、ラウエル陸軍中佐とハッシー海軍中佐は、内閣書記官長楢橋渡氏の邸宅を訪れました。楢橋夫妻と賓客《ひんきゃく》の方々に別れの挨拶をするためです。楢橋氏の帰宅を待っているあいだ、私たちは夕食を共にしました。楢橋氏は、遅い時間にようやく帰宅し、午後一〇時頃に部屋に入ってきて、とても陽気で満足した様子ですぐに会話の中心となりました。

（二）開口一番、楢橋氏はとても忙しかったと言いました。GHQの「追放指令」の影響で、今日だけで七〇名以上もの国会議員と会談したこと。九州選出の現職代議士として、次の総選挙に再出馬できるのは、自分だけであること。公職追放指令を厳格に行っているせいで一〇〇〇通を超える脅迫状が届いていること。追放を実施している自らの立場をマッカーサー元帥が支持してくれることを望んでいること。

私たち（註・ラウエルとハッシー）は、楢橋氏の公職追放の実施を応援していると言って安心させました。そして、私たちは現在新聞で報道されている内容は大嘘で憤《いきどお》りを感じているので、すぐに報道内容を是正して悪影響が及ばないようにする手段について話し合いました。

（三）楢橋氏は、新憲法が成立すると華族《かぞく》制度が消滅するので、ここにいる二人の子爵夫人も庶民になってしまうと語りました。

（四）楢橋氏は、二月十六日に経済に関する重要な声明（註・インフレ対策の「金融緊急措置令」により預金封鎖・新円切り替えの実施）が出され、十七日の新聞には載るだろうと言明しました。日本は危機的状況であり、やるべきことが膨大にあると述べたのです。

（五）楢橋氏は、ハッシー海軍中佐の方を向き、日本政府が深く感謝していると言いました。それは、軍人恩給《おんきゅう》に関する指令の運用に手心を加えたからです。最初に断固たる徹底した方針を掲げ、運用で緩和する賢明な政策をとったので、日本国民はこのような温情に深い感銘《かんめい》を受けるのです。

楢橋氏は、ドイツのラインラントが占領されていた時期（註・第一次世界大戦直後）にパリに滞在していた時の話をしました。イギリスとフランスが占領地域で異なった方法で統治していたのを目の当たりにしたそうです。

イギリスは、占領領土を厳格に締め付け、その後状況を見てコントロールを緩めていきました。フランスは、ドイツの占領方法に精通していたので、占領当初は必要最低限の支配にとどめ、次第に支配を強めていきました。フランスの方法は、摩擦を立て続けに起こしました。イギリスの方法は、地域の住民から受け入れられ成功を収めたのです。楢橋氏は、イギリスの手法がよいと確信していると語りました。

（六）楢橋氏は、朝鮮の李《り》王家（註・韓国併合後、日本で王皇族の待遇を受けた）から大磯の私邸（註・伊藤博文の別邸として建てられた滄浪閣《そうろうかく》）を買い取る交渉が終わったところであると言い、近いうちにハッシー海軍中佐とラウエル陸軍中佐をお招きし物《もの》見遊山《みゆさん》でもしようではないかと誘われ、招待を受けました。大磯の私邸は、明治憲法を執筆した伊藤博文公爵が所有していたそうです。楢橋氏は、行楽《こうらく》をする日取りを早急に決めようと懸命でした。

マイロ・E・ラウエル
米陸軍中佐

（"Nari[a]hashi Conference Report, Memorandum for the Chief, Government Section, Subject: Conversation with Secretary of the Cabinet," *Rowell Papers*, Box 1-5.・著者訳）

楢橋渡は、福岡県久留米《くるめ》の農家に生まれ、生活に困り炭鉱夫などをした後、独学で二〇歳のときに弁護士試験に合格。その後、フランスのリヨン大学とソルボンヌ大学で陪審制について学んだ。日米激戦中の一九四二（昭和十七）年、「反東條」で衆議院議員に初当選。終戦後の幣原内閣では内閣法制局長官と内閣書記官長を歴任した人物だ。頭脳明晰だったことは、疑う余地なし。

会談記録によると、二月十五日（金曜日）の夜、楢橋はマッカーサーの側近ラウエルとハッシーを夕食に呼び、ざっくばらんに話し込んでいる。しかも、自ら日本政府の内実を伝えており、軍人恩給にGHQが手心を加えたことまで感謝している。

2 「怪物」と呼ばれた男

楢橋は、いつ頃からGHQと緊密な接点を持っていたのか。

楢橋とGHQの関係は終戦直後（一九四五・昭和二〇年の秋頃）に出来上がっていたのだろう。楢橋がGHQと心を許しあっている雰囲気は、ラウエル書簡にありありと出ている。

楢橋は、日本人の戦犯の判別にも携《たずさ》わっている。

夕食会が開かれた二月十五日といえば、白洲次郎がホイットニー准将に「ジープ・ウェイ・レター」を送りつけた日である。翌十六日、白洲はホイットニーの返り討ちに遭う。憲法改正をめぐりGHQにケンカを売る者もいれば、その裏ではGHQに擦り寄る者もいる。擦り寄ると、大きな報酬があったからだ。

一九四六（昭和二十一）年の二月、日本全土は焼け野原。東京や大阪、いやすべての町という町では、国民は廃材で作られた掘っ立て小屋で暮らしていた。戦禍の悪臭が漂っており、水もトイレも穢《きたな》い。厳寒の二月に、暖房もない小屋で震えるが、炭は高すぎて料理用だけだ。食料は配給制で不十分。広島と長崎は恐ろしすぎて誰も喋《しゃべ》らない。さらに、従軍した父や兄弟や恋人たちは、まだ戦地から帰還《きかん》してこない。生死もわからない。飢えた国民は食料を求めて地獄の苦しみを味わっていた。

戦火を逃れるために集団疎開をしていた学童六〇万人が焼け野原と化した東京に戻ってきたが、食べるものがない。戦地や旧植民地から、着の身着のまま逃れてきた引揚者《ひきあげしゃ》も路頭に迷っていた。最悪なことに、降伏直後の九月に日本を襲った「枕崎《まくらざき》台風」の影響で、米の収穫高は過去三〇年来最低を記録。一九四六（昭和二十一）年の食糧危機は避けられない。日本政府は「一〇〇〇万人の餓死者が予想される」と公言する。上野駅では、一日で六人もの餓死者が出た日もあった（連合国最高司令官総司令部編『GHQ日本占領史　第四巻 人口』日本図書センター・一九九六年・三浦正行『PHWの戦後改革と現在』文理閣・一九九五年・蟻塚昌克『証言 日本の社会福祉 1920〜2008』ミネルヴァ書房・二〇〇九年）。

その貧しい日本で、楢橋渡は経済的に驚愕するほど裕福だ。元帥の側近と華族のお友達を招いて夕食会ができるほどで、楢橋は大量の食料と酒やワインを手にすることができた。それどころか、美しい白浜と松林で有名な大磯の由緒ある伊藤博文の豪華別荘「滄浪閣《そうろうかく》」（五五〇〇坪）を買うことをGHQの二人に自慢げに話し、ぜひ遊びに来てくれと招待する。当時でも、天文学的な値段だったろう。

楢橋とGHQは、内閣書記官長と占領将校との関係ではない。

Follow the Money.

「財閥解体」に戦々恐々としていた財閥グループは、楢橋がGHQに近いことを熟知しており、「口利料」を積んだのか。GHQから秘密の活動費を貰っていたのか。さらに、国土復興のため膨大な資材が必要となる。特定の建築業者に優遇措置（忖度《そんたく》）をしてあげたのか。敗戦直後の日本で、GHQにぴったりと寄り添い、成金街道を一番で走っていたのは、楢橋国務大臣。廃墟日本で新興財閥のように振る舞ったので、あだ名は「怪物」。

3　裏接待の暴露

日本独立後の一九五四（昭和二十九）年、元民政局の高官ハリー・E・ワイルズ（Harry E. Wildes・一八九〇〜一九八二年）が占領の内幕《うちまく》をばらした『東京旋風』（*Typhoon in Tokyo:*

The Occupation and Its Aftermath）を刊行した。ワイルズは一九一三年にハーヴァード大学卒業後、慶應義塾大学で経済学を教えたこともある日本通。一九二七年にペンシルベニア大学から博士号を授与。日米大戦中はカリフォルニアの民事要員訓練所で教官を務めており、日本の占領行政に携わる将校を訓練していた。占領期には、彼自身も民政局の役人として来日し、日本国憲法制定にも関わった。

ワイルズの著書に楢橋渡の寸評《すんぴょう》が載っている。

首相幣原喜重郎男爵の書記官長だった楢橋渡はホイットニーの民政局の全部をそっくりそのまま薬籠《やくろう》中のものにしようと計画した。ゴム王所有の宮殿のような大邸宅で度々大宴会がひらかれ、楢橋は金に糸目をつけない歓待をして、高貴な家庭の美しい娘を選り抜いてきて、アメリカ人と踊らせ、その傍《かたわ》らでは閣僚たちが、鹿爪《しかつめ》らしい顔をして坐ってアメリカの罐詰《かんづめ》配給を待っていた……（中略）……仲よしになることは大いに奨励されて、占領軍将校たちは、折りさえあれば、もっと人気《ひとけ》のない場所に女を連れて行くように勧められた……（中略）……楢橋が民政局にこれこれの措置をとるように非公式に示唆したいと思ったときとか、占領軍の活動について非公式に、または事前の情報が得たいと思ったときには、ちゃんとトンネルがあけてあった（ハリー・E・ワイルズ『東京旋風』時事通信社・一九五四年）。

ワイルズの著作を読んだ楢橋渡は、「デタラメかつ無責任で虚構や誇張に満ちあふれている」と反発。「当時の真剣な占領軍の幹部と日本の当事者を侮辱するものである」と激怒。「ゴム王の宮殿に招待したとあるのは石橋正二郎《いしばししょうじろう》（註・一八八九〜一九七六年・ブリヂストン創業者）氏邸のことで、民政局員を二回招待したことは覚えているが、当時料亭に呼ばず官邸であった石橋邸に呼んだのは家庭的な考えで、御馳走もしなかった。その時、夫人連中も家庭的気持で列席したが、これは礼儀で、民政局員を色仕掛する様な馬鹿なことは常識上も出来ることでなく、民政局代表も礼儀正しかった。第二回目は、小生が提案して日本は物資がないからマ司令部より食糧を持参せしめて宴会した。二回とも気持のよい愉快な会合で、双方の心より親愛と打ちとけるに効果があった」と反論を加えた（楢橋渡「『東京旋風』への反駁」『時事出版通信』一一号・一九五四年九月十五日号）。

なぜ、楢橋渡が石橋邸を使えるのか。楢橋と石橋には共通点があった。二人は同郷、福岡県久留米《くるめ》出身。石橋正二郎が「ゴム王」と異名を持っているのは、一九二三（大正十二）年に地下足袋《じかたび》の底にゴムを接着して売り出し、大ヒットさせたからだ。初年度に一五〇万足。翌年には四〇〇万足も売れた。農作業や土木作業に欠かせないゴム底地下足袋から、ブリヂストンは世界のタイヤメーカーに躍進《やくしん》した。ブリヂストンの由来は、「石」（Stone・ストーン）と「橋」（Bridge・ブリッジ）を英語流に逆さ読みにし、舶来品のイメージを抱かせたものだ（佐藤朝泰『閨閥』立風書房・一九八一年・大森映『日本の財界と閨閥』學藝書林・一九八八年）。

石橋正二郎の豪邸（三二五坪）は、コーネル大学で建築学を学んだ松田軍平《まつだぐんぺい》（一八九四～一九八一年）による斬新なデザイン。地下室を完備したコンクリートの二階建てで、スロープ階段を上り屋上も利用できるように設計されている。応接間にはシャンデリアの光が差し込み、ピアノの演奏と共にダンスを愉しむこともできる。松田の出身地は、福岡県鞍手《くらて》郡直方《のおがた》町（現・直方市）。楢橋・石橋・松田の福岡県人脈が脈打っていた。石橋邸は占領が終わっても返してもらえない。GHQに接収され、占領が終わる間近にアメリカ政府に買い上げられ、駐日アメリカ公使公邸として現在でも利用されている。

石橋邸でディナーを愉しんでいた楢橋渡は、暴露本を公《おおやけ》にしたワイルズに怒り心頭。「真剣な占領軍の幹部と日本の当事者を侮辱するもの」だと反論。しかし、楢橋の異議申し立てが大嘘であることは状況証拠が物語っている。大磯の滄浪閣《そうろうかく》を買い取ったことを自慢し、GHQ幹部を招待しようとしていたことが「真剣」な会合なのか。まさか、民政局のラウエルが楢橋渡との会話内容まで書き残していたとは思ってもいなかったろう。それらの極秘史料が解禁され、楢橋渡は己の闇の行動が満天下に晒されるとは想像さえしていなかっただろう。

楢橋は、GHQに媚《こ》びへつらい、権力基盤を築いたと己の力を過信していた。だが、G

ＨＱに利用されていたのは、楢橋だ。ＧＨＱは、楢橋のトンネルを通して、日本政府の内部情報を得ていた。日本政府内の権力争いと裏取引は、楢橋からＧＨＱへ筒抜けで、水面下の動きも手に取るように分かっていたのだ。

ホイットニー准将は、腹の底で笑っていただろう。日本帝国を護持しようと必死になっていた幣原首相や松本烝治博士は、楢橋の裏の活動をご存じだったのか。

4　大磯の「滄浪閣」で憲法談義

楢橋渡が買い取った滄浪閣は、実際に接待に使われたのか。接待をする側、される側が包み隠さず喋るはずがない。日本側・ＧＨＱ側も高度な政治的事柄なので、時が経っても慎重になるはずだ。

楢橋の死後に出版された『楢橋渡傳』（一九八二年）には、目を疑う記述がある。「昭和二十年の末に、李王家から当時法制局長官であった楢橋にこの建物を使用してはどうかという申し入れがあった。伊藤公が明治憲法を構想したゆかりの邸宅であるから、新しい憲法を構想するにちょうど恰好《かっこう》ではないか、というので、その申し入れをありがたく受けて使用していた」。

「そんな矢先き、マ元帥の民政局次長ケーディス大佐と憲法主査のハッシー司令官が、楢橋に会見を申し入れてきた。重大な相談があるので、東京をはなれてゆっくり懇談したいとの意向であった。両人ともマッカーサーの信任あつい大物で、楢橋とはすでに昵懇《じっこん》の仲であり、ごく個人的なつき合いを重ねていたから、彼は快くひきうけた。会見場所を楢橋の別荘である大磯の滄浪閣ときめ、物資欠乏の折から、宴会用の食料は先方から持参という段取りにした」（楢橋渡傳編纂委員会編『楢橋渡傳』楢橋渡傳出版会・一九八二年）。

楢橋渡とGHQの上下関係が入れ替わっている。楢橋がGHQ高官たちより偉いかのような錯覚を起こす。歴史の改竄《かいざん》の実例だ。

ワイルズの『東京旋風』が暴き立てたように、「楢橋は金に糸目をつけない歓待をして、高貴な家庭の美しい娘」を選り抜き振る舞っていた。

滄浪閣に高貴な女性が出入りしていたのは間違いない。高貴とは「華族階級」という意味だ。どんな美女が滄浪閣でおもてなしをしていたのか。その一人が鳥尾鶴代《とりおつるよ》（一九一二〜一九九一年・別名「鳥尾多江」・旧姓「下条」）と判明した。彼女の回顧録に、大磯での出来事が徒然《つれづれ》なるままに描写されていた。

楢橋さんから電話があった。特殊な将校を大磯の滄浪閣へピクニックに誘うが、あなた方にも来てほしい。絶対にこの事は口外しないようにという。私達は第一ホテルの横に集まった（註・新橋にあった「第一ホテル」はGHQに接収され、高級将校の宿舎として使われていた。戸伏太兵『洋娼史談』〔鱒書房・一九五六年〕によると、新橋第一ホテルでは、「ホテルの女給たちが、一時期のみじかい期間ではあったが、集団的に売淫行為をなし、窓下の路面に多数の使用ずみのコンドームを投げ捨てたため、占領軍の威厳にかかわるという苦情」がGHQ司令部によせられたという)。

すぐ二、三台の車が来て、二人、三人と別れて乗って出発した。私はケーディスの車に乗った。その車には二人だけだった。

滄浪閣は日本憲法にゆかりの伊藤公〔註・伊藤博文〕の別邸だ。一行は邸の中を一通り見学し、庭の芝生に降りた。メンバーは楢橋夫妻、太田夫人〔註・太田芳子・元横浜正金銀行ニューヨーク支店長太田輝夫の妻〕、鍋島夫人〔註・鍋島重子〕、それに私が日本人側、アメリカ側はケーディス、ローレル〔註・ラウエル〕、ハッシイ〔註・ハッシー〕。後に日本女性と結婚して、日本に会社を作ったイタリー系のリゾー〔註・フランク・リゾー陸軍大尉・GHQ憲法の財政分野を担当〕さんもいたのではないかと思う。風の強い芝生の上でバーベキューをしながら、話題は終始新しい憲法のことであった。

日本側も法律に詳しい方が加わっている筈だが、ここでは私達は細かい言葉の意味を相談された。例えば、シヴィリアンを何と訳すか、というようなことである。軍人が武官なら文官だろう。しかし、文官は学問をする人だからおかしい、辞書には軍人、僧侶でないと一般人とあるが、それを縮めて何と云う言葉にするかと云うのだ。シヴィリアンは結局、文民と訳された。天皇をどう思うかという問いも多かった。殊にケーディスはそれから後も神経質なほど私にこのことを聞いた。言葉の細かい言い廻しと天皇の事以外の難しい話題は将校同士、楢橋さんで話し合い、私たちはもっぱらバーベキューの料理番に廻っていた……（中略）……

滄浪閣での会は二回開かれた。私はケーディスに天皇陛下をどう思うか、戦犯にすべきかどうか、退位すべきかどうか。私の本当の意見を聞きたい、と何度もいわれた。これは私にとって最も難しい問だった、私は皇室の藩屏《はんぺい》として、こうしなければならない、ああしなければならないと言い聞かされ、本来なら天皇、皇后がお亡くなりになったら、殉死《じゅんし》をしなければならないような特殊な学校で、特殊の教育を受けて来た。その上、私の長男は皇太子殿下と幼稚園の時から同級で、一般の人とは違った親しみを持っている。主人の姉は皇后陛下と小学生の時から十何年も同級で仲がよかった（鳥尾多江『私の足音が聞える』文藝春秋・一九八五年）。

鳥尾鶴代とは、子爵・鳥尾敬光《とりおのりみつ》（一九一〇～一九四九年）の夫人で、二児の母である。鳥尾家は長州（山口県）萩《はぎ》の出身。祖先の鳥尾小弥太《とりおこやた》（一八四八～一九〇五年）は、高杉晋作の「奇兵隊」に入隊して各地を転戦し、維新後は近衛都督、枢密顧問官、貴族院議員を務めた。鳥尾小弥太は、大阪北新地で貸席を運営していた千原治兵衛《ちはらじへえ》（生没年不明）の長女りきを妾《めかけ》として囲っていた（黒岩涙香『弊風一斑蓄妾の実例』インタープレイ・二〇一五年）。

鳥尾家の自宅は、小石川の音羽《おとわ》に二〇〇坪の邸宅を構え、庭は七〇〇〇坪。自宅周辺の借家も含めると、二万坪の広大な土地を擁していた。鶴代は平民の出身ながら女子学習院に入学し、鳥尾敬光を射止めた。結婚の決め手は、鳥尾が「子爵」の当主だったからだという。鶴代には華族階級への羨望《せんぼう》が強かった。

興味は、鳥尾夫人とチャールズ・L・ケーディス（Charles L. Kades・一九〇六〜一九九六年）の関係だ。滄浪閣に向かう自動車で、なぜ二人きりになるのか。

ホイットニーがマッカーサーの第一子分だとすれば、ケーディスはホイットニーの第一子分にあたる。ケーディスは、鳥尾夫人を「ツーチャン」と親しみを込めて呼んでいた。彼らは愛人関係だった。

ケーディスと出逢ったとき、鳥尾夫婦の関係は冷え切っていた。甲斐性のあるケーディスは夫が持っていない決断力、抱擁力、女子どもをいたわり、養う力を持っていたと鳥尾夫人は回想し、「セックスも含めて満点に近かった」と言う。鳥尾夫人は恋多き女性。ケーディスがアメリカに帰国してからは、銀座八丁目に「バー鳥尾夫人」を開業。大繁盛した。バー鳥尾夫人には、安倍晋太郎《あべしんたろう》（一九二四〜一九九一年・外務大臣・岸信介の長女と結婚）が顔を出したり、松田竹千代《まつだたけちよ》（一八八八〜一九八〇年・文部大臣・衆議院議長）も懇意《こんい》にした。このとき、鳥尾夫人は森清《もりきよし》（一九一五〜一九六八年・衆議院議員当選七回）と愛人関係にあった（鳥尾『私の足音が聞える』・マダム鳥尾『おとこの味』サンケイ新聞社出版局・一九六九年）。

5　愛人の手助け

解くべき謎は、鳥尾夫人と楢橋渡との結びつきだ。楢橋はなぜ鳥尾夫人をＧＨＱ将校の接待役に誘ったのか。そして、二人はいつから知り合いだったのか。鳥尾夫人の回想録に経緯が書かれていた。

「春も三月に近い或る日」（註・一九四六年二月頃）、学習院時代の友人である鍋島子爵夫人とバザーに寄附する不要品を風呂敷包みで持ち歩いていたところ、大きな車が通り過ぎた。その車が停止し、「どちらにいらっしゃるんですか？　お荷物大変だからお送りしましょう。さあさあ、乗った、乗った」と恰幅《かっぷく》のよい男性が声をかけてきた。それが、楢橋渡だった。二人は楢橋に第一ホテルで催されるバザーの話をしたところ、「それはすばらしい催しですね。そこまでお送りしますよ。帰りは車を廻しますから、どうぞ使ってください。お美しい御婦人方だ」と、迎えの車まで手配してくれた。

その二、三日後、着飾った美しい女性が自宅に突然やってきた。楢橋渡の家内の文子だという。文子は「久留米小町」と呼ばれるほどの美人。「明後日の夜、GHQの高官を官邸にディナーに招待しているが、私達二人（註・楢橋夫妻）ではとても手が足りない。部下の夫人も一人来るが、英語がしゃべれて、そのような席に出る夫人がなかなかいない。主人が先日偶然お会いした方々が素晴らしい方達だったから、是非手助けをお願いしたい、日本の上流の夫人を堂々と同席させたい」「奥様、ぜひお願いしたいですわ」と懇願された（鳥尾『私の足音が聞える』）。

鳥尾夫人は、鍋島夫人と幾度となく相談し、楢橋夫人に断りを入れた。しかし、横浜正金銀行ニューヨーク支店長の太田夫人も参加する大使館の正式なディナーのようなものだからと説得され、出席することになった。

食事会は、楢橋渡が官邸として利用していた麻布の石橋（ブリヂストン社長）の家で執り行われた。豪華な着物で妖艶な姿で登場した鳥尾夫人は、子どもの頃から大使館に招かれてきたので、社交にも英語にも不自由しない。太田夫人もニューヨークで生活してきた。稀に見る美人の鍋島夫人も、大きな宴会に慣れている。ディナーの献立はハンバーグステーキ。政府の高官といえども、分厚いステーキまでは用意できない。お酒はウィスキー。

楢橋は「料亭に呼ばず官邸であった石橋邸に呼んだのは家庭的な考えで、御馳走もしなかった」と後に言い訳したが、真っ赤な嘘だ。彼らは食事が終わると、ウィスキーグラスを片手に話し込み、音楽に合わせてダンスをした。このとき、鳥尾夫人を誘ったのがケーディスであった。そして、もう一人の将校が鍋島夫人に話しかける。それが、ラウエル（鳥尾『私の足音が聞える』）。

ラウエルが一九四六年二月十六日（土曜日）付で作成した「会談記録」には、「楢橋氏は、新憲法が成立すると華族制度が消滅するので、ここにいる二人の子爵夫人も庶民になってしまう」と書かれている。「二人の子爵夫人」とは、鳥尾夫人と鍋島夫人に違いない。鍋島夫人は、一九四九（昭和二十四）年に夫と離婚。

石橋邸のディナーに参加した太田夫人は、一九八五（昭和六〇）年、七十三歳のときに週刊誌の取材に対して鬱積《うっせき》した感情が爆発したかのように口を開く。「鍋島重子さんは、大変な美人であり、大変な遊び女でしたよ」「鳥尾さんの場合はご主人が斜陽貴族で奥様は大変な美人でしたから、その魅力を売るのも仕方なかったと思いますが、大臣などが口ききを頼みにくるので威張っていて、私などには口をきいてくれませんでした」「とにかく鳥尾さんとか鍋島さんたちは遊び暮した連中ですよ。女子学習院のお嬢様たちはいいところの出のわがまま娘ですからね。我々とは違う世界の人たちなんです」（「GHQ」高官の取巻きだった「上流夫人」七人の四〇年」『週刊新潮』一九八五年八月十五・二十二日特別号）。

6 宴会政策と特殊慰安施設協会

楢橋渡は、明治初頭の鹿鳴館《ろくめいかん》のように宴会策でGHQ幹部を堕落《だらく》させた。楢橋と鳥尾夫人が出会ったのは、一九四六（昭和二十一）年二月頃である。この頃、占領軍の兵士たちの間では性病が蔓延《まんえん》していた。日本人の娼婦《しょうふ》たちが性病に冒されていたからだ。進駐軍兵士の性病があまりにひどく、慰安所への「立入禁止」（オフ・リミット）が兵士たちに通達された。一九四六年一月二十一日（月曜日）、GHQは「日本に於ける公娼廃止に関する件」を発して、民主主義の理念に反するとして公娼制度《こうしょうせいど》（公に営業を許された売春婦）を廃止。これを受けて、進駐軍専用の慰安所は一九四六年三月二十七日（水曜日）にすべて閉鎖された。占領軍の名誉と体面を傷つける恥ずべき行為だからだ。慰安所の存在を知ったアメリカの女性団体や宗教団体からも、GHQに抗議が寄せられていた。慰安所に群れをなした米兵の姿の写真が、アメリカのマスコミで報道されたからだ（いのうえせつこ『敗戦秘史 占領軍慰安所』新評論・二〇〇八年）。

慰安所が閉鎖されて困ったのは、性欲の余った進駐軍の兵士たちだけではない。日本政府中枢にいた楢橋渡もその一人だ。GHQの高級将校のご機嫌をとるには、女性による接待漬けが欠かせない。彼らを性的にも知的にも満足させるには、穢《けが》れていない、教養の高い、英語を理解できる女性が求められていた。娼婦ではなく、貴賓《きひん》ある令嬢たちが性の接待として動員されていたのだ。華族の女性たちも、権力・物資・経済に恵まれたGHQ高級将校に夢中になり、刹那的《せつなてき》な優越感に酔いしれる。高級化粧品やチョコレートまで貰うこともできた（木村文平『米軍の諜報戦略』東京ライフ社・一九五六年）。

日本国憲法と売春を結びつけることに嫌悪をいだかれる読者もおられるだろう。しかし、「性」の問題を避けて通ることはできない。占領軍のために慰安所を設置したのは、日本政府だ。

日本政府は降伏直後三日目の八月十八日（土曜日）、米兵から大和撫子《やまとなでしこ》を護るために、GHQ将校の性処理を真剣に議論していた。発案をしたのは、東久邇宮《ひがしくにのみや》内閣の国務大臣・近衛文麿。

近衛は「婦女子を性に飢えた兵隊たちから守ること」は、緊急の対策であると提言。閣議の直後、警視総監の坂信弥《さかのぶよし》（一八九八～一九九一年・内務官僚・富山県知事・警視総監を経て、公職追放後は大商証券の社長）を呼んで、日本女性の純潔《じゅんけつ》を守るため対策を依頼した。坂信弥はこの時の出来事を次のように振り返る。「東久邇さんは南京に入城されたときの日本の兵隊のしたことを覚えておられる。もちろん、全部ではないでしょうが。それで、アメリカにやられたら大変だろうなという頭はあっただろうと思います。そうすると、どうしたらいいかということで、やはり慰安施設が必要です。一応さばく所をこしらえておこうじゃないかということが、内閣の方針としてきまった。それから内務省にまわってきた」（坂信弥「慰安施設の準備」大霞会編『内務省外史 続』財団法人地方財務協会・一九八七年）。

内務省は、進駐軍の狼藉《ろうぜき》を恐れて婦女子に対して「心得《こころえ》」を発する。

（一）婦女子は日本婦人としての自覚をもって外国軍人に隙を見せることがあってはならぬ。

（二）婦女子はふしだらな服装をせぬこと。また人前で胸を露にしたりすることは絶対にいけない。

（三）外国軍人がハローとかヘエとか片言まじりの日本語で呼びかけても婦女子は相手にならず避けること。

（四）とくに外国軍隊駐屯地付近に住む婦女子は夜間はもちろん昼間でも人通りのすくない場所はひとり歩きをしないこと（「控へよ婦女子の獨り歩き」『讀賣報知』一九四五年八月二十三日）。

近衛大臣の「性対策」は、東京の警視庁が音頭を取って東京料理飲食業組合の幹部に協力を求め、キャバレー、ビヤホール、そして慰安婦までをも擁する進駐軍専用の慰安施設の設置が決まった。その名を、「特殊慰安施設協会」（Recreation and Amusement Association・ＲＡＡ）という。まさに占領軍を迎え撃つ婦女子肉弾戦である。

　国営売春組織ともいえるＲＡＡに、日本政府は五〇〇〇万円もの貸付金の保証をした。政府が直接貸し付けたことは恥ずかしくて表沙汰にしたくないので、内務省から大蔵省に働きかけて、日本勧業銀行（現在の「みずほ銀行」の前身の一つ）がＲＡＡに貸し付けることになった。大蔵省で貸し付け担当をしたのは、主税局長の池田勇人《いけだはやと》（一八九九〜一九六五年）だ。「貧乏人は麦を食え」という名言も残した池田勇人は、一九六〇（昭和三十五）年に総理大臣となり、「所得倍増計画」を打ち出す（小林大治郎、村瀬明『新版　みんなは知らない国家売春命令』雄山閣・二〇〇八年）。

　銀座七丁目の料理屋「幸楽」に本部を置いたＲＡＡは、「新日本女性に告ぐ」「戦後処理の国家的緊急施設の一端として進駐軍慰安の大事業に参加する新日本女性の率先協力を求む」「女事務員募集」「年令十八才以上二十五才まで」「宿舎・被服・食糧など全部支給」と慰安婦の募集を開始する。

　といっても、あまりにも国辱的な内容なので『朝日新聞』『讀賣新聞』『東京日日新聞』（現在の『毎日新聞』）はＲＡＡの広告掲載を拒否。しかたなく、焼け跡の石垣《いしがき》や電柱にビラを貼りつける。ＲＡＡは新聞で広告を打つために、向島《むこうじま》の大倉別邸（註・実業家の大倉《おおくら》喜八郎《きはちろう》（一八三七〜一九二八年）が構えた接待用の御殿で敗戦後にＲＡＡが接収した）に新聞記者を招待し、御馳走《ごちそう》を振るまい、ＲＡＡ声明書を読み上げて、政府の命令でＲＡＡが組織化されたことを訴える。新聞記者を籠絡《ろうらく》させたことで、『東京新聞』を皮切りに『讀賣』『朝日』『日日』でも慰安婦募集の広告が掲載されるようになっていった（木原誠「R・A・A始末記」キング八月特大号付録『戦後十年　秘録・流転にっぽん』大日本雄弁会講談社・一九五五年）。

広告につられて、八月二十六日にはRAA本部に一五〇〇名もの行列ができ仕事を求めて押しかけた。しかし、仕事内容を聞いて愕然《がくぜん》とする。それでも、食うに困った女性たちは「お金になる」という囁《ささや》きに勝つことはできず、大半の者は慰安婦になる運命を受け入れる。戦地で夫を亡くした戦争未亡人は数知れず。インフレも襲いかかる。「御国の為」という逃げ道も用意されていた。応募者のうち、半数以上は処女であったという（鏑木清一『秘録　進駐軍慰安作戦』番町書房・一九七二年・小林、村瀬『新版　みんなは知らない国家売春命令』）。

慰安所は都内だけでも二十三ヵ所。東京都衛生局予防課長・与謝野光《よさのひかる》（一九〇二〜一九九二年・歌人の与謝野鉄幹と晶子の長男）は、兵士の人種及び階級の混乱を避けるために、「将校・下士官用」「白人用」「黒人用」に地域を振り分けるようにと、GHQから指示されたと振り返る。「将校・下士官用」には、向島・芳町・白山の芸妓街、「白人用」には公娼街の吉原・新宿・千住、「黒人用」には亀戸・小岩・玉ノ井の私娼街と割り振った（平井和子『日本占領とジェンダー』有志舎・二〇一四年）。

将官専用に改装された向島の大倉別邸には、ロバート・L・アイケルバーガー中将（Robert L. Eichelberger・一八八六〜一九六一年）、ウィリアム・マーカット准将（William Marquat・一八九四〜一九六〇年・GHQ経済科学局長）、エリオット・R・ソープ准将（Elliott R. Thorpe・一八九七〜一九八九年・GHQ民間諜報局長）が入り浸る（木原「R・A・A始末記」）。

小説家の高見順《たかみじゅん》（一九〇七〜一九六五年・第一回芥川賞候補）が敗戦直後の銀座の街並みを書き残している。「松坂屋の横にOasis of Ginzaと書いた派手な大看板が出ている」「松坂屋の横の地下室に特殊慰安施設協会のキャバレーがあるのだ」「（註・地下）三階がキャバレーで、アメリカ兵と一緒に降りて行くと、三階への降り口に『連合軍軍隊ニ限ル』と貼紙《はりがみ》があった」「『支那人と犬、入るべからず』と上海の公園の文字に憤慨した日本人が、今や銀座の真中で、日本人入るべからずの貼紙を見ねばならぬ」「日本人入るべからずのキャバレーが日本人自らの手によって作られたものであるということは、特記に値する」「さらにその企画経営者が終戦前は『尊皇攘夷』を唱えていた右翼結社であるということも特記に値する」（高見順『敗戦日記』文藝春秋新社・初版一九五九年・中公文庫・二〇〇五年・註・松坂屋のホームページ「松坂屋ヒストリア小話　その二十二」〈戦後復興　二〇一八年八月八日配信分〉によると、「進駐軍用のダンスホールは、名古屋店では『トロカデロ（麗都）』という名称で1945年10月に地下1階に開設され、翌年10月には7階にもオープンしています。

銀座店も『オアシス　オブ　ギンザ』という名称で1945年11月に新館地下2階に開設しました。そして、これらはいずれも松坂屋の新たな収入源となり、厳しい情勢下業績向上に寄与しました。このように松坂屋は機敏な変化対応によって戦後の変動期を乗り切ってきたのです」と記載されている）。

特殊慰安所は、江ノ島や箱根や熱海《あたみ》の保養地などにも広がり、名古屋や大阪や京都などの大都市に瞬く間に浸透する。京都では、警察と京都府が一丸となり、慰安施設を祇園《ぎおん》に設置する。京都市内で芸妓二五〇名、娼妓一一〇〇名、ダンサー四〇〇名が慰安婦として動員された（大内昭雄『米軍基地下の京都　1945年～1958年』文理閣・二〇一七年）。

特殊慰安所は、地方都市にも及ぶ。内務省が「治安維持」のために、各府県庁に対して、占領軍向けの「性的慰安施設、飲食施設、娯楽場」を急いで開設させる指示を出したからだ。当時、山梨県警察部長を務めていた松崎正躬《まつざきまさみ》（生没年不明）は、「まさか女郎屋の親父になろうとは考えてもおりませんでした」と当時を振り返る。山梨県は富士山麓に日本陸軍の演習地があったことから、占領軍が駐屯《ちゅうとん》する可能性がある。慰安所を急いで整える必要があった。松崎警察部長は、慰安婦となる女性を勧誘しなければならない。遊郭《ゆうかく》で働いた経験のある女性を探しだし、「お国のためだ」「ひとつ辛抱してくれないか」「もし辛抱してくれるならば、こういう着物も用意しております」と泣き落としたという（松崎正躬「進駐軍受入れのための慰安所設営」大霞会編『内務省外史 続』）。

　惨敗からわずか一ヵ月後の一九四五年九月十八日（火曜日）には、大阪南地の花街に「連合軍慰安所アメリカン倶楽部」が開設された。右翼の大物・笹川良一《ささかわりょういち》（一八九九〜一九九五年・国粋大衆党総裁・Ａ級戦犯に指定）が資本金数百万円を拠出し、実弟・了平《りょうへい》（一九一五〜一九八二年）を社長にして経営を舵取りさせた（平井『日本占領とジェンダー』）。

　右翼の変わり身の早さに驚かざるを得ない。それとも、米兵用に慰安所を作り、日米親善を促すことが国体護持につながるのか。戦後、政財界の黒幕と呼ばれる児玉誉士夫《こだまよしお》（一九一一〜一九八四年・Ａ級戦犯に指定）は、東久邇宮内閣の内閣参与であった。東久邇宮稔《なる》彦王《ひこおう》は、「児玉を私はよく知らないが、児玉は海軍および右翼と深い関係があったので、その連絡のために採用した」と言う（東久邇稔彦『一皇族の戦争日記』日本週報社・一九五七年）。右翼とＲＡＡの繋がりは闇の中。

　慰安所の第一号店は品川の大森海岸にある高級料亭「小町園」（当時の住所・品川区大井鈴ヶ森町二四八〇）。敗北から十二日後の一九四五（昭和二〇）年八月二十七日（月曜日）に開店。「特別挺身隊」と呼ばれた約三〇名の慰安婦が待機した。胸が痛くなる残酷な史実だ。

　翌二十八日（火曜日）、ＲＡＡが正式に発足。これを記念して、午前九時に皇居前広場で「君が代」を斉唱して宣誓式が挙行された。ＲＡＡの全役員と官公署の役人が出席し、

	波満川	慰安所 慰安婦（54名）
	悟空林	慰安所 慰安婦（45名）　ダンサー（6名）
	乙女	慰安所 慰安婦（22名）
	楽々	慰安所 慰安婦（20名）
	大井芸能会館	慰安婦随時派遣
	花月	慰安所 慰安婦（人数不明）
	蜂乃喜	慰安所 慰安婦（人数不明）
	清楽	慰安所 慰安婦（人数不明）
	日の家	慰安所 慰安婦（人数不明）
三多摩地区	調布園	慰安所 慰安婦（54名）
	福生	慰安所 慰安婦（57名）
	ニュー・キャッスル	慰安所 三鷹 慰安婦（100名） ダンサー（150名）
	楽々ハウス	慰安所 調布 慰安婦（65名） ダンサー（25名）
	立川パラダイス	キャバレー 慰安所 慰安婦（14名） ダンサー（50名）
	小町	キャバレー 立川 慰安婦（10名） ダンサー（10名）
	キャバレー富士	キャバレー 慰安所（人数不明）
三軒茶屋	士官クラブ	将校用慰安所 慰安婦随時派遣
市川（千葉）	蓬莱鶴	キャバレー 慰安所（人数不明）
熱海（静岡）	富士屋本館	ホテル キャバレー ダンサー（50名）
	玉ノ井別館	ホテル
	大湯	キャバレー ダンスホール ダンサー（50名）
	熱海観光閣	ホテル
	ニューアタミ	キャバレー ダンサー（人数不明）
強羅（神奈川）	常盤ホテル	慰安所 慰安婦（人数不明）

（参照・鏑木『秘録 進駐軍慰安作戦』及び坂口『R・A・A協會沿革誌』）

RAA施設一覧表

地区別	名称	概要
丸ノ内・銀座	オアシス・オブ・ギンザ	キャバレー 銀座松坂屋地下室 ダンサー(400名)
	エビスビヤホール	ビヤホール 銀座七丁目（約2ヵ月間営業）
	東宝ビヤホール	ビヤホール 銀座七丁目
	千疋屋	キャバレー 銀座八丁目 ダンサー（150名）
	耕一路	キャバレー 銀座八丁目 ダンサー（20名）
	伊東屋	ダンスホール 銀座三丁目 ダンサー(300名)
	緑々館	キャバレー 銀座西三丁目 ダンサー（50名）
	工業倶楽部	レストラン 丸ノ内一丁目（将校用）
	ボルドー	バー 銀座八丁目
	日勝亭	ビリヤード 銀座八丁目
	銀座ビリアード	ビリヤード 銀座西
	クラブ・エデン	ビヤホール ダンスホール　木挽町
	RAAビヤホール	ビヤホール 銀座八丁目
	新味	総菜店　銀座八丁目
築地	宮川	日本料理
上野	上野観光閣	日本料理
品川	パラマウント	キャバレー 京浜デパート ダンサー(350名)
世田谷	RAAクラブ	高級慰安所（人数不明）
荻窪	RAA病院	産婦人科（性病検査・治療）
芝浦	東光園	キャバレー ダンサー（30名） 慰安婦（10名）
向島	迎賓館大倉	レストラン 高級宴会場（将官用）
板橋・赤羽	成増慰安所	慰安所 慰安婦（50名）
	小僧閣	キャバレー ダンサー（100名）
	赤羽会館	キャバレー ダンサー（人数不明）
京浜地区大井・大森	小町園	慰安所 慰安婦（40名）
	見晴	慰安所 慰安婦（44名）
	やなぎ	慰安所 慰安婦（20名）

「新日本再建の発足と、全日本女性の純潔を守るための礎石《そせき》事業たるを自覚し、滅私奉公《めっしほうこう》の決意」を固めた。彼らは、各自が指を切って盃《さかずき》に血を集め飲み交わす。RAAの理事長に就いた宮澤濱治郎《みやざわはまじろう》（出生年不明～一九四九年・東京料理飲食業組合会長・上野にある中華料理「五十番」の経営者）が「声明書」を読み上げる。その一文には、「『昭和のお吉』幾千人かの人柱の上に、狂瀾《きょうらん》を阻む防波堤を築き、民族の純血を百年の彼方に護持培養すると共に、戦後社會秩序の根本に、見へざる地下の柱たらんとす」と謳われていた（坂口勇造『R・A・A協會沿革誌』日新社・一九四九年・鏑木清一、小沢昭一「米兵の防波堤となった女たちの二十四時」小沢昭一、永六輔『色の道商売往来 平身傾聴裏街道戦後史』創樹社・初版一九七二年・ちくま文庫・二〇〇七年・註・RAAの「聲明書」「趣意書」「目論見書」の全文を史料として一九四ページ以降に掲載した）。

八月二十八日は、GHQの第一陣が厚木飛行場に着いた日である。まさに、「性の防波堤」だ。「守るべき女性」のために、「人柱にしてもよい女性」が創られた瞬間だ。「RAA声明書」は、なぜ慰安婦たちを「昭和のお吉」と譬《たと》えたのか。これを理解するには幕末まで遡らなければならない。初代駐日米国総領事のタウンゼント・ハリス（Townsend Harris・一八〇四～一八七八年）は、「日米修好通商条約」を締結したことでも知られる。ハリスの妾《めかけ》にされたのが芸妓の斎藤きち（一八四一～一八九〇年）。ハリスとお吉の間に肉体関係があったのかは不明だが、外国人ハリスの世話を数日間したことから「唐人お吉」

と悲劇の物語として民衆に語りつがれた（川元祥一『開港慰安婦と被差別部落』三一書房・一九九七年）。

「昭和のお吉」として占領軍への「人身御供」となった「小町園」の慰安婦たちには、メリンスの長ジュバン一枚、肌着と腰巻きが二枚ずつあてがわれる。さらに、東京都から特別配給として、セルロイドの洗面器、石鹸《せっけん》、歯ブラシ、歯磨き粉、タオル、手ぬぐいが支給された。十畳、二十畳と広間の多い元料理屋「小町園」の広間は大急ぎで改装が行われ、一つの部屋を屏風《びょうぶ》やカーテンで仕切り「割り部屋」にされた。カーテンには大きな番号札がつけられ、女たちはカーテンで仕切った小部屋に布団を敷いて、その上で待機。小町園の開店を聞きつけた米兵たちは一〇〇円札を握りしめ、行列をつくる。ショート・タイムで一回三〇円。ＲＡＡと慰安婦が、利益を折半した。米兵たちはお金を払うと女部屋の番号札が渡されて、部屋に案内されてゆく（鏑木『秘録　進駐軍慰安作戦』・小林、村瀬『新版　みん

慰安所（安浦ハウス）につめかける米兵たち

なは知らない国家売春命令』）。

憐《あわ》れすぎて、これ以上書きたくない。筆が進まない。だが、書かねばならない。『R・A・A協會沿革誌』には次のような記述がある。

さて蓋《ふた》をあけてみると、氣《き》の荒い面々、沙漠にオアシスを見つけた如く、欣々然《きんきんぜん》と行列を作り彼女等に肉薄して行ったのは、けだし天下の壮観《そうかん》であった。然《しか》しながら時には土足のまま室内に闖入《ちんにゅう》するものあり、左右に開閇《かいへい》する障子、唐帋《からかみ》を欧米《おうべい》式ドアと感違ひして破損するものあり、或は突飛《とっぴ》な時間に上り込んで女を求め、應《おう》じなければ従業員と慰安婦の見境をつけず手あたり次第にねぢふせて押へ込む者あり、それを阻止しようものなら、なぐる、蹴る、たたくの亂暴狼藉《らんぼうろうぜき》、片や戰勝國民、片や敗戰國《はいせん》民、一切の談判は一方的に遮二無二《しゃにむに》押し切られるみじめさ、爲に通譯《つうやく》や従業員の面々怪我を負ふもの日毎夜毎その數《かず》を知らず、眞に命がけとはこれをしも言ふのであらう（坂口『R・A・A協會沿革誌』）。

八月三〇日（木曜日）には横浜の慰安所「互楽荘《ごらくそう》」が開設され、八〇名の女性が米兵を待ち受けた。横浜に慰安婦を集めるために、業者たちは群馬県の貧しい村から女性を勧誘。さらに、女性を迅速に集めるため、警察が電車の「優先乗車証明書」を発行した。慰安所の布団やベッドや化粧品を調達したのも警察である。神奈川県内で布団を手に入れることができず、埼玉県にまで調達しにいった。『神奈川県警察史』によると、何千人もの米兵が慰安所に押し寄せて大混乱となり、一週間で慰安所が一時閉鎖される事態となった（川元『開港慰安婦と被差別部落』）。

韓国の「慰安婦問題」に取り組む前に、日本国内の「特別挺身隊」の真実に光を当て、無残な日本の姿を直視する時だ。慰安婦になった女性たちは強制徴用されたのではなく、自発的に志願した者もいたろう。性行為にともなう金銭も慰安婦に支払われていた。当時の日本では、公娼制度《こうしょうせいど》は合法だ。しかし、日本人慰安婦を生んだ張本人は、日本政府であることは疑いがない。内務省、外務省、大蔵省、運輸省、東京都、警視庁の協力がなければ、RAAは組織なぞされていない。慰安所で、残忍な虐待や性暴力が起きたとしても、RAAの慰安業者や米兵個人の厄介事《やっかいごと》という逃げ道が用意されており、政府の責任を追及できない。

RAAの実態を目の当たりにした作家の高見順は次のように嘆《なげ》く。「占領軍のために被占領地の人間が自らいちはやく婦女子を集めて淫売屋《いんばいや》を集めて作るというような例が――。支那ではなかった。南方でもなかった。懐柔策が巧みとされている支那人も、自ら支那女性を駆り立てて、淫売婦にし、占領軍の日本兵のために人肉市場を設けるというようなことはしなかった。かかる恥かしい真似は支那国民はしなかった。日本人だけがなし得るこ

特殊慰安施設協会役員

理事長 兼 食堂部長	宮澤 濱治郎
副理事長 兼 資材部長	野本 源治郎
同	成川　敏
同	大竹 廣吉
専務理事 兼 総務部長	渡邊 政次
専務理事 兼 キャバレー部長	辻　穣
専務理事 兼 慰安部長	高松 八百吉
常務理事 兼 特別施設部長	佐藤 甚吾
常務理事 兼 企画部長	杉村 銀之助
常務理事 兼 藝能部長	瀬谷 紋次
常務理事 兼 監査部長	川本 重夫
常務理事 兼 遊技部長	高木 樂山
常務理事 兼 営繕部長	市川 忠吉
常務理事 兼 経理部長	春日 政男
常務理事 兼 物産部長	安田 與一
同	鈴木 初五郎
同	山口 富三郎
同	鈴木　明
同	三好 鏻藏
常務理事 兼 厚生部長	秋本 平十郎
常務理事 兼 室内遊技課長	平山 三郎
常務理事 兼 日本料理課長	山下　茂

（参照・坂口『R・A・A協會沿革誌』）

とではないか」（高見『敗戦日記』）。

ＧＨＱの命令で日本の恥部《ちぶ》であるＲＡＡは廃止されたが、その爪痕《つめあと》は大きい。ＲＡＡは最盛期に七万人ほどの慰安婦を抱えており、閉鎖したときは約五万五〇〇〇人いた。彼女たちの新たな就職先はどこか。街娼《がいしょう》として、夜の街で米兵をお客にした。「パンパン」という隠語が飛び交った。ＲＡＡの施設があった場所は「赤線地帯」（特殊飲食街＝公認売春地帯）に指定され、売春は戦後日本に根深く残った（鏑木『秘録 進駐軍慰安作戦』）。

不幸は重なる。「混血児」が生まれ、さらなる差別を招いた。「パンパンの子」と蔑《さげす》まれ、純血を重んじる日本で不憫《ふびん》な目に遭う。満洲や朝鮮半島から命からがら逃れてくる途中で、ソ連軍兵士に強姦《ごうかん》された女性が産んだ混血児は「ロスケ」と賤《いや》しまれた。婦女暴行は日常茶飯事であり、新聞の記事にもならなかった。敗戦の犠牲になるのは兵士だけではない。女性や子どもが最大の犠牲者である（上田誠二『「混血児」の戦後史』青弓社・二〇一八年）。

負の歴史を後世に刻むために、特殊慰安施設協会役員（設立時）の名前を全員列挙する。一九四九（昭和二十四）年にRAAの関係者が纏《まと》めた『R・A・A協會沿革誌』（非売品）には実名と顔写真が堂々と掲載されている。RAAの歴史を誇れるものにしようと画策した「公式資料集」と言えるものだ。RAAは国家の要請に従い、進駐軍のために「Recreation と Amusement」を提供し、「大使命を完全」に果たしたと自画自賛した。

7　内通者を大臣へ昇格（一九四六年二月）

RAAが解体され、華族の女性を手駒《てごま》にしていた楢橋渡。GHQの高級将校を下半身から丸め込んだ楢橋書記官長「接待部長」は、大出世を遂げる。

一九四六年二月二十五日（月曜日）、幣原内閣は、楢橋渡（内閣書記官長）と石黒武重《いしぐろたけしげ》（一八九七〜一九九五年・法制局長官）を「無任所国務大臣」（各省大臣と同格）に任命する同意をGHQに求めた。ホイットニー准将は、二人の大臣昇格に好意をもって賛成。ホイットニー自らマッカーサー元帥にご報告し、大臣任命の許可を求めた。

フーヴァー・トレジャーズ【文書十二】

一九四六年二月二十五日付

ホイットニーからマッカーサー元帥へ

幣原内閣は、終戦連絡事務局を通じて、下記二名を現職のまま「無任所国務大臣」に任命してもよろしいかと許可を求めております(註・「無任所国務大臣」は各省大臣と同等の地位。「終戦連絡事務局」はGHQが占領政策を徹底させるために日本政府に作らせた)。

楢橋　渡：現職(内閣書記官長)

石黒武重：現職(法制局長官)

幣原がこの二名が閣議に班列《はんれつ》してもよろしいかと許可を求めております。今までのように、彼らが議決権を持たず閣議に出席するだけではありません。

元帥もご存じのように、楢橋はGHQの類《たぐ》い稀《まれ》な協力者です。日本政府のなかで、元帥の指令を最も遵守《じゅんしゅ》している人物です。石黒は、楢橋の息のかかった協力者です。楢橋が法制局長官から内閣書記官長（註・官僚のトップ）に任命された時、その後任として石黒が選ばれました。

幣原首相が二名を抜擢《ばってき》したことは、差し迫る憲法問題を打開するためです。とても良い人選だと信じております。終戦連絡事務局は、楢橋と石黒の履歴書を本日午後三時までに、私に届ける手はずとなっております。彼らが現職の任務についているのですから、公職追放指令に抵触することはないと存じます。GHQ民間諜報局が二名の事前審査を行っております。問題がなければ、本日午後の会談の際に、私にこの二名の任命を許可する権限をお許し頂ければと存じます。

コートニー・ホイットニー
米陸軍准将
民政局長

（"Memorandum to Supreme Commander with respect to cabinet appointments, From: Whitney," *Rowell Papers*, Box 1-5.・著者訳）

ホイットニーは、マッカーサー元帥宛の書簡で、楢橋のGHQへの心酔は「類い稀」であり、「元帥の指令を遵守している人物」と高く評価している。GHQが目をかけた「隠《おん》密《みつ》」であったことが透けて見える。

楢橋と共に、国務大臣になった石黒武重は、楢橋の後任として法制局長官に就任していた人物。官僚の親分と子分の関係だ。

石黒は金沢市出身で、東京帝大法学部を卒業し、山形県知事や農林次官を歴任し、一九四六年四月十日、女性が初めて投票できた衆議院議員総選挙(投票率七二・〇八パーセント)で、初当選。民主党初代幹事長に就任し、一九六七(昭和四十二)年に「勲一等瑞宝章」を受章。GHQに積極的に協力し、出世街道をひた走り。

ホイットニーの覚書から一週間後、一九四六年三月五日(火曜日)の夕方に開かれた閣議で、楢橋渡(無任所国務大臣・内閣書記官長)と石黒武重(無任所国務大臣・楢橋の後を継いで内閣法制局長官)と入江俊郎(法制局次長を経て、石黒の後を継いで法制局長官)らは、憲法改正は「日本政府が自主的に草案を書いた」と事実を捏造《ねつぞう》することで見解一致(入江『憲法成立の経緯と憲法上の諸問題』)。

政治権力に強い野望を持っていた官僚トップらは、なぜ史実を捏造したのか。楢橋と石黒はホイットニー准将の思い通りに動いたので、閣議で発言権も強い「無任所国務大臣」にしてもらい、議決投票権を与えられた。草案は「Made in GHQ」だった事実がバレると、国民が猛反発して、保守派は政権を維持できず、自分たちがGHQの茶坊主のように使われた事実も白昼に晒され、さらに勢いを増してきていた共産党に「吉田は米国の傀儡《かいらい》政権」と責められるからだ。

楢橋と石黒にとって、何が大きなメリットだったのか。特別手当（現金）を貰ったろう。食糧危機の焦土東京で、貴重な食べ物を大量に貰ったろう。戦火の打撃を受けていない官舎を与えられたろう。最大のご褒美は、公職追放リストから名前を外してもらったことだ。一度追放されると、占領が終わる一九五二（昭和二十七）年の春まで、政府の公職に戻れない。

8　幣原内閣の造反者

楢橋渡や石黒武重は、なぜ閣議で大きな発言権を持てたのか。改めて時系列に整理しよう。

一九四六年二月十三日（水曜日）、ホイットニーから恐喝されながら突きつけられた「GHQ草案」の存在は、日本国民には極秘扱いされたまま。吉田茂外相と松本烝治は、GHQに何度も「極秘」を護ってくださいと懇願する。二月初旬に吉田は誰よりも早くGHQ草案（オリジナル五通のうち一通）を読んだ。

一九四六年二月十五日（金曜日）、白洲次郎がホイットニー准将に「ジープ・ウェイ・

レター」を送る。「日本式にゆっくりと憲法協議をいたしましょう」と勧めた翌十六日（土曜日）、白洲はホイットニーの返信で返り討ちに遭う。
二月二十一日（木曜日）、幣原首相はマッカーサー元帥と直談判。「談判」というより、元帥の「ご指導を乞うため」に会いに行った。翌日、幣原はこの会見内容を閣議で次のように説明。

マッカーサー元帥は日本の幸福を第一に考えており、ことに天皇陛下と会ってから、天皇を護ることが非常に重要であると思うようになった。しかし、極東委員会の対日感情はなお強く、ことにソ連、オーストラリアは日本がやがて強国になり、連合国に報復するのではないかと懸念しており、極東委員会が天皇を裁判にかける可能性をなくすため、マッカーサー草案では意識して天皇の定義を国家の象徴とし、戦争放棄条項を強調したのである（西鋭夫『國破れてマッカーサー』中央公論社・一九九八年）。

翌二十二日（金曜日）、松本烝治・吉田茂・白洲次郎は、ホイットニー准将らと会談。松本は、GHQがすでに埋葬した「明治憲法」を掘り起こし、明治憲法の文章を下書きとして使い、「GHQ草案」の基本的な原理を書き込みたいと提案をするも、あっけなく拒絶される。「GHQ草案」を日本の実情と言語に合うように和訳せよと命令される。日米交渉、何度やってもGHQは問答無用の姿勢を崩さない。

三日後の二月二十五日（月曜日）、ホイットニーは楢橋と石黒を「無任所国務大臣」に任命してもよろしいかとマッカーサー元帥へ請う。翌二十六日（火曜日）、二人は正式に「無任所国務大臣」として就任。異例の早さだ。異例の昇進だ。この日は、日本政府が「GHQ草案」を翻訳しつつ改正案の作成に着手した日でもある。

「GHQ草案」に難色を示す幣原内閣の閣僚たちは、GHQ憲法支持派と明治憲法擁護派に鋭く分裂していた。この膠着《こうちゃく》状態の時、楢橋と石黒がホイットニー准将のお墨付きで「無任所国務大臣」に就任。楢橋と石黒はGHQ案反対派を切り崩してゆく。「反対しているると公職追放の戦犯リストに挙げられるぞ」という脅し文句には、絶大な効果があったろう。

楢橋と石黒は、GHQの要望を政府内部から支援するための工作員だった。ホイットニーから「迅速な対応」をせよと追い詰められた幣原首相と吉田外相がホイットニーに気に入られている官僚トップの楢橋と石黒を「エイジェント」として差し出し、自分たちの手を汚さず、漁夫の利を得たのかもしれない。大臣としての発言権を与えられた楢橋と石黒は、GHQが望む方向へ内閣の意見を取りまとめてゆく。

しかし、歴史は残酷だ。

和文にされた「GHQ草案」が国会を無事通過した後、楢橋はGHQに捨てられ、裏切られ、公職追放となる。吉田とGHQは、楢橋を利用し、日本国憲法が成立した後、楢橋を戦犯に指名し「捨て駒」のように扱ったのか。

楢橋渡は、占領終結の一九五二（昭和二十七）年から再び国政に関与し、一九五五（昭和三〇）年の自由民主党の結成に尽力する。一九五九（昭和三十四）年、第二次岸信介改造内閣の運輸大臣となる。

9　昭和天皇の詔まで捏造

内閣総理大臣・幣原喜重郎は、苦悩で疲労困憊。GHQ草案を拒否するかどうかではなく「無条件受諾」か「条件付きか」で苦しんでいた。一九四六年二月十三日、ホイットニーから恐喝されながら吉田茂と松本烝治が受け取った「GHQ草案」の存在は、日本国民には極秘扱いされたまま。表向きは、日本政府が作ったことにしなくてはならない。

入江俊郎著『憲法成立の経緯と憲法上の諸問題』（第一法規出版・一九七六年）の記録によると、三月五日（火曜日）午後の閣議では、楢橋渡、石黒武重、入江俊郎らは、日本側の「自主性」で憲法草案が作られたことを「歴史の事実」にするために、苦しい論陣を張る。

今やこのような事態に至っては「一刻も猶予《ゆうよ》すべきではない」「何としても日本は日本

としての自主的態度を持すべきである」「不満足であることは重々わかるが、これを日本側の自主的の案として先方（註・GHQ）と同時に発表するという態度に出るほかあるまい」と次々と「史実」を捏造。

幣原首相は、大日本帝国憲法（明治憲法）第七十三条に規定された憲法改正手続きについて憂慮していた。憲法を改正するには、帝国議会にお伺いを立てて、貴族院と衆議院の三分の二以上の賛同を得なければならない。

明治憲法では、国民が憲法を決めることができないばかりか、天皇の勅令をもって帝国議会を召集しなくてはならない。幣原首相は明治憲法と新憲法の整合性に頭を悩ましたのだが、マッカーサー元帥は「明治憲法」を「悪の法典」と見なしていたので整合性なぞ考えてもいない。

入江次長は、幣原首相が陛下に内奏し勅語《ちょくご》を仰いでいただき、陛下の御意志に基づいて内閣が憲法改正案を発表することを提案。議会に改正案を提出する際にも「国民が作成するための改正案の原案を天皇が発案されることになるので、憲法上さしつかえない」「憲法の改正は大権ではあるが、いわば天皇の大権の具体的行使をこの場合国民にまかせる」ことになると助言した。マッカーサーが強引に日本側と相談もせず書いた草案を通過させるのだが、国民にはその真実をひた隠し。

国務大臣・松本烝治は、この論理は詭弁《きべん》だと猛烈に反対したが、ほかに妙策はないと説得されて渋々同意。午後四時頃に閣議はおわり、幣原総理が陛下へ内奏《ないそう》するため宮中に確認を求めることになった。

この間に、石黒長官と入江次長が勅語案を鉛筆で走り書き。石黒長官は「口答で閣議に諮《はか》り、芦田厚相他の閣僚が字句を修正し佐藤内閣書記官の手元で勅語案を整え」た。三月五日の五時半頃、幣原首相と松本国務大臣が宮中に参内して、これまでの経過を陛下に奏上《そうじょう》した。昭和天皇は、「事ここに至つた以上、自分としては特別の意見はない、内閣の考え通りはかられたい」と勅語の発表をお認めになったと伝えられている（入江『憲法成立の経緯と憲法上の諸問題』）。

10　憲法発布のお言葉

一九四六年三月六日（水曜日）、日本政府は新しい「憲法草案」を発表。同時に、昭和天皇の勅語《ちょくご》が発せられた。陛下のお言葉である勅語の英文も発表された。

フーヴァー・トレジャーズ【文書十三】

Imperial Message Endorsing Draft Constitution

Consequence upon our acceptance of the Potsdam Declaration the ultimate form of Japanese government is to be determined by the freely expressed will of the Japanese people. I am fully aware of our nation's strong consciousness of justice, its aspirations to live a peaceful life and promote cultural enlightenment, and its firm resolve to renounce war and to foster friendship with all the countries of the world. It is, therefore, my desire that the Constitution of our empire be revised drastically upon the basis of respect for the fundamental human rights. I command hereby the competent authorities of my government to put forth in conformity with my wish their best efforts toward the accomplishment of this end.

6 March 1946

（"Imperial Message Accepting Draft Constitution," *Rowell Papers*, Box 1-5.）

【日本政府訳】

朕《ちん》曩《さき》ニポツダム宣言ヲ受諾セルニ伴ヒ日本国政治ノ最終ノ形態ハ日本国民ノ自由ニ表明シタル意思ニ依リ決定セラルベキモノナルニ顧《かえり》ミ日本国民ガ正義ノ自覚ニ依リテ平和ノ生活ヲ享有《きょうゆう》シ文化ノ向上ヲ希求シ進ンデ戦争ヲ抛棄《ほうき》シテ誼《よしみ》ヲ万邦《ばんぽう》ニ修ムルノ決意ナルヲ念ヒ乃チ国民ノ総意ヲ基調トシ人格ノ基本的権利ヲ尊重スルノ主義ニ則リ憲

法ニ根本的ノ改正ヲ加ヘ以テ国家再建ノ礎ヲ定メムコトヲ庶幾《こいねが》フ政府当局其レ克《よ》ク朕ノ意ヲ体シ必ズ此ノ目的ヲ達成セムコトヲ期セヨ

陛下の詔《みことのり》の英文が、なぜ作成されたのか。

憲法改正はマッカーサーの独壇場で、全く関わらせてもらえなかった連合軍列国に「天皇も賛成したのだから草案について今更横槍を入れるなよ」との警告のための英文版だ。

マッカーサーは、既成事実を作り、極東委員会を封印した。

日本語で作成された勅語を英語に直したのか、それとも英語を和文に訳したのか。疑いなくGHQと日本政府が共著した「お言葉」だ。

占領中の公用語は、英語。マッカーサーらが英文で書いた勅語が和文に翻訳されたのだろう。個人的な印象だが、陛下の英文勅語はマッカーサー元帥が書くような一行が長い文章だ。

状況証拠から判断すると、日本政府の関係者が事前にGHQと打ち合わせをしており、勅語の英文と和文を推敲《すいこう》したのだ。当然、マッカーサー元帥が重大な英文を「マッカーサー文体」に添削《てんさく》した。問題は、和文が英語直訳の傷を負っていることだ。

和文勅語は準備をする時間がなく急いで作られたようだ。焦りがありありだ。たとえば、「the ultimate form of Japanese government」という箇所を「日本国政治ノ最終ノ形態」と訳しているが、「日本国政治」ではなく「日本政府」と和訳すべきで、「the ultimate form」は「最終の形態」ではなく「最も望ましい将来の形態」である。「人格ノ基本的権利」という言葉も「基本的人権」とすべきだろう（古関彰一『日本国憲法の誕生 増補改訂版』岩波書店・二〇一七年）。

昭和天皇の勅語だけでなく、マッカーサー元帥の声明も用意されていた。三月二日（土曜日）付の「マッカーサー声明」の原稿には、すでに天皇と日本政府が新憲法を提起することが記されている。三月二日の時点で、三度の修正が加えられた「マッカーサー声明」が出番を待っていた。

フーヴァー・トレジャーズ【文書十四】

「マッカーサー声明」

（三度書き換えの最終原稿）

私は、今日、この声明を出せることに深い感慨を覚えております。なぜなら、私が全面的に承認した啓蒙的な新憲法を天皇及び日本政府が日本国民に提起したからです。五ヵ月前、私は日本政府に対して新憲法の起草を指示しました。その後、日本政府とGHQの関係者で入念な調査と幾度とない真剣な協議が行われ、この憲法が起草されました。

新憲法は、日本の最高法規であることを宣言し、国民が主権を保持していることを明確にしております。この憲法は、国民の意志を代表し公正な選挙によって権力を付託された立法に支配権を与えています。しかし、立法の権力を行政と司法が抑制しております。いかなる政府機関といえども、専制や独断的に国務を牛耳ることはできないように制限しています。

新憲法は、政治権力や国有財産を持たない皇位を日本国民の意志に従う形で国民の象徴として残しております。さらに、啓蒙思想の厳格な水準を満たす基本的自由を国民に保証しているのです。国民主権の庇護《ひご》のもと、封建主義の楔《くさび》は完全に断ち切られ、人間の尊厳を謳歌《おうか》しています。これは人間関係の最も進化したものであり、知的で誠実な人々が提唱した独創的な政治思想が現在の憲法に融合されております。

憲法の最も重要な条項は、国権の発動たる戦争を禁止していることです。他国との紛争解決の手段として、武力による威嚇《いかく》はしません。武力行使は永久に放棄します。陸海空軍は存在しません。他の潜在的な戦力の保持を永久に認めず、交戦権が国家に与えられることもありません。この義務を遂行するために、日本は国家の固有の自衛権利をすすんで放棄し、安全と平和を愛する世界の民族の誠意と正義に委ねることにしたのです。日本国民は、戦争が国際問題を解決する手段と見なさず、正義・寛容・

人類相互理解の信念による新たな道を切り開いてゆくのです。日本国民は、過去の現実離れした神秘主義に断固として背を向け、新たな信条と希望をもって将来を迎えることになるのです。

（"3rd Draft General MacArthur's Announcement of a New Constitution for Japan," *Rowell Papers*, Box 1-5.・著者訳）

三月六日（水曜日）の昭和天皇の勅語に続き、同日マッカーサーも用意されていた声明を出し、日本国憲法を支持した。陛下と元帥のタッグで「ＧＨＱ憲法」を素晴らしいと讃え、「国民よ感謝せよ」と最大の圧力をかけた。食糧難で困窮《こんきゅう》している国民が反対できるわけがない。

11　埋葬された真実

翌三月七日（木曜日）、新聞各紙は内閣案「憲法改正草案要綱」（実際にはＧＨＱ案と極めて酷似）を大々的に報道した。

同日、幣原首相はＡＰ通信記者に「ＧＨＱと内閣との審議中、日本側は戦争放棄条項に何の反対も表明しなかった」と語る。日本側が提案していたのなら、「ＧＨＱ側は反対しなかった」と言うはずだ。吉田茂は「それを提案したのはマッカーサー元帥であり……幣原男爵は熱意を持ってそれに応じたという印象をもっている」と自分の回顧録『回想十年』に書いた（西『國破れてマッカーサー』）。

「GHQ草案オリジナル一通」を手渡されていた吉田は、「第八条・戦争放棄」を日本人として初めて読み承諾していたのに、後年、すでに亡くなっていた幣原首相に責任を擦《なす》り付けた。最初から、熱意を持って、マッカーサーの戦争放棄を受け入れたのは、吉田茂。

憲法誕生の秘密をひた隠した日本自由党の吉田茂は、保身と権力に惑わされたのか、GHQに擦《す》り寄り、一九四六（昭和二十一）年五月に、マッカーサーからお墨付きを貰い総理大臣となる。同年十一月三日、日本国憲法が公布され、翌一九四七年五月三日から施行された。「GHQ草案」を日本国憲法として制定し、「米国追従」という国辱路線を敷いたのは、吉田茂。

GHQ憲法を擁護する日本国内の勢力は、「憲法は日本人が書いた」という吉田発言を鵜《う》呑《の》みにして、戦後日本の学校教育で「平和憲法」として教える。国民は、北海道から沖縄まで米軍基地に守られている惨めな依存症を「平和」と信じる。マッカーサーの洗脳が完璧に成功したとみるべきか。「守られている」のではなく、「占領続行」ではないのか。

マッカーサーは、帰国後、米国議会で「日本人は十二歳の少年」と宣《のたま》う。

敗戦から七十五年経つも、私たちは「第九条」の呪文に囚われ、身動きできない。米軍に日本の国防をしてもらうために、弱い日本は昭和の終戦から令和の今日《こんにち》まで数百兆円の税金を米軍に支払っている。「第九条」がある限り、米占領は終わらない。

「百年占領」は、日本滅亡史。

我ら国民が「国の歩み」を綴《つづ》れるのは、真実を探求する勇気を楯にして欺瞞《ぎまん》を打ち砕く時だ。史実で紡がれた歴史の綾織《あやおり》が我らを感動させ、世界に稀なる日本を愛しむ心を永遠《いつく》にするのである。

史料紹介

特殊慰安施設協会（RAA）聲明書・趣意書・目論見書

聲明書

邦家《ほうか》三千年山容河相革《あらた》むるなしと雖《いえど》も、大日本の生命は、昭和二十年八月十五日の慟哭《どうこく》を一期とし、極まりなき悲痛と涯しなき憂苦《ゆうく》とに縛られ、危くも救ひ難き絶望のどん底に沈淪《ちんりん》せんとす。晨《あさ》、醒めては涙あり、夕、臥床《がしょう》に入りては魂痛む。十五日より此方一日を重ねる毎に、身體《しんたい》萎へ衰へ、骨削られ細るの念《おも》ひ、一億同胞一人の例外あるべけんや。

宮城外苑二重橋御前に跪座《きざ》號泣《ごうきゅう》する姿、感堪へ得ずして赤腸を捧げ屠腹《とふく》する者、嗚呼《ああ》、世界に冠たる忠誠義魂、凝つては百錬《ひゃくれん》の鐵となり、發しては萬朶《ばんだ》の櫻《さくら》となるべきに、今、痛みに痛みて憂愁天地を蔽《おお》ふ。然《しか》りと雖も翻つて考ふるに、神州は斷《だん》じて不滅なり。我等《われら》今徒らき泣き悲しみ、望みを失ひ、方途《ほうと》に迷ふべき時に非ず。

悠久の祖宗に詫び、久遠の子孫に謝するの途、只一途、天地を蔽ふ憂愁の黒雲を打破り、我等が前途に光明の一道を見出し、承詔必謹《しょうしょうひっきん》、大御心に歸一《きいつ》し奉りて、遠き道を孜々《しし》と歩き、民族の生命を悠久の彼方に培養して他日を期するにあるべきなり。

大觀すれば、一切は天の命にして、陰極まれば陽を發し、陽極まりて陰となるの理《ことわり》、古今を通じて謬《あやま》りあるべからず。大艱苦の長き道こそ、不壞《ふえ》の大榮光へ通ずべきの理、亦《また》、自ら明らかなり、天の我等を試練し賜ふこと、苛烈を極むれば極むる程、我等に授け賜ふ天の命の、亦、偉大なるを念ひ、我等一億同胞、今こそ眞に一致結束、不拔《ふばつ》の大勇猛心を奮ひ起して、長き大試練の途に發足すべきなり。銘記すべし八月十五日、忘るべからず此痛苦、而して溢るゝ涙を抑へ、湧き上る悲しみに堪へて之れを激勵《げきれい》と、鼓舞と、隱忍《いんにん》の糧となすべきなり。

我等既にして此覺悟をなす。

時あり、命下りて、豫《かね》ての我等が職域を通じ、戰後處理の國家的緊急施設の一端として、駐屯軍慰安の難事業を課せらる。命重く且《かつ》大なり。而《しか》も成功は難中の難たり。剩《あまつさ》へ血氣蒙昧《けっきもうまい》の徒、或は我等が使命を汲む能はず、皮相の狹き見解に囚はれて、誹謗迫害の擧《きょ》に出づることなしとせず。然りと雖も、我等固《もと》より深く決する處あり。褒貶《ほうへん》固より問ふ處《ところ》に非ず。成敗自ら命あり。只同志結盟して信念の命ずる處に直往し、「昭和のお吉」幾千人かの人柱の上に、狂瀾《きょうらん》を阻む防波堤を築き、民族の純血を百年の彼方に護持培養すると共に、戰後社會秩序の根本に、見へざる地下の柱たらんとす。

特に我等が構想の重點《じゅうてん》として强調せんとする點《てん》は、地方は知らず、尠《すく》なくとも帝都に於ては面目上耻《は》づかしからず、進駐軍の輕侮《けいぶ》を受けざる如き、立派なる施設、特に衛生設備の完璧を期し、教養規律を伴ふ日本的純美に加ふるに、米風特徴を充分取入れて、慰樂施設として世界の一流水準を具現せんと志したる點なり。物足らず施設少き現況に於て之を個々の業に任せ、不統一、亂雜《らんざつ》、不潔に陥るの弊を避け茲《ここ》に都市關係團體《だんたい》たる東京料理飲食業組合、全國藝妓屋同盟會東京支部聯合會、東京待合業組合聯合會、東京都貸座敷組合、東京接待業組合聯合會、東京慰安所聯合會、東京練技場組合聯盟の七團體が糾然《きょうぜん》相寄り各自總力を發揮して目的完遂に邁進せんとするものなり。

聲明《せいめい》を結ぶに當《あた》り一言す。

我等は斷《だん》じて進駐軍に媚《こ》びるものに非ず、節を枉《ま》げ、心を賣《う》るものに非ず、止むべからざる儀體を拂《はら》ひ、條約《じょうやく》の一端の履行にも貢献し、社會の安寧に寄與し以て大にして之を言へば國體護持に挺身《ていしん》せんとするに他ならざることを重ねて直言し、以て聲明となす。

昭和二十年九月

特殊慰安施設協會

趣意書

畏《かしこ》くも聖斷《せいだん》を拜し茲《ここ》に聯合軍の進駐を見るに至りました。

一億の純血を護り以て國體護持の大精神に則り、先きに當局の內命を受け、東京料理飲食業組合、全國藝妓屋同盟會東京支部聯合會、東京待合業組合聯合會、東京都貸座敷組合、東京接待業組合聯合會、東京慰安所聯合會、東京練技場組合聯盟の所屬組合員を以て、特殊慰安施設協會を構成致し、關東地區駐屯部隊將士の慰安施設を完備する爲計畫《けいかく》を進めて參りました。

本協會を通じて彼我《ひが》爾國民の意思の疎通を圖《はか》り、併せて國民外交の圓滑《えんかつ》なる發展に寄與致しますと共に、平和世界建設への一助ともなれば本協會の本懷とする所であります。

本協會は右の趣旨に基き、直に運營を開始致します所存で御座います故何卒御贊同の上大いに御出資を賜り、如上の使命達成に萬全の御支援を御願ひ致します。

昭和二十年九月

特殊慰安施設協會

目論見書

一、名稱　特殊慰安施設協會

二、目的　關東地區駐屯軍將校並に一般兵士の慰安施設

三、設備　既報の堅牢優美なる和洋建築物を使用

四、企業内容

1、食堂部　西洋、支那、日本、食肉、天ぷら、汁粉、喫茶

2、キャバレー部　カフエー、バー、ダンスホール

3、慰安部

第一部　藝妓
第二部　娼妓
第三部　酌婦
第四部　ダンサー、女給

（以上）五〇〇〇人

4、遊技部　撞球、射的、ゴルフ、テニス

5、藝能部　演藝、映畫、音樂

6、特殊施設部　温泉、ホテル、遊覽、漁獵

7、物産部　販賣

五、附屬設備

1、衛生設備　2、厚生施設　3、教養部　4、傭員宿舍　5、クリーニング部
6、美粧部　7、衣裳部　8、装置照明部　9、音樂部　10、營繕部

六、資金

一口壹萬圓（特殊預金ニテモ可）、計五千口、五千萬圓を醵出《きょしゅつ》し、之を見返りに低利

資金五千萬圓の融資を受く
七、運營委員會
協會の最高執行機關として、運營委員會を置く
八、指導委員會
內務省、外務省、大藏省、運輸省、東京都、警視廳等各關係係官を以て組織す
九、本部役員並に職員
別に本部機構並に企業擔任制を規制す
（參照・坂口勇造『R・A・A協會沿革誌』日新社・一九四九年・『編集復刻版 性暴力問題資料集成 第一巻』不二出版・二〇〇四年に所収）

《参考文献》

・蟻塚昌克『証言　日本の社会福祉　1920～2008』ミネルヴァ書房・二〇〇九年
・いのうえせつこ『敗戦秘史　占領軍慰安所――国家による売春施設』新評論・二〇〇八年
・入江俊郎『憲法成立の経緯と憲法上の諸問題――入江俊郎論集』第一法規出版・一九七六年
・上田誠二『「混血児」の戦後史』青弓社・二〇一八年
・大内昭雄『米軍基地下の京都　1945年～1958年』文理閣・二〇一七年
・大森映『日本の財界と閨閥――〝伝統と創造〟に生きる企業人の素顔』學藝書林・一九八八年
・小沢昭一、永六輔『色の道商売往来　平身傾聴裏街道戦後史』ちくま文庫・二〇〇七年
・鏑木清一『秘録　進駐軍慰安作戦――昭和のお吉たち』番町書房・一九七二年
・川元祥一『開港慰安婦と被差別部落――戦後RAA慰安婦への軌跡』三一書房・一九九七年
・木原誠「R・A・A始末記」キング八月特大号付録『戦後十年　秘録・流転にっぽん』大日本雄弁会講談社・一九五五年
・木村文平『米軍の諜報戦略』東京ライフ社・一九五六年
・黒岩涙香『弊風一斑蓄妾の実例』インタープレイ・二〇一五年
・古関彰一『日本国憲法の誕生　増補改訂版』岩波書店・二〇一七年
・小林大治郎、村瀬明『新版　みんなは知らない国家売春命令』雄山閣・二〇〇八年
・坂口勇造『R・A・A協會沿革誌』日新社・一九四九年（『編集復刻版　性暴力問題資料集成第一巻』不二出版・二〇〇四年所収）

・佐藤朝泰『閨閥――日本のニュー・エスタブリッシュメント』立風書房・一九八一年
・大霞会編『内務省外史 続』財団法人地方財務協会・一九八七年
・高見順『敗戦日記』中公文庫・二〇〇五年
・戸伏太兵『洋娼史談』鱒書房・一九五六年
・鳥尾多江『私の足音が聞える――マダム鳥尾の回想』文藝春秋・一九八五年
・楢橋渡「『東京旋風』への反駁」『時事出版通信』一一号・一九五四年九月十五日号
・楢橋渡傳編纂委員会編『楢橋渡傳』楢橋渡傳出版会・一九八二年
・西鋭夫『國破れてマッカーサー』中央公論社・一九九八年
・ハリー・Ｅ・ワイルズ『東京旋風――これが占領軍だった』井上勇訳・時事通信社・一九五四年
・東久邇稔彦『一皇族の戦争日記』日本週報社・一九五七年
・平井和子『日本占領とジェンダー――米軍・売買春と日本女性たち』有志舎・二〇一四年
・マダム鳥尾『おとこの味』サンケイ新聞社出版局・一九六九年
・松坂屋ホームページ「松坂屋ヒストリア小話 その二十二」（戦後復興 二〇一八年八月八日配信分）(https://gentamatsu.jp/promo/page/archives/11629)
・三浦正行『ＰＨＷの戦後改革と現在――健康分野での戦後50年を考える』文理閣・一九九五年
・連合国最高司令官総司令部編『ＧＨＱ日本占領史 第四巻 人口』黒田俊夫・大林道子訳・日本図書センター・一九九六年
・「『ＧＨＱ』高官の取巻きだった「上流夫人」七人の四〇年」『週刊新潮』一九八五年八月十五・二十二日特別号

・「控へよ婦女子の獨り歩き」『讀賣報知』一九四五年八月二十三日

フーヴァー・トレジャーズ

【文書十一】"Narihashi Conference Report, Memorandum for the Chief, Government Section, Subject: Conversation with Secretary of the Cabinet," *Rowell Papers*, Box 1-5.

【文書十二】"Memorandum to Supreme Commander with respect to cabinet appointments, From: Whitney," *Rowell Papers*, Box 1-5.

【文書十三】"Imperial Message Accepting Draft Constitution," *Rowell Papers*, Box 1-5.

【文書十四】"3rd Draft General MacArthur's Announcement of a New Constitution for Japan," *Rowell Papers*, Box 1-5.

第三章　東京裁判——戦友を裏切る海軍と陸軍

I　敗戦と焚書坑儒

1　極東国際軍事裁判

　東京裁判（正式名は「極東国際軍事裁判」）は、一九四六（昭和二十一）年五月三日（金曜日）に、東京市ヶ谷の陸軍士官学校大講堂で開始された。この建物は、天才・三島由紀夫《みしまゆきお》（一九二五〜一九七〇年）が一九七〇（昭和四十五）年十一月二十五日（水曜日）、割腹《かっぷく》自殺した現場である。

　A級戦犯二十八人の「平和に対する罪」の審議が二年一〇ヵ月間も続く。戦争に敗けたから、責任を取らされる。「ポツダム宣言」で戦争犯罪人の処罰が明示されており、「敗戦処理」から逃げられない。

　戦勝国からすれば、「ポツダム宣言」を受諾しておきながら、「正義の戦争」と宣《のたま》う日本無罪論を主張する者たちは、支離滅裂《しりめつれつ》な姿にしか映らない。東京裁判は市ヶ谷で審理されたが、「国際裁判」であることを忘れてはならない。法理論も国際法が優先される。

裁判中、軍事国家主義を正当化し、軍部で「理論家」として大切にされた大川周明《おおかわしゅうめい》（一八八六〜一九五七年・東京帝大文学部哲学科卒・法学博士）は発狂し、免訴《めんそ》される。大川の脳は梅毒《ばいどく》で冒されており、進行性の麻痺を患っていた。大川は、「私はマッカーサーの弟だ」「キリストの弟でもある」「東京から地球の中心を通ってロンドンまでトンネルがあって、一瞬でロンドンまで行ける」と精神科医の西丸四方《にしまるしほう》（一九一〇〜二〇〇二年・東京帝大医学部卒・信州大学名誉教授）に大言壮語《たいげんそうご》する。

西丸医師が大川を診断したところ、脳だけでなく肺にも異常があることが判明。レントゲンで写真をとると両肺が真っ黒。脳か肺、どちらの治療に軸をおくべきか。梅毒に冒された脳を治すには、四〇度の高熱を一〇回ほど出さなければならない。その際、肺は耐えられるのか。西丸医師は、脳治療を優先した。

大川周明は「高熱を出して喀血《かっけつ》しながら、景気のよい話を大元気」でやっており、高熱を乗り切ったら奇跡的に正気に戻った。だが、イスラム教の聖典『コーラン』を和訳すると豪語しだす。「病中にマホメットが現れてその命令を受けた」のだという。大東亜戦争を推進し、占領下の一九五〇（昭和二十五）年に『コーラン』を全訳した大川周明は、一九五七（昭和三十二）年十二月二十四日（火曜日）、七十一歳で歿《ぼつ》（西丸四方『彷徨記』批評社・一九九一年）。

松岡洋右《まつおかようすけ》（一八八〇〜一九四六年・満鉄総裁・第二次近衛内閣外務大臣）は、十三歳で渡米し、人種差別の屈辱《くつじょく》に耐えながら皿洗いなどをして苦学の末、オレゴン大学法律学部を卒業。南満洲鉄道の理事等を歴任する。「日独伊三国同盟」を締結した時の外務大臣。裁判中の一九四六年六月二十七日（木曜日）、肺結核で東大病院にて病死。

永野修身《ながのおさみ》（一八八〇〜一九四七年・高知県出身・ロンドン軍縮会議全権・連合艦隊司令長官・軍令部総長）は日米戦争の推進者であり、海軍元帥。真珠湾攻撃の最高責任者であった。裁判中の一九四七（昭和二十二）年一月五日（日曜日）に死去。死因は、急性肺炎による心臓死。一月二日（木曜日）に発病して、三日後の五日に急死した。東京両国《りょうごく》の米陸軍第三六一野戦病院（GHQにより接収された現在の「同愛記念病院」・一部の書籍に「聖路加国際病院」で死亡とあるが誤り）で亡くなった永野修身の突然死は、「虐待死」だと指摘する者もいる。

A級戦犯として巣鴨プリズンに収監されていた佐藤賢了《さとうけんりょう》（一八九五〜一九七五年・陸軍省軍務課長・軍務局長）は、「永野は自分の独房の窓ガラスが破損したので、修理を申し立てたが、なかなか修理をやってくれない。二月（註・実際は十二月から一月）の酷寒に、窓から外の風が吹き込んでは、七〇歳を超えた老人（註・永野修身は満六十六歳で死去）にはやりきれなかったろう。新聞紙をはったが、ゼーラー（監守）がそれを剝《は》いでしまった。永野はたちまち肺炎を起こして亡くなった」という（佐藤賢了『大東亜戦争回顧録』徳間書店・一九六六年)。

永野修身の『獄中日誌』には、一九四六年十二月三十一日(火曜日)まで綴られている。

十二月十四日

午後入浴。天気がよいのにわざわざ午後日がかげりて少しもささず、かつ北風寒き獄舎《ごくしゃ》の中庭に出して散歩さす。われわれの欲したきは日光なり。直射なき寒庭《かんてい》には散歩もしたくなし。

十二月二〇日

部屋窓を修理してくれたのはよいが、硝子《ガラス》を割ってそのままにしてあるので手紙や新聞紙で穴をふさぐ。寒さ侵入、早く寝る。

十二月三十一日

裁判所は半日ですみ、散歩も入浴もなし。夕食はそうめんなり。年越そばに似せた積《つ》もりか。味まずし。別にすることもなくして年を送る。ネヤにもぐりこんで唐詩《とうし》選《せん》および発句《ほっく》の本を読むことにす。鉛筆硬く思うように字もかけねばなり。

(永野美紗子編『海よ永遠に　元帥海軍大将永野修身の記録』南の風社・一九九四年)

これが永野大将の絶筆となる。

悲運はさらに続く。永野修身の二十四歳年下の四番目（三人の妻と死別）の妻・京子が高知から巣鴨プリズンに遺品を受け取りに上京した。しかし、列車で帰郷していた際、岡山駅で何者かに遺品の入ったバッグが盗まれてしまう。大事な遺品を守ることができなかったショックと責任感に苛《さいな》まれた京子夫人は、その年の秋に脳出血で倒れる。持病の高血圧も重なり、翌一九四八（昭和二十三）年十二月十五日（水曜日）に夫を追うかのように四十五歳の若さで夭折《ようせつ》した（永野編『海よ永遠に　元帥海軍大将永野修身の記録』）。

京子夫人が旅立つ直前の一九四八（昭和二十三）年十一月四日（木曜日）、生き残ったA級戦犯二十五人に対する判決が下された。判決文の朗読だけで、四日から十二日までかかった。四二三回の開廷をし、二年半の時間と赤字の日本政府が二十七億円の費用を負担させられて判決が出た（松元直歳『東京裁判審理要目』雄松堂出版・二〇一〇年）。

七名、絞首刑。

十六名、終身禁錮。

二名、禁錮刑七年、二〇年。

東京裁判は歴史戦だ。我々は「勝者の裁き」「東京裁判史観」という自己否定の感情に流され、今でも真実から眼をそらしている。

フーヴァー・トレジャーズに残されている極秘史料をもとに、「大東亜戦争の正義を貫いたのは誰か」「東京裁判の裏切り者は誰か」「日本が犯した過ちとは何か」と、目を覆《おお》いたくなるような東京裁判の真実を曝け出してみる。

2　公文書破棄

一九四五（昭和二〇）年五月八日（火曜日）、不滅と思われたナチス・ドイツがソ連と米国の連合軍により全滅にされた。ヒトラーは愛人エヴァ・ブラウン（Eva Braun・一九一二～一九四五年）と自殺。

首都ベルリンにソ連と米軍がなだれ込んだので、ナチス高官たちは重要史料を焼却する時間がない。戦争犯罪を示唆《しさ》する命令文書を隠滅《いんとく》できず、大部分が手つかずのまま残った。一九四五年十一月二〇日（火曜日）に開廷された国際軍事裁判「ニュルンベルク裁判」では、ナチス・ドイツの機密文書が戦争犯罪を裏付ける証拠としてふんだんに使われた。

日本帝国では組織的に文書焼却が行われたので、東京に設置された連合国軍最高司令官総司令部（GHQ）は、証拠書類を探すのに苦労する。日本政府の最高機密文書がない。日本軍の「正史」は焼き捨てられていた。困り果てた検察は、関係者の「尋問」や「証言」で証拠固めをして裁判に臨《のぞ》む。犯罪を立件する証拠文書が少ないので、容疑者や関係者の尋問が重要性を増す。人は喋れば、必ず自己弁護が入る。意識せずとも、誰かを非難する。検察はそれを期待していた。

東京裁判で尋問を体験した者は、「人間の弱さ」を認めている。検事から尋問をうけると、「自分の立場を軽くして、戦犯に問われないような陳述」をしてしまう。「他の人々のいないところで検事と二人（通訳者があるとしても）だけ向かい合っての応答においては、どうしても自分につごうのよいように答え」てしまう。だから、その答えを速記したものにサインしてしまうのだ（佐藤『大東亜戦争回顧録』）。

焚書坑儒《ふんしょこうじゅ》ともいえる公文書破棄は、思いもせぬ恐ろしい副作用をもたらした。証拠書類が少ないため、東京裁判では「共同謀議論」（Conspiracy）が適用された。日本語で「陰謀」「共謀」というと、特定の集団が一ヵ所に集まり悪巧みをすると考えがちだ。英米法では「全体の計画への関与さえあれば、お互いに顔や名前も知らない者までも一網打尽にする」という特殊な法概念だ。つまり、「戦争全体の計画の一部に関与していれば、それだけでその者の刑事責任を問い得る」のである。A級戦犯として起訴された者たちの身の潔白を証明する書類も、隠滅された文書に存在していたかもしれないので、公文書破棄が悔やまれる。国家の重要資産を破棄したに等しい（粟屋憲太郎『東京裁判への道』講談社・二〇一三年・豊田隈雄『戦争裁判余録』泰生社・一九八六年・井本熊男「所謂服部グループの回想」『軍事史学』第三九巻四号・二〇〇四年）。

3　暗躍する吉田茂

「戦犯」や「公職追放」される身の危険を感じた政治家たちのなかには、GHQや検察に協力する者が出てくる。俗に言えば、己の身を護るために戦友・友達・知人を裏切るのだ。日本国憲法制定の章で言及したように、一九四六（昭和二十一）年二月十三日（水曜日）、ホイットニー准将に極右の保守政治家のままでは政治生命が絶たれると脅された吉田茂は、急速に左翼化していった（フーヴァー・トレジャーズ【文書二】）。

一九四六年三月、吉田外相は秘密裏に日本の外交記録を検察に提供。吉田の斡旋《あっせん》で、検察局は日米交渉の外交史料を入手。吉田は、資料を提供することで、検察活動に大貢献した（粟屋『東京裁判への道』）。太平洋戦争の宣戦布告遅配という失態を犯し、「真珠湾騙し討ち」の汚名を着せられる原因を作った外務省は積極的に協力した。

一九四八（昭和二十三）年十二月十三日（月曜日）に外務省官房文書課が作成した「文書課記録班担当の極東軍事裁判関係事務概略」によると、一九四五（昭和二〇）年十一月上旬にかけてGHQの職員が外務省の記録や残存記録を査察。翌年の一月十五日（火曜日）以降、東京に設立された米陸軍省・海軍省の共同で運営された日本語文献を扱う「ワシントン・ドキュメント・センター」（Washington Document Center・WDC）の係員一行が外務省の記録を査閲《さえつ》した。GHQが必要とする資料は接収されることになり、二月九日（土曜日）に「大袋入四三個其の他内容目録」がワシントン・ドキュメント・センター（WDC）に引き渡された。この膨大な文書は「郵船ビル内のWDC事務所に収納されたが、一部は市ヶ谷極東國際軍事裁判所内に移され、同裁判に資料として使用された」（外務省『日本外交文書 占領期 第二巻』六一書房・二〇一七年）。

吉田茂はこの動きに呼応し、協力を惜しまない。戦争犯罪を追及することが免罪符《めんざいふ》になるからだ。吉田は進んで外務省の文書をGHQに提供して、己の地位と権力を安泰《あんたい》にした。

裁判が始まってからも、外務省は検察団（International Prosecution Section・IPS）から資料を求められたが、「如何なるものが要求されたか後になって解らなくなったものが相當數《そうとうすう》ある」「提出文書の控《ひかえ》をとっておくのが原則であるが、非常に急がれた時はコピーをとる余裕なく、この點《てん》からも何を出し、何を無いと云ったか全然不明となった」「IPSにないと拒《ことわ》ったものが弁護團から提出されて、IPSから嚴重抗議され、書類整備の必要から公文書類提出については、文書課長の下で記録班が外務省に對する要求を一括と り扱う事となった」という（外務省『日本外交文書 占領期 第二巻』）。

当時、吉田茂や外務省に強い不信を抱く人物もいた。A級戦犯として起訴された橋本欣《はしもときん》五郎《ごろう》（一八九〇～一九五七年・参謀本部ロシア班長・大日本青年党総統・衆議院議員）の弁護人である林逸郎《はやしいつろう》（一八九二～一九六五年）は、一九二〇（大正九）年に東京帝大を卒業して弁護士となり、刑事部を専門に扱い、東京第二弁護士会会長を務めた人物だ。林は、「日本人弁護団にたいして、当時、外務省が終始不協力の態度をとったことは、あまりにも明確なことであった」と証言する。満洲事変の審議のときがひどく、「陸軍側の主張を裏書きするような有利な証拠は、外務省にいくらでもあるはずだ」と強く主張したが、外務省が提出した書類は陸軍だけでなく「日本にとって不利になる情報ばかりであった」と、外務省に対して怒りをぶちまけた。

林弁護士は、戦争には敗けたが「裁判にだけは勝たねばならない」と奮闘しており、なけなしの財産を処分してまで弁護にあたっていた。林は、裁判の証拠資料を固めるためアシスタントを何度も外務省に出向かせ、関連文書の提供を求めた。ところが、外務省は「そんなものは見当たらないとの一点張りで、まるでノレンに腕押し」だったという。林は「当時の外務省の役人らは、東京裁判に対しては、このように非協力的であったのだ。その理由は、いまだに解せない」と不満を漏らしている（林逸郎編『敗者』二見書房・一九六〇年）。

外務省文書課の報告によると、日本の弁護団からの資料要求、とくに「外務省関係の弁護人はその主力が外務省の先輩であった為、個人的関係を経由して（現役省員）資料を要求して来た。従って記録を貸出す時、借りに来た人が裁判に使用する為と明言しない時は記録班では解らず、通常の貸出をしていた」「最も困難を感じた時は、現在外務省が保有していない文書類が退官者の手許にあり、これらが弁護人にさがし出された事である」と記されている（外務省『日本外交文書 占領期 第二巻』）。ここからも、日本の公文書管理のいい加減さが垣間見られる。

林弁護士が担当した被告人は、陸軍大学卒の橋本欣五郎。A級戦犯の弁護に非協力的であった外務省は、宣戦布告の遅配を隠蔽するため、また遅配の原因を作った大本営の陸軍に復讐するために、ことさら陸軍に都合の悪い資料だけを提供したのだろう。

吉田茂は、軍国主義者の「一味徒党」（軍人・官僚・右翼・財閥）を排除し、対米協調にもなる東京裁判を歓迎していた。たとえば、元外務大臣の東郷茂徳《とうごうしげのり》（一八八二～一九五〇年・東京帝大独文科卒・東條内閣外相・鈴木内閣外相・東京裁判で禁固二〇年の判決を受ける）の嘆願書に署名を求められた際、吉田は「東郷君は開戦時の外務大臣だから、日米交渉が失敗に帰した際に潔く責任をとって辞めるべきであったのに、便々《べんべん》としてその後も外相として居据わったのははなはだ心得難《こころえがた》い」と断った（日暮吉延『東京裁判』講談社現代新書・二〇〇八年）。

4 「濱田徳海文書」

なぜ今さら「東京裁判」を取り上げるのか。

フーヴァー研究所のアーカイブズで膨大な史料を調査していたとき、A級戦犯として起訴された者たちの「宣誓供述書」を大量に発掘したからだ。全部で二〇〇〇頁以上もある史料の山だ。英語と和文が含まれている。数百ページもある「東條英機宣誓供述書」も出てきた。

東京裁判の史料がなぜフーヴァー研究所にあるのか。経緯は未だはっきりしないが、東京裁判で事務総局長をしていたジョージ・W・ハンリー大佐から資料が提供されたと云われている（Yoshio Higashiuchi. 1951. *Literature on Contemporary Japan*, Tokyo Office: Hoover Institution and Library）。

東京裁判の「判決文」を読んでいると、驚くべき事実に遭遇した。「日本の中国に対する侵略」という罪状に「阿片と麻薬」が取り上げられていた。「東京裁判と阿片」は盲点だ。「判決文」を嚙《か》みしめて読むべきだ（全文は二二〇ページ以降に掲載した）。

日本は満洲におけるその工作の経費を賄《まかな》うために、また中国側の抵抗力を弱めるために、阿片と麻薬の取引を認可し、発展させた……（中略）……日本陸軍の進出した中国の到るところで、軍のすぐあとから、朝鮮人や日本人の阿片行商人がついて来て、日本側当局から何の取締も受けずに、その商品を販売した。ある場合には、これら阿片密売者は、陰謀、間諜《かんちょう》行為または破壊行為に従事することによって、侵入軍のために準備を整えておくように、侵入軍に先んじて送りこまれた……（中略）……

一九三七年以後に、中国の阿片売買に関係していたのは、日本の陸軍、外務省及び興亜院《こうあいん》であった。三菱商事会社と三井物産会社は、日本、満洲国及び中国のために、イランの阿片を多量に購入していた。外務省との取極めによって、この二社は、一九三八年三月に、阿片の輸入先と事業の分担範囲とについて協定を結んだ。日本と満洲国に対する阿片の供給は、三菱によって取扱われ、華中と華南に対しては、三井物産が取扱うことになっていた。華北に対する供給は平等に分担し、毎年の購入高は、日本、満洲国及び中国の官庁が決定し、二社に通告することになっていた。興亜院の要請に基いて、この協定は修正され、イラン産阿片買付組合を設立することが規定され、この組合の阿片営業は、右の二社の間に平等に分担されることになった（「A級極東国際軍事裁判記録（和文）極東国際軍事裁判所判決 B部第五章」国立公文書館蔵）。

この判決文に書かれていることは真実なのか。
フーヴァー・トレジャーズの探索を続け、満洲の特務機関が作成した阿片の極秘文書を発見した。濱田徳海《はまだのりみ》（一八九九～一九五八年）という人物の関係文書に「阿片文書」が入っていた。

濱田徳海は、大蔵省に勤務していた税務のエキスパート。鹿児島県に生まれ、東京帝国大学法学部在学中に高等文官試験に合格。一九二四（大正十三）年三月に帝大を卒業した濱田は、大蔵省に入省。一九三九（昭和十四）年八月から一九四〇（昭和十五）年五月にかけて、支那派遣軍司令部付として陸軍顧問を務めた。日本に帰国後、大臣官房会計課長、専売局理事、一九四五（昭和二〇）年一月には中華民国に大使館参事官として在勤。戦後の一九四六（昭和二十一）年六月、大蔵事務次官・大臣官房に就いた（「濱田徳海関係文書目録」フーヴァー・トレジャーズ【文書十五】）。

濱田徳海は一九三八（昭和十三）年三月二十八日（月曜日）に成立した日本の傀儡《かいらい》政権「中華民国維新政府」（「維新政府」）で阿片制度を管轄する戒煙局《かいえんきょく》総務課長として実権を握った。首都を南京と定めた維新政府は、江蘇省《こうそしょう》、浙江省《せっこうしょう》、安徽省《あんきしょう》を統括。

維新政府は、一九四〇（昭和十五）年、汪兆銘《おうちょうめい》（一八八三〜一九四四年・和仏法律学校法政速成科・現在の法政大学に留学）を国民政府主席とした「南京国民政府」に編入される。

日本に協力した汪兆銘は、一九四二（昭和十七）年に「大勲位菊花大綬章《だいくんいきっかだいじゅしょう》」が授与されたが、日本の敗戦一年前に死亡。しかし、日本が降伏した後、「漢奸《かんかん》」（日本に協力した売国奴）と見なされ、一九四六年に汪兆銘の墓は暴かれ、遺体は灰にされ破棄された。

「濱田徳海文書」には、軍特務部・中支那派遣軍の機密史料をはじめ、極秘扱いにされた阿片の文献が含まれている。満洲国の税務調査をするために濱田徳海が使用した史料だ。

具体的には、「(極秘)中支阿片制度実施要領」(フーヴァー・トレジャーズ【文書十六】)「(極秘)廣東 阿片麻薬制度ニ関スル参考資料」(【文書十七】)「(極秘)廣東 阿片麻薬制度実施要領(案)」(【文書十八】)「(極秘)近時支那阿片問題及阿片政策」(【文書十九】)など貴重な史料だ。とくに、「(極秘)近時支那阿片問題及阿片政策」は、一〇〇ページ以上の阿片政策を詳細に分析した報告書である。

特務機関が作成した資料が表に出ることは滅多にない。なぜなら、特務機関は跡を残したくないからだ。文書を配布する相手も少数に限定される。国際法に反する阿片商売の史料は隠匿《いんとく》される。

フーヴァー・トレジャーズから日本の阿片「極秘史料」が膨大に出てきたのは、奇跡に近い。多くの機密史料が焼却されたにもかかわらず、「超極秘史料」がなぜ残存したのか。日本政府の公文書に対する認識の甘さが史実を探求する我々に「運」をもたらした。

日本では公文書が「私文書」として残される傾向が強い。とくに近代史の文書には、「公私の境界」が曖昧だ。官僚が作成した文書は公的なものだが、決裁文書などを除くと、ほとんどの資料が個人の手許《てもと》に残される(加藤聖文「敗戦と公文書廃棄」『史料館研究紀要』第三三号・二〇〇二年)。

濱田徳海は一九四六(昭和二十一)年に大蔵省を退官し、一九五八(昭和三十三)年に五十八歳で亡くなっている。占領下日本で、フーヴァー研究所東京オフィスが濱田徳海の

「私文書」を蒐集したのだ。貴重な食糧、酒、タバコと世界一強いドルの札束を目の前に積まれれば、すでに役に立たない山積みの文書など喜んで差し出しただろう。

史料紹介

極東国際軍事裁判所
判決

B部
第五章
日本の中国に対する侵略
第一節及び第二節

阿片と麻薬

日本は満洲におけるその工作の経費を賄《まかな》うために、また中国側の抵抗力を弱めるために、阿片と麻薬の取引を認可し、発展させた。早くも一九二九年に、中国国民政府は一九一二年と一九二五年の阿片条約（附属書B―11及びB―12）による業務を履行しようと努力していた。中国政府は一九二九年七月二十五日から施行すべき禁煙法を公布していた。一九四〇年までに、阿片の生産と消費を次第に制止する計算であった。日本は、右の阿片条約調印国として、中国領土内の麻薬の製造と販売を制限し、また中国内への麻薬密輸入を防ぎ、それによって、阿片吸飲《きゅういん》の習癖《しゅうへき》の根絶について、中国政府を援助する業務を負っていた。

「奉天事件」（註・一九二八年六月四日、張作霖が列車ごと爆破されて殺された事件）の当時とその後の暫《しば》くの間は、阿片と麻薬のおもな出所は朝鮮であった。朝鮮では、日本政府が京城《けいじょう》で阿片や麻薬をつくる工場を経営していた。ペルシャ阿片も極東に輸入されていた。日本陸軍は、一九二九年に、約一千万オンス（註・一オンスは約二十八グラム・一千万オンスは約二十八万キログラム）に上る大量の阿片の積荷を押収し、これを台湾に貯蔵していた。この阿片は、将来の日本の軍事行動の経費に充《あ》てられることとなっていた。台湾にもう一つ禁制麻薬の出所があった。一九三六年に暗殺されるまで、日本の大蔵大臣高橋（註・高橋是清《たかはしこれきよ》・一八五四～一九三六年・「二・二六事件」で暗殺される）が運営していたシンエイのコカイン工場では、月産二〇〇キロないし三〇〇キロのコカインが生産されていた。これは、戦争のための収入を得る目的で、製品を販売することを特別に認可されていた唯一の工場であった。

日本陸軍の進出した中国の到るところで、軍のすぐあとから、朝鮮人や日本人の阿片行商人がついて来て、日本側当局から何の取締も受けずに、その商品を販売した。

ある場合には、これら阿片密売者は、陰謀、間諜《かんちょう》行為（註・スパイ行為）または破壊行為に従事することによって、侵入軍のために準備を整えておくように、侵入軍に先んじて送りこまれた。華北でも、厳崎《ゲンキ》工作の行われた福建省でも、そうであったようである。日本軍の兵や将校までも、時には、利益の多いこの阿片や麻薬の販売に従事したことがあった。日本の特務機関は、占領地で、その占領の後直ちに、阿片と麻薬の取引を取締る任務をもっていた。そして関東軍の特務機関が、小磯（註・小磯國昭《こいそくにあき》・一八八〇～一九五〇年・A級戦犯として起訴され服役中に獄死）のもとで、この不法取引に深入りしたために、南（註・南次郎《みなみじろう》・一八七四～一九五五年・A級戦犯として起訴され終身禁固刑の判決を受ける）が一九三四年十二月に関東軍司令官になったときには、その特務機関が関東軍におけるすべての軍紀を乱すのを防ぐために、かれはこの機関を廃止しなければならなかった。土肥原（註・土肥原賢二《どひはらけんじ》・一八八三～一九四八年・A級戦犯として起訴され絞首刑）はこの機関の最も主要な将校の一人であった。麻薬の取引に対するかれの関係は、すでに充分に示されていた。

阿片と麻薬の取引及び使用を次第に制止するという一般的原則は、中国によって公布された麻酔剤法だけでなく、一九一二年、一九二五年及び一九三一年の国際阿片条約（附属書B—11、B—12、B—13）の根本的原則であった。日本はこれらの条約を批准したので、その拘束を受けていた。この漸進的《ぜんしんてき》制止の原則を利用して、日本は中国における占領地域に阿片法を公布した。これらの法律は、登録されている阿片常用者に対して、官許《かんきょ》の吸飲店で吸飲することを許すことによって、漸進的禁遏《きんあつ》の原則に表面上は従っていた。しかし、これらの法律は、日本の真の意図と工作を覆い隠すごまかしにすぎなかった。これらの法律は、阿片と麻薬を官許の店に配給する政府統制の専売機関をつくり上げたのであって、これらの専売機関は、麻薬からの収入を増加するために、その使用を奨励する徴税機関にすぎなかった。日本に占領されたあらゆる地域で、その占領のときから、日本の降伏に至るまで、阿片と麻薬の使用は次第に増加していた。

満洲で行われた方法は、次の通りである。一九三二年の秋に、阿片法が満洲国によって公布され、満洲国阿片管理部がこの法律を施行する行政機関として設立された。この機関は、満洲国総務庁長の全般的監督のもとにあって、重要な満洲国財源の一つとなった。これらの財源からの収入がいかに確実であったかは、星野（註・星野直樹《ほしのなおき》・一八九二～一九七八年・A級戦犯として起訴され終身禁固刑）が満洲国に着任してから間もなく行った交渉によって、満洲国の阿片益金を担保とした三千万円（註・現在の貨幣価値で約七〇〇億円）の建国公債を、日本興業銀行が引受けることを承諾したという事実によって証明される。

この方法は華北で繰返され、さらに華南でも繰返された。しかし、これらの地区では、行政機関は、興亜院《こうあいん》、すなわちチャイナ・アフェアズ・ビューローであって、東京にその本部を置き、華北、華中、華南の各所にわたって支部を置いていた。これらの機関が阿片の需要を大いに増加させたから、内閣はときどき朝鮮の農民に対して、けしの栽培面積を拡張することを許可しなければならなかった。この取引は非常に収益の多いものになったから、三菱商事や三井物産のような日本の貿易会社は、外務省の斡旋によって、それぞれの阿片販売地域と供給額を限定する契約を結ぶに至った。

麻薬取引に従事するにあたって、日本の真の目的は、単に中国人民を頽廃《たいはい》させることと以上に悪質なものであった。日本は阿片条約に調印し、これを批准したので、麻薬取引に従事しない業務を負っていたのに、満洲国のいわゆる独立によって、しかし実は虚偽《きょぎ》の独立によって、全世界にわたる麻薬の取引を行い、しかもその扉をこの傀儡国家に帰するという都合のよい機会を見出したのである。朝鮮で産出された阿片の大部分は、満洲に輸出された。満洲で栽培され、また朝鮮とその他の地方から輸入された阿片は、満洲で精製され、世界中に送られた。世界の禁制白色麻薬の九割は、日本人の手から出たものであり、天津の日本租界、大連、並びにその他の満洲、熱河《ねっか》及び中国の都市で、常に日本人によって、または日本人の監督のもとに、製造されたものであるということが、一九三七年に国際連盟において指摘された。

中国における麻薬

満洲における麻薬の売買に関しては、すでに述べた。

満洲において採用された方針と類似したものが、中国の北部、中部及び南部で軍事行動が成果を収めるに伴って、随時採用された。この売買は、軍事行動と政治的発展に関連していたものである。この売買によって、日本側によって設置された種々の地方政権のための資金の大部分が得られたからである。そうでなければ、この資金は日本が供給するか、地方税の追加によって捻出しなければならなかったであろう。序《つい》でながら、阿片吸飲者の非常な増加が、中国の民衆の志気に与えた影響は、容易に想像することができるであろう。

中日事変（註・支那事変）が起こる前に、阿片の吸飲を撲滅するために、中国政府は決然として努力を続けていた。これらの努力が成果を収めていたことは、一九三九年六月の国際連盟諮問委員会の報告によって示されている。この報告によれば、一九三六年六月に実施された規則に基いて、中国政府のとった阿片中毒鎮圧の措置は、きわめて満足な効果を挙げたというのである。

一九三七年以後に、中国の阿片売買に関係していたのは、日本の陸軍、外務省及び興亜院であった。三菱商事会社と三井物産会社は、日本、満洲国及び中国のために、イランの阿片を多量に購入していた。外務省との取極めによって、この二社は、一九三八年三月に、阿片の輸入先と事業の分担範囲とについて協定を結んだ。日本と満洲国に対する阿片の供給は、三菱によって取扱われ、華中と華南に対しては、三井物産が取扱うことになっていた。華北に対する供給は平等に分担し、毎年の購入高は、日本、満洲国及び中国の官庁が決定し、二社に通告することになっていた。興亜院の要請に基いて、この協定は修正され、イラン産阿片買付組合を設立することが規定され、この組合の阿片営業は、右の二社の間に平等に分担されることになった。

阿片の販売は、支那派遣軍のもとに、都市や町に設けられた特務機関に委託されていた。興亜院の経済部が華北、華中及び華南における阿片の需要を指定し、その配給を取計らった。阿片販売の利益は興亜院に渡された。その後、戒煙総局が設けられ、阿片販売からの利益である程度まで賄われていた維新政府（註・中華民国維新政府）によって、阿片の売買が管理された。しかし、その当時においてさえも、興亜院と華中の日本軍の司令部とは、依然として、阿片売買に関する方針決定に対して責任をもっていた。

阿片売買を表向きに統制または減少させる措置が随時採用された。一九三八年に設立された戒煙総局がその一つの例である。それとほぼ同じころに、維新政府は、阿片の禁煙を宣伝するために、月二〇〇〇ドル（註・現在の日本円で一〇〇〇万円）の予算をとっていた。これらの措置とその他の措置が採用されたにもかかわらず、阿片売買は引続き増加した。その理由は一九三七〜三九年に、上海駐在の日本陸軍武官原田熊吉《はらだくまきち》(註・一八八八〜一九四七年・中華民国維新政府の最高顧問)の曖昧な証言のうちに見出すことができる。「私が特務部長の時、陸軍部より阿片禁止局を設ける事によって支那人へ阿片を供給する様指示を受けました」とかれはいっている。

一九三七年六月に、国際連盟の阿片売買に関する諮問委員会の会議で、中国における不法な売買は、日本の進出と相まって増加したということが公然と言われた。

内蒙古

すでに述べた通り、一九三五年の土肥原《どひはら》・秦徳純《しんとくじゅん》協定(註・国民党軍のチャハル省からの撤退などを約束した日中間の協定)の後に、北チャハルから中国軍が撤収してから、日本の勢力はチャハル省と、綏遠省《すいえんしょう》に及んだ。それから後は、農民に対して、阿片をさらに栽培することが奨励された。その結果として、阿片の生産は相当に増加した。

華北

華北では、特に河北省と山東省では、一九三三年の塘沽《タンクー》停戦協定(註・中国国民党が日本による東北三省と熱河省の占領を黙認し、満洲国の存在を容認した)と非武装地帯の制定があってから、中国人は阿片売買を取締まることができなかった。そこでは、その結果として、阿片中毒者の数が驚くほど増加した。阿片の供給は、日本側に管理されていた種々の会社や組合によって取扱われていたのである。

一九三七年に天津が占領されてから、麻薬の使用に著しい増加が見られた。天津の日本租界は、ヘロイン製造の中心地として知られるようになった。少くとも二百のヘロイン工場が日本租界に設けられた。一九三七年五月に、国際連盟の阿片売買に関する諮問委員会では、世界中にある禁制薬白丸（註・パイワン・ヘロインを使用した丸薬）のほとんど九割が天津、大連、その他の満洲と華北の都市で製造された日本品であることは、周知の事実であると述べられた。

華中

ここでも、実質的には右と同様なことが行われた。南京の阿片の吸飲は、一九三七年までにほとんど一掃されていた。日本軍による占領の後は、麻薬の売買は公然と行われるようになり、新聞に広告までされた。本章の初めの部分で立証されたように、麻薬の独占から得た利益は莫大なものであった。一九三九年の秋までには、南京における阿片売買の月収入は、三〇〇万ドル（註・現在の日本円で一五五億円）と推定された。従って、満洲、華北、華中、華南における阿片売買の規模から推してみれば、日本政府にとって、収入の点だけからしても、この事業がどのように重要であったかが明らかである。われわれは、麻薬売買に関して、さらに詳細を述べる必要を認めない。一九三七年以後に、上海、華南の福建省と広東省、その他の地域で、日本によって省や大都市が占領されるごとに、阿片売買は、すでに述べた中国の他の地域におけると同様な規模で増加したということを述べれば充分である。

（参照・A級極東国際軍事裁判記録（和文）極東国際軍事裁判所判決　B部第五章・国立公文書館蔵）

《参考文献》

・粟屋憲太郎『東京裁判への道』講談社・二〇一三年
・井本熊男「所謂服部グループの回想」『軍事史学』第三九巻四号・二〇〇四年
・加藤聖文「敗戦と公文書廃棄——植民地・占領地における実態」『史料館研究紀要』第三三号・二〇〇二年
・外務省『日本外交文書 占領期 第二巻——外交権の停止・日本国憲法の制定・中間賠償・他』六一書房・二〇一七年
・佐藤賢了『大東亜戦争回顧録』徳間書店・一九六六年
・豊田隈雄『戦争裁判余録』泰生社・一九八六年
・永野美紗子編『海よ永遠に 元帥海軍大将永野修身の記録』南の風社・一九九四年
・西丸四方『彷徨記——狂気を担って』批評社・一九九一年
・林逸郎編『敗者——東条英機夫人他戦犯遺族の手記』二見書房・一九六〇年
・日暮吉延『東京裁判』講談社現代新書・二〇〇八年
・松元直歳『東京裁判審理要目』雄松堂出版・二〇一〇年
・「A級極東国際軍事裁判記録（和文）極東国際軍事裁判所判決 B部第五章」国立公文書館蔵
・Yoshio Higashiuchi. 1951. *Literature on Contemporary Japan: Based on Materials Collected by the Tokyo Office, The Hoover Institute and Library on War, Revolution and Peace*. Tokyo Office: Hoover Institution and Library.

フーヴァー・トレジャーズ

【文書二】"Record of Events on 13 February 1946 When Proposed New Constitution for JAPAN was Submitted to the Foreign Minister, Mr. Yoshida, in behalf of the Supreme Commander", *Rowell Papers,* Box 1-5.

【文書十五】「濱田徳海関係文書目録」スタンフォード大学フーヴァー研究所アーカイブズ

【文書十六】「〔極秘〕中支阿片制度実施要領（案）」31 August 1938, *Hamada Norimi Papers,* Box 22-22.

【文書十七】「〔極秘〕廣東　阿片麻薬制度ニ関スル参考資料」n.d., *Hamada Papers,* Box 23-9.

【文書十八】「〔極秘〕廣東　阿片麻薬制度実施要領（案）」n.d., *Hamada Papers,* Box 23-10.

【文書十九】「〔極秘〕近時支那阿片問題及阿片政策」25 December 1938, *Hamada Papers,* Box 23-14.

Ⅱ　阿片政策

1　満洲の支配者「弐キ参スケ」

満洲国は「日・満・漢・蒙・朝」の「五族協和」を唱え、「王道楽土」をスローガンとして、一九三二（昭和七・満洲暦では大同元年）年に首都を長春《ちょうしゅん》（満洲国が存在した一九三二年から一九四五年まで「新京」と呼ばれた）に置いた。

満洲国には「弐《に》キ参《さん》スケ」と異名を放った五人の実力者がいた。

「弐キ」とは、満洲国総務長官の星野直樹《ほしのなおき》（一八九二～一九七八年）と関東軍参謀長の東《とう》條英機《じょうひでき》（一八八四～一九四八年）。

「参スケ」は、満洲国総務庁次長の岸信介《きしのぶすけ》（一八九六～一九八七年）、満鉄理事の松岡洋右《まつおかようすけ》（一八八〇～一九四六年）、満洲重工業開発株式会社初代総裁の鮎川義介《あゆかわよしすけ》（一八八〇～一九六七年）だ。

「参スケ」の共通点は、山口県出身（長州藩）で、しかも姻戚関係がある。彼らは満洲で人脈をフル活用した。

「弐キ参スケ」は全員、敗戦後、巣鴨プリズンに拘禁《こうきん》された。

岸信介は「満洲国は私の作品」だと豪語《ごうご》したことから「満洲の妖怪」と陰口を叩かれた。

なぜ、「弐キ参スケ」は捕まったのか。日本は、満洲で何を企んでいたのか。

陸軍少将の田中隆吉《たなかりゅうきち》（一八九三〜一九七二年）が証言する。田中少将は、東京裁判で検察側の証人となり、「内部告発」をした。

2　田中隆吉の阿片証言

東京裁判の判決では、「日本は満洲におけるその工作の経費を賄うため」「中国側の抵抗力を弱めるため」に、A級戦犯は阿片売買を認可したと糾弾《きゅうだん》された。

田中隆吉は、一九四六（昭和二十一）年二月二十五日（月曜日）の非公式尋問で、検察官に驚く情報を提供した。日本軍の膨大な阿片売買だ。

阿片・麻薬関与は、明白な国際法違反。検察からすれば立件しやすい案件となる。

「眠れる獅子《しし》」と恐れられていた中国（清国）が二度の「阿片戦争」で完膚《かんぷ》なき惨敗を喫したことを間近で見ていた明治政府は、一八六八（明治元）年に「阿片烟《あへんえん》を禁じ、府藩県高札に掲示」せよと命じた。大英帝国は、すでに阿片で中国人を廃人にしていた。
明治政府は、一八七〇（明治三）年に、「販売鴉片烟律《はんばいあへんえんりつ》」「生鴉片取扱規則《しょうあへんとりあつかいきそく》」を定め、一八八〇（明治十三）年の「旧刑法」（太政官布告第三十六号）において、阿片の輸入、売買、吸飲を禁止し、重罪と課した。阿片は紫色の煙を放ち、こうばしい香りがする。阿片を一度吸ってしまったら、阿片の魔力から逃げることは出来ない。徳川幕府から明治新政権になったばかりの政府が倒れてしまう。

しかし、日本では足利時代から阿片と大麻《マリファナ》は仏教で用いられており、密閉した小部屋で護摩（罌粟・ケシ）を焚《た》いて信者を極楽浄土に導いていた。信者は知らないうちに阿片中毒者になり、祈願のために寺院に通わずにはおられない。女性の信者は護摩で気持ちよくなり、眠り込んでいる間に坊主に犯されることもあった（佐藤慎一郎『大観園の解剖』原書房・二〇〇二年）。

仏教だけでなく、古代の文明文化を繙《ひもと》くと、シャーマンや巫女《みこ》は薬物を祭事に用い、神のお告げが降りてきたかのような狂態、自己陶酔、何時間にもわたる踊りや祈りを続けるが、これらはキノコやサボテンなど植物からとった薬物の力に依るものである（石川元助『ガマの油からLSDまで』第三書館・一九九〇年）。日本のように麻が生育している文化圏では、巫女はお祈りをするときに火を焚き、草などを炎に投げ込む。そのなかに麻も混じっており、儀式をしている火の煙に最も近い巫女が麻の煙を多量に吸い込む。だから、巫女は「神がかり」の状態になる（米丸忠之『麻むかしむかし』非売品・一九八四年）。

日本では阿片が秘かに宗教儀式で利用されていたものの、明治日本は国内法によって阿片を厳禁し、国際条約の「ハーグ国際阿片条約」に一九一二（明治四十五）年に加盟。ところが、満洲国は阿片売買で財政を補塡《ほてん》、謀略工作の資金を獲得し、なおかつ阿片中毒で中国人の抵抗力を麻痺《まひ》させた。学習能力の高い日本は、大英帝国を見倣《みなら》ったのか。阿片でA級戦犯は窮地に立たされる（倪志敏「大平正芳と阿片問題」『龍谷大学経済学論集』第四九巻一号・二〇〇九年）。

田中隆吉の証言によれば、満洲国政府の主要な収入源は、阿片・麻薬取引による収益に依存しており、阿片を表向きには統制していたが「阿片の使用を奨励」する構造となっていた。さらに、「阿片の使用は、性欲と直接的な関係」があり、中国人は「阿片が非常に好き」なので、「阿片を提供すれば、彼らは、おそらく、こちらが彼らに望むかぎり」の協力をしたと言う。中国の兵士たちの「抵抗を弱めるために阿片が利用された」とは思えない。むしろ、スパイや敵に「協力させる最善の方法は阿片を使用すること」だと暴露した（粟屋憲太郎他編『東京裁判資料・田中隆吉尋問調書』大月書店・一九九四年）。

阿片の隠語《いんご》は中国で三〇種類以上もある。阿片の色が烏羽色《からすばいろ》をしているので「烏煙《ウイエン》」と呼んだり、舶来品であったことから「洋煙《ヤンイエン》」、中国産の場合は「雲土《ユントー》」「川土《チュアントー》」「碭土《エートー》」などと呼称された。「土」は阿片の意味として用いられ、包装や形状をあらわす「白土《ハイドー》」

や「紅土《ホントー》」とも名づけられた（牛窪愛之進『魔薬読本』六幸社・一九五五年）。
中国では「写真屋」が阿片密売の隠れ蓑《みの》にされてきた。写真を現像する際に薬品を扱うからだ。特務機関のあいだでは、現金を「バクダン」、阿片を「弁当箱」と呼んでいた。阿片がアルミの弁当箱に入れられていたからだ。工作活動のときに「弁当箱」を懐にしのばせていた（江口圭一『日中アヘン戦争』岩波書店・一九八八年・岡部牧夫『海を渡った日本人』山川出版社・二〇〇二年）。

ケシの実は「金の成る実」。少量で高価な阿片は、工作活動にうってつけだ。阿片は、金塊と同じように通貨と見なされた。阿片を宣撫《せんぶ》工作や軍需物資調達に使用することを「高貴薬《こうきやく》工作」と呼ぶことさえあった。関東軍は従軍するとき、六〇キロの阿片の入った梱包を、四つか五つ運びながら、作戦を展開していた（山本常雄『阿片と大砲』PMC出版・一九八五年）。

元軍関係者は、阿片は人心掌握術として極めて有効で、「女と札束で先方の密偵を買収するのは常套《じょうとう》手段」だが、「最善の手段は、阿片」だと証言する。スパイの多くは、阿片でなびくので「二重スパイに仕立てたり、敵の一部を協力させることもできた」という（太田尚樹『東条英機と阿片の闇』角川ソフィア文庫・二〇一二年）。

阿片の虜《とりこ》になったのは中国人だけではない。阿片業務に携わる満洲国の日本人官吏も阿片の誘惑に負ける。阿片を吸飲する者もいれば、中国人の阿片業者と結託して阿片を横流しする者も出てくる。ミイラ取りがミイラになってしまうのだ。一九三七（昭和十二・康徳四）年十月には、「官公職員、軍人、特殊会社職員、学生等ノ阿片吸食ヲ厳禁シ、吸食者ヲ淘汰シ、新規採用ハ絶対ニ之ヲ行ハサルモノトスル」という方針まで出されたほどだ（鈴木辰蔵『秘境・熱河』大湊書房・一九八一年）。

日本人官吏だけでなく、満洲で暮らす日本人にも阿片がじわじわと広がっていく。一九三八（昭和十三）年八月二〇日付の外務省電報では、阿片が日本人のあいだで出回っていることに危機感を抱いている。北京の堀内干城《ほりうちたてき》（一八八九～一九五一年）参事官から宇垣《うがき》一成《かずしげ》（一八六八～一九五六年）外務大臣宛の報告には、「既《すで》ニ邦人《ほうじん》中相当数ノ癮者《いんじゃ》アリ」と報告がなされた（「第一二三六号ノ二　北京八月二〇日後発　本省二〇日夜着」岡田芳政・多田井喜生・高橋正衛編『続・現代史資料（12）阿片問題』みすず書房・一九八六年）。

3　土肥原と東條の犯罪

満洲で活躍した土肥原賢二や東條英機に、阿片取引の疑惑がかかった。

田中隆吉少将は、検察から土肥原賢二（奉天特務機関長）は阿片売買を知っていたのか、と尋ねられた。土肥原は、中国人から「土匪原」と侮蔑《ぶべつ》される漢字が使われたほど恐れられた男だ。

田中は、土肥原は満洲の南半分を担当する特務機関の責任者なのだから阿片のことは十分知っているはずだと発言したが、土肥原は記憶力が悪く「すぐに忘れてしまう」と扱《こ》き下ろした。

検察は田中証言をもとに、土肥原の阿片関与を追及。ところが、彼は「いっさい知らない」と述べ、阿片取引そのものを「聞いたのは初めてだ」という。

土肥原の反論に対して田中は、「間違いなく虚偽の供述」で、土肥原は「粗野で支離滅裂」であり、「記憶力があまりよく」なく、「阿片売買に結びつく金銭問題には直接のかかわりはなかった」かもしれないが、「きっと特務機関の全般的方針を知っている」に違いない。土肥原は「問題の事態について責任を負うべき人物」だと供述した（粟屋他編『東京裁判資料・田中隆吉尋問調書』）。

田中少将は、東條英機大将の暗躍も暴き出す。

東條が陸軍大臣を担っていたとき、昭和天皇は「多数の日本軍人がなぜ上海の銀行にこれほど預金をもっているのか」と疑問を投げかけられた。東條は調査を実施。その結果、「個々の官吏がもっている預金ではなく、支那政府に引き渡されたと推測される資金ではあるが、特務機関の名義で保有されていることが判明」したと返答した。田中は、これらの資金は「麻薬売買の結果として蓄えられた金」で、東條は「それについてすべてのことを知っている」はずだと語った（粟屋他編『東京裁判資料・田中隆吉尋問調書』）。

そして、甘粕正彦《あまかすまさひこ》（一八九一～一九四五年）の活動に対して、東條が保護を与えていたと証言する。甘粕は、無政府主義者の大杉榮《おおすぎさかえ》（一八八五～一九二三年）を関東大震災直後に憲兵隊司令部へ引き摺り込み、取り調べ中に背後から飛びつき羽交《はが》い締めにして扼殺《やくさつ》し、死体を筵《むしろ》でつつみ古井戸に遺棄《いき》した。大杉と活動を共にした二十八歳の内縁の妻・伊藤野枝《いとうのえ》（一八九五～一九二三年・婦人解放運動家）、大杉の六歳の甥・橘宗一《たちばなそういち》（一九一七～一九二三年）も憲兵に絞め殺され、井戸に捨てられた。甘粕はその罪で服役したが、すぐに満洲へ逃がしてもらい、関東軍の特務工作に従事した。「甘粕機関」を設立して阿片売買に深く関与し、敗戦と同時に青酸カリで服毒自殺（上砂勝七『憲兵三十一年』東京ライフ社・一九五五年）。

田中は、「甘粕は、苦力《クーリー》を満洲に送り込む組織を動かし」ており、「阿片を扱う満州専売局に密接な関係」を持っていた。さらに終戦時まで東條の「政治参謀長の役を務め」るだけではなく、東條を支援する「多額の金を提供」したと暴露。終戦間近、東條は当時の金額で十六億円をもっているという噂が流れた（粟屋他編『東京裁判資料・田中隆吉尋問調書』）。

4　阿片と財政

田中隆吉は、満洲国が建国されたとき日本人業者が阿片売買権を得ており、「計画が進むにつれて支那人だけでなく朝鮮人」も売買組織に組み込まれ、小売業者は「関東軍の特務機関」によってコントロールされたと証言（粟屋他編『東京裁判資料・田中隆吉尋問調書』）。

阿片が関東軍の軍資金だ。関東軍が押さえた阿片は、現地の特務機関を経て、主に三つの経路で満洲国に流れた。

（一）満洲国政府専売局が華北のケシの栽培農家を取り仕切っている現地人の組織から、買い上げる。

（二）インド周辺から阿片を輸入して、上海・香港ルートで中国国内や南方に売りさばく。

（三）蒙疆《もうきょう》地区（註・内モンゴル自治区中央部及び北西部）から日本軍が買い上げ、占領地の中国人に売る（太田『東条英機と阿片の闇』）。

江口圭一の名著『日中アヘン戦争』によると、「中国でのアヘン・麻薬の密輸・密売について、日本人とともに朝鮮人が活動し、中国人の非難と憎しみの対象となった」と指摘する。穢《きたな》い仕事を、植民地の人間にさせる「悲惨な構造」を生みだしていた。

なぜ、朝鮮人が満洲で阿片売買に従事したのか。朝鮮近代史研究で著名な朴橿《パクガン》は、『阿片帝国日本と朝鮮人』でこの理由を説明する。それは、一九一〇（明治四十三）年の「韓国併合」により、国を失った朝鮮人が満洲や華北地方に流出したことと関係している。見知らぬ土地で生活を営むことは困難を極める。もちろん、一攫千金を求めて満洲にやってきた朝鮮人もいるが、とくに都市部に移住した朝鮮人たちは、経済的圧迫から阿片密売に手を染める。

朝鮮人が阿片売買で中国人官憲に逮捕されても、裁くことができない。なぜなら、朝鮮人といえども「日本国臣民」なので治外法権が適用されるからだ。日本領事館で寛大な処分が下される。満洲にいる朝鮮人（在満朝鮮人）を「日本国臣民」とすることで、直接統治し、親日朝鮮人を育成する狙いもあった。中国人にとって、朝鮮人は日本人の手先のように映り、中国人と朝鮮人の溝《みぞ》は深まる。

「日本国臣民」の朝鮮人は、日本の黙認ないし庇護《ひご》のもと阿片密売で活躍した。関東軍の調査によると、満洲国を建国した一九三二（昭和七）年直後、約二万人の在満朝鮮人が阿片密売に関与。在満朝鮮人の想像を絶する苦難の歴史があったとしても、彼らの阿片密輸を正当化できるものではない（朴橿『阿片帝国日本と朝鮮人』岩波書店・二〇一八年）。

一九三二（昭和七）年十一月三〇日、満洲国は「アヘン法」を公布し、「阿片専売制」と「漸禁《ぜんきん》政策」を実施した。「阿片専売制」とは、阿片業務を満洲国の管理下に置く独占体制である。阿片を独占的に取り扱う専売公署は、ケシを栽培者から買い取り、それを卸売人、さらに小売人を通して売り捌《さば》く。小売人を占めたのが阿片密売をしていた在満朝鮮人。彼らのなかで満洲国に帰化した朝鮮人を阿片小売人に指定した。「漸禁政策」とは、徐々に阿片を禁止する方針だが、「禁断の苦痛」を和らげるため、人道的という表向きの理由で阿片を許した。阿片法第二条に「阿片はこれを吸食することを得ず。ただし未成年者にあらざる阿片癮者《いんじゃ》にして救療上必要ある場合はこの限りにあらず」と規定され、阿片使用の余地を残した。こうして、阿片の抜け穴がつくられたが、この抜け穴はどんどん大きくなり、満洲国全部を飲み込んでいく（朴『阿片帝国日本と朝鮮人』・江口『日中アヘン戦争』）。

安定した財政とさらなる機密費が必要になってきた関東軍は、東京の方針に従わず、独走状態になっていく。

満洲国理財司長の田中恭《たなかきょう》（生没年不明）は、「満洲國の歳入は主として關税《かんぜい》収入好成績のため極めて好調で豫算《よさん》以上成績を擧《あ》げ得る見込は十分である」「二年度豫算は目下編成中で的確な數字《すうじ》は示されぬが歳入は治安の著るしい改善、熱河攻略に因《よ》るアヘン專賣《せんばい》の確立等により元年度に比し著るしく増加」するであろうと、阿片を財政の頼りにしている（「満洲國の財政極めて良好　田中理財司長語る」『朝日新聞』一九三三年五月六日）。

阿片収入への依存度が高くなることは、満洲の財政が不安定ということだ。日本本土からの財政的支援（仕送り）が足りないから、阿片売買で財政を補塡《ほてん》する。日本は「帝国」としての実力が十分に備わっていないうちに、領土を拡張してしまったのだ（桂川光正

「関東州阿片令制定をめぐる一考察」『大阪産業大学人間環境論集』第九号・二〇一〇年）。

5　阿片埋蔵金伝説

日本の犯罪性が歴然としているが故に、関係者は阿片に触れたがらない。阿片を記録に残さない。記憶を改竄《かいざん》する者もいる。東條英機でさえ数百ページもの「宣誓供述書」を作成したが、阿片に関して一語もない。

東京裁判で終身禁固刑の判決を受けた「弐キ参スケ」の一人、満洲国総務長官の星野直樹は、回顧録『見果てぬ夢』で、阿片を撲滅《ぼくめつ》させることが満洲国の国策であったと断言する。星野は、阿片を専売制にすることで「相当の収入もある」が、「それはあくまでも従属的なもので、目的は阿片吸飲の撲滅にあった」と釈明している（星野直樹『見果てぬ夢』ダイヤモンド社・一九六三年）。星野の証言は、明らかに自己の保身のためだ。

星野直樹の部下だった古海《ふるみ》忠之《ただゆき》（一九〇〇～一九八三年・東京帝大法学部卒業後に大蔵官僚）は、満洲国総務庁次長（副総理格）で終戦を迎えた。シベリアと中国で十八年間も拘禁生活を送り、ようやく一九六三（昭和三十八）年に日本の土を踏んだ。古海はすでに六十三歳。旧満洲の同志たち、さらには池田勇人や岸信介の後ろ楯を得て、古海は一九六五（昭和四〇）年に参議院選挙に出馬するも惜敗《せきはい》。その後、岸信介の誘いを受けて東京卸売りセンターの設立に関わり代表取締役社長に就任し、一九七一（昭和四十六）年に「勲二等瑞《くんにとうずい》宝章《ほうしょう》」が授与された。胃癌に冒された古海は、一九八三（昭和五十八）年八月二十三日（火曜日）、阿佐ヶ谷の河北総合病院で眠るように息を引き取る。享年八十三。

十八年間にもわたる地獄の拘留生活をくぐり抜けた古海が、七十八歳のときに出版した回顧録『忘れ得ぬ満洲国』は真実味がある。当時の関係者たちがこの世を去っていき、歴史の生き証人としての使命感もあったろう。戦費調達のために阿片売買に手を染めていたこと、また終戦になり関東軍の保有している阿片を隠蔽《いんぺい》するために奔走したことを打ち明けている。

八月十五日、日本は「ポツダム宣言」を受諾し降伏。満洲国は解体の運命が待っていた。ソ連軍が満洲に攻め込み、関東軍本部のある新京《しんきょう》に進軍してくるのは、時間の問題。関東軍に阿片の山があることが露見したら、日本軍に弁明の余地はない。国家の恥辱《ちじょく》になることは明らかだ。八月十九日昼には、ソ連軍の先遣隊三〇〇名が関東軍本部に姿を現す。阿片をどうすべきかで関東軍は慌てふためく。古海忠之は、阿片隠蔽という嫌な役目を引きうける。古海としても、いずれ日本人難民の救済資金に阿片を利用するという腹づもりもあった。

古海は信頼する部下と共に、十九日の夕刻、通勤用大型バスを関東軍の玄関前に用意させ、阿片を全部積み込んで、運び出した。逃げ出して誰もいなくなった満洲国官吏の家族寮の一階の床下を掘り下げて、阿片を埋めた。それでも、阿片の量がありすぎて隠しきれない。さらに、古海の自宅の防空壕と近所の防空壕二つに阿片を放り込んで埋蔵した（古海忠之『忘れ得ぬ満洲国』経済往来社・一九七八年）。

古海が埋めた阿片は、その後、どうなったのか。後始末をしたと証言するのが根本《ねもと》龍太郎《りゅうたろう》（一九〇七〜一九九〇年・満洲国官吏・建国大学助教授を経て自由民主党衆議院議員・当選十三回）である。

私（根本）はこれ（註・阿片）を国民党軍に提供して対中共工作に充当することが一番適当だと考え、それには武部長官（註・武部六蔵《たけべろくぞう》・一八九三〜一九五八年・満洲国総務長官・シベリア拘留を経て戦犯として中国の撫順《ぶじゅん》戦犯管理所に収容）の満系秘書官で、後に新京の警察署長になった人を相談相手にして、この人の協力を求めることにしたのです。私が古海さんの家で苦力《クーリー》服を着て、薪《まき》割りなんかしておったというのも、そういうカムフラージュであったわけです。幸いにその武部さんの秘書官だった人は、非常に協力してくれました（古海忠之回想録刊行会編『回想 古海忠之』古海忠之回想録刊行会・一九八四年）。

古海が埋めた阿片は、蔣介石の国民党軍に渡った可能性も捨て切れない。だが、関東軍が所有していたすべての阿片が廃棄されたとは考えにくい。一九四六（昭和二十一）年三月十五日付の『朝日新聞』に「阿片七百萬弗《ドル》を密輸」という記事が掲載された。GHQの検閲を受けた記事だ。

【海南発】和歌山県海南署では去月中旬海草郡大崎港で帆船楽宝丸から阿片を発見、容疑者として満洲新京の三共公司社員庄司伝一（二十九）＝神戸市須磨区垂水町河原町＝同桑原良正（三十二）＝神戸市須磨区東東見町田原通二ノ十等計七人を逮捕した、自供によると八月上旬三共公司に対し満洲国総務庁の岩崎参事官から満洲国倉庫にある阿片六〇〇箱（一箱の重量十五貫〔註・約五十六キログラム〕、時価総計七十二億円）を日本に向け至急送出すべしと指令があり、終戦の三日前、八月十二日鉄道貨車で四〇〇箱を積出したが、途中吉林付近で暴徒の襲撃をうけ、貨車積みの阿片は強奪されトラックに積込んだ分だけ朝鮮仁川、唐津港を経て一月中旬楽宝丸に五箱、幸運丸一四五箱が大崎港に入った。同署では岩崎参事官も取調べているが、積出しの際関東軍も協力したと述べている。

第一復員省談　軍としては全然関知していない。また関東軍としてそんなことをやるとは考えられない、もし関係したというならばそれは特定の個人がやったのだとしか考えられない（「阿片七百萬弗を密輸」『朝日新聞』一九四六年三月十五日）。

「阿片埋蔵金」の行方は知れず。一九四六年の七〇〇万ドルは、現在の価格で二一〇億円ほど。阿片こそが満洲国の血脈であった。

6　極秘文書発見

フーヴァー・トレジャーズの「濱田徳海《はまだのりみ》文書」には、阿片と関東軍が一心同体であったことを裏付ける極秘史料が残されている。濱田徳海は、満洲で活躍した税務のエキスパート。

その「濱田徳海文書」には、特務機関が作成した極秘文書が保存されており、注目すべきは、一九三八（昭和十三）年十二月二十五日（日曜日）付で作成された「（極秘）近時支那阿片問題及阿片政策」（以下「阿片報告書」・フーヴァー・トレジャーズ【文書十九】）という文書だ。この極秘史料が漏れないように冊数は、全部で八〇部。配布先の関係部署や部隊名も記載されている。

「阿片報告書」は、中国における阿片の歴史、さらには蔣介石の中華民国政府の阿片政策を調査し、一九三八年三月二十八日（月曜日）に南京で成立した日本帝国の傀儡国家「中華民国維新政府」のとるべき阿片政策方針が提示されている。作成者は、陸軍主計局長の田口泉二（読み仮名及び生没年不明）と陸軍嘱託の織田正一（読み仮名及び生没年不明）という人物だ。

参謀本部の特務機関は、中国の阿片史概略ともいうべき「阿片報告書」を作成した。第一章から第十二章までは、大英帝国に阿片漬けにされた中国民衆が阿片に溺《おぼ》れ、阿片が中国全土に広がり、英国や清国の為政者は阿片税を徴収《ちょうしゅう》し国民経済に組み込まれた過程が論じられている。この流れに対抗するため阿片厳罰を試みたものの、密輸入は止まることなく、阿片は中国大陸に蔓延《まんえん》した。たとえ、阿片を禁止したとしても、欧米列国や日本の「治外法権の地」があるので、密輸が止むことはないと悲観的な立場をとっている。

上海は各国の密輸をめぐり熾烈《しれつ》な戦いの港だ。欧米の貿易会社は、「某々洋行」や「某々薬房」と無邪気な表看板を掲げ官兵に届け出ているが、実際には阿片の密貿易に従事し巨利を貪《むさぼ》っている。上海《シャンハイ》、広東《カントン》、厦門《アモイ》、天津《テンチン》、青島《チンタオ》、漢口《ハンコウ》などから密阿片が土石流のように流入してくる。

中国沿岸では、不定期船がやってきて、軍閥や地方の官憲に賄賂を渡して引き渡しをする。上海や揚子江などでは、ジャンク船が沖に出ていき、阿片船から海上で受取り、陸揚げ。さらに、上海のフランス租界地に拠点を置く秘密結社「青幇《ちんぱん》」は、

ポルトガル	その他	合計
3	4	597
6	5	485
1	N/A	835

海関にて発覚した阿片及び麻酔剤密輸船統計表

年別	支那	英国	日本	仏国	ノルウェー	米国	オランダ	ドイツ
1932（民国21）年	195	257	118	4	13	1	1	1
1934（民国23）年	154	247	61	N/A	11	N/A	N/A	N/A
1935（民国24）年	230	402	158	16	16	5	5	2

（阿片報告書・N/Aとは「データなし」）

公然と阿片の密輸入に関与。阿片商人はフランス租界工部局とフランス領事館当局の「黙契《もっけい》」により、「青幇」を介して阿片を密貿易していた。

密売集団により巧妙に取引が行われているので、海関《かいかん》（清王朝以降に開港場に設置された税関）の税官吏の眼光を欺《あざむ》く。そのため、密阿片は一部しか押収されない。上記の統計をみると、中国とイギリスと日本の密輸船が数多く拿捕《だほ》されている。

7　阿片税

満洲国の阿片吸飲《きゅういん》者は一年あたり平均して一・五キログラムを消費する。満洲のように寒い地域では阿片消費量は増える傾向があり、中国本土の吸飲者は、一人あたり平均は一・二キログラム。この値に、中国本土の阿片吸飲者約二〇〇〇万人を計算すると、中国本土の阿片消費量は年間二十四万トンである。「阿片報告書」の分析によると、中国で阿片の生産量が多い理由を五つ指摘している。

陝西《せんせい》省における阿片税収

年代	税収額
1933（民国22）年	5,200,000元
1934（民国23）年	4,303,210元
1935（民国24）年	3,606,460元

（註・1933年の税収は現在の日本円で、115億円。1934年は80億円。1935年は65億円）

貴州《きしゅう》省における阿片税収

年代	税収額
1933（民国22）年	1,931,089元
1934（民国23）年	1,769,475元
1935（民国24）年	998,773元

（註・1933年の税収は現在の日本円で、43億円。1934年は33億円。1935年は18億円）

（一）中国は適切な気候と肥沃《ひよく》な土地があり、ケシ栽培の条件が整っていること。

（二）ケシの実から出る汁液《じゅうえき》を採取するのは、手間がかかる作業で人件費が高くなる。しかし、中国の労働者の賃金は安いので、ケシ栽培が経済的に成り立つ。中国と同じように、阿片生産国であるイランやトルコも労働力が安い地域であること。

（三）ケシは現金作物（Cash Crop）なので、中国の農民にとって天恵的生活資源であること。

（四）阿片が税収にとって重要な商品なので、為政者がケシの栽培を積極的に奨励したこと。

（五）中国人は阿片を大量に消費するので、経済の循環によって必然的に阿片の生産額も増加すること。

注目すべき点は、阿片が税収の対象となっていたことだ。阿片税収の記録まで残っている。

中国でのさばっている軍閥や政権の財政は、阿片税で賄《まかな》われていた。阿片の流通を公営として、法外な税率を課していたのだ。彼らは、密輸を取り締まり、禁止されている阿片の流通を許可しているのだから、高い税金を課すのは当然ではないか、という盗人猛々《ぬすっとたけだけ》しい論理を押しつけた。その上、軍閥や政権関係者による密輸は不問にされ、違反者には罰金を科して、さらに懐を潤《うるお》す。

8　蔣介石の阿片

中国国民党の蔣介石《しょうかいせき》（一八八七〜一九七五年）は、厳格な阿片禁煙政策を実施した。蔣介石は、日本の軍人養成学校「東京振武《しんぶ》学校」を卒業して日本陸軍の士官候補生として訓練を積む。一九一一年に「辛亥《しんがい》革命」が起こると中国に帰国し、孫文《そんぶん》（一八六六〜一九二五年・中国国民党総理）と共に行動して中国共産党と敵対。日中戦争の勃発により一時的に毛沢東の共産党と手を結ぶが、日本が破れると、二人はすぐに戦争を始めた。敗け続けた蔣介石は、一九四九年十二月に台湾に逃亡。支那王朝の貴重な国宝も台湾へ運ばれた。

「阿片報告書」によると、蔣介石は「恰《あたか》モ親ノ敵ノ如ク怨《うら》ミテ」阿片の禁煙令を実践している。一九二六年から一九二八年にかけて行われた「北洋軍閥打倒作戦」（北伐）で軍閥制圧に成功し、南京に遷都《せんと》した蔣介石は、近代文明を装い、積極的な禁煙政策に取りかかった。阿片国際条約に沿うように法律を作成したが、あまりにも厳しい禁煙政策を実施したので、阿片が品不足になり、価格が高騰《こうとう》した。

　ところが、これは蔣介石の表向きの政策にすぎない。阿片価格が高騰するのを見越して、蔣介石は外国阿片を密輸入。阿片価格をさらに釣り上げて、巨額の利益を得たと、「阿片報告書」は分析している。新興軍閥である蔣介石の軍資金は、阿片だ。中国では、「禁煙即チ軍閥、政権ノ阿片ヨリノ収入強大化策ナリ」と云われていたほどだ。

「阿片報告書」は踏み込んで、中国の禁煙政策は矛盾していると指摘する。法律では阿片は厳禁だと謳っておきながら、阿片税による巨額の税収を期待しているからだ。蔣介石は一九四一（民国三〇）年までには阿片を中国大陸から撤廃すると断言するが、このような「禁煙政策ハ支那ノ財政状態ニ鑑《かんが》ミテ其《その》実行困難ナリ」と結論づけた。

「阿片報告書」では、阿片を厳罰にしている中国は、現実と理想を区別しておらず、阿片撲滅という理想論を追求しすぎていると批判した。さらに、蔣介石は、厳罰をもって阿片撲滅を至上命題としているが、その政策の裏には、阿片の権益を独占する目論見がある。事実、阿片の禁煙事業を軍政の一部として掌握し、軍備強化のために阿片収入を充てている、と分析。

「阿片報告書」で重要なのが第十三章だ。関東軍の傀儡《かいらい》政権である「中華民国維新政府」の阿片政策には、綿密な計画が練られた。

9　阿片政策の提言

蔣介石の非現実的な阿片政策を目の当たりにした「新中国建設ノ緒《しょ》ニ就キタル新政府」は、いかなる阿片政策をとるべきなのか。

「阿片報告書」は、新政府は蔣介石の阿片政策をそのまま継承せず、現実に即した形を採るべきだと提案。

中国の民衆を阿片漬けにして、抗日勢力を去勢させることが東アジアの安定につながるという意見もあるが、これは愚論《ぐろん》である。日本の「皇道宣布《こうどうせんぷ》の大義」に反するし、指導者は人道に立脚して政治を行うものだ。いずれ、阿片は禁止すべきものとしながら、「維新政府」の綱領を次のように提言した。

（一）維新政府は、財政基礎を安定させるため「暫時《ざんじ》阿片ニヨリ財政収入」を上げて、この収入を建設部門に利用すべきである。維新政府は大破壊の後に生まれた政府で、財政は火の車である。阿片は「人類ノ敵」といえども、現実に則して阿片で財政収入の確保を図るべきである。阿片収入を、阿片患者の病院や阿片取り締まり、さらに人々の生活を向上させるインフラに活用すれば、阿片財政の非難を抑えることができる。

（二）「阿片ニヨル財政収入」を増加させるために、運輸・販売・製造部門の「官制専売制度」の確立に努力すべきである。なぜなら、「官制専売制度」の創設は、国際阿片条約でも認められており、この制度で財政収入の増加につながる。「官制専売制度」は、消費部門と密接に関連することになるので、計画的に政策を成し遂げられる。

中国の地理や自然条件の地域差があるので、「官制専売制度」を地域ごとにつくり、弾力性のある阿片専売制度を実施すべきだが、阿片の財政管理は中央政府が行うべきである。中央政府直轄《ちょっかつ》の専売局で阿片収入を管理し、「倫理政治」の観点からも、悪用されないよう対策する。中央政府から各地方の専売局に官吏を派遣し、「専売費徴税」を監視して管理すべきであろう。

現況の中国の政治秩序は不安定な状態である。「官制専売制度」を実施しても、密輸・密売・密造は行われるのは必至だ。これを予防すべく、警察力を強化すべきである。同時に、専売価格と密売価格に大きな開きがないように、価格の調整が求められる。

（三）阿片を禁止するのは、維新政府が名実ともに中国の統治権を掌握《しょうあく》してからである。その日より、十二年の歳月を要して、三年おきに段階的に禁煙に向かわせるべきである。

第一期は「準備期」、第二期は「官営専売制度確立期」、第三期は「阿片禁止準備期」、第四期は「阿片禁止完成期」として、阿片の使用が増加しないように注意を払う施策をとるべきである。

(四)禁煙機関は「漸進《ぜんしん》的生産逓減《ていげん》計画」を樹立し、阿片製造者をその計画に従わせるようにする。阿片を全面的に禁止するときは、阿片生産者が路頭に迷わないように慎重に見極めて対応すべきである。周到な善後策《ぜんごさく》を講じ、綿花《めんか》をはじめ、阿片に代わる作付農作物を準備し、無知な農民を指導すべきである。

(五)阿片吸飲者を強制的に登録させ、漸進的に阿片対策を講ずる。同時に、新たに阿片を吸飲する者が増えないように措置をとるべきである。

(六)「官制専売局」を禁煙執行機関として、行政院の直轄下に置く。その職員を禁煙業務に関係する各機構に派遣し、事務処理をはじめ計画が円滑に進むようにすべきである。

(七)モルヒネなどの麻酔薬の取り締まりを強化し、厳重なる処罰を課し、蔣介石政権の規定をある程度準用すべきである。

「阿片報告書」を解読すると、「現実主義」という名のもとで、日本は阿片の虜《とりこ》になっていたことが浮き彫りになってくる。

10　「中支阿片制度実施要領」

「濱田徳海文書」には、極秘文書がまだ眠っていた。それは、「(極秘) 中支阿片制度実施要領(案)」だ(以下「阿片実施要領」・フーヴァー・トレジャーズ【文書十六】)。

中支とは、中国大陸の中部地方、「華中」のことであり、湖北《こほく》、湖南《こなん》、江西《こうせい》、安徽《あんき》、江蘇《こうそ》、浙江《せっこう》の六省と上海市にわたる地域を指す。

「阿片実施要領」には、一九三八(昭和十三)年八月三十一日(水曜日)付で決定された阿片制度の基本方針が提示されており、布告案まで作成されている。具体的な方針は、阿片の根絶を目指すが、中国の実情にあわせて「絶対断禁主義ニ依ルノ愚ヲ避ケ漸減《ぜんげん》主義ヲ採用スル」ことである。「漸減主義」に則り、阿片の生産・収納・販売・吸飲の統制を打ち出している。

阿片を独占する機関として中央機関に「戒煙《かいえん》総局」を設置し、特別市(上海・南京)に「戒煙局」を置く。阿片の仕入れ、販売、阿片中毒者の救済にあたる戒煙総局の指導の下、慈善団体の「中支宏済善堂《ちゅうしこうさいぜんどう》」(仮称)を設立し、各地域に「地方宏済善堂」を設置する。「阿片実施要領」によると、「宏済善堂《こうさいぜんどう》」は、阿片業者を束ねる立場にある。阿片商人は、宏済善堂から営業の許可を得なければならない。当然、みかじめ料を払わされる。阿片業者は、毎月、営業加入の分類に従い税金を支払う代わりに、「宏済善堂」から阿片の配給を受ける仕組みにした。営業許可の他に、阿片への課税は、一両（約三十七・七グラム）につき、国税一二〇元、県税三〇元、特別市税三〇元と定め、阿片の品質によって変動されうるとした。

「宏済善堂」は阿片の総元締めの役割を担った。「宏済善堂」が外国から阿片を輸入するときは、政府の保護を受けるという特別待遇だ。「宏済善堂」が仕入れた阿片は、「戒煙総局」の倉庫に保管すると取り決めた。

阿片取引を支配するのに、なぜ慈善団体「宏済善堂」を設立するのか。政府が直轄して完全な官営制度を実施しないのか。「阿片実施要領」によると、官営に移行するには、治安の安定と完璧な取り締まりが前提となる。翻《ひるがえ》って、阿片業者ではなく、個人が阿片の仕入れや販売をしたら、取り締まりをするのが著しく煩雑になる。さしあたり、密輸・密売を完全に防止することができないので、阿片業者に一定の統制を加え、「宏済善堂」の責任で、監督指導することが最も実情に沿っていると判断した。

ところで、誰が「宏済善堂」を運営するのか。

慈善団体としながらも、政府の指示をすべて受け入れる団体でなければならない。この「宏済善堂」を運営したのが里《さと》見《み》甫《はじめ》（一八九六〜一九六五年・中国名「李《り》鳴《ほう》」）である。

11　里見機関と宏済善堂

中国の阿片取引で大活躍したのが民間人の里見甫だ。

里見は、一九〇一年に上海で設立された私立学校・東亜《とうあ》同文書院《どうぶんしょいん》を卒業し、新聞記者として活躍。ジャーナリストとして日本軍と中国人の重要人物と交際し、抜群の中国語を駆使したことから、関東軍から資金調達を依頼される。陸軍が阿片取引に関与していることを隠すため、新聞記者の里見甫を表舞台に立て、商いをやらせた。

阿片卸売問屋「宏済善堂《こうさいぜんどう》」の理事長にお飾りの中国人を据えて、副理事長の里見が実質的に商売を牛耳った。

しかし、日本は敗戦を迎える。上海に居た里見は、八月二〇日（月曜日）、手持ちの資金を携えて福岡行きの中華航空機に乗り日本に戻ってきた。福岡県小倉市（現・北九州市）は、里見の故郷。だが、里見は福岡に潜伏《せんぷく》せず、上京し世田谷の成城に他人名義で邸宅（土地約三〇〇〇平方米・木造二階建築家屋四三〇平方米）を購入した（藤瀬一哉『昭和陸軍〝阿片謀略〟の大罪』山手書房新社・一九九二年）。

里見がどこに住んでいたのかわからなかったが、里見の居場所を知っていた人物が田中隆吉少将。

里見は「京都に住んでいると思われます」「ただし、偽名を使っています」と田中が米検察官にご注進。そして、里見の阿片事業を引き継いだ男が児玉誉士夫《こだまよしお》であり、「里見と並行してこの児玉誉士夫を調べなければ、阿片売買の全容を明らかにすることはできません」と告げた。さらに田中は、濱田徳海《はまだのりみ》は「里見機関のメンバーです」とまで証言した（粟屋他編『東京裁判資料・田中隆吉尋問調書』）。

田中の情報提供と捜査によって居場所を突き止められた里見甫は、一九四六（昭和二十一）年三月一日（金曜日）に逮捕され、巣鴨プリズンに移送された。巣鴨プリズンで里見がどのような生活を送っていたのか不明だが、一九四六年六月二十八日（金曜日）付の里見甫の「宣誓口述書」が記録として残っている（註・里見の「宣誓口述書」は史料として後述）。

里見甫は支那派遣日本軍司令部の特務部から依頼され、ペルシャ産阿片売買に関与しだす。ペルシャ阿片は、一九三八年の春に上海に到着し、埠頭《ふとう》の倉庫に保管され、兵士によって警備されていた。

阿片業者から注文がくると、まず特務部に部下を遣《つか》わす。そして、特務部が阿片業者に引き渡す分量を決めて、その分量を里見らが倉庫から引き出す。あらかじめ、阿片を取引する時間と場所を決めて、その場で阿片を商人に手渡し、現金を受け取った。里見は、この利益を自分の名義で台湾銀行に預金。月に一～二回、陸軍特務部の楠本実隆《くすもとさねたか》（一八九〇

～一九七九年・陸軍中将・関東軍司令部付満洲国軍政部最高顧問）にご報告。特務部の指令により、阿片の原価を三井物産株式会社に支払い、諸経費は手許に残し、利益は特務部に回した。宏済善堂がペルシャ阿片で約二〇〇〇万ドル（註・現在の日本円で一二〇〇億円）もの莫大な利益を稼ぎ、その利益は特務部に払われ、特務部が解散した後、興亜院に支払った。

里見の供述は続き、一九三九（昭和十四）年末になると、宏済善堂は「蒙古《もう》阿片《こ》」も売りさばいた。一九三九年に南モンゴルに日本軍の主導のもと「蒙古聯合自治政府」が樹立されたからである。蒙古政府の利益が大きくなるよう宏済善堂が蒙古阿片を取り仕切った。蒙古阿片は、蒙古（内モンゴルの熱河《ねっか》特別区・察哈爾《チャハル》特別区・綏遠《すいえん》特別区）から鉄道・飛行機・船舶によって運ばれたが、その大部分は中華航空株式会社の飛行機で運搬されたと、里見は証言する。

中国では、阿片の使用は積極的に禁止されていなかった。戒煙総局も宏済善堂も監視隊を組織したが、その目的はもぐり阿片密輸入を取り締まることだ。阿片は大量に消費されていたので、宏済善堂の阿片供給は足りない状態だった。

一九四一（昭和十六）年に宏済善堂が販売した阿片の量は、過去最高を記録。里見は、どれほど取引したか正確に記憶していないが、ペルシャ阿片を約四〇〇〇箱、蒙古阿片を約一〇〇〇万両は販売したと陳述する。

しかし、一九四三（昭和十八）年の末になると中国の学生や知識人の阿片反対運動が活発化した。里見は、これを契機に、宏済善堂の副理事長を辞める頃合いだと考え、辞職した。以上が、里見甫の「宣誓口述書」の概略だ（江口圭一編『資料　日中戦争期阿片政策』岩波書店・一九八五年）。

「宣誓口述書」が完成してから約二ヵ月後の一九四六年九月四日（水曜日）、里見甫が東京裁判の法廷に検察側の証人として出廷した。

ハメル検察官：あなたは里見甫以外の名前に依《よ》って知られて居りますか。
里見証人：或る時は李鳴《りほう》、或は李始吾と云ふ名前を使って居ります。（……略……）
ハメル検察官：一九三七年より一九四五年に至る間、上海に於て如何なる商売に従事して居られましたか。
里見証人：昭和十二年以来上海に於きましては、阿片に関する仕事に従事して居りました――いや昭和十三年からです。（……略……）
ハメル検察官：宏済善堂総裁は誰でしたか。
里見証人：一番初めは正理事長はありませぬ、副理事長である私がやって居りました。
ハメル検察官：如何なる種類の阿片をあなたは売りましたか。
里見証人：一番最初は「ペルシャ」から輸入された「ペルシャ」阿片、それから其の次は蒙疆政府、蒙古の方から出ます蒙古阿片、斯《こ》う云ふものであります。

ハメル検察官：あなたの御売りになりました「ペルシャ」阿片の量は幾らでしたか。

里見証人：第一回に来ましたのが二千箱と記憶します、それから第二回に亦二千箱来たと、斯う云ふ風に記憶して居ます。（……略……）

ハメル検察官：蒙古阿片の量を如何程御売りになりましたか。

里見証人：私が扱って居ました約六年間の間に、概数ですけれども千萬両と云ふ数字じゃないかと思ひます（註・両は重さで、一両は約三八グラムなので、天文学的なおよそ三八〇トン）。（……略……）

ハメル検察官：此の阿片を販売することに依って利益がありましたでしょうか。若しありましたとすれば、どの位でありましたか。

里見証人：此の利益の算定方法は、上海は「インフレーション」のお陰で非常に物が高くなりまして、的確な数字を私ははっきり申上げることは出来ませぬけれども、先ず当初初めの時期に於て、千箱の阿片で二千萬「ドル」、是位の見当じゃないかと思ひます。

ハメル検察官：此の二千萬「ドル」をあなたはどう云ふ工合に処理致しましたか。

里見証人：此の千箱の数字を今私は申上げましたが、是は大体特務部或は興亜院が直接扱って居たと云ふような時代の数量だと私は記憶致します、是は特務部並《ならび》に興亜院の方に入ったと思ひます（極東国際軍事裁判所編『極東國際軍事裁判速記録』雄松堂書店・一九六八年）。

里見は、東京裁判の法廷で阿片取引の実態を暴露。里見が副理事長をしていた宏済善堂が阿片を取り扱い、その利益が特務部・興亜院に納められていたことを白日の下に晒した。阿片で稼いだ暴利が、日本の政府機関に入っていたことを裏付けたことになる。

この後、反対尋問が行われ、里見甫は法廷から退席を命ぜられる。闇につつまれていた阿片の実態を公然と証言した里見は、その日のうちに無条件で巣鴨プリズンから釈放された。東京裁判で検察側の証人として表舞台に上がり、阿片売買の実態を証言することが保釈の条件だった。

表舞台から姿を消した里見は、一九六五（昭和四〇）年三月二十一日（日曜日）に心臓発作に襲われ、自宅で亡くなる。享年六十九。

里見甫の墓は、千葉県市川市の里見公園（里見八景園の跡地）を見下ろす安国山総寧寺《あんこくざんそうねいじ》にある。この墓石の「里見家之墓」という五文字は、岸信介の書いたものである。なぜ、「満洲の参スケ」の岸が里見の墓碑《ぼひ》を執筆するのか。

岸信介は、一九四二（昭和十七）年四月の翼賛選挙で、当時の資金で五〇〇万円を里見に依頼していたほど、二人は公私にわたり親密な関係だったからだ（伊達宗嗣「里見甫のこと」岡田他編『続・現代史資料（12）阿片問題』）。

12　三井物産と三菱商事の強欲

田中少将は、三井物産は阿片取引を扱う「最大の仲買業者」と証言している（粟屋他編『東京裁判資料・田中隆吉尋問調書』）。田中の証言は本当か。

三井物産だけでなく、三菱商事も商魂たくましく、阿片の入手に血眼《ちまなこ》になっていた。阿片輸入に手を染めていた三菱と三井は、ペルシャ阿片をめぐり商売敵《がたき》だ。

テヘラン駐在の中山詳一《なかやましょういち》公使（一八八九～一九四五年）は、三井物産と三菱商事の動きに懸念を示す。中山公使は、一九三八（昭和十三）年一月二十五日（火曜日）付で、広田《ひろた》弘毅《こうき》外相（一八七八～一九四八年・外務大臣・第三十二代内閣総理大臣・A級戦犯として絞首刑）に極秘電報を送った。

三井物産が「自由競争ヲ主張シ当地出張員ノ言フ所ニ依レバ本社ハ三菱ト対等タルコトヲ要求」しております。さらに、「三菱ガ独占的ニ買入ルル場合ハ其ノ二分ノ一ノ分譲ヲ要求」しているのです。その一方で、三菱はイランにおける「阿片取引開始ノ沿革専売会社トノ間ノ『プレフエレンス』（註・Preference・優先権）条項ヲ理由トシテ完全ナル独立ヲ主張」しているのであります。三井と三菱が競争をすれば、阿片価格が安くなってしま

三井物産株式会社によるペルシャ阿片の輸入

時期	数量（箱数・ポンド）		金額（円）	船舶名	売却先
1938年4月(?)	428	68,480	2,808,000	シンガポリール	上海維新政府阿片局
1939年1月初	972	155,520		アカギサン丸	上海維新政府阿片局
1939年4月26日	1,000	160,000	4,111,286	アカギサン丸	中支阿片局
1939年10月	1,000	160,000		玉川丸	中支阿片局
1940年10月26日	500	80,000	2,469,136	最上川丸	中支阿片局
1940年11月または12月	500	80,000	2,291,000	加茂川丸	中支阿片局
合計	4,400	704,000	11,682,422		

（参照・江口圭一編『資料 日中戦争期阿片政策』岩波書店・1985年。合計金額に相違があるが資料通りに掲載。註・一箱に約73kgの阿片が入っていた。）

います。阿片取引は年間で「六百万円ニ上ル大取引」であり、これに「相当スル商売」がありません。両者の出先機関は「本社ニ対シ自己ノ成績ニ執着《しゅうちゃく》シ大局的利害ヲ顧ミル余裕」がないのです。東京の外務省から、三井物産と三菱商事に無用な競争を避けるようご指導して頂きたいと存じます。阿片取引量の相互の割合に関して「具体的協定ヲ締結」するよう善処して頂ければ光栄でございます（「極秘電報二二〇六号テヘラン一月二十五日後発　本省二十六日後着」岡田他編『続・現代史資料（12）阿片問題』）。

　中山公使からの電報に基づき、三菱商事と三井物産の抗争に手を焼いていた外務省は、両社を仲介する。一九三九（昭和十四）年三月十四日（火曜日）、ペルシャ阿片の買付は両社共同で交渉を行うという申合せが成立。外務省の勧告によって、十月三〇日（日曜日）に協定が結ばれ、三菱と三井は半分ずつアヘンを売買することになった（江口『日中アヘン戦争』）。

太平洋戦争がはじまると、ペルシャ産阿片は入ってこなくなる。海上輸送が出来なくなり、上海への輸入は一九四〇年末で途絶えた。ペルシャ産に代わり蒙疆《もうきょう》産阿片が上海に提供されるようになり、買付ルートを失った三井物産と三菱商事の暗躍は終わりを告げる。

13　日本の阿片生産

阿片大国日本国内で、ケシが栽培されていた。

現在では廃語だが、ケシは隠語で「津軽《つがる》」と呼ばれていた。江戸時代、弘前藩《ひろさきはん》（現在の青森県）が秘薬として「津軽一粒金丹《つがるいちりゅうきんたん》」と称して、ケシを調合した薬を販売していたからだ。「薬」の字義は、読んで字の如く「草の楽しみ」である。弘前藩にケシが伝わった理由は、現在でもはっきりしない。弘前藩の古文書には、一六九〇（元禄三）年にはケシ栽培が行われていたことが記されている（松木明知「麻酔の歴史」『日本臨床麻酔学会誌』第一〇巻五号・一九九〇年）。

しかし、青森の気候は、ケシ栽培に適さず、栽培地は大阪や和歌山や奈良に移っていった。一八三七（天保八）年には大阪府でケシ栽培が行われており、明治初期には山梨県でも栽培され「甲州あへん」として出回っていた。次第に滋賀、岐阜、岡山、石川、千葉にも広がっていったが、一九二八（昭和三）年の統計によると、大阪と和歌山だけで、ケシ国内生産量の九十八パーセントを占めるまでに至った（石川『ガマの油からLSDまで』）。日本の「アヘン王」と呼ばれたのが二反長音蔵《にたんちょうおとぞう》（一八七五～一九五〇年・ケシ栽培に生涯を賭けたことから「阿片狂」の異名を持つ・音蔵が亡くなったのは昭和二十五年八月七日であり、一部の書籍や事典に掲載されている昭和二十六年八月七日死去は誤り）。大阪府三島郡福井村（現在の茨木市）出身の二反長は、台湾総督府の後藤新平《ごとうしんぺい》（一八五七～一九二九年）の後ろ盾を得て、ケシ栽培に一生を賭けた。彼は、大阪府豊能《とよの》郡・河内《かわち》郡・三島《みしま》郡を中心にしてケシを栽培し、規模を拡張させていく。三島郡で生産された阿片は優良品。モルヒネ含有量が二十四パーセントもあった。一九三〇年代には、栽培面積八〇〇～一〇〇〇ヘクタール。阿片生産量は一万キログラムに達した。日中戦争が始まった一九三七（昭和十二）年、三島郡は阿片景気に湧く（江口『日中アヘン戦争』・二反長半『戦争と日本阿片史』すばる書房・一九七七年・倉橋正直編『十五年戦争極秘資料集 補巻11 二反長音蔵・アヘン関係資料』不二出版・一九九九年・山内三郎「麻薬と戦争」『人物往来』人物往来社・一九六五年九月号）。

　当初、内務省がケシ栽培と阿片生産を管轄《かんかつ》し、日本政府が阿片を買い上げていたが、一九三八（昭和十三）年に内務省から分離して厚生省が発足。「厚生」とは、「衣食を十分にし、空腹や寒さに困らないようにし、民の生活を豊かにする」という意味だ。中国の古典『書経・左伝』の一節「正徳利用厚生」（徳を正し、用を利し、生を厚うする）に由来する。発足した翌年、厚生省は阿片の大増産計画を立てる。鎮痛剤・モルヒネの原料ともなる阿片は、戦場で不可欠だ。和歌山県と大阪府でケシを栽培させ、一九四一（昭和十六）年にはケシ栽培を全国的に奨励した（厚生省五十年史編集委員会『厚生省五十年史』財団法人厚生問題研究会・一九八八年）。

だが、難しい問題が湧き上がる。阿片増産は、食糧増産計画とぶつかった。農民たちは、食糧の生産で手一杯。ケシではなく、価格が上昇している小麦を生産したい。その上、働き盛りの若い男子は徴兵されており、労働力不足は明らかだ。

ケシ栽培は、労働力不足と食糧増産策に阻《はば》まれたが、厚生省は諦《あきら》めない。阿片増産のために、政府がケシを全部買い上げた。買い上げ代金は「賠償金」と呼ばれ、戦時下になるほど「賠償金」を引き上げて、農民の生産意欲を刺激した。特典として、ケシ農民に肥料を優先的に配給した。

ケシ農民の保護対策も欠かせない。ケシは天候や病害に左右されやすいので、被害を補償する「罌粟《ケシ》罹災《りさい》補償金交付制度」を立案し、農民が安心してケシを栽培できる環境を整えた。ケシの病害を専門的に研究するため「和歌山薬用植物試験場」を設立。

太平洋戦争の敗北が明らかになり東條内閣が倒れ、小磯内閣が成立した一九四四（昭和十九）年七月になると、ケシは「特用農作物」に指定されたので、農民は自由に他の農産物を栽培することはできない。農民に強制的にケシ耕作をさせて、日本政府は安定したケシ収穫を目指したのだ（倉橋正直「戦時中の阿片増産計画」『紀要：地域研究・国際学編』第三八号・二〇〇六年・農林省特産課特産会二十五年記念事業協賛会編『特産課特産会二十五年誌』農林省特産課特産会二十五年記念事業協賛会・一九六三年）。

14　麻薬中毒患者ヒトラー

日本帝国とナチス・ドイツには隠された接点がある。阿片だ。阿片は、外交の潤滑油《じゅんかつゆ》。満洲国とナチス・ドイツの間で阿片交易が行われていた。

アドルフ・ヒトラー（Adolf Hitler・一八八九～一九四五年）は、タバコも吸わず、酒も飲まない。彼は胃腸が弱かったので、ほとんど野菜しか採らない菜食主義者（ロバート・N・プロクター『健康帝国ナチス』草思社・二〇〇三年）。

しかし、ヒトラーの真の姿は、麻薬中毒者。

フーヴァー研究所には、ヒトラーの頭部レントゲン写真が保管されている。ヒトラーが暗殺未遂に遭《あ》ったとき、脳を検査するためレントゲン写真が撮られた。この写真を見ると、歯がひどく蝕《むしば》まれていることがわかる。上の前歯が四本だけ残っており、他は入れ歯だ。

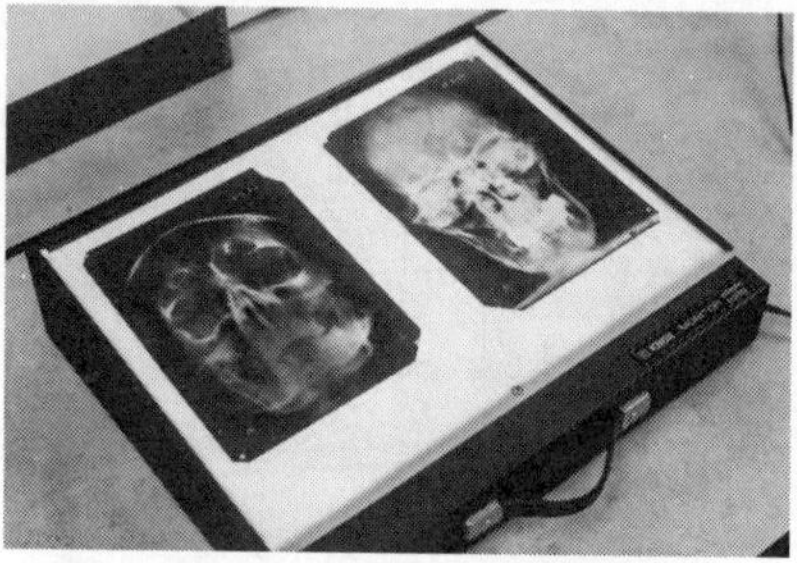

ヒトラーの頭部レントゲン写真（スタンフォード大学フーヴァー研究所アーカイブズ蔵）

ヒトラーの主治医テオドール・モレル（Theodor Morell・一八八六～一九四八年）は、「オイコダール」（Eukodal・別名オキシコドン）という麻薬をヒトラーに投与していた。オイコダールの原料は阿片で服用者を依存患者に変えてしまう。ヒトラーは、重要な会談や演説や作戦会議の前には、モレルを呼んで静脈《じょうみゃく》に薬物注射をさせていた。

ドイツ人作家ノーマン・オーラーによる話題作『ヒトラーとドラッグ』（白水社・二〇一八年）は、主治医モレルのカルテを掘り起こし、ヒトラーが麻薬中毒患者になり、ドイツ帝国が滅亡に陥る狂気を描いた。

当初、モレルはブドウ糖とビタミンを配合した注射をヒトラーに打っていた。注射とヒトラーの相性はよく、やがて注射の成分は八〇種を超えるようになる。ホルモン調合剤、ステロイド、医薬品などを調合して、毎日、注射の中身を少しずつ変えるようにしていた。特定の薬物依存になることを避けるためだ。

だが、薬物を常習していたヒトラーの身体は、薬物に慣れてしまい、用量を増やさなければならない。オイコダールとモルヒネの混合薬物を常用する。

麻薬患者のヒトラーは、戦局を冷静に見ることができなくなり、狂信的な作戦を実行せしめる。薬物投与が妄想の世界を創り出し、多幸感を抱きつつ、ヒトラーは自らの決断こそが正しいものだと信じた。ヒトラーの健康状態は、坂道を転げ落ちるように悪化。晩年のヒトラーは、歯のエナメル質が解け、口の粘膜は乾き、歯はボロボロになり抜け落ちていった。

ヒトラーの秘書として仕えた女性は、「ヒトラーはいつも左手で眼鏡を握っていましたが、その手がふるえるたびに眼鏡が机の表面に当たって、カタカタと音を立てていました」「唇は干《ひ》からび、パンくずで覆われ、衣服はたべもので汚れていました」と証言する（オーラー『ヒトラーとドラッグ』）。

ヒトラーは左手の震えを抑えるために、右手で強く握りしめたり、身体にピッタリとくっつけていた。外出するときは、左手を常にポケットに入れていた。さらに左脚をひきずって歩くようになる。これは、明らかにパーキンソン病の症状である。パーキンソン病は、脳内の神経伝達物質ドーパミンの減少によって引き起こされる。ヒトラーが覚醒剤やコカインと相性がよかったのは、パーキンソン病による震えや身体の節々の鈍い動きを一時的に改善していたからだ（小長谷正明『ヒトラーの震え　毛沢東の摺り足』中公新書・一九九九年）。

麻薬中毒患者は、ヒトラーだけに留まらない。愛人エヴァ・ブラウンやヒトラーの側近たちも薬物に溺《おぼ》れていく。イタリアのベニート・ムッソリーニ（Benito Mussolini・一八八三～一九四五年）、親衛隊長ハインリヒ・ヒムラー（Heinrich Himmler・一九〇〇～一九四五年）、ドイツ外務大臣ヨアヒム・フォン・リッベントロップ（Joachim von Ribbentrop・一八九三～一九四六年）、軍需大臣アルベルト・シュペーア（Albert Speer・一九〇五～一九八一年）、さらには日本の駐独大使・大島浩《おおしまひろし》中将（一八八六～一九七五年・A級戦犯として終身刑）なども、モレルの常連患者となっていた（オーラー『ヒトラーとドラッグ』）。

一九四〇（昭和十五）年九月に結ばれた「日独伊三国同盟」の立役者・大島浩が薬漬けであったように、第二次近衛内閣で外務大臣だった松岡洋右もコカイン常習者と囁《ささや》かれている。満鉄総裁を務めた松岡は、「弐キ参スケ」の一角として名を轟《とどろ》かせ、満洲国で政治力を存分に発揮した。松岡は満鉄総裁のとき肺を患《わずら》い、苦痛を和らげるためにコカインに手をだす。コカイン中毒になった松岡は、「言葉の製造器」と呼ばれるほど饒舌《じょうぜつ》となり、大言壮語して大見得を切り日本外交を狂わしていく。ムッソリーニとの会談を、コカインを吸ったせいで寝過ごしたとも云われている（山内「麻薬と戦争」・註・堀田江里『１９４１　決意なき開戦』人文書院・二〇一六年では、「異常な活発さから、松岡はアメリカ時代よりコカイン中毒だったと噂する者もあった」と言及されている）。

昭和天皇は、首相の近衛文麿に対して松岡洋右を更迭するよう求めていた。松岡が一九四一（昭和十六）年三月にドイツを訪問して日本に戻ってきたら「別人の様に非常な独逸《ドイツ》びいきになつた」「恐らくは『ヒトラー』に買収でもされたのではないか」と勘ぐっておられた。松岡の外交姿勢に対しても、「松岡のやる事は不可解の事が多い、が彼の性格を呑み込めば了解がつく」「彼は他人の立てた計畫《けいかく》には常に反対する」「条約などは破棄しても別段苦にしない、特別な性格を持つてゐる」と悩まれていた（寺崎英成、マリコ・テラサキ・ミラー『昭和天皇独白録 寺崎英成御用掛日記』文藝春秋・一九九一年）。

大島浩・松岡洋右の推進した日独伊三国同盟は、麻薬がもたらす幻想のように脆《もろ》く、一九四三（昭和十八）年十月にイタリアが離脱し、一九四五（昭和二〇）年五月七日（月曜日）にナチス・ドイツの降伏により自然消滅した。

ナチス・ドイツ軍の兵士たちも薬物の力を借りていた。覚醒剤を服用することで、進軍の際に集中力を高め、さらには疲れを知らずに戦うことができるからだ。兵士にとって、覚醒剤はエネルギーを倍加させる特効薬。ドイツ軍の兵士は、ドーピングで戦果を上げていた。少年兵に対しても、「メタンフェタミン」（註・日本の「ヒロポン」）が配られた。ロシアの戦車や銃砲を前にして、縮み上がることなく、突撃するためだ（オーラー『ヒトラーとドラッグ』）。

「ハーケンクロイツ」（鉤十字）がヨーロッパを覆い、人々を恐怖の坩堝《るつぼ》に追いやった。ハーケンクロイツのデザインは特徴的だ。二〇〇〇年以上の歴史を持つ仏教のシンボルは「左まんじ」だが、ハーケンクロイツは「右まんじ」。ヒトラーは、仏教の卍《まんじ》を盗用。卍の本来の意味は、めでたい兆しや幸運を意味するが、ヒトラーはドイツ復興のために「ハーケンクロイツ」を幸運の意味で用いた。卍をじっくり見ると、卍の記号のなかには十（十字架）が隠されている。「鉤《かぎ》の十字架」という新しい象徴のもとで、ドイツのカトリックとプロテスタントを統合し、十字架のもとで聖戦を行い、勝利の印としたのだ（中垣顕實『卍とハーケンクロイツ』現代書館・二〇一三年）。

15 ナチス・ドイツと麻薬貿易

ナチス・ドイツでは、国民の間でも麻薬が大流行。麻薬は、あたかも常備薬。ドイツには、麻薬が広がる下地があった。それは、第一次世界大戦の敗戦のショックが大きく、惨敗の深い傷を負った国民を奮い立たせる薬物が求められていた。しかも、植民地を失ったドイツは、国内で人工的に製造する製薬産業しか残っていない。

ヒトラーをはじめドイツ国民が麻薬中毒者であったように、鎮痛・鎮静剤のモルヒネの原料である阿片は、戦場で大奮戦する時の必需品だ。ナチス・ドイツは、戦時物資を東アジアから輸入しており、満洲から阿片を買い付けていた。

一九四四（昭和十九）年六月十七日（土曜日）に調印された「第四次満独通商協定」では、満洲国が阿片と粗製モルヒネをドイツへ輸出すると約束。シベリア鉄道は敵国ソ連の手中にあり、海上は封鎖されていたが、それでもなお、ナチス・ドイツは東アジアから約二十四万トンもの戦時物資をUボート（潜水艦）と封鎖突破船で海上輸送し、その半数はドイツに届けられた。日本からは、阿片・生ゴム・タングステン・錫《すず》・雲母《うんも》・工業用油脂《ゆし》など八万四〇〇〇トンの貨物がドイツに届けられた（熊野直樹「ナチ阿片・交易営団・GHQ」『法政研究』第八一巻三号・二〇一四年）。

ドイツと満洲の貿易協定が結ばれたのは、遡ること一九三六（昭和十一）年四月三〇日（木曜日）。ナチス・ドイツが満洲を正式な「国」と承認したのは、一九三八（昭和十三）年二月二〇日（日曜日）。いったい何時から満洲国の阿片がナチス・ドイツに輸出されたのか。終戦時、関東軍の保有していた阿片を隠蔽《いんぺい》するために奔走した古海忠之《ふるみただゆき》が貴重な証言をしている。古海はシベリアで過酷な拘留生活を過ごし、一九五〇（昭和二十五）年に中国の撫順《ぶじゅん》戦犯管理所に収容された。撫順は、日本人捕虜に対して組織的な思想改造を強制した収容所として悪名が高い。一九五四（昭和二十九）年五月七日付の古海忠之の供述書によると、「一九四一年十月末、満洲国と独乙《ドイツ》国間の貿易協定に基く満洲側借款七百万マルクの（一部）決済として、独乙側の要求に基き阿片七噸《トン》（価格一両三〇円）を売渡した」と記されている（古海忠之「満洲国亜片政策に関する陳述」荒井利男、藤原彰編『侵略の証言』岩波書店・一九九九年）。

ナチス・ドイツと満洲国の蜜月《みつげつ》は「阿片貿易」だけに留まらない。日本の「コカ」もナチス・ドイツに輸出されていた。ナチス・ドイツは、ジャワ産のコカの葉を輸入していたが、大戦が始まると海上封鎖の影響を受けたので、日本からコカの葉を調達した。

コカの葉は、読者の方々に馴染みがないかもしれないが、一九〇三年まで清涼飲料水「コカ・コーラ」に含まれており、健康飲料品として売られていた。植物のコラノキの種子（コーラ・ナッツ）も含まれていた。現在でもコカ・コーラのレシピの全貌は公表されていないが、薬剤師ジョン・S・ペンバートン（John S. Pemberton・一八三一～一八八八年）が開発し、一八八六年から神経衰弱や胃酸過多などの病気に効くと謳ってコカ・コーラを販売した。コカ・コーラは健康食品。病気になってから薬を飲むのではなく、普段から薬のような効果を発揮する健康食品を口にすべきだと宣伝した。安全な水を確保することに苦労してきた欧米諸国にとって、コカ・コーラは水の代用品となり、裕福な白人層に瞬《また》く間に広まった（鈴木透『食の実験場アメリカ』中公新書・二〇一九年・ジャック・アタリ『食の歴史』プレジデント社・二〇二〇年）。

南米大陸ではコカの葉は「聖なる植物」である。とくに、インカ帝国では宗教儀式や医療で用いられた。酸素の薄い高地アンデス山脈で重労働となる農作業を行うときや、疲労感や空腹を抑える強壮剤《きょうそうざい》としてコカの葉は必需品。コカの葉を嚙《か》んで唾液を飲む、を繰り返す。

貪欲なヨーロッパの貿易商人は、コカの葉をヨーロッパに持ち込む。一八八五年にドイツ人科学者フリードリヒ・ゲードケ（Friedrich Gaedcke・一八二八～一八九〇年）がコカの葉から薬理作用のある成分を抽出することに成功。その四年後、同僚のアルベルト・ニーマン（Albert Niemann・一八三四～一八六一年）により純粋な活性成分の分離に成功し、コカインが誕生した。

コカインは万能薬と持て囃《はや》され、瞬く間に大流行。精神分析学の学祖ジークムント・フロイト（Sigmund Freud・一八五六～一九三九年）は、コカインに心酔する。中毒になった。フロイトは「コカについて」（*Uber coca*）という論文を発表し、コカインを神経衰弱、心気症、ヒステリー症状の患者に対して用いた。

ワイン文化のヨーロッパでは、コカの葉入りのワインまで製造される。一八六三年、コルシカ島出身の実業家で化学者のアンジェロ・マリアーニ（Angelo Mariani・一八三八～一九一四年）が「コカワイン」（Vino Coca Mariani）を「長寿と若返りの秘薬」として売り出したところ、バカ売れ。発明王トーマス・エジソン（Thomas Edison・一八四七～一九三一年）や娯楽作家のH・G・ウエルズ（H. G. Wells・一八六六～一九四六年）までもが愛用した。ローマ教皇（レオ十三世・一八一〇～一九〇三年）は、マリアーニの偉業を讃えゴールド・メダルを贈呈した。マリアーニのコカワインを模倣したのがコカ・コーラだ（宮西照夫、清水義治『古代文化と幻覚剤』川島書店・一九九五年）。

だが、万能薬と思われたコカインは、人間を廃人にした。阿片とおなじく、コカは世界中で禁制品となる。禁制品のコカを日本帝国はこっそり生産していた。一九三〇（昭和五）

各生産地別のコカ葉生産量（単位kg）

年	硫黄島	沖縄本島	台湾
1937	52,559	14,000	119,813
1938	53,383	22,598	82,298
1939	52,550	23,555	70,101
1940	52,850	22,050	44,650
1941	82,300	24,200	87,274
1942	85,275	32,440	71,038
1943	39,025	32,440	49,391
1944	26,062	28,350	78,293
1945	N/A	N/A	N/A

（参照・熊野直樹「コカと日独関係」『法政研究』第84巻3号・2017年）

年、世界に出回るコカインの四分の一は、メイド・イン・ジャパン。ヘロインの全世界生産量の半分は、日本が占めていた（倉橋編『三反長音蔵・アヘン関係資料』）。GHQの公衆衛生福祉局麻薬取締課の統計によると、一九四二（昭和十七）年に一万五〇〇〇キログラム、一九四四年に二万キログラムもの膨大な量のコカインが日本からドイツへ輸送されている。

日本のどこでコカの葉が生産されていたのか。小笠原諸島の南東にある「硫黄島《いおうとう》」だ。日本は、硫黄島だけでなく、沖縄本島や台湾でもコカの葉を栽培していた。

「硫黄島」と聞くと、私たちは反射的に「硫黄島の悲劇」を思い浮かべる。日本が劣勢に立たされた太平洋戦争で、米軍は圧倒的な攻勢を続け、三十六日間の壮絶な戦いの末、一九四五（昭和二〇）年三月二十六日（月曜日）、硫黄島を陥とす。

日本兵、一万九〇〇〇人、玉砕。

米兵、六八〇〇名、戦死。

米海兵隊が英雄扱いされる転機になったほどの激戦だった。アメリカ・アーリントン国立墓地の北側に、硫黄島の「摺鉢山《すりばちやま》」を日本兵から戦いとった直後（二月二十三日）、アメリカの国旗「星条旗」を雄々しく打ち立てた海兵隊員を讃え、慰霊するためのブロンズ製の記念碑が建っている。大英雄として祀《まつ》られている。

しかし、硫黄島の惨劇は真実を覆い隠せない。日本は硫黄島でコカの葉を栽培していた。一九二〇年代、砂糖キビ農場だった硫黄島では砂糖の価格が世界中で暴落したことから、コカ栽培に乗り出し、一九三〇年代になると砂糖を上回る生産量となる。「各生産地別のコカ葉生産量」の統計をみると、太平洋戦争を境に硫黄島で急激に生産量が増加した。一九四〇年と一九四二年の硫黄島のコカの葉の生産量が、沖縄本島と台湾を上回る。

製薬会社は収穫され山積みされたコカからコカインを精製した。製造権を持っていた会社は、五社に限定されていた。

（一）星製薬株式会社
（二）株式会社武田長兵衛商店（現・武田薬品工業）
（三）三共株式会社（二〇〇五年に第一製薬と経営統合）
（四）江東製薬株式会社
（五）株式会社鹽野義商店（現・シオノギ製薬）

1951（昭和26）年までに覚醒剤を製造していた会社名と製品名

会社名	製品名
参天堂製薬	ホスピタン
タカラ製薬	タカラピン
小野製薬工業	ネオパンプロン
万和製薬	メチパミン
日之出ケミカル	ヒノデドリン
東邦産業	ネオパミン
日新化学工業	スーパミン
小林薬学工業	コバポン
淀川製薬	メチプロン
陳遠述（東西薬房）	フクゼドリン
日東薬品化学	ネオヒロン
大日本製薬	ヒロポン
上野製薬	プロアミン
大正製薬	メチルプロパミン
武田薬品工業	ゼドリン
静岡カフエイン工業所	アロン
三田製薬	ホスピタン
富山化学工業	アゴチン、アクタミン、ネオアゴチン
内外製薬	プロパミン
岡野製薬	オカプロン
白井松薬品工業	メチプロン
塩野義製薬	パーテン
同仁製薬	ザンドルマン

（参照・西川伸一「戦後直後の覚せい剤蔓延から覚せい剤取締法制定に至る政策形成過程の実証研究」『明治大学社会科学研究所紀要』第57巻1号・2018年）

五社とも日本国内でコカインを製造して大儲け。五社のなかで三共株式会社がコカインを最も大量に生産した（熊野直樹「コカと日独関係」『法政研究』第八四巻三号・二〇一七年）。

製薬会社の「戦争犯罪」は見過ごされている。それどころか、日本の製薬会社は、一九五一（昭和二十六）年に「覚せい剤取締法」が制定されるまで、堂々と覚醒剤を製造・販売していた(西川伸一「戦後直後の覚せい剤蔓延から覚せい剤取締法制定に至る政策形成過程の実証研究」『明治大学社会科学研究所紀要』第五七巻一号・二〇一八年)。

日本帝国は、満洲阿片と硫黄島コカ葉を活用して、ナチス・ドイツと「麻薬貿易」に励んでいた。日本は官民挙げて阿片を生産し、占領地や植民地で膨大な阿片をばらまいた。まさに「アヘン戦争」を展開していたのだ。

史料紹介

フーヴァー・トレジャーズ【文書十六】

極秘

中支阿片制度實施要領（案）

昭和十三、八、三十一

連絡會議決定

目次

中支阿片制度實施要領

第一　方針

一、阿片ニ關シテハ斷禁ヲ窮極ノ目標トスルモ支那ノ實情ニ卽シ當分漸禁主義ヲ採用シ阿片麻藥類ノ生產、收納、販賣、吸食等ヲ統制シ且ツ之カ取締ヲ爲ス

二、阿片ノ統制及取締機關ハ維新政府ノ直轄機關タルモ業務ノ遂行ヲ容易圓滑ナラシムル爲差當リ日本官憲側ノ內面指導ニ依ル中支ノ獨立機關タル外形ヲ保持セシム

第二　要領

一、上海ニ阿片取締ノ中央機關タル戒煙總局ヲ置キ縣、特別市（上海、南京）ニ各々戒煙總局ヲ設置シ阿片麻藥ノ統制及取締等ニ關スル業務ニ任セシム

二、阿片ノ仕入、販賣竝癮者ノ救濟等ニ當ラシムル爲戒煙局ノ指導監督下ニ阿片商ヲ以テ組織スル慈善團体タル中支宏濟善堂（假稱）及地方宏濟善堂ヲ設立スルモノトス

（註）中支宏濟善堂ハ當分之ヲ上海ニ又地方宏濟善堂ハ之ヲ各縣及特別市ニ設クルモノトス

宏濟善堂ニハ各々其ノ規模ニ從ヒ癮者救療ノ設備ヲ有スル癮者救療所（假稱）ヲ設立スルモノトス

（註）癮者救療所ノ經費ハ戒煙局宏濟善堂各々折半負擔スルモノトス

三、阿片ノ取扱ハ之ヲ許可營業トシ左ノ區別ニ從ヒ營業ノ許可ヲ與フルモノトス同一

營業者ニシテ二種以上ノ營業許可ヲ受クルコトヲ得

名　稱	許可總局
(イ) 中支宏濟善堂加入阿片商	戒煙總局
(ロ) 地方宏濟善堂加入阿片商	地方戒煙局
(ハ) 前二項ニ該当セサル阿片小賣商	地方戒煙局

小賣商ハ之ヲ其ノ販賣數額等ヲ標準トシテ甲、乙、丙ノ三階級ニ分ツ

(ニ) 戒煙所	地方戒煙局

一般癮者取締ノ便ニ資スル爲其ノ求メニ從ヒ吸煙ノ設備ヲ爲スモノ

設備其ノ他ヲ標準トシ甲、乙ノ二階級ニ分ツ

四、地方宏濟善堂ハ其ノ加入者ノ依賴ニ依リ中支宏濟善堂ヘ阿片ノ配給ヲ求ムルモノトス

五、中支宏濟善堂ハ其ノ加入者ノ依賴ニ依リ戒煙總局ニ申請シ阿片ノ移輸入ノ許可ヲ受ケ其ノ危險負擔ニ依リ阿片ノ移輸入又ハ政府所有阿片ノ買入ヲ爲スコトヲ得

六、中支宏濟善堂カ阿片ノ輸入ヲ爲ストキハ政府ヨリ所要ノ保護ヲ受クルモノトス

七、中支宏濟善堂カ阿片ノ仕入ヲ爲シタルトキハ戒煙總局ノ倉庫ニ庫入スルモノトス
地方宏濟善堂カ阿片ノ廻送ヲ受ケタルトキハ各々所管戒煙局ノ倉庫ニ庫入スルモノトス

八、戒煙局カ阿片ニ對スル税金ノ納付ヲ受ケタルトキハ阿片ノ倉出許可證ト運送許可證トヲ宏濟善堂ニ交付スルモノトス

九、阿片ノ吸食ハ許可制度ヲ目標トシ登錄制度ヲ採用スルモノトス

十、阿片ニ對スル租税は阿片一兩ニ付左ノ通リトス

(イ)國税　一、二〇元

(ロ)縣税　三〇元

(ハ)特別市税　三〇元

註

(一)阿片税ハ阿片ノ質ニ從ヒ變更スルコトアルヘシ

(二)省ニ對シテハ其ノ賣上高ニ從ヒ一兩二十仙ノ割合ヲ以テ中央ヨリ交付ス

十一、阿片商ニ對スル租税ハ月毎ニ左ノ通リトス

(イ)中支宏濟善堂加入阿片商　二百元

(ロ)地方宏濟善堂加入阿片商　百　元

(ハ)小賣商

甲種　五十元

乙種　三十元

丙種　十　元

（二）戒煙所

甲種　　　　三十元

乙種　　　　十　元

十二、政府所有ノ阿片ヲ宏濟善堂ニ拂下ケルトキノ價格ハ阿片ノ品質數量ノ多寡等ニ依リ多少ノ相違アルモ一兩ニ付不取敢五元トス

十三、戒煙總局ノ許可ヲ受クルニ非サレハ罌粟の栽培、阿片ノ製造、吸煙器具ノ製造又ハ販賣等ヲ爲スコトヲ得サルモノトス

十四、痲藥ニ付テハ醫用、學術用ノ外斷禁ヲ根本方針トスルモ支那ノ實情ニ卽シ差當リ其ノ輸入及販賣ニ付許可制度ヲ採用スルモノトス

十五、痲藥癮者ハ差當リ阿片癮者ト同樣ニ取扱フモ將來成ルヘク速ニ之カ根絕ヲ期スルモノトス

十六、外國產阿片ノ輸入ハ可成之ヲ避ケ土產阿片ヲ以テ賄フ方針ヲ執ルモノトス

十七、土產阿片ノ買付ハ戒煙總局ノ指定スル者（原則トシテ中支宏濟善堂）ヲシテ之ヲ爲サシムルモノトス

備考

一、海關ニ於テ沒收シタル阿片ハ之ヲ戒煙總局ニ移管シ中支宏濟善堂ニ供給ノ途ヲ拓

クモノトス

二、阿片商所有中ノ阿片ニ對シテハ之カ地方戒煙局ニ登録シ此ノ際所定ノ二分ノ一ノ租税ヲ課スルモノトス

三、阿片税ヲ納付シタルトキハ戒煙局發行ノ證紙ヲ容器ニ貼付スルモノトス

四、阿片ノ輸入運送又ハ販賣等ノ場合ニ於テハ戒煙局其ノ他ノ官憲ニ於テ特別ノ保護ヲ與フルモノトス

五、阿片制度圖解

省略

(イ)　生阿片專賣

(ロ)　煙膏專賣

カアルカ内外阿片制度發達ノ過程ヲ觀ルニ個人特許制度ハ團体特許制度ニ進ミ團体特許制度ハ更ニ官營ニ進展スル趨勢ヲ示シ居ル、勿論阿片制度本來ノ目的ヲ達スル爲ニハ官營ニ依ル完全專賣タル煙膏專賣ヲ最善トスルカ煙膏ノ製造ニハ相當ノ設備ヲ要スルノ外、酒煙草ヨリ更ニ嗜好ノ複雜ナル阿片ニ關シ之ニ地方的ノ事情ヲ考慮セスシテ單一煙膏ニ統一スルカ如キハ至難ノ問題テアル、若シ强イテ單一煙膏ニ統一スルトセハ忽チ暗黑市場ノ不正取引阿片ノ跋扈ヲ齎シ癮者ヲ視線外ニ逸シ去ルコトハ火ヲ視ルヨリ瞭テアル

團体特許制度ヲ採用シタル理由
阿片制度ニ付テハ中支ノ現狀ニ鑑ミ官營專賣ニ依ラスシテ團体特許制度ヲ採用スルヲ適當ト認ム
卽チ阿片制度ニ關シテハ
(一) 個人特許
阿片ノ仕入、販賣ヲ特定ノ個人毎ニ特許スルモノ
(二) 團体特許
阿片ノ仕入、販賣ヲ特定ノ團体ニ特許シ、之カ小賣ヲ該團体ノ統括下ニ在ル特許小賣商ニ爲サシムルモノ
(三) 官營
更ニ一歩ヲ譲リ生阿片專賣ヲ行ハントスルモ治安ノ安定ト取締ノ完璧ヲ其ノ前提要件トスルヲ以テ漸ク其ノ緒ニ就カントスル中支行政機構ノ下ニ在リテハ密栽培、密取引ノ完全ナル防止取締等ハ困難ナルニ因リ政府ノ責任ニ於テ此際直ニ生阿片ニ付テモ之カ專賣ヲ實施スルノ時期テナイト謂ハネハナラヌ
然シ乍ラ多數ノ個人ニ阿片ノ仕入、販賣ヲ特許スルトキハ之カ取締ハ著シク煩雜ナ

ルノミナラス其ノ實效モ之ニ伴ハナイ
右ノ如キ事情ニ顧ミ此際業者ニ一定ノ統制ヲ加ヘ兼ネテ自主團体タルノ責任ヲ負擔セシメツヽ之ヲ監督指導スルカ最モ實情ニ卽セル制度ト認ムル次第テアル

佈告（案）

阿片ノ吸食ハ其ノ由來スル所古ク日常習慣ニ浸潤スル所深シ內自ラ壽財ヲ消耗シ外列國ノ輕侮ヲ蒙ル永ク此ノ陋習ヲ離脫スル能ハサルトキハ明朗ナル國家再建ノ障害トシテ寔ニ遺憾ニ堪ヘサル次第ナリ速カニ阿片ニ關スル根本方針ヲ樹立シ以テ排煙ノ方途ヲ講スルニ非サレハ將來其ノ弊益々彌漫シ終ニ拔クヘカラサルニ至ルヘシ
舊政府ハ表面絕對斷禁主義ヲ標榜シ來タリタリト雖モ民衆ニ浸統シタル吸煙ノ牢固タル因襲ノ實在ヲ無視シ多數癮者ノ處置ヲ放置シタル爲メ裏面ニ於テハ却ツテ阿片ノ濫用トナリ煙毒ノ跋扈依然トシテ著シク到ル處ニ罌粟ノ栽培ヲ見、甚シキニ到リテハ軍閥ニシテ人民ヲ脅迫シテ之ヲ植ヱシメ官憲自ラ密輸ヲ敢テシ軍萱保護ノ下ニ各地ニ販賣所ヲ開設スル等其ノ弊民ヲ傷ミ國ヲ辱シムルニ至リ爲メニ斷禁政策ヲ修正スルノ巳ムナキニ到レリ
此ノ積年ノ宿弊ヲ矯正セムニハ須ラク斷禁主義ニ基ク癮者漸減方策ヲ採リ一般ニハ吸

煙ヲ嚴禁シ唯既ニ癮ニ陷リタル者ニ限リ救療上吸煙ヲ認ムルト共ニ救療ノ機關ヲ特設シテ癮者ノ救濟ニ努メ又敎化其ノ他ノ社會施設ニ依リ人民ノ自覺ヲ喚起シテ新癮者ノ發生ヲ防遏シ以テ弊風ノ漸滅根絶ヲ圖ルヘシ
依テ政府ハ敍上ノ方針ニ則リ阿片制度ヲ確立シ以テ所期ノ目的ヲ達成セムトス一般民衆克ク此ノ主旨ヲ體シ深ク自省シ以テ去陋新生ノ大業ニ違背ナカラシムル事ヲ期スヘシ

民國二十七年　　月　　日

佈告解説

現今各國ノ阿片制度ニハ絶對斷禁主義ト斷禁主義ニ基ク中毒者漸減政策トカアル日本内地ノ如キハ前者テアリ臺灣、關東州、滿洲國等ハ後者ニ屬スル從來支那ニ於テモ政府ハ制度上絶對斷禁主義ヲ採用シタカ夥シク多數ノ癮者ヲ擁スル支那ニ於テハ其ノ制度ハ單ニ名義上ノ制度タルニ止マリ阿片濫用ノ弊風ハ周知ノ事實テアツタ右ノ如キ實情ノ下ニ於テハ絶對斷禁主義ニ依ルノ愚ヲ避ケ漸減主義ヲ採用スルノ外ナシト謂ハネハナラヌ従ツテ舊政府モ遂ニ多年標榜シ來レル斷禁政策ヲ民國二十四年遂ニ放棄スルニ到ツタ右ノ如ク漸減主義ヲ採用スルトシテモ其ノ模範的ト稱セラレル臺灣ノ實情ヲ觀ルニ其ノ癮者網羅ニ約五年ノ歳月ヲ要シ更ニ三十余年ヲ經過シテ尚二万ニ垂ントスル密吸食者ノ殘存スル事實及關東州、シンガポール、香港等ノ實情等ニ鑑ミ本制度ト共ニ癮者ノ救療ノ施設竝ニ社會教化等ニ依ル弊風ノ根絶ヲ圖ルコトカ極メテ緊要テアル

里見甫宣誓口述書

極東国際軍事裁判

アメリカ合衆国其他より荒木貞夫其他に対し

宣誓書

私即ち李《り》鳴《ほう》事里見甫は良心にかけて次の事が真実である事を誓ひます。

一九三七年九月又は十月私は新聞記者として上海に参りました。私はそれ以前天津に居つたのであります。

一九三八年一月又は二月に楠本実隆《くすもとさねたか》中佐（註・一八九〇〜一九七九年・陸軍中将・関東軍司令部付満洲国軍政部最高顧問）が私に特務部のために多量の阿片を売つて呉れるかどうか尋ねました。彼は此の阿片がペルシヤから来る途中にあると云ひました。特務部は支那派遣日本軍司令官の参謀部の一部でありました。その職務は日本占領地域に於ける政治的、経済的、文化的諸問題を取扱ふにありました。

此の多量の阿片は一九三八年の春上海に到着致しました。それは軍隊の使用する埠頭にある倉庫の中に収められました。埠頭にも倉庫にも衛兵がついて居りました。ペルシヤの阿片は一六〇ポンドの箱、即ち一九二〇両づつの箱に入れられて来ました（註・一六〇ポンドは約七十二・六キログラム、一両は約三十八グラムで一九二〇両は約七十三キログラム）。

阿片がペルシヤから到着した時、私は少量づゝ支那の商人に売り始めました。私が支那の商人から阿片の註文を受けると、私は特務部に部下をつかはすことにして居ました。特務部から私の部下にどれ程の阿片を渡せと云ふ命令を倉庫にあてて発しました。倉庫では阿片を倉庫から引出してその商人に渡すようにして居ました。

時間と場所は予め取り極めてありました。支払は阿片を引渡した時に商人からなされました。私が阿片の販売から得た金は私自身の名義で台湾銀行に預金致しました。月一回又は二回私は楠本中佐に報告を致しました。

私の阿片販売値段は特務部の将校と私との間で協議して決めました。私は彼等に当時の市価を知らせ、私が販売する値段について指示致しました。この手順は特務部が承認致しました。

特務部の指令により私は、私の名義で貯めてある金から原価を三井物産会社に支払ひ、私自身の諸費用を差引いた残高を特務部に支払ひました。

ペルシヤからの阿片の積荷が着いた時から一九三九年三月維新政府が形成せられる迄、私は阿片を支那人阿片商人に売り、上に述べた如き方法により支払ひを致して居りました。

維新政府の設立と同時に上海に於ける特務部が解散になりました。而《しか》し興亜院の支部が設立されました。その職務は支那の占領地域に於ける日本政府の政治的、経済的、文化的事柄を取扱ふことにありました。楠本中佐は興亜院上海支部の副支部長になりました。興亜院の経済部は阿片と麻酔剤を担当して居りました。興亜院は阿片の取扱ひを維新政府に引渡すことにきめました。維新政府は内政部の下に戒煙総局をつくりました。

阿片の分配のために宏済善堂が組織されました。それは商業会社で、その株主は八つの大きな阿片商でありました。私は戒煙総局長朱曜（註・生没年不明）から宏済善堂の副董事長《ふくとうじちょう》の椅子につくやうと《ママ》依頼されました。宏済善堂の董事長は居りませんでした。宏済善堂の契約及び諸規定は維新政府との協議の後、興亜院により起草されました。興亜院の承認により私は副董事長の椅子につく事を引受ける事が出来ました。

戒煙総局は宏済善堂に対し阿片分配の特別許可を出しました。特務部がそれまでに持って居た未販売の阿片は彼等の手で興亜院にうつされ、興亜院は更らに戒煙総局に引渡しました。

一九三九年の末頃には宏済善堂は蒙古阿片をも販売致して居りました。蒙古阿片は蒙古から鉄道、飛行機及び船舶により運ばれました。而しながらその大部分は中華航空株式会社所有且所用の飛行機により運ばれました。この蒙古からの阿片はペルシヤ阿片とは別途に取扱はれました。

東京にある興亜院本部は各支部の必要とする阿片の要求を蒙古政府に通知しました。蒙古政府は阿片を北支の中央分配地北京、中南支の中央分配地上海に向け積荷致しました。阿片はこの両中央分配地よりこれら両地域内に於ける各都市に向つて積荷されました。

蒙古から阿片が到着すると政府の倉庫に蔵せられました。宏済善堂は戒煙総局から倉庫よりの阿片持出しの許可を受けました。宏済善堂はそれからこの阿片を戒煙総局により設けられた検査所に持つて行きました。そしてそこで阿片は包装され分類せられ税金のスタンプが押されました。

宏済善堂の売った阿片の値段は蒙古政府に支払ふべき阿片の値段に運賃及び保険料、戒煙総局によつてきめられた関税及び税、それに宏済善堂の手取となる八パーセント以下の手数料を加へた値段で売られました。興亜院は蒙古政府に支払ふべき値を決定し、興亜院の方針は蒙古政府の利得を能《あた》ふかぎり大きくすることにありました。

宏済善堂がペルシヤ阿片で儲けた利益は約二千万ドルにも上りましたが、それは特務部のある間は特務部に、それがなくなつてからは興亜院に支払はれました。阿片分配の方針は南京政府及び興亜院によつて決定されました。そしてその方針は一、蒙古政府の歳入、二、南京政府の歳入の上に立てられて居りました。

阿片の供給は到底需要を満す程にいつて居りませんでした。実際の所阿片使用は全々積極的に禁止されて居なかつたのであります。戒煙総局も宏済善堂も密輸監視隊を組織しましたが、その目的は非合法的阿片の密輸入又は喫煙を妨止することにありました。

一九四三年の末にかけて学生達やより教育のある階級の者達による阿片反対の示威《じい》運動が幾度か行はれました。私はこれを職を辞するによい機会と考へ、南京政府及び興亜院の許可を得て辞職したのであります。

宏済善堂の売つた阿片の量は一九四一年に最高に達しました。私の売つた阿片の量は全体でいくらであつたか正確には記憶致してゐませんが、大体ペルシヤ阿片四千函《かん》、蒙古阿片一千万両程であつたと思ひます。
阿片吸飲者の数についての正確な統計は一度もつくられた事がありませんでした。
宏済善堂はヘロイン又はモルヒネの製造乃至販売には手をつけませんでした。しかし私は大連及び天津から相当の量のヘロインが上海に密輸入されたと信じます。それは阿片を買つて吸ふだけの金のない者達によつて用ひられました。

里見　甫
Hajime Satomi

一九四六年六月二十八日
左に署名せる将校の目前に於いて右里見甫より誓言せられかつ署名せられたり。

証明書
私　上原英男は此処に日英両語に通じ、里見甫にかせられたる誓を英語より日本語に、日本語より英語に真実に正確に翻訳し且つその誓の性質と目的とは該宣誓者により充分理解せられたり。

上原英男
H. Uyebara

（参照・江口圭一編『資料　日中戦争期阿片政策』岩波書店・一九八五年）

《参考文献》

・荒井利男、藤原彰編『侵略の証言——中国における日本人戦犯自筆供述書』岩波書店・一九九九年
・粟屋憲太郎、安達宏昭、小林元裕編『東京裁判資料・田中隆吉尋問調書』岡田良之助訳・大月書店・一九九四年
・石川元助『ガマの油からＬＳＤまで——陶酔と幻覚の文化』第三書館・一九九〇年
・牛窪愛之進『魔薬読本——阿片・モルヒネ・ヒロポンの生態』六幸社・一九五五年
・江口圭一『日中アヘン戦争』岩波書店・一九八八年
・江口圭一編『資料　日中戦争期阿片政策——蒙疆政権資料を中心に』岩波書店・一九八五年
・太田尚樹『東条英機と阿片の闇』角川ソフィア文庫・二〇一二年
・岡田芳政・多田井喜生・高橋正衛編『続・現代史資料（12）阿片問題』みすず書房・一九八六年
・岡部牧夫『海を渡った日本人』山川出版社・二〇〇二年
・桂川光正「関東州阿片令制定をめぐる一考察」『大阪産業大学人間環境論集』第九号・二〇一〇年
・上砂勝七『憲兵三十一年』東京ライフ社・一九五五年
・極東国際軍事裁判所編『極東國際軍事裁判速記録』雄松堂書店・一九六八年
・熊野直樹「ナチ阿片・交易営団・ＧＨＱ——第二次世界大戦末期のドイツ滞貨のゆくえ」『法

政研究』第八一巻三号・二〇一四年
・熊野直樹「コカと日独関係――第二次世界大戦期を中心に」『法政研究』第八四巻三号・二〇一七年
・倉橋正直「戦時中の阿片増産計画――和歌山県と大阪府の場合」『紀要：地域研究・国際学編』第三八号・二〇〇六年
・倉橋正直編『十五年戦争極秘資料集 補巻11 二反長音蔵・アヘン関係資料』不二出版・一九九九年
・厚生省五十年史編集委員会『厚生省五十年史』財団法人厚生問題研究会・一九八八年
・小長谷正明『ヒトラーの震え 毛沢東の摺り足』中公新書・一九九九年
・佐藤慎一郎『大観園の解剖――漢民族社会実態調査』原書房・二〇〇二年
・ジャック・アタリ『食の歴史――人類はこれまで何を食べてきたのか』林昌宏訳・プレジデント社・二〇二〇年
・鈴木辰蔵『秘境・熱河――阿片と民族』大湊書房・一九八一年
・鈴木透『食の実験場アメリカ――ファーストフード帝国のゆくえ』中公新書・二〇一九年
・寺崎英成、マリコ・テラサキ・ミラー『昭和天皇独白録 寺崎英成御用掛日記』文藝春秋・一九九一年
・中垣顕實『卍とハーケンクロイツ――卍に隠された十字架と聖徳の光』現代書館・二〇一三年
・倪志敏「大平正芳と阿片問題」『龍谷大学経済学論集』第四九巻一号・二〇〇九年
・西川伸一「戦後直後の覚せい剤蔓延から覚せい剤取締法制定に至る政策形成過程の実証研究」『明治大学社会科学研究所紀要』第五七巻一号・二〇一八年

・二反長半『戦争と日本阿片史——阿片王二反長音蔵の生涯』すばる書房・一九七七年
・農林省特産課特産会二十五年記念事業協賛会編『特産課特産会二十五年誌』農林省特産課特産会二十五年記念事業協賛会・一九六三年
・ノーマン・オーラー『ヒトラーとドラッグ——第三帝国における薬物依存』須藤正美訳・白水社・二〇一八年
・朴橿『阿片帝国日本と朝鮮人』小林元裕・吉澤文寿・権寧俊訳・岩波書店・二〇一八年
・藤瀬一哉『昭和陸軍〝阿片謀略〟の大罪——天保銭組はいかに企画・実行したか』山手書房新社・一九九二年
・古海忠之『忘れ得ぬ満洲国』経済往来社・一九七八年
・古海忠之回想録刊行会編『回想 古海忠之』古海忠之回想録刊行会・一九八四年
・星野直樹『見果てぬ夢——満州国外史』ダイヤモンド社・一九六三年
・堀田江里『１９４１ 決意なき開戦——現代日本の起源』人文書院・二〇一六年
・松木明知「麻酔の歴史——ケシの渡来と津軽一粒金丹」『日本臨床麻酔学会誌』第一〇巻五号・一九九〇年
・宮西照夫、清水義治『古代文化と幻覚剤——神々との饗宴』川島書店・一九九五年
・山内三郎「麻薬と戦争——日中戦争の秘密兵器」『人物往来』人物往来社・一九六五年九月号
・山本常雄『阿片と大砲』ＰＭＣ出版・一九八五年
・米丸忠之『麻むかしむかし』非売品・一九八四年
・ロバート・Ｎ・プロクター『健康帝国ナチス』宮崎尊訳・草思社・二〇〇三年
・「滿洲國の財政極めて良好 田中理財司長語る」『朝日新聞』一九三三年五月六日

・「阿片七百萬弗を密輸」『朝日新聞』一九四六年三月十五日

フーヴァー・トレジャーズ

【文書十六】「〔極秘〕中支阿片制度実施要領（案）」31 August 1938, *Hamada Norimi Papers*, Box 22-22.

【文書十九】「〔極秘〕近時支那阿片問題及阿片政策」25 December 1938, *Hamada Papers*, Box 23-14.

Ⅲ　天皇免訴とマッカーサー

1　吉田茂・マッカーサー会談

東京裁判の背景には、昭和天皇の「御身《おんみ》」が賭けられていた。

ＧＨＱの占領政策で日本の民主化の象徴が「日本国憲法」であり、日本の非軍事化と軍国主義の排除の手段が「東京裁判」だ。

ソ連、中国、イギリス、オーストラリアでは、天皇を戦犯として裁けと世論が沸騰《ふっとう》。米国内でも、天皇を戦犯として裁いたほうが良いという意見が強くなってきた。日本政府は天皇陛下が「戦犯」にされることだけは絶対に避けたい。

トルーマン大統領は、一九四五（昭和二〇）年十月十八日（木曜日）の記者会見で、「日本国民が自由な選挙で天皇の運命を決定する機会を与えられるのは良いことだと思う」と言った（西鋭夫『國破れてマッカーサー』中央公論社・一九九八年）。

天皇訴追の判断は、マッカーサーの手に委ねられていた。

トルーマン大統領の記者会見の三週間前、九月二十七日（木曜日）に昭和天皇とマッカーサー元帥が初めて会見。吉田茂が「昭和天皇・マッカーサー会談」を調整した。

九月二〇日（木曜日）、東久邇宮《ひがしくにのみや》内閣（皇族の東久邇宮稔彦王《なるひこおう》が首相・一九四五年八月十七日～十月九日まで在職五十四日の最短内閣）の外務大臣吉田茂は、就任挨拶をするためマッカーサー元帥を訪れる。吉田は、三日前の九月十七日（月曜日）に重光葵《しげみつまもる》（一八八七～一九五七年・東條内閣外相・小磯内閣外相・東久邇宮内閣外相・A級戦犯・禁固七年）に代わり、外務大臣に任命されたばかり。

極秘扱いされていた「吉田茂・マッカーサー会談」の記録が明るみに出た。

新任の挨拶にやってきた吉田茂は、「陛下ノ御訪問ヲ期待セラルル次第ナリヤ」とマッカーサーに質問。

元帥は、「陛下ニ御目《おめ》ニカカルコトハ自分ノ最モ喜ハシキコト」「自分ハ陛下ヲ『インバラス』（註・embarrass・辱《はずかし》める）又『ヒューミリエート』（註・humiliate・屈辱を与える）スルコトヲ願ハス」と返礼。

吉田茂も「陛下ニ於カレテモ來訪スルコトハ貴元帥ヲ『インバラス』スルコトナキヤ」と応答。マッカーサーは「陛下ヲ『インバラス』スルコトハ最モ希望セサル所」であると念押しした。

会談の日程と場所について希望を尋ねられた吉田茂は、「陛下ノ御都合ニヨルヘシ場所ハ司令部ヨリ米國大使館ノ方可ナラスヤ」と打診する。正式に会談調整の命令を受けていないので、本件を「之ニテ打切リ」とした（「極秘　吉田外務大臣『マッカーサー』元帥會談録」昭和二〇年九月二〇日・外務省外交史料館蔵）。「昭和天皇・マッカーサー会談」の交渉が水面下で調整され、七日後に実現する。

2　昭和天皇・マッカーサー会談

第一回目の「昭和天皇・マッカーサー会談」は、一九四五年九月二十七日（木曜日）に催《もよお》された。この会談内容をめぐって、憶測《おくそく》や虚構《きょこう》が創られ、真実が覆い隠されている。天皇は、会談内容を「男の約束」なので一切語ることをしなかったが、マッカーサーとの極秘会談の内容が漏れ出した。犯人は誰だ。

天皇とマッカーサー元帥の会談に同席したのは、通訳の奥村勝蔵《おくむらかつぞう》（一九〇三〜一九七五年）。奥村は、電撃的な真珠湾攻撃が遂行されたとき、駐米日本大使館の一等書記官。宣戦遅配の重大責任者と疑われた奥村は、失脚するどころか、天皇とマッカーサーの歴史的な会見の通訳として抜擢《ばってき》された。

奥村勝蔵は「イギリス英語」を学んでいたので「アメリカ英語」に自信がない。にもかかわらず、吉田茂外相は、奥村に大役を任せることで、外務省の職務怠慢を隠そうとした。奥村を任命した吉田は、天皇とマッカーサーの会談内容を知りうる立場になる。最高機密情報を知り得たのが吉田茂だ。

ところが、奥村勝蔵は四回目の「昭和天皇・マッカーサー会談」の内容を、迂闊《うかつ》にも報道陣にオフレコで喋ったとして、マッカーサーの激怒を買い、即刻、懲戒免職。

奥村は悶《もだ》え苦しみ、亡くなる直前、「天皇に誤解されていては自分は死にきれない」と陛下に思召《おぼしめし》を伺う。

昭和天皇は「奥村には全然罪はない」と慰めの言葉をお伝えになる。陛下のお言葉を伝え聞いた十六日後の一九七五（昭和五〇）年九月二十六日（金曜日）に奥村は死去。

歴史は複雑怪奇《ふくざつかいき》。記者に会談内容を洩《も》らした真犯人がいたからだ。

犯人は白洲次郎。奥村が終戦連絡部中央事務局に報告した内容を、「英国紳士」の白洲がぺらぺら喋っていた。白洲は、終戦連絡部中央事務局次長で、奥村の上役にあたる。

白洲が犯人だと物申すのは、昭和天皇に五十二年間も側近として仕えた徳川義寛《とくがわよしひろ》（一九〇六～一九九六年・侍従次長・侍従長を歴任）。徳川は「奥村勝蔵さんは気の毒でした」と同情を禁じ得ない（徳川義寛著、岩井克己解説『侍従長の遺言』朝日新聞社・一九九七年）。

さらに、陛下の側近を五〇年間務めた入江相政《いりえすけまさ》（一九〇五～一九八五年・侍従次長・侍従長を歴任）の日記にも、「白洲がすべてわるい」という昭和天皇の御言葉が残されている

（入江為年監修「一九七五年九月十日」『入江相政日記　第五巻』朝日新聞社・一九九一年）。

吉田茂の側近として毎夜権力の甘い香りを嗅いでいた白洲次郎は、名誉に飢えていた。崇められたいと熱望するが、自分で成し遂げた業績がないため、己の中に誇れるものが育っていない。人格の大黒柱となる確固な自信もプライドもない。奥村が報告した極秘の「天皇・マッカーサー会談」の内幕をマスコミに自慢気に喋っている時に「大物」になれたと錯覚する。国家機密を暴露してまで、犯罪行為を犯してまで、目立ちたかった品性のない人だった。貧しい日本で富豪として育ったハンサムな白洲は、金銀と品格の間には渡り廊下がないことを我々に教えてくれた。白洲は一九八五（昭和六〇）年に死去するが、四〇年間も奥村を「犯罪者」にしたまま、己は占領期の「主役」として伝説を紡《つむ》ぎ続けたが、昭和天皇が白洲の作り話を破られた。

濡れ衣を着せられた奥村勝蔵だが、不幸は連鎖する。奥村が作成した第一回目の「昭和天皇・マッカーサー会見録」を作家の児島襄《こじまのぼる》（一九二七～二〇〇一年）が一九七五年の『文藝春秋』（十一月及び十二月号）に「天皇とアメリカと太平洋戦争」と題して発表した（児島襄『児島襄戦史著作集　十二』文藝春秋・一九七九年に所収）。奥村がこの世を去ってから数ヵ月後の出来事だ。児島襄は、史料の入手先を明かさない。「会見記録を読む機会」を得たとしか言及しない。遺族や関係者が情報を提供したのだろう。あの世に逝った奥村が洩らせるはずがない。

3　流出した会見録

流出した第一回目の「昭和天皇・マッカーサー会見録」ははじっくり読むべきだ。長い引用となるが、論争の的となってきた内容なので全文を紹介する。

九月二十七日（木曜日）午前一〇時、赤坂の米国大使館に到着した昭和天皇は、大使館玄関で最高司令官軍事秘書ボナー・F・フェラーズと最高司令官副官フォービアン・バワーズ（Faubion Bowers・一九一七～一九九九年）の出迎えを受けられた。

二人の案内で、昭和天皇は次室に待機していたマッカーサーと握手をし、挨拶を交わした。昭和天皇は会見室に導かれ、二人の写真撮影が行われた。この写真は新聞の一面に載せられ、全国に広まった。その後、二人は着席し、通訳の奥村勝蔵も同席した。

御会見要旨

元帥は極めて自由なる態度にて

「マ」　実際写真屋というのは妙なものでパチパチ撮りますが、一枚か二枚しか出て来ません。

陛下　永い間熱帯の戦線に居られ御健康は如何ですか。

「マ」　御蔭《おかげ》を以て極めて壮健で居ります。私の熱帯生活はもう連続十年に及ひます。

之より元帥は口調を変へ、相当力強き語調を以て約二十分に亘り滔々《とうとう》陳述したるが其の要旨左の如し（英語の性質に鑑み、此の部分は此処には特に敬語を省略して訳述す）。

「マ」　戦争手段の進歩、殊に強大なる空軍力及原子爆弾の破壊力は筆紙に尽し難いものである、今後若《も》し戦争が起るとすれば其の際は勝者、敗者の論なく斉しく破壊され尽して人類の絶滅に至るであろう、現在の世界には今猶《いまなお》憎悪と復讐の混迷が渦を捲いて居るが、世界の達見《たっけん》の士は宜《よろ》しく此の混乱を通じて遠き将来を達観し平和の政策を以て世界を指導する必要がある。

日本再建の途《みち》は困難と苦痛に充ちて居ることと思うが、夫《そ》れは若し日本が戦争を継続することに依って蒙《こうむ》るべき惨害に較べれば何でも無いであろう、若し日本が更に抗戦を続けて居たならば日本全土は文字通り殲滅《せんめつ》し何百万とも知れぬ人民が犠牲になったであろう、自分は自ら日本を相手に戦って居ったのであるから日本の陸海軍が如何に絶望的状態に在ったかを充分知悉《ちしつ》して居る、終戦に当っての陛下の御決意は国土と人民をして測り知れざる痛苦を免れしめられた点に於て誠に御英断であった。

世界の輿論《よろん》の問題であるが、将兵は一旦終戦となれば普通の善い人間になり終るのである。然《しか》し其の背後には戦争に行ったことも無い幾百万の人民が居て憎悪や復讐の感情で動いて居る、斯《か》くして所謂《いわゆる》輿論が簇出《そうしゅつ》するのであるが其の尖端を行くものが新聞《プレス》である、米国の輿論、英国の輿論、支那の輿論等々色々出て来るが、「プレスの自由」は今や世界の趨勢《すうせい》となって居るので、其の取扱は困難である。

陛下　此の戦争に付ては、自分の最も遺憾とする所であります。

「マ」　陛下が平和の方向に持って行く為御軫念《ごしんねん》あらせられた御胸中は自分の充分諒《りょう》察《さつ》申上ぐる所であります。只一般の空気が滔々《とうとう》として或方向に向かひつつあるとき、別の方向に向って之を導くことは一人の力を以ては難いことであります。恐らく最後の判断は陛下も自分も世を去った後、後世の歴史家及輿論に依って下されるのを俟《ま》つ他ないでありましょう。

陛下　私も日本国民も敗戦の事実を充分認識して居ることは申す迄もありません、今後は平和の基礎の上に新日本を建設する為私としての出来る限り力を尽し度いと思います。

「マ」　夫れは崇高な御心持であります、私も同じ気持であります。

陛下　「ポツダム」宣言を正確に履行したいと考えて居りますことは先日侍従長を通じ閣下に御話した通りであります。

「マ」　終戦後陛下の政府は誠に多忙の中に不拘《かかわらず》凡《あら》ゆる命令を一々忠実に実行して余す所が無いこと、又幾多の有能な官吏が着々任務を遂行して居ることは賞賛に値する所であります。又聖断一度下って日本の軍隊も日本の国民も総て整然と之に従った見事な有様は是即ち御稜威《みいつ》の然《しか》らしむる所でありまして、世界何れの国の元首と雖《いえども》及ばざる所であります。之は今後の事態に処するに当り陛下の御気持を強く力付けて然るべきことかと存じます。

申し上げる迄も無く陛下程日本を知り日本国民を知る者は他に御座いませぬ、従って今後陛下に於かれ何等御意見乃至御気附の点 opinions and advice も御座いますれば、侍従長其の他然るべき人を通じ御申聞け下さる様御願い致します、夫れは私の参考として特に有難く存ずる所で御座います。勿論総て私限りの心得として他に洩らすが如きことは御座いませんから、何時たりとも又如何なる事であろうと随時御申聞け願い度いと存じます。

陛下　閣下の使命は東亜の復興即ち其の安定及繁栄を齎《もたら》し以て世界平和に寄与するに存するに在ることと思ひますが、此の重大なる使命達成の御成功を祈ります。

「マ」　夫れ（東亜の復興云々）は正に私の念願とする所であります。只私より上の権威《オーソリティ》が有って私はそれに使はれる出先《エイジェンシー》に過ぎないのであります。私自身が其の権威であればと言う気持が致します。

陛下　閣下の指揮下の部隊に依る日本の占領が何等の不祥事無く行はれたことを満足に存じて居ります。此の点に於ても今後共閣下の御尽力に俟つ所大なるものがあると存じます。

「マ」　私の部下には苛烈《かれつ》な戦闘を経て来た兵士が多勢居りまして、戦争直後の例として上官の指示に背き事件を惹起《じゃっき》する者が居りますが、此の種事件を最小限にする為には充分努力するつもりであります。

陛下　以前にも日本に御出になった様に聞いて居りますが、何時頃でしたか。

「マ」　私も東洋との関係はもう四十五年になります。最初は一九〇五年日露戦争当時で、父が大山元帥の下に従軍し私は父の副官として参りました。其の関係で大山元帥、児玉元帥《(ママ)》、乃木大将、黒木大将等数々の日本の偉大なる人物を知って居ります。黒木大将が米国に派遣せられたときは私は父と共に政府の命を受けて案内役を致しました、又「タウンセンド、ハリス」祭に出羽海軍大将（註・出羽重遠《でわしげとお》・一八五六～一九三〇年）が派遣せられました際にも接伴致しました。此の前東京に参りましたときは比島の「ケソン」大統領と一緒で御座いまして此の米国大使館に居りました。「ケソン」が謁見を賜わりましたことは陛下も御記憶のことと存じます。

陛下　それは好く覚えて居ります。

「マ」　「ケソン」は肺を病んで居りました。戦争勃発後比島を去り暫《しばらく》濠洲《オーストラリア》に滞在の後米国に渡りましたが、病亢《こう》じて約一年前死去致しました。「ケソン」の死は東洋の為に大なる損失と存じます。彼は平和の士であり困難な事態を穏に取纏め得る人物でありました。

陛下　夫人も最近御到着になったそうでありますが、御元気のことと存じます。

「マ」御言葉有難く存じます。又御花までも賜はり感激致して居ります。実は七歳になる愚息《ぐそく》も参りまして「マニラ」に比べて此の気候を共に楽しんで居ります。愚息は近頃小さな日本犬を飼い始めまして大悦びで御座います。

陛下　日本の秋はよい気候でありますから、夫人の為にも亦《また》永い間酷熱の地に居られた閣下の為にも御気持のよいことと存じます。

「マ」有難く存じます。日本の秋には度々参りまして、其の好さは充分存じて居ります。只ここに居りますと周りの荒廃が余りにひどくて昔の東京の気分はありません。すこし田舎へでも車で行けば破壊も少なく昔の有様に接することが出来るかも知れませぬ。

陛下　日本に御滞在中もつと御会いする機会もあることと存じますが、御忙しいことと思いますから今日は之で御別れします。

「マ」先刻も申上げました通り今後何か御意なり御気附の点も御座いましたならば、何時でも御遠慮無く御申聞け願い度く存じます。本日は行幸《ぎょうこう》を賜わり破格の光栄と存じます（宮内庁『昭和天皇実録 第九』東京書籍・二〇一六年・原文の「カタカナ」を「ひらがな」に改めた）。

この会見録は、通訳の奥村がまとめたもので、「速記録」ではない。

昭和天皇とマッカーサーの会見時間は約三十七分間。会見時間のうち、約二〇分間はマッカーサーが話したのだが、詳しい内容は会見録に記載されていない。三十七分間の会談にしては、会見録が短すぎる。

奥村勝蔵が会談内容を取捨選択しているので、削除されている部分があるはずだ。表に出せないことが話し合われたので、吉田外相と相談したのだ。昭和天皇が特定の個人を非難したので、その部分を奥村が削除したのではないかと囁《ささや》かれている（豊下楢彦『昭和天皇・マッカーサー会見』岩波書店・二〇〇八年）。

東京裁判が手ぐすねを引いて待っているので、天皇が個人名をあげて非難した者たちは、A級戦犯にされるのは確実だったので、「吉田組」が削除したのだろう。

4 米政治顧問アチソンの覚書

「昭和天皇・マッカーサー会談」から一ヵ月経った十月二十七日（土曜日）、国務省から

GHQへ派遣されていた政治顧問ジョージ・C・アチソン・ジュニア（George C. Atcheson, Jr.・一八九六～一九四七年・ハワイ沖で飛行機事故死）が国務省に重大な報告をした。

覚書のタイトルは、「会談覚書：米国に対する宣戦布告のタイミングについて、東條が天皇をだましたとの天皇の言明」である。その内容は、「天皇は握手が終わると、開戦通告の前に真珠湾を攻撃したのは、まったく自分（天皇）の意図ではなく、東條のトリック（tricked・だまされた）にかけられたからである。しかし、それがゆえに責任を回避しようとするつもりはない。天皇は、日本国民の指導者《リーダー》として、臣民のとったあらゆる行動に責任を持つつもりだと述べた」と記されている（秦郁彦『裕仁天皇五つの決断』講談社・一九八四年・「GHQと皇室〝緊張〟――米公文書館からアチソン覚書」『朝日新聞』一九八六年十二月八日・松尾尊兊「考証 昭和天皇・マッカーサー元帥第一回会見」『京都大學文學部研究紀要』第二九号・一九九〇年）。

「アチソン覚書」によれば、昭和天皇は東條英機に真珠湾攻撃の責任を転嫁しつつも、日本の指導者として責任をとると発言した。昭和天皇は、日本が降伏した後でも東條英機を「彼程《かれほど》、朕《ちん》の意見を直ちに実行に移したものはいない」というほど高く評価していた（木下道雄『側近日誌』文藝春秋・一九九〇年）。

一九四四（昭和十九）年七月二〇日（木曜日）、昭和天皇は東條英機に戦争指導を称賛する異例の勅語《ちょくご》を贈っている。二日前の七月十八日（火曜日）、東條は内閣総辞職を表明し、兼務していた陸軍参謀総長を辞任。これを受けて、昭和天皇が慰労を込めて褒め讃えたものだ。

卿參謀總長《けいさんぼうそう》トシテ至難《しなん》ナル戰局ノ下　朕カ帷幄《いあく》ノ樞機《すうき》ニ參劃《さんかく》シ克《よ》ク其任ニ膺《うけ》レリ　今其職ヲ解クニ臨ミ茲《ここ》ニ卿ノ勳績《くんせき》ト勤勞トヲ惟《おも》ヒ、朕深ク之ヲ嘉《か》ス

時局ハ愈ゝ《いよいよ》重大ナリ　卿益ゝ《ますます》軍務ニ精勵《せいれい》シ以テ朕カ信倚《しんい》ニ副《そ》ハムコトヲ期セヨ

勅語の大意：あなたは（大本営陸軍部）の参謀総長として困難な戦局の下、私の戦争指導に加わり、十分にその職務を果たした。今（参謀総長を）解任するにあたり、ここにあなたの功績と勤労を思い、私の深い喜びとするところである。時局はいよいよ重大である。あなたは今後もますます軍務に励み、私の信頼にこたえてくれるよう期待している（「昭和天皇　東条元首相を称賛」『毎日新聞』一九九五年三月十九日）。

戦時中には昭和天皇と東條英機との間には強い信頼関係があったことが窺《うかが》える。戦争の責任を一身に負える人物は東條しかいなかったのだろう。

「昭和天皇の意思に反して、東條が太平洋戦争の開戦を決定した」という筋書きは、東京裁判でも援用《えんよう》された。つまり、立憲君主である平和的な天皇は、東條に強引に押されて開

戦に反対することはできなかった。この路線に合わせるように、東條英機も裁判で天皇に累《るい》が及ばないように、自己犠牲に徹した。

だが、疑問も沸く。昭和天皇は八月十四日の御前会議で敗戦を決定できたのに、なぜ開戦時には「非戦の決定」を出来なかったのか。この矛盾をいかに弁明すべきか。天皇は戦争に反対したが、東條が強引に推し進め、軍閥に戦争責任があると論じるしかないのか。

5　A級戦犯はマフィア・ギャングか

東京裁判のため、一九四五年十二月六日（木曜日）午後七時、アメリカから首席検察官ジョセフ・B・キーナン（Joseph B. Keenan・一八八八～一九五四年）が厚木に三十八名の部下を引き連れて降りたった。キーナンは、全米で最も悪名高いギャング王アル・カポネ（Al Capone・一八九九～一九四七年）を牢に放り込んだ敏腕《びんわん》検事だ。

キーナンは、検事総長の補佐官として全米のギャングや誘拐事件を担当し、才能を発揮した。彼は暴力団専門。日本のA級戦犯はギャング集団と見られていたのだろう。

翌十二月七日（金曜日）、キーナンは帝国ホテルで記者会見をした。十二月七日は「真珠湾攻撃」の日（アメリカ時間）に合わせての会見だ。

問：「天皇陛下はどうか」
答：「自分の口からは何ともいへない」
問：「戦争犯罪人の追及はいつまで溯《さかのぼ》るのか」
答：「一九三七年七月である」（註・近衛文麿が首相のとき起こった盧溝橋事件にまで溯る）
（……中略……）
問：「真珠湾攻撃の責任は」
答：「真珠湾攻撃の責任は爆弾を投下したその人ではなく攻撃計画を立案、実施した人である、自分は日本の侵略戦争、宣戦布告なき戦争を挑発したその罪過を指摘したいと思ふ」（「戰爭挑發者を剔抉　昭和十二年に溯及」『朝日新聞』一九四五年十二月八日）

東京裁判の首席検察官キーナンは、「戦争屋ども」を死刑にするために来たのだ。しかし、キーナンの態度が急変する事態が起きた。

6　マッカーサーの極秘電報

マッカーサーは、日本に上陸して僅《わず》か五ヵ月後、日本国民の日常生活の中で、天皇がいかに重要な存在であるかを完全に把握した。天皇を死刑にすれば、日本は崩壊し、マッカーサーの統治は不可能となる。天皇は生かしておかなければならなかった。

一九四六（昭和二十一）年一月二十五日（金曜日）、マッカーサーは、陸軍省宛に三頁にびっしりと文字が詰まった極秘電報を打った。この電報が天皇のお命を救う。一九七五（昭和五〇）年四月二十四日（木曜日）、三〇年の秘密時効がきて「極秘」が解除され公開された電報だ。


「天皇を告発すれば、日本国民の間に想像もつかないほどの動揺が引き起こされるだろう。その結果もたらされる事態を鎮めるのは不可能である」「天皇を葬れば、日本国家は分解する」

連合国が天皇を裁判にかければ、日本国民の「憎悪と憤激は、間違いなく未来永劫に続くであろう。復讐のための復讐は、天皇を裁判にかけることで誘発され、もしそのような事態になれば、その悪循環は何世紀にもわたって途切れることなく続く恐れがある」

「政府の諸機構は崩壊し、文化活動は停止し、混沌無秩序はさらに悪化し、山岳地域や地方でゲリラ戦が発生する」「私の考えるところ、近代的な民主主義を導入するという希望は悉《ことごと》く消え去り、引き裂かれた国民の中から共産主義路線に沿った強固な政府が生まれるだろう」

そのような事態が勃発した場合、「最低百万人の軍隊が必要であり、軍隊は永久的に駐留し続けなければならない。さらに行政を遂行するためには、公務員を日本に送り込まなければならない。その人員だけでも数十万人にのぼることになろう」（西『國破れてマッカーサー』）。

陸軍省をこれだけ脅かした後、「天皇が戦犯として裁かれるべきかどうかは、極めて高度の政策決定に属し、私が勧告することは適切ではないと思う」と外交辞令で長い電報を締めくくった。

マッカーサーの描いた「天皇なき日本」の悪夢に満ちた絵は、彼の期待どおりの奇跡を起こした。この電報を受け取った陸軍省は、すぐさま国務省（バーンズ長官とアチソン次官）との会議を持つ。国務省と陸軍省は、天皇には手をつけないでおくことに合意した（西『國破れてマッカーサー』）。

7　極東国際軍事裁判所憲章

マッカーサーは連合軍による「東京裁判」に消極的であった。慈悲《じひ》の心で裁判を止めようとしたのではない。フィリピンでの「本間裁判」（銃殺）や「山下裁判」（絞首刑）のように「米国市民に対する殺人罪」で速やかに裁きたかったのだ。

米国の単独軍事法廷で、東條英機を「通常の戦争犯罪」（B級）で裁けば、軍国主義解体の旗印になる。東條を日本で最初の戦争裁判にし、宣戦布告なしの真珠湾攻撃を「殺人罪」で処罰するつもりでいた。

しかし、一足早くドイツで「ニュルンベルク裁判」が行われていた。アメリカ単独だけで日本を裁くことが憚《はばか》られる世界情勢だったので、マッカーサーはしぶしぶ国際裁判を実施することに同意。

マッカーサーの権限で「極東国際軍事裁判所憲章」を公布し、判事・検事を任命した。法廷の判決を最終的に審査し、減刑する権限もマッカーサーの手中《しゅちゅう》にあった（日暮吉延『東京裁判』講談社現代新書・二〇〇八年）。

東京裁判は一九四六（昭和二十一）年五月三日（金曜日）に始まった。

裁判が開始されたひと月あまり後の六月十八日（火曜日）、キーナンは「天皇を戦争犯罪人として裁判にかけない」と言明。

鳴り物入りで日本に上陸したキーナンに何が起こったのか。

キーナンは、マッカーサーの電報で説得された米政府の命令に従ったのだ。天皇処刑を望んでいた他の連合国は、説得されて沈黙するか、なおも要求し続けると、無視された

（西『國破れてマッカーサー』）。

「鬼検事」の異名をもつキーナンは、天皇擁護の急先鋒となる。

《参考文献》

・入江為年監修『入江相政日記 第五巻』朝日新聞社・一九九一年
・木下道雄『側近日誌』文藝春秋・一九九〇年
・宮内庁『昭和天皇実録 第九』東京書籍・二〇一六年
・児島襄『児島襄戦史著作集 十二』文藝春秋・一九七九年
・徳川義寛著、岩井克己解説『侍従長の遺言──昭和天皇との50年』朝日新聞社・一九九七年
・豊下楢彦『昭和天皇・マッカーサー会見』岩波書店・二〇〇八年
・西鋭夫『國破れてマッカーサー』中央公論社・一九九八年
・秦郁彦『裕仁天皇五つの決断』講談社・一九八四年
・林博史『戦犯裁判の研究──戦犯裁判政策の形成から東京裁判・BC級裁判まで』勉誠出版・二〇〇九年
・日暮吉延『東京裁判』講談社現代新書・二〇〇八年
・松尾尊兊「考証 昭和天皇・マッカーサー元帥第一回会見」『京都大學文學部研究紀要』第二九号・一九九〇年
・「極秘 吉田外務大臣『マッカーサー』元帥會談録」昭和二〇年九月二〇日・外務省外交史料館蔵
・「昭和天皇 東条元首相を称賛」『毎日新聞』一九九五年三月十九日
・「GHQと皇室〝緊張〟──米公文書館からアチソン覚書」『朝日新聞』一九八六年十二月八日

・「戰爭挑發者を剔抉　昭和十二年に溯及」『朝日新聞』一九四五年十二月八日

Ⅳ　日本のユダ・田中隆吉少将

1　証人業・田中隆吉少将

日本の弁護士たちから、「証人業」と罵倒《ばとう》された人物がいる。満洲国での阿片売買の実態を暴露し、里見甫《さとみはじめ》の居場所を米検察に告げ口した田中隆吉《たなかりゅうきち》（一八九三〜一九七二年）だ。「隆吉」という名前は、西郷隆盛と豊臣秀吉にあやかって、両親が一文字ずつとって名付けられた（清瀬一郎『秘録 東京裁判』中公文庫・一九八六年）。

島根県生まれの田中隆吉は、一九二二（大正十一）年に陸軍大学校を卒業し、「上海事変」の謀略に関与し、関東軍参謀・兵務局兵務課長などを歴任。

上海時代、田中は美貌の女スパイ川島芳子《かわしまよしこ》（一九〇七〜一九四八年）と男女の仲になったことで有名だ。

川島芳子は、清王朝の皇族・第十代愛新覚羅善耆《あいしんかくらぜんき》（一八六六〜一九二二年・側姫が四名と三十八名の子ども）の第十四王女。愛新覚羅善耆は、満蒙《まんもう》独立運動の指導者である川島《かわしま》浪速《なにわ》（一八六六〜一九四九年）と義兄弟の盃《さかずき》を交わし、川島は愛新覚羅顯玗《あいしんかくらけんし》を養女として受け入れ、「芳子」と名付けた（川島芳子『動乱の蔭に』日本図書センター・二〇一二年）。

田中は、川島芳子のために家を買い与え一緒に暮らすうちに愛人になるが、彼女がスパイ活動に適任であると感じるようになった。男勝りの性格もさることながら、彼女は清王朝が滅びたことを悲歎《ひたん》しており、日本軍の力を借りて清朝の復興を渇望《かつぼう》していたからだ。中国語は堪能で、日本語も話せる。英語の勉強をさせれば、一人前のスパイだ。田中の読みは的中し、「美女スパイ・川島芳子」が生まれた。彼女は関東軍のスパイとして暗躍する。

川島芳子の謀略の一例として「第一次上海事変」が挙げられる。

このとき、田中隆吉は、中国人に賄賂《わいろ》を渡し、上海市内で日本人僧侶を襲わせた。川島芳子はこの事件に拍車をかけるため、上海在住の日本人青年同志会の若者を集め、日本人僧侶を襲った中国人たちが勤務している工場を襲撃させ、日本と中国の険悪な状況をつくり出し、「在留民保護」という名目のもと日本軍の介入を成功させたのである（田中隆吉『田中隆吉著作集』非売品・一九七九年）。

「東洋のマタハリ」とも呼ばれるようになった川島芳子は、満洲国宮廷の女官長として満洲に赴き、田中との関係も終わる。

日本の敗戦後、川島芳子は北京で拘束され、裏切り者の「漢奸《かんかん》」と見なされ、中国で裁判にかけられ「死刑判決」を受けた。獄窓《ごくそう》生活で健康を崩し、栄養失調になり、上の歯は抜け落ちる。一九四八（昭和二十三）年三月二十五日（木曜日）の夜明け前、彼女は処刑場に連れ出され、跪《ひざまず》くよう命ぜられる。銃弾が後頭部を貫く。四〇年の短い生涯だった（益井康一『漢奸裁判史 新版 1946―1948』みすず書房・二〇〇九年）。

田中隆吉は、中国勤務から一九三九（昭和十四）年に陸軍省兵務課長として東京に戻る。翌年には兵務局長に昇進し、一九四一（昭和十六）年に陸軍中野学校の校長も兼任。しかし、東條英機と対立し、一九四二（昭和十七）年に予備役へ降格された。

東條英機に対して私怨《しえん》があるとはいえ、軍人として階段を駆け上がってきた田中は、なぜ「証人業」と憎まれ口を叩かれたのか。「裏切り者」「日本のユダ」とまで罵詈雑言《ばりぞうごん》が浴びせられた。彼は東京裁判で検察側証人となり、「内部告発」をしたからだ。

2　司法取引

田中隆吉少将は、GHQに接収されていた東京丸の内の「明治生命館」で一九四六（昭和二十一）年二月十八日（月曜日）から一九四七（昭和二十二）年五月六日（火曜日）にかけて、合計三十一回の非公式の尋問を国際検察局（International Prosecution Section・IPS）

から受けた（粟屋憲太郎他編『東京裁判資料・田中隆吉尋問調書』大月書店・一九九四年）。

一九四六年二月二〇日（水曜日）に行われた二回目の尋問の際、田中隆吉は「私の耳に入った噂では、降伏前の旧陸軍省の連中は、私がここに来ているのは、戦争犯罪人の容疑を受けている」からで、いずれ田中は「巣鴨プリズンに入ることになる」と言われていますが、巣鴨への収監を免れるのならば、私は「たくさんの情報を提供」できると申し出た（粟屋他編『東京裁判資料・田中隆吉尋問調書』）。

田中は戦争責任を追及されることに怯《おび》えていた。身に覚えがある「上海事変」のような中国への挑発が米検事たちにばれていたからだ。

日本軍内部からの重要参考人が欲しい検察は、田中に安全なホテルで滞在する手配ができると伝えた。すると彼は、「できることなら今夜から丸の内ホテルに保護してもらいたい」「連中が私を害するようなことを企てているのではないかと、昨日来《せんじつらい》いささか疑念をもっている」「今日までずっと毎日、わざと宿所を変えてきました」と恐怖心を吐露《とろ》した。

検察官は、田中の安全を確保するためすぐさま動く。検察の眼となり、耳となるスパイを囲い込んだのだ（粟屋他編『東京裁判資料・田中隆吉尋問調書』）。

事実、一九四六年八月七日（水曜日）付で国際検察局より田中の「身辺保護命令書」が発行された。身の安全を約束された田中は、自ら進んで検察に迎合して国家主義の危険人物を次々名指しする。

危険な人物として、

笹川良一《ささかわりょういち》
児玉誉士夫《こだまよしお》
摺建一甫《すりだていっぽ》
天野辰夫《あまのたつお》
井上日召《いのうえにっしょう》
影山正治《かげやままさはる》
岩田愛之助《いわたあいのすけ》
頭山秀三《とうやまひでぞう》
大川周明《おおかわしゅうめい》

彼らの「リストを自宅にもって」いるから、「お渡しします」と申し出た（田中『田中隆吉著作集』・粟屋他編『東京裁判資料・田中隆吉尋問調書』）。

田中の人物評が検察の被告ファイルに十七人も添付《てんぷ》された。たとえば、土肥原賢二は「秘密を漏らす人物」であり、「酒を二、三杯飲んだときには、おしゃべりになる」とまで酷評している。田中の情報は、検察の「トラの巻」となり、彼の証言は尋問に活用された。

3　田中隆吉とキーナン検事

東京裁判の検事団は、ＭＰに護られていた丸の内ホテルの田中の部屋を頻繁《ひんぱん》に訪れる。田中が検察に協力するようになってから、検事の一人がキーナン首席検事を田中に引き合わせた。田中は、キーナンのためにヤミ酒の日本酒や鮭缶まで手配する。キーナンは大酒飲みで、鮭が大好物だ。田中とキーナンは親密になる。

二人が打ち解けはじめると、キーナンは「日本に赴任する直前に、トルーマン大統領からきわめて重要な指令をうけて来て居る」「その事はマッカーサー司令官も了解ずみだが、東京裁判での一番大きな任務なのだ」「こんどの裁判を通して日本の天皇に戦争の責任がなかったという結論をうち出すことである」「天皇の証言を求めるような要求があっても、天皇が出廷されることのないようにこれを阻止すること、これが私のつとめなのだ」と告げた。そして、「ゼネラル田中、君は天皇を助けるために、私に是非協力してくれるだろうね」と打診。

田中は、「即座に、全面的な協力を誓って、キーナンと握手」を交わした。もちろん、キーナンは、この密談を口外することを禁じた。キーナンは、貴重な情報源である田中と手を結ぶ。田中は、天皇陛下を護るという大義名分に突き動かされ、Ａ級戦犯への追撃を開始する（田中稔「父のことども」田中隆吉『田中隆吉著作集』）。

4　田中隆吉 vs. 武藤章

田中少将は、東條英機の側近で対米戦争推進論者だった者たちを挙げる。

武藤《むとう》　章《あきら》（一八九二〜一九四八年・陸軍省軍務局長・フィリピン第十四方面軍参謀長）
佐藤賢了《さとうけんりょう》（一八九五〜一九七五年・陸軍省軍務課長・軍務局長）
星野直樹《ほしのなおき》（一八九二〜一九七八年・満洲国総務長官・東條内閣書記官長）

田中は、一九四六（昭和二十一）年三月二〇日（水曜日）の非公式尋問で武藤章批判を展開した。武藤は、「三国同盟の熱心な唱道者であり、ドイツは戦争に勝利する」と確信していた男だ。支那事変に関しても、「撤兵して支那事変の解決を図るべきとする要求に反対」しており、同盟国のドイツが戦いに勝利すれば、「英国は完全に敗北する」と予測。そうなれば、「米国も開戦を断念し、すべてのヨーロッパ列強は、アジアのすべての国から彼らの勢力を引き揚げると考えたのが武藤将軍」。武藤章の方が東條英機よりも「はるかに頭脳優秀、きわめて野心的な将軍」だと密告した（粟屋他編『東京裁判資料・田中隆吉尋問調書』)。

田中は続けて、武藤章の「あと押しをした人物は佐藤賢了少将」だと言いつける。近衛内閣を崩壊させたのは、武藤と佐藤の二人組であり、見方によってはこの二人の方が対米英戦争については、東條以上に責任がある。東條内閣が成立すると、武藤は「時を移さず対米戦略を立案」し、軍閥の権力と勢力のすべては、「武藤と彼の派閥がつくりだしたものであり、私は、日本に軍閥を生みだし、この戦争を始めた本当の責任がだれにあるか言えと言われれば、武藤のほうが東条よりも責任が重い」と告げ口をした(粟屋他編『東京裁判資料・田中隆吉尋問調書』)。

田中から証言を得た検察は、法廷で武藤章を執拗《しつよう》に詰問《きつもん》する。

武藤章参謀長は、田中証言に徹底抗戦。宣誓供述書で、「日独伊三国同盟の締結により日本は独伊の欧州新秩序建設に呼応し日本は東亜の新秩序を確立せねばならぬなどと話したことは絶対にない」と断言。なぜなら、当時の日本は「ドイツにだまされた感じ」であり、「ヒットラーやムッソリニの如き成金は信用できないという気持が強かった」からだ。ドイツとイタリアの国力は脚色《きゃくしょく》されており、三国同盟が失敗したら「三千年の歴史を有する国体に傷がつく」ので、「ヒットラー、ムッソリニとの同盟は危険」であると忠告したと弁明する(武藤章『軍務局長 武藤章回想録』芙蓉書房・一九八一年)。

武藤章は、批判の矛先《ほこさき》を変え、田中隆吉こそが中国で「特務機関長」をしており、その経験に自惚《うぬぼ》れ「政治外交に感覚と経験があるかの如く信じていた」ではないか。田中の「東條に対する評価は全く誤っている」と言い切る。東條は軍人なので、「政治的経験は勿論持って」いないが、「非常な勉強家で何事をも徹底的に研究して自分の意見を立てる方である。とても武藤などの意見を丸吞みにする人ではない」と擁護した（武藤『軍務局長武藤章回想録』）。武藤の反論は功を奏さなかった。

5　田中隆吉 vs. 佐藤賢了

田中隆吉は、武藤章だけでなく佐藤賢了軍務局長も対米戦争推進論者だと密告。フーヴァー・トレジャーズには、佐藤賢了の尋問書（昭和二十一年四月二十七日付）が残っている。

フーヴァー・トレジャーズ【文書二〇】

質問：貴下は東條大将と知合ってからどの位になりますか。
佐藤：私が陸軍の代弁者となる迄の或る時期――それは私が陸軍大学教官だった時期でしたが――私は東條大将と極く親密であったという訳ではありません。その理由は陸軍大学校長だった小畑少将（註・小畑敏四郎《おばたとししろう》・一八八五～一九四七年）が東條と極く親しい間柄でなかったからです。そして私は小畑少将の部下だったので私も同じ方向を歩んだのです。

質問：貴下は東條大将を首相とするために運動しましたか。

佐藤：いえ、それは間違です。そんなことは全然ありません。

……（略）……

質問：貴下は対米戦は不可避であると昭和十六年の秋に考えませんでしたか。

佐藤：はい。私はそうは東條大将にもうしませんでした。支那事変を解決しない前に他の戦争に捲き込まれることに就《つい》て私は常に反対していました。私は支那事変を終熄《しゅうそく》させることに就て真剣でした（「佐藤賢了に関する訊問書」）。

人間は追い詰められると簡単に裏切る実例だ。佐藤賢了は軍務局長として東條内閣の中枢におり、戦争遂行に舵《かじ》を取った人物だ。佐藤の嘘は、検察官にすぐに見抜かれ、終身刑に処せられた。佐藤賢了は一九五六（昭和三十一）年に釈放され、後に回顧録を出版する。佐藤は敗戦を迎えた直後、A級戦犯として逮捕され、巣鴨プリズンで東條英機に再会した場面を描いている。彼は、「戦争の結果はまことに相すまぬこととなりました。このうえは日本の真意を法廷を通じて明らかにして、さっぱりと首を敵にわたして冥土《めいど》へ参りましょう。冥土のお供をいたします」と東條英機に挨拶をしていたのだ。検察の取り調べでは、東條と「親しくない」と距離をとっていたのだが。

検察の片棒を担いだ田中に対しては、「いかがわしい暴露記事を書いて、敗戦の悲憤に燃える民心に迎合した」と罵倒《ばとう》。田中こそが上海事件・綏遠《すいえん》事件の首謀者なのだから、彼こそが責任をとるべきだと激怒していた（佐藤賢了『大東亜戦争回顧録』徳間書店・一九六六年）。

人間には表と裏の顔がある。いや、表と裏があるから人間らしいのかもしれない。だからこそ、「有言実行」「知徳合一」の人に出会うと、私たちは偉人として尊敬するのだ。

《参考文献》

・粟屋憲太郎、安達宏昭、小林元裕編『東京裁判資料・田中隆吉尋問調書』岡田良之助訳・大月書店・一九九四年
・川島芳子『動乱の蔭に』日本図書センター・二〇一二年
・清瀬一郎『秘録 東京裁判』中公文庫・一九八六年
・佐藤賢了『大東亜戦争回顧録』徳間書店・一九六六年
・田中隆吉『田中隆吉著作集』非売品・一九七九年
・益井康一『漢奸裁判史 新版 １９４６―１９４８』みすず書房・二〇〇九年
・武藤章『軍務局長 武藤章回想録』芙蓉書房・一九八一年

フーヴァー・トレジャーズ
【文書二〇】「佐藤賢了に関する訊問書」27 April 1946, *International Military Tribunal for the Far East*, Box 64-5.

Ⅴ　東條英機

1　自決失敗

一九四五（昭和二〇）年九月十一日（火曜日）午後四時十五分、占領軍の警察ＭＰ（Military Police）たちが東條英機の邸宅に乗り込んだ時、東條は刀ではなく、メイド・イン・ＵＳＡの三十二口径のコルト拳銃で自決しようとし、心臓を撃ち損ない、肺を撃った。ＭＰと一緒に連合軍従軍記者数十名も来ていた。

鮮血に染まり重体でありながら、横たわったままの東條は、これらの記者たちに「大東亜戦争は敗けたとはいえ正しい戦だったと自分は信じて居る」「戦争責任者の引渡しは当然行うべきものではあるが、自分としては勝者の法廷に立つことは出来ない」「自分は初め切腹するつもりであった、しかし切腹は往々死損なう場合があるので拳銃をもって自殺をはかったけれども即死出来なかったことは誠に残念である」と話した（「米人記者団を前に重体の身で切々心境を吐露」『讀賣報知』一九四五年九月十二日)。

この拳銃は、東條の娘婿の古賀秀正《こがひでまさ》参謀少佐(二十六歳・一九一九~一九四五年・近衛第一師団)が天皇陛下の「玉音放送」(降伏放送)を聞いた直後、割腹《かっぷく》し、さらに口中を撃ち抜き自決した時に使われたものだ。

なぜ、東條は失敗したのか。東條英機の妻・勝子《かつこ》(一八九〇~一九八二年)は、次のように回想している。

「医師を相手に、心臓の所在について、冗談めかして話し合っていたことを、私は思い出しました。自決の道を選ぶに当たっても、短刀や軍刀、あるいは戦闘用の大型ピストルを選ばず、なぜ、小型のピストルを用いたのか、その理由については、それがただ自決用のものであったから、ということの他には、何も私には考えられません。そうしてあれほど気にしていた急所をなぜ外れてしまったのか」「ただ一つ、私に考えられることは、東条は、左利きだったから」(東条勝子「面影」林逸郎編『敗者』二見書房・一九六〇年)。

東條は、横浜の米陸軍の野戦病院で米軍医の手当てを受け、米兵からの輸血をも受け、回復した。病院で「容体良好」の東條は、第八軍司令官ロバート・L・アイケルバーガー中将に陣太刀《じんだち》を送り、「迷惑をかけて申訳ない」と言った(「米司令官に陣太刀」『讀賣報知』一九四五年九月十五日)。

『ニューズ・ウィーク』誌は、「浅はかな東條は〝ハラキリ〟と呼ぶ古い日本の儀式・切腹という何世紀にも亘《わた》る先例があるのに、自殺しようとしても死にきれず、畳を血で汚しただけである」と痛烈な批判をした。

一九四五年九月十一日午後四時十五分に「死に損なう」前、東條が書いた遺書には「自衛戦」のことは記してあるが、「陛下の御責任」については何も触れていない。しかし、「戦争責任者ヲ追及セント欲セバ我ニ在ラズシテ彼（英米人）ニ在リ」という句を残した。

運命は東條に優しくはなかった。

一九四一（昭和十六）年、東條が陸軍大臣の時、日米開戦の前、彼が陸軍の全兵士に丸暗記させるほど徹底させた「戦陣訓《せんじんくん》」に日本兵の「玉砕精神」の支えとなった有名な一句がある。

「生きて虜囚《りょしゅう》の辱《はずかしめ》を受けず、死して罪禍《ざいか》の汚名を残すこと勿《なか》れ」

陸軍大将東條が自決に失敗し、生き恥を晒したことは、日本国民に強烈な屈辱と失望感をもたらし、また多くの人たちは怒りにも似た感情を味わった。武士たちが大切にした「敗者の美学」を汚した「東條」は、嫌悪すべき汚い言葉になった。

2　東條英機宣誓供述書

東條はコルトの弾丸が貫通した肺の傷よりも、激痛であったに違いない屈辱を味わった。

「死に損ない」の汚名を着せられた東條は、東京裁判で連合軍の怨みと報復を一人で受ける姿勢を見せた。

「我国にとり無効かつ惨害を齎《もたら》した昭和十六年十二月八日に発生した戦争は、米国を欧州戦争に導入するための連合軍側の挑発に原因し、我国としては、自衛戦として回避する事ができなかった戦争であると確信する」「開戦決定の責任も、また内閣閣員及び統帥部の者の責任であって、絶対的に陛下の御責任ではない」（冨士信夫『私の見た東京裁判・下巻』講談社・一九八八年）。

死刑を覚悟していた東條は、戦争の全責任を一身に受け、天皇陛下を護り、少しでも「汚名」を拭いたかった。

フーヴァー・トレジャーズには、数百ページにのぼる「東條英機宣誓供述書」が保管されている。一九四七（昭和二十二）年十二月十九日（金曜日）に脱稿し、「良心ニ従《したが》ヒ眞實《しんじつ》ヲ述べ何事ヲモ默秘《もくひ》セズ又何事ヲモ附加セザルコトヲ誓フ」と署名捺印されている。立会人は、東條の弁護人・清瀬一郎《きよせいちろう》（一八八四～一九六七年）だ。

東條は宣誓供述書で、日本が米国と戦争に至るまでの長い道のりを細かく描写し、日本は米国の挑発に追い詰められ、自衛のために開戦に至ったのだと論じた。そして、軍閥なるものは幻想であり、大東亜政策を侵略と決めつけているが、欧米列強のアジア侵略は罪に問われないのか、と疑問を投げかける。

さらに、東條は戦争責任が天皇陛下に及ばないように、日本の政治システムからみても「天皇陛下に責任はない」という立場を明確にした。

フーヴァー・トレジャーズ【文書二十二】

國策については、内閣及び統帥部の輔弼《ほひつ》及輔翼《ほよく》の責任者に於て其の全責任を負ふべきものでありまして、天皇陛下に御責任はありませぬ……（中略）……天皇陛下が内閣の組閣を命ぜらるるに當《あた》つては必ず往時は元老の推擧《すいきょ》により、後年殊に本訴訟に關《かん》係《けい》ある時期に於ては重臣及常侍輔弼の責任者たる内大臣の進言に由られたのでありまして、天皇陛下が此等《これら》の推薦及び進言を却け、他の自己の欲せらるる者に組閣を命ぜられたといふが如き前例は未だ曾《かつ》てありませぬ……（中略）……政治的、外交的及軍事上の事項決定の責任は全然内閣及統帥部に在るのであります。夫《そ》れ故に一九四一年（昭和十六年）十二月一日開戰の決定の責任も亦《また》内閣閣員及統帥部の者の責任でありまして絶對的に陛下の御責任ではありません（「宣誓供述書：東條英機（書類番号3000）」19 December 1947, *International Military Tribunal for the Far East*, Box 89.）。

東條は、「天皇の立憲君主像」を強調し、大日本帝国憲法の規定では天皇が独自に組閣の命令をしたり、内閣に指示を出すことはなく、天皇は慣例として、内閣や統帥部が最終決定したことに「拒否権」を使うこともなく、政治・外交・軍事などの政策決定は、内閣と統帥部によるもので、天皇陛下は全く政策に関与していないので、「絶対的に陛下の御責任ではありません」と主張した。

3　大東亜戦争と国際法

東條英機は、大東亜戦争は「自衛戦」だと論陣を張る。戦争という行為自体は「国際法」で禁じられていない。大東亜戦争を画策したことが国際犯罪になるはずもなく、勝者の連合国から訴追され、日本の法律に則って戦争を遂行した個人が国際法の下で犯罪者として裁かれるとは理不尽である（フーヴァー・トレジャーズ【文書二十二】）。

東條が主張するように、東京裁判は「事後法《じごほう》」で裁く不当な裁判であろう。「事後法」による遡及処罰《そきゅうしょばつ》は日本国内では禁止されているが、東京裁判が開廷された当時、国際法では「罪刑法定主義」の原則は確立されていない。報復であったとしても、東京裁判は「国際裁判」という形式なので、日本にとって不利だった。

インドのラダビノード・パール判事（Radhabinod Pal・一八八六～一九六七年・カルカッタ大学教授）やオランダのベルナルト・レーリンク判事（Bernard Röling・一九〇六～一九八五年・ユトレヒト裁判所判事）は、「平和に対する罪」で死刑を適用すべきではないと主張したが、他の裁判官や検察官は「事後法」の批判を受けることは百も承知だ。「平和に対する罪」は、新しい法概念だ。誤った判断をすれば、裁判官たちの名誉にかかわる。後世の人間から後ろ指をさされたくない。狡猾《こうかつ》で優秀な判事が「平和に対する罪」という罪状で死刑判断するはずがない。主流派の判事らは、批判を免れるために法理論の武装を怠《おこた》らない。

伝統的な「戦争犯罪」を含めて、A級戦犯を裁いたのだ。「ニュルンベルク裁判」でも「東京裁判」においても、「平和に対する罪」だけで死刑になった者はいない。東條英機は残虐行為を命令・許可したという訴因で死刑になっている。内外の捕虜、拘留者の虐待に対する広範な責任を負わされた。「A級戦犯」は、「平和に対する罪」ならびに膨大なB級の戦争犯罪（住民虐殺・捕虜虐待・非人道的行為）の責任者として裁かれたのだ（林博史『戦犯裁判の研究』勉誠出版・二〇〇九年）。

4　東條失言の余波

数百ページもの宣誓供述書を準備して、裁判に挑んだ東條の評価は、うなぎ上り。米占領に対する最大の一撃と云われた。しかし、一九四七（昭和二十二）年十二月三十一日（水曜日）の大晦日、東條英機が痛恨のミスをしてしまう。内大臣であった木戸幸一《きどこういち》（一八八九～一九七七年・A級戦犯として起訴され終身刑）の役割を追及されていたときだ。

ローガン弁護人：天皇の平和に対する御希望に反して、木戸侯が何か行動をとったか。あるいは何か進言をしたという事例を、一つでもおぼえておられますか。
東條証人：そういう事例は、もちろんありません。私の知る限りにおいては、ありません。のみならず、日本国の臣民が、陛下の御意思《ごいし》に反してかれこれするということはあり得ぬことであります。いわんや、日本の高官においてをや。
ローガン弁護人：これをもって、木戸侯のための尋問を終了いたします。
ウェッブ裁判長：あなたとしては、これから起こるところのいろいろなこまかな意味合いをよくわかっておると思います（極東国際軍事裁判所編『極東國際軍事裁判速記録』雄松堂書店・一九六八年）。

東條が「陛下の御意思」に反して勝手に行動することがないと言ったことは、天皇の責任問題につながる。「陛下に責任はない」と訴えた東條の「宣誓供述書」と矛盾しているのだ。

このままでは、東條の発言は「天皇の命令があったからこそ、臣民は戦争を起こしたのだ」と解《かい》されてしまう。だから、ウェッブ裁判長は、東條に発言の「意味合い」を理解しているのか、と真意を確かめたのだ。

5　東條説得工作

米政府から「天皇を守るように」と命令されていたキーナン検事は、東條の不用意な発言に慌《あわ》てふためく。アメリカのマスコミが「東條が天皇の戦争責任を証言」と書き立てたからだ。

年《とし》の瀬《せ》なので田中隆吉は東京から山中湖畔の自宅に戻っていたが、キーナンから「直ちに上京せよ」と電報が入る。すぐに東京に戻った田中は、キーナンから東條が「天皇の意にそむいて戦さをはじめた」と証言するよう、彼を説得してもらいたいと依頼された。「むりな話だ」「おそらく東條は私にだけは会わんだろう」と田中は躊躇《ちゅうちょ》する。キーナンは「どうしても説得しろ」と譲らない。お正月でも、裁判は開廷される。

しぶしぶ田中は畑俊六《はたしゅんろく》大将（一八七九～一九六二年・A級戦犯として訴追され終身禁固刑）の弁護人である神崎正義《かんざきまさよし》（生没年不明・中央大学法科卒）に連絡をとり、東條の説得を依頼した。東條は「私は死を覚悟している。いやしくも臣民として、天皇陛下のご命令にそむいて戦争を始めたなどとウソの証言はできない」と怒りを露わにした（註・昭和天皇は太平洋戦争の開戦を認めていたことになる）。しかし、神崎も食い下がる。

同じ頃、田中は、昭和天皇の側近で宮内庁の松平康昌《まつだいらやすまさ》（一八九三～一九五七年・福井松平家当主・内大臣秘書官長・式部官長）を通じて内大臣であった木戸幸一から東條の発言を訂正させることを試みた。元日の夜、代々木にある松平邸を訪れ、また翌二日の夜も、事態解決のために打ち合わせをした。

松平から依頼をうけた木戸は、東條の説得に乗り出す。「田中に頼まれたのだろう」と東條は不機嫌だったが、「不忠《ふちゅう》の臣として死ぬことが、究極には忠臣となる」とまで説得されて、東條は納得した（田中「父のことども」）。

6　東條証言の撤回

神崎正義や松平康昌らの説得工作が行われた後の一九四八（昭和二十三）年一月六日（火曜日）、法廷でキーナン検事が東條を尋問し、東條発言の打ち消しを図る。

キーナン検事：一九四一年すなわち昭和十六年の十二月当時において、戦争を遂行するという問題に関しまして、日本天皇の立場及びあなた自身の立場の問題、この二人の立場の関係の問題、あなたはすでに法廷に対して、日本天皇は平和を愛する人であるということを、前もってあなた方に知らしめてあったということを申しました。これは正しいですね。
東條証人：もちろん正しいです。
キーナン検事：そうしてまたさらに、二、三日前にあなたは、日本臣民たるものは何人たりとも、天皇の命令に従わないというようなことを考えるものは、ないということを言いましたが、それも正しいですか。
東條証人：それは私の国民としての感情を申し上げておったのです。責任問題とは別です。天皇の御責任とは別の問題。
キーナン検事：しかしあなたは実際合衆国、英国及びオランダに対して戦争をしたのではありませんか。
東條証人：私の内閣において戦争を決意しました。
キーナン検事：その戦争を行わなければならないというのは——行えというのは裕仁天皇の意思でありましたか。
東條証人：意思と反しましたか知れませんが、とにかく私の進言——統帥部その他責任者の進言によって、しぶしぶ御同意になったというのが事実でしょう。しかして平和の御愛好の御精神は、最後の一瞬に至るまで陛下は御希望をもっておられました。なお戦争になってからにおいてもしかりです。その御意思の明確になっておりますのは、昭和十六年十二月八日の御勅語（註・明治天皇の御製「よもの海　みなは

らからと　思ふ世に　など波風の　たちさわぐらむ」）の中に明確にその文句が附加えられております。しかもそれは陛下の御希望によって、政府の責任において入れた言葉です。それはまことに恐縮ですがやむを得ざるものなり、朕の意思にあらざるなりというふうな御意味の御言葉があります（極東国際軍事裁判所編『極東國際軍事裁判速記録』）。

キーナンと東條英機の二人の役者は、天皇免訴を確実とするため法廷で役割を演じきった。東京裁判は「勝者の裁き」だが、日本はGHQと妥協点を探った。この妥協点の駒《こま》にされ、過酷な運命を受け入れた男が東條英機だ。天皇側近を中心とする日本の指導者層とGHQは、協力して天皇を免責に導いた。まさに、昭和天皇の不起訴は「日米合作」だった。

7　キーナン検事と海軍の企み

東條英機は、自らの命を賭けて、大東亜戦争の正統性を主張した。そして、命を引き換えにして、皇室に累《るい》が及ばないよう最後の奉公《ほうこう》に励む。

陸軍出身の東條は絞首刑にされたが、なぜ海軍は逃げ切れたのか。海軍の被告人は、巣鴨プリズンで肺炎になり病死した永野修身《ながのおさみ》大将、終身刑を受けた嶋田繁太郎《しまだしげたろう》大将（一八八三～一九七六年・東條内閣の海軍大臣・一九五五年に仮釈放）、同じく終身刑を受けた海軍次官の岡敬純《おかたかずみ》中将（一八九〇～一九七三年・一九五四年に仮釈放）。この三人を除き、海軍は誰もA級戦犯として裁かれていない。A級戦犯の容疑として逮捕されても不起訴にされている。終戦史の七不思議だ。

有力な一説は、捕虜の取扱いに関してだ。捕虜の管轄《かんかつ》は「陸軍」だったので、陸軍に追及の矛先が向き、海軍の残虐行為は証拠不十分とされた（日暮吉延「東京裁判と国際政治」『外交史料館報』第三一号・二〇一八年）。

もちろん、真珠湾攻撃の責任追及はGHQにとって大きな目玉だったが、天皇免訴が決まったため、裁判が進むにつれて残虐行為に関心が集まった。開戦の責任を突き詰めると、「天皇裁判」は不可避となる。だから、真珠湾攻撃を行った海軍は、逃げ切ることができたのだろう。

大日本帝国の陸軍と海軍の長年の亀裂《きれつ》は、東京裁判でも明るみになる。

海軍は、陸軍を売ったのか。

米内《よない》光政《みつまさ》（一八八〇～一九四八年・海軍大臣・第三十七代内閣総理大臣）

宇垣《うがき》一成《かずしげ》（一八六八～一九五六年・陸軍大将・一九三七年に組閣の大命が下るも陸軍の反対

で宇垣内閣不成立）
岡田《おかだ》啓介《けいすけ》（一八六八〜一九五二年・海軍大臣・第三十一代内閣総理大臣）
若槻禮次郎《わかつきれいじろう》（一八六六〜一九四九年・内務大臣・第二十五代及び第二十八代内閣総理大臣）

日本帝国の軍事と政治に深く関与した大物四人は、一九四七（昭和二十二）年十月十七日（金曜日）夜六時、キーナンの宿舎で夕食会に招かれていた。

キーナンは、この四人が「信念を持って日本の平和のために戦ってきたことに敬意を表するとともに、その努力を米国民に知らしめたい」とおだて、近い将来に彼らが必ずアメリカを訪問することを願っていると褒め讃える。この宴《うたげ》には、東京裁判のタヴェナー検事、ホロヴィッツ検事、ワイリー検事をはじめ、GHQの幹部も同席していた（「元重臣四氏をキ検事が招待」『朝日新聞』一九四七年十月二十九日）。

東京裁判の首席検事と総理大臣や海軍大臣を務めた政府高官がお酒を呑み、美味しい料理を食べながら、談笑している。鉄筋コンクリート造りの殺風景な巣鴨プリズンに居た者たちは、このニュースを苦々《にがにが》しく聞いた。

A級戦犯として起訴され巣鴨プリズンに収監されていた陸軍出身の佐藤賢了《さとうけんりょう》は、「重臣たちがどうして、日本の国家の行為を責め攻撃の側に立つ資格」があるのかと憤《いきどお》る。四人が「キーナン首席検事にご馳走になったことを、あたかも天子様のご陪食《ばいしょく》でもいただいたかのごとく、またその返礼にキーナン氏を熱海《あたみ》へ招いたことを聞かされた。一体、検事側の証人に立った者が検事から饗応《きょうおう》を受けたり、返礼をしたりしてよいものであろうか。それでは買収された証人といわれてもいいわけはできまい」と激怒した。

　さらに、米内光政がウェッブ裁判長から侮辱されても、反論しないことに「海軍大将までが腑抜《ふぬ》けてしまったありさまに、私はあまりにも情けない感じがした」と回想している（佐藤賢了『大東亜戦争回顧録』徳間書店・一九六六年）。

　米内光政は、一九四七年九月二十二日（月曜日）の法廷に証人として立ったが、検察の尋問に「思い起こしません」「わからない」を繰り返し、証拠書類を読むようにと命令されたが、「よく見えません」とのらりくらり。

　わざわざ眼鏡を用意までさせて、証拠書類を読み上げるようウェッブ裁判長は促したが、米内光政は「聴いたこともない」と意思疎通が嚙み合わない。しびれを切らしたウェッブ裁判長は、「それは返事になりません。私が聴いた証人の中で、この総理大臣は最もばかげた証人です」と侮辱した（極東国際軍事裁判所編『極東國際軍事裁判速記録』）。

　A級戦犯として拘留され『巣鴨日記』を綴った安倍源基《あべげんき》（一八九四〜一九八九年・警視庁初代特高部長・警視総監・内務大臣）は、キーナンの招待に応じた四重臣は「日本人の風上に置けぬ」と怒りを露わにしている。若槻禮次郎は満洲事変当時の首相であり、事変の拡大阻止のために断固とした対処をせず優柔不断の態度をとり、「戦犯として裁かれてゐる当時の陸相南次郎大将と其責任に於て大きな差はない」。米内光政に至っては、「支那事変当時の海相にして事変を拡大せしめた責任者」であり、小磯内閣、鈴木内閣、東久邇宮内閣の海軍大臣の地位にいたではないかと吐き捨てる。

安倍源基の激怒は収まらず、宇垣一成は「軍閥一方の旗頭《はたがしら》として常に政治的野心の為め動いた人で、支那事変中廣田《ひろた》外相の後をうけて其の地位についた」ではないか。かような重臣たちが敗戦を迎えると「自分は平和論者であつたとか、戦争に反対したかとか云つてゐる様だが誠に卑怯《ひきょう》な態度である。当時何等反対の為めの努力もせずして今に及んで責任を他人に転嫁して弁明」している姿は嘆かわしいと、記している（安倍源基『巣鴨日記』展転社・一九九二年）。

四重臣たちはお返しに、一九四八（昭和二十三）年一月八日（木曜日）、キーナン検事を熱海伊豆山《いずさん》にある財界の巨頭で貴族院議員・郷誠之助《ごうせいのすけ》（一八六五〜一九四二年）の旧別邸に招待した。米内は、病気で出席できなかったが、キーナン検事が三人に対して「天皇不起訴決定の旨を告げたところ、三重臣は心から喜びキーナン検事に謝意」を表したのである。宴会には美人の舞妓《まいこ》も同席しており、キーナンは「大いに破目《はめ》を外して楽しんだ」というの（田中「父のことども」）。戦友を裏切るとは、このような惨めな行動を指すのだ。

8　田中隆吉への謝意

キーナンによる東條への尋問が行われた日の夜、田中隆吉のもとにすこぶる機嫌の良いキーナン検事が突然訪れて来た。田中を自動車に乗せて、明治神宮外苑に向かう。聖徳記念絵画館の近くで、二人は車から降りて、外苑の道を歩きだす。するとキーナンは、田中の手を握り「君はよくやった。これでマッカーサー元帥の政治生命も安泰《あんたい》だし、私も大役を果すことが出来た」と、田中の尽力を感謝した（田中「父のことども」）。

一九四八（昭和二十三）年一月十五日（木曜日）の夜、田中隆吉は渋谷の常盤松御用邸《ときわまつごようてい》（現在、常陸宮《ひたちのみや》家の邸宅）にいた。宮内庁の松平康昌《まつだいらやすまさ》式部官長（一八九三～一九五七年）から招待を受けたからだ。非公式の陛下のお言葉として、「今回のことは結構であった」と伝達された。これを聞いて、田中は「大いに感激」した。さらに、宮中からの御下賜品《ごかしひん》として、ジョニーウォーカー・レッドラベル一本が手渡された。

実際のところ、昭和天皇は田中隆吉をどのように思っていたのだろうか。そのヒントが宮中とGHQの連絡係を務めていた元外交官・寺崎英成《てらさきひでなり》（一九〇〇～一九五一年）の日記である。寺崎英成は東京帝国大学卒業後、外務省に入省し、外交官として日米開戦前にはアメリカで情報収集、戦争回避のための和平工作を行った人物。ＦＢＩは、寺崎を日本のスパイの責任者の地位にあると見ていた。寺崎は米国から帰国後の一九四五（昭和二〇）年十一月、外務省に復職して、一九四六（昭和二十一）年一月に吉田茂外相から「宮内省御用掛《ごようがかり》」を命ぜられ、昭和天皇とマッカーサーの通訳も担当した。一九四八（昭和二十三）年一月十四日（水曜日）の寺崎の日記には、「拝謁《はいえつ》の際、陛下より田中隆吉の事に関し盗賊を捕へるにハ盗賊を使へとの思想からなるべし」と記録されている（寺崎英成、マリコ・テラサキ・ミラー『昭和天皇独白録　寺崎英成御用掛日記』文藝春秋・一九九一年・浅井信雄「日米開戦前夜における寺崎英成の役割」『神戸外大論叢』第三九巻七号・一九八八年）。

東京裁判の判決が下された一九四八年十一月十二日（金曜日）、『時事新報』に田中隆吉の談話が載った。

私は一昨年二月十八日からきようまで本裁判に協力して来た。私はこの裁判の間に、裏切者だとか、アメリカのスパイだとかいわれたが、自分は確固たる信念をもって動いたと信じており、自身としては陸軍の犯した罪悪の葬式をやった気持である。いいかえれば最も戦争を嫌っておられたにもかかわらず、陸軍のため手も足も出なかったお気の毒な天皇の無罪を立証するために全力をそそいだつもりだ。

この私の行動は自分では正しいと信じているが、その善悪の決定は将来の歴史が与えてくれるものと思っている。裏切者といわれようとなんとも思わぬし、殺すというものが現れたらいまなら喜んで死んでみせる。私は科学の発達によって世界は一つになり、人類の恒久平和確立に向かわねばならぬと思っている。本裁判はこれらの人類至高の目的に向かって偉大な貢献を為すであろうことを疑わない。本裁判の間、私は多くのアメリカ人に接する機会を持ったが、なかでもキーナン氏の透徹《とうてつ》した日本観、すなわち日本および日本人に対する観察はきわめて正しいものであったと絶大な敬意を表している。

罪の裁きを受けた人々は、もちろんすでに覚悟はしていたことと思うが、その服罪《ふくざい》によって将来の平和確立の理想達成に、いささかでも貢献できるとしたらそれで満足すべきであろう。ただし家族の方々に対してはまことにお気の毒だと思っている（田中「父のことども」）。

田中は、東條英機を生贄《いけにえ》にして、昭和天皇の免責に協力するという大義名分があった。しかし、昭和天皇からみれば田中は「盗賊」の一味に過ぎない。田中の「国体護持」という信念は、自らの裏切りを正当化する言い訳だった。

9　キーナン検事へ貢物

東京裁判の判決が出た直後の一九四八（昭和二十三）年十一月二十四日（水曜日）、キーナン検事は皇居にお呼ばれされていた。宮内庁が二十四年もの歳月をかけて編集した『昭和天皇実録』に、目を疑うような記述がある。

> 　正午、近く帰国する極東国際軍事裁判国際検事団長首席検事ジョセフ・ベリー・キーナンを、表参謁《おもてさんえつ》の間《ま》において御引見《ごいんけん》になる。米国大統領ハリー・S・トルーマンに対する伝言として、米国と親密な関係を固めるために出来る限り努力したい旨を仰せになり、また占領軍の寛大な態度と日本国民に対する寛容な待遇につき感謝の意を表され、さらに日本においても民主主義が育成されることを希望する旨を仰せになる。終わって、キーナンを表三の間に御誘引になり、皇后にキーナンをお引き合わせになる。引き続き表一の間において午餐《ごさん》の御陪食《ごばいしょく》を賜《たま》い、ついで表二の間においてお茶の席を設けられ、御歓談になる。お茶の席にて、天皇・皇后よりキーナンへの御贈品として黒地《くろじ》吉野《よしの》竜田山《たつたやま》蒔絵《まきえ》料紙箱《りょうしばこ》が披露される。その際米国大統領の娘への贈り物として銀製ボンボニエール（鳥甲型《とりかぶと》）を託される。翌月二日、キーナンはトルーマ

ンと会見し、天皇のお言葉を伝える（宮内庁『昭和天皇実録 第十』東京書籍・二〇一七年）。

昭和天皇と東京裁判の首席検事キーナンがご歓談。天皇はキーナンに伝言を託し、トルーマン大統領に伝えるように要請した。そして、キーナンに豪華なプレゼントを贈り、トルーマン大統領の娘には宮中で引出物に頻繁に配られる菓子器（ボンボニエール）を差し上げた。

アメリカに帰国して、トルーマン大統領にメッセージを伝えたキーナンは、ワシントンで記者の質問に次のように答えた。

「天皇が、いま日本で進行している民主的な政府育成の実験に、心から共鳴していることを証明するものだ」「私が天皇と会見したのもマ元帥の取りはからいによるものだが、天皇は日本におけるマ元帥の大事業を大いに感謝していた」「戦前天皇は日本の軍閥のあやつるがままになっていた」「しかし天皇は二度とそういう風に利用されることはないだろう」（「天皇・米の寛大に感謝　キーナン検事を通じてトルーマン大統領へ伝言」『朝日新聞』一九四八年十二月四日）。

昭和天皇は、A級戦犯を起訴したキーナンに、平和のメッセージを託していたのだ。キーナンは、天皇擁護団員として完璧に取り込まれていた。

一九五三（昭和二十八）年四月、キーナンは日本に再来日。四月一日に目黒の官邸に吉田茂首相を訪れた。四月六日、昭和天皇はキーナンを皇居に招いて、東京裁判に協力をした「恩人」におもてなしをされた（「キーナン氏首相訪問」『朝日新聞』一九五三年四月二日・「天皇陛下、キーナン氏と御懇談」『朝日新聞』一九五三年四月七日）。

10 田中隆吉の自殺未遂

東京裁判が終わると、田中隆吉はノイローゼに苦しむ。「武藤の亡霊が時々出てくるんだ」とうなされていた。

田中は米国に亡命するつもりでいたようだ。キーナンと亡命の口約束をしたが、守られなかった（秦郁彦『実証史学への道』中央公論新社・二〇一八年）。

田中隆吉の一人息子（稔）の追憶集「父のことども」によると、一九四九（昭和二十四）年の夏になると身体の不調も深刻になり、隆吉は慶應義塾大学病院にて療養生活を送った。マスコミが嗅ぎつけるのを警戒して「山中文夫」という偽名で入院。入院中に「自分の病気は直らん、死ぬ時期を失した」と漏らす。「不眠症」と診断された田中隆吉は、三週間のインシュリン治療を行い、静養のため山中湖の自宅に戻った。部屋に閉じ籠《こ》もり、外出をせずに物思いにふける日々が続いた。家族も隆吉の動向に気を配っており、刃物類は目のつかないところに隠す。

しかし、一九四九（昭和二十四）年九月十五日（木曜日）の夜、隆吉は自殺を図る。短刀で左胸を突き刺す。だが、心臓部から外れ、左肺に達した。出血多量で意識を失う。

彼は苦痛から目覚め朦朧《もうろう》としたなかで頸動脈をかき切ろうとするが、短刀を持つ手に力が入らない。翌朝、妻が蒲団《ふとん》の上で血だらけになり、息が途絶えそうになる夫を発見した。

運命は酷《ひど》い仕打ちをする。田中隆吉は、東條英機と同じように、一命をとりとめたのだ。

自殺する直前の「遺書」が残っている。

一、我茲《ここ》に自決す

一、東京裁判における元軍人たりし予の行動は、予自身その不当なることを最初より百も二百も自覚しありき。唯キーナン検事との間に、予の主張として最初より天皇を裁判所に出さざることを約束しありたり。之がためには成し得る限り真実を陳述するの已むを得ざりしなり。此の点、予を国賊扱にする人々の諒解《りょうかい》を得たし。

一、裁判終了後、直ちに自決し、長年月にわたり思顧を受けたる板垣閣下はじめ、多くの先輩知己に対して謝罪せんとし、故郷に墓参の折、決行せんと思へどもその機を得ず、昨年以来快快として楽しまず今日に到れり。

一、自決は時期既に遅き感なき能《あた》はずといえども身辺の整理のため已《や》むを得ざりき。

一、日本の軍閥の一員として大東亜戦争中に死すべき身を今日迄生き長らえたるは小生の素志に反し、何とも申訳けなし。
一、小生の神経衰弱症に対して寄せられたる、高井、金子両氏の献身的なるご厚意は感謝に耐えず。
一、結婚以来三十年、不貞不倫の夫として深く芳子殿におわびす。
一、最愛なる百合子、稔にかかる運命の下に生まれたる父を持ちたることを衷心《ちゅうしん》よりお気の毒に思い、深くおわびす。
五十七年一夢中
亡国奴隷惨亦惨
隆吉
（田中「父のことども」）

田中は自殺未遂の後、世捨て人のように苦悩を背負って孤独な生活を送った。寿命を全うし、一九七二（昭和四十七）年六月五日（月曜日）に逝去。享年七十八。

《参考文献》

・浅井信雄「日米開戦前夜における寺崎英成の役割——平和主義者か諜報主義者かをめぐる一試論」『神戸外大論叢』第三九巻七号・一九八八年
・安倍源基『巣鴨日記』展転社・一九九二年
・極東国際軍事裁判所編『極東國際軍事裁判速記録』雄松堂書店・一九六八年
・宮内庁『昭和天皇実録 第十』東京書籍・二〇一七年
・佐藤賢了『大東亜戦争回顧録』徳間書店・一九六六年
・田中隆吉『田中隆吉著作集』非売品・一九七九年
・寺崎英成、マリコ・テラサキ・ミラー『昭和天皇独白録 寺崎英成御用掛日記』文藝春秋・一九九一年
・東条勝子「面影」林逸郎編『敗者——東条英機夫人他戦犯遺族の手記』二見書房・一九六〇年
・西鋭夫『國破れてマッカーサー』中央公論社・一九九八年
・秦郁彦『実証史学への道——一歴史家の回想』中央公論新社・二〇一八年
・花山信勝『平和の発見——巣鴨の生と死の記録』オクターブ・二〇一七年
・林博史『戦犯裁判の研究——戦犯裁判政策の形成から東京裁判・BC級裁判まで』勉誠出版・二〇〇九年
・日暮吉延「東京裁判と国際政治」『外交史料館報』第三一号・二〇一八年
・冨士信夫『私の見た東京裁判・下巻』講談社・一九八八年

・「キーナン氏首相訪問」『朝日新聞』一九五三年四月二日
・「天皇・米の寛大に感謝 キーナン検事を通じてトルーマン大統領へ伝言」『朝日新聞』一九四八年十二月四日
・「天皇陛下、キーナン氏と御懇談」『朝日新聞』一九五三年四月七日
・「米人記者団を前に重体の身で切々心境を吐露」『讀賣報知』一九四五年九月十二日
・「米司令官に陣太刀」『讀賣報知』一九四五年九月十五日
・「元重臣四氏をキ検事が招待」『朝日新聞』一九四七年十月二十九日

フーヴァー・トレジャーズ

【文書二十二】「宣誓供述書：東條英機（書類番号3000）」19 December 1947, *International Military Tribunal for the Far East*, Box 89.

Ⅵ　興亜観音と遺骨奪還作戦

1　巣鴨プリズン

厚い雲が垂れこめ、星も見えず、十二月末であったが、風が暖かかった。一九四八（昭和二十三）年十二月二十三日（木曜日）午前零時一分、巣鴨プリズンの中庭に作られた十三階段の絞首台を、固唾《かたず》をのんで見守っていた人物たちがいた。

死刑の執行は非公開。記者やカメラマンの立ち入りは許されない。いかなる者も、巣鴨プリズンの戒護区域内においてカメラの使用が禁ぜられ、厳重な監視態勢が敷かれていた（永田憲史「A級戦犯の死刑執行手順書」『關西大學法學論集』第六三巻五号・二〇一四年）。

連合国軍からの立会人は、対日理事会議長の米国人ウィリアム・J・シーボルト政治顧問（William J. Sebald・一九〇一～一九八〇年）、ソ連のクズマ・デレビヤンコ中将（Kuzma Dereveyanko・一九〇四～一九五四年）、中華民国の商震《しょうしん》（一八八八～一九七八年）、イギリス連邦代表のパトリック・ショー（Patrick Shaw・一九一三～一九七五年・オーストラリア人の外交官）。

　彼らは、二十二日の夜一〇時三〇分に指定された集合地点に集まり、自動車に乗って巣鴨プリズンまで極秘裏に移動した。巣鴨プリズンに到着した立会人たちは、午後十一時五〇分に「電気が明々と輝き、暖房のきいた本館から、暗黒と寒気に包まれた戸外に出て、歩いて五分ほどで行ける死刑執行室へ向った。重い足を運びながら、誰も一語も話すものはいなかった。われわれは暗闇のなかを、一列縦隊になって進んだ」（ウィリアム・シーボルト『日本占領外交の回想』朝日新聞社・一九六六年）。

　死刑執行者と立会人は、適切な厳粛さを持って見守られることが事前に伝えられていた。示威《じい》的態度をとってはならず、不適切な行為は許されない。

　十二月二十三日は、上皇陛下（当時皇太子）のお誕生日である。

　この日を選ぶマッカーサーだ。一生忘れられない悪意に満ちたプレゼントを皇太子殿下に贈った。誕生日がくる度に、A級戦犯と戦争責任が脳裏をよぎる。勝者の連合国にとって、死刑執行は米政府と元帥から皇室へのクリスマスプレゼント。

　死刑の翌々日、十二月二十五日（土曜日）、天皇皇后両陛下は、宮内省を通じてマッカーサー夫妻に彫刻家山崎朝雲《やまざきちょううん》（一八六七～一九五四年・高村光雲の高弟・帝室技芸員）の作品である木彫双狗（木彫りの二匹の子犬）、子息のアーサーにはアルバムを贈られた（宮内

庁『昭和天皇実録 第十』東京書籍・二〇一七年)。

2　教誨師花山信勝とA級戦犯

十二月二十一日(火曜日)夕刻、死刑判決を受けた七名のA級戦犯に執行の日時が言い渡された。巣鴨プリズンの所長モーリス・C・ハンドワーク大佐(Morris C. Handwork・一八九一~一九六七年)は、通訳を介して「昭和二十三年十二月二十三日午前零時一分、巣鴨拘置所において執行す」と伝達した(花山信勝『平和の発見』朝日新聞社・初版一九四九年・オクターブ・二〇一七年)。

巣鴨プリズンで教誨師《きょうかいし》をしていた浄土真宗本願寺派の僧侶花山信勝《はなやましんしょう》(一八九八~一九九五年・東京帝国大学教授・石川県金沢市にある宗林寺十二代)は、通告から執行まで死刑囚の精神的な助言者として接することが許された。花山僧侶は、『聖徳太子御製《ぎょせい》法華《ほけ》経《きょう》義疏《ぎしょ》の研究』が高く評価され、帝国学士院恩賜賞を授与され、文学博士の学位も兼ね備えていた。「英語が話せ、特定の宗派に偏らず、年齢が若い」というGHQが求める条件に最適の人物だった。教誨師の花山僧侶は、ひとりひとりに面談し、心の安寧《あんねい》を共に願い、家族への伝言や最後の希望を聞き入れた(花山勝道「父の背中 花山信勝」『北国文華』第二一号・二〇〇四年・註・宗林寺の地下室には花山僧侶が集めた東京裁判の資料が展示されている)。

絞首台に上る十二月二十三日、戦犯者は二組に分けられた。巣鴨プリズンには死刑台が五基しかなかったので、二回に分けて死刑を執行するためだ。

一組目の土肥原賢治、松井石根、東條英機、武藤章が米軍の作業衣姿で独房から、花山僧侶のいる仏間に降りてきた。花山僧侶は仏前で線香を焚き、彼らに一本ずつ手渡し、香《こう》爐《ろ》に線香を立てさせた。そして、土肥原から順に仏前で奉書《ほうしょ》に筆で「署名」をしてもらった。これが、彼らにとって絶筆となる。

自殺や暴力を防ぐため、彼らの両手には手錠が掛けられ猿革ベルトがついていた。厚い猿革ベルトは、四人のズボンのベルトあたりに巻かれ頑丈な革でできており、臍《へそ》のあたりに鋼鉄の輪があり、その輪に四人の手錠が鍵でかけられている。両手はみぞおちまでしか上がらない。

花山僧侶はコップ一杯の葡萄酒《ぶどうしゅ》を口につけるようにして飲ませてあげた。彼らが飲んだ最後の葡萄酒は、「ノヴィティエイト」(Novitiate)という聖餐《せいさん》式用の赤ワイン。ノヴィティエイトとは、「修練院」という意味。

カトリックの典礼で用いられる赤ワインを飲み終えた後、一人ずつ水を酌《く》み交わした。永遠の別れの水盃《みずさかずき》。

花山僧侶は、最後に浄土真宗のお経「三誓偈《さんせいげ》」を高らかに読み上げ、四人は頭を下げて、瞑目《めいもく》して聞き入った。

A級戦犯が飲んだ最後の葡萄酒（宗林寺にて岡崎撮影）

我《が》建《ごん》超《ちょう》世《せ》願《がん》　必《ひっ》至《し》無《む》上道《じょうどう》
斯《し》願《がん》不《ふ》満足《まんぞく》　誓《せい》不《ふ》成正覚《じょうしょうがく》
我《が》於《お》無《む》量劫《りょうこう》　不《ふ》為《い》大《だい》施《せ》主《しゅ》
普《ふ》済《さい》諸《しょ》貧《びん》苦《ぐ》　誓《せい》不《ふ》成正覚《じょうしょうがく》
……（略）……
斯《し》願《がん》若《にゃっ》剋《こっ》果《か》　大《だい》千《せん》応《おう》感動《かんどう》
虚《こ》空《くう》諸《しょ》天《てん》人《にん》　当《とう》雨《う》珍《ちん》妙《みょう》華《け》

死地に赴く彼らは「非常に有難うございました、結構でした」とお礼を述べた。

ほどなく「万歳」をしようという声が誰かの口から出て、東條英機が「松井さんに」と促し、年長者であった松井石根が音頭《おんど》を取って、「天皇陛下万歳、大日本帝国万歳」と三唱。

そして、彼ら四人は、看視の下士官たちに「御苦労さん、ありがとう」と伝えると、それに感激した将校たちは歩みよって握手を交わす。

土肥原、松井、東條、武藤の順で整列。両脇には看守、将校が二〜三名付き添い、静かに中庭を歩いて絞首台に向かう。その間、二分間ほど。東條英機の「念仏」の声が絶えない。東條は最後まで健康に気を配っていた。生き恥を再び晒したくなかった。風邪を引いたり、熱が出たりして、階段が上れなかったというような屈辱だけは避けたかった。

刑場の入口（コンクリート塀）で、花山僧侶は隊列から離れ、四人の手を一人ずつ握り「御機嫌よろしう」と最後の別れを告げたところ、「いろいろ御世話になって、有難う。どうか、また家族をよろしく願います」と微笑みながら、彼らは刑場に向かった。死刑台の上では四人とも、最後の「南無阿弥陀仏《なむあみだぶつ》」を唱える。東條の念仏の声が大きい（花山『平和の発見』・花山信勝『太平洋戦争とお念仏』国際真宗学会・一九八六年）。

一組目の処刑執行。

土肥原賢二（六十五歳・陸軍大将・満洲事変の計画に参加・日中戦争推進）
松井　石根（七〇歳・陸軍大将・南京大虐殺の罪）
東條　英機（六十四歳・陸軍大将・真珠湾攻撃・日米開戦の責任）
武藤　章（五十六歳・陸軍中将・日中戦争・日米開戦を積極的に支持）

立会人の米国国務省からGHQへ派遣されたシーボルト政治顧問は、処刑執行の光景を描写している。

「彼らは階段を登って壇の上にあがった。それから四つの落し戸の上に、歩を進めた。彼らはそこに立って、重い沈黙のうちに、われわれと向い合った。もう一度、氏名の確認が行われた。黒い頭巾《ずきん》が、彼らの頭にかぶせられた。綱《つな》と環《わ》をたしかめると、死刑執行官が、戦犯の死刑執行の準備が完了した旨を報告した。ただ一言鳴りひびいた。

『始め！』

直ちに、四つの落し戸が、ライフルの一斉射撃のような音をたてて、同時にはね反った。医師が一人、一つ一つの体にさわり、聴心器《ママ》で心臓の鼓動を調べた。医師長が続いて四つの遺体を点検し、やがて『この人の死を宣言す』と報告した」（シーボルト『日本占領外交の回想』）。

3　万歳三唱

一組目を見送った花山僧侶は、すぐさま二組目の支度《したく》にとりかかる。

手錠を掛けられた板垣征四郎、広田弘毅、木村兵太郎がくると、広田は真面目な顔で、「今、マンザイをやってたんでしょう」と質問した。「マンザイ？　いや、そんなものはやりませんよ。どこか、隣の棟からでも、聞こえたのではありませんか」と花山僧侶も真面目に返答する。

「いや、そんなことはないが……」

ひとまず花山僧侶は一組目と同じように線香を立て、筆で署名をしてもらい、「三誓偈《さんせいげ》」を読んだ。このとき、広田が再びこのお経の後で、「マンザイをやったんじゃないか」と問いかける。花山僧侶もようやく気がついて、「ああバンザイですか、バンザイはやりましたよ」と頷《うなず》く。

ようやく「マンザイ」が「バンザイ」だとわかって、広田は板垣に「あなた、おやりなさい」と音頭を取るようにすすめた。

一同は、大きな割れるような声で「天皇陛下万歳」と三唱。

手錠が掛かって不自由なので、手を上げることもできない。

それから、同じように葡萄酒を飲み、水盃を交わした。花山僧侶が三人に飲ませてあげた。

死地へ向かう三人は列になって刑場へ進み、花山僧侶は入口で別れた。木村は頭を何度も下げ、微笑みを浮かべ「どうか、家内たちをよろしくお願いいたします。お世話になりました」と最後の挨拶をした（花山『平和の発見』）。

二組目の処刑執行。

板垣征四郎（六十三歳・陸軍大将・満洲事変の計画と推進）

広田　弘毅（七〇歳・元首相・侵略戦争を積極的に謀議・文官としてただ一人、死刑。静子夫人は、東京裁判が始まった十五日後、昭和二十一年五月十八日に服毒自殺）

木村兵太郎（六〇歳・陸軍大将・戦争推進の罪）

再び立会人シーボルトの記録。

「三人の戦犯からなる第二のグループが、最初と同じ様子で死刑執行室へつれてこられた。板垣、広田、木村の順だった。前と同様に足をひきずるように歩き、同様に沈黙し、意味のわからぬことをつぶやき、また同様に絶望の様子だった。彼らが私の前を通りすぎるとき、広田は頭をこちらに向けて、私の両眼をしげしげと見つめた。その眼差しは、私に同情と理解とを訴えているようにも思われた。時計のような正確さで、落とし戸がはね返り、医師長が最後の判定を叫んだ。『この人の死を宣言する』と」（シーボルト『日本占領外交の回想』）。

巣鴨プリズンのハンドワーク所長は、二人の軍医と四人の医療部隊の職員を執行に立ち会わせていた。医官は、死亡証明書を用意し、死刑囚各人につき一枚ずつの謄本《とうほん》を執行報告書に添付。死刑囚の指紋は、遺体の最終処分前に押捺《おうなつ》された。後に、身代わりであったという疑念を払拭するためだ（永田「A級戦犯の死刑執行手順書」）。

午前零時三十五分、執行は終了。

仏間にもどって後片付けをしていた花山僧侶に「もう入ってもいい」と声がかかった。刑場に立ち入った花山僧侶の前には、七つの寝棺《ねかん》が用意されており、冥福を祈るために親鸞聖人が阿弥陀如来《あみだにょらい》に救われた喜びを綴ったお経「正信偈《しょうしんげ》」を読み上げた。

帰命無量寿如来《きみょうむりょうじゅにょらい》
南無不可思議光《なむふかしぎこう》
法蔵菩薩因位時《ほうぞうぼさついんにじ》
……（略）……
道俗時衆共同心《どうぞくじしゅぐどうしん》
唯可信斯高僧説《ゆいかしんしこうそうせつ》

刑場内は、跡始末であわただしく人が往来していたものの、七人の棺と花山僧侶のあいだを通ったり、遮《さえぎ》ったりするものは一人もいなかった（花山『平和の発見』）。処刑が行われた日の朝、日本各地の神社仏閣や教会の鐘が鳴りわたり、鎮魂の祈りが捧げられた。

巣鴨の絞首台の跡には、経済大国日本のキラキラと輝く享楽の館「サンシャインシティ」が建っている。その一角にある東池袋中央公園には「永久平和を願って」と慰霊碑が佇《たたず》む。

4　遺骨の行方

親族たちは遺体の引き取りを願っていたが、GHQは拒否。A級戦犯処刑者たちが神格化され、軍国主義の復活に利用されるのを恐れたからだ。遺族たちには、花山僧侶を通じて、髪の毛や爪や足の皮や入歯などが渡されたのみだった。

処刑された者の中には遺言を託した者もいる。

関東軍参謀長を務め、ビルマ方面軍司令官であった木村兵太郎は、娘の百合子《ゆりこ》に対して、「いつまでもあると思うな親と金、ないと思うな運と災難。百合子は朗らかな美しい笑いの中心として常に家の中を、まず朝起きてから一番はじめに直ちに春風を吹かせ、一同を朗らかにしてくれ。愛は万事に勝つ、敬《けい》は秩序を保つ、礼は世界を飾る花輪なり。信は力なり。ものは貧しくとも、常に心を豊にせよ。愚痴は曇る、感謝は晴れる。何事も心の持ちよう一つ。心こそ一番大事である」と伝えた（花山『平和の発見』）。

絞首刑で黄泉の国へと旅だった彼らの遺体は、七つの棺に納められ、その日のうちに二台の大型トラックで巣鴨プリズンから横浜の久保山火葬場（現在の「久保山斎場」）に朝の七時頃に持ち込まれた。久保山火葬場は、米軍関係者の死者を火葬するためＧＨＱに接収されており、火葬場の周辺は武装した米兵が厳重に警備にあたっていた。

日本人で火葬場のなかに入れたのは、久保山火葬場の飛田美善《ひだびぜん》（生没年不明）と火夫三名のみ。午前八時一〇分に釜の扉が開けられ、棺が並べられて火がつけられた。広田弘毅の棺には、血の流れた痕がびっしりとついていた。痩せていた松井大将は早く焼けたが、太っていた武藤中将は焼けるのに時間がかかった。全部の遺体が焼け終わるのに一時間三〇分ほどかかり茶毘《だび》に付された（火葬された殉難者の遺骨残灰埋葬地には「供養塔」が後に建立された）。

火葬場長の飛田美善は、七人の遺骨をそれぞれ骨壺《こつつぼ》に入れて焼却炉の裏側に隠した。しかし、日頃の習慣で線香を供えてしまったので、その香と煙で監視の米兵に見つかってしまう。米兵は骨壺を取り上げ、遺骨を鉢《はち》の中に出し、鉄の棒で骨を細かく砕いた。粉砕された遺骨は、東京湾に捨てられたと云われてきた。

しかし、米国の公文書から新事実が明るみに出た。粉砕された遺骨は、久保山火葬場から横浜に司令部を置く米第八軍の滑走路に運ばれ、連絡機に積み込まれ太平洋へと飛び立つ。横浜から東、約四十八キロメートル離れた地点で広範囲にわたり散骨された（「Ａ級戦犯 太平洋に散骨」『朝日新聞』二〇二一年六月八日・註・日本大学講師髙澤弘明の研究調査に基づく業績)。

火葬場長の飛田は、米兵が遺骸の一部をコンクリートの穴(骨捨場)に捨てるのを見ていた。米兵が遺骨を箱につめる際、くだけた細骨《ほそぼね》や骨粉《こっぷん》を捨てていたのだ。骨捨場は、周囲約二七〇センチメートルで三メートルほどの深さ。

飛田場長は、三文字正平《さんもんじしょうへい》(小磯國昭の弁護人を担当・小磯は東京裁判で終身刑・服役中に死去)と火葬場の隣にあった興禅寺住職の市川伊雄《いちかわいゆう》(一九〇三〜一九六七年・曹洞宗)にこの事実を報告した。興禅寺の市川住職と三文字弁護士は旧知の仲であり、飛田場長は三文字弁護士から遺骨を奪還《だっかん》してほしいと事前に頼まれていたのだ。

飛田場長は、「これまで米軍関係の死体を、すべて久保山火葬場でだびに付する仕事を、ずっと受けもってまいりましたので、幸い、アメリカ人火葬の指揮官である大佐ともかなり親しい関係にありますから、なんとか彼らの隙を見て、東條さん以下の方々の遺骨の一部を必ず保留いたしましょう」と計画を練る(林逸郎編『敗者』二見書房・一九六〇年)。

米兵に遺骨を奪われ、粉々にされた骨に義憤《ぎふん》に駆られた三人は、再度、遺灰を奪回しようと試みる。ＧＨＱに見つかれば、厳罰に問われることは免れない。十二月二十六日(日曜日)の真夜中、黒マントに身を包んだ三人は、荒野に野犬の鳴き声が響き渡るなか、警戒網を潜りぬけ、一握りほどの骨灰と細かな骨をかき集めた。骨捨場が三メートルの深さがあるので、四メートルほどの火かき棒を二本用意し、その先端に空き缶を結びつけて遺骨を回収した(三文字正平「東京裁判」『別冊正論』第二六号・二〇一六年)。

回収した遺骨は、湿気をとるため再度焼き、市川住職の興禅寺に一時的に隠す。GHQにA級戦犯の遺骨を回収したことが漏れるのを恐れて、三文字弁護士の戦死した甥(正輔)の名前で一九四九(昭和二十四)年四月まで保管された。その後、この遺骨は数奇な運命に導かれて、松井石根に所縁《ゆかり》のある熱海伊豆山の興亜観音に安置されることになる。

5　松井石根陸軍大将と興亜観音

A級戦犯で処刑された松井石根陸軍大将は、一九四一年の日米開戦の前、「支那事変」(一九三七年)で亡くなった戦没者を、敵味方に関わらず供養・慰霊するため一九四〇(昭和十五)年二月に「興亜観音」(高さ三・三メートル、推定重量六〇〇キロ)を建立した人物だ。日中両軍の激戦地であった南京の土をわざわざ取り寄せ、赤銅色の観音像を造立した。

興亜観音の鋳造《ちゅうぞう》に精魂を込めたのは、愛知県常滑市出身の陶製仏像作家・柴山清風《しばやませいふう》(一九〇一～一九六九年)。粘土に含まれる鉄分を赤く発色させる朱泥《しゅでい》は、常滑焼《とこなめやき》の特徴である。柴山清風は戦時中から無償で「千体観音」や「弾除け観音」を配り、生涯で九三三体の観音像を製作した名工《めいこう》。戦地に赴いた兵士の間では、「弾除け観音」や「観音お守り」を身につける「観音信仰」が広がっていた。

松井石根がしたためた興亜観音の縁起《えんぎ》（由来）には、「支那事変は友隣《ゆうりん》相撃ちて莫大の生命を喪滅《そうめつ》す実に千載《せんざい》の悲惨事なり……茲《ここ》に此等の霊を弔《とむら》ふ為に、被我の戦地に染みたる江南地方各戦場の土を獲り、施無畏者慈眼視衆生《せむいしゃじげんししゅじょう》の観音菩薩の像を建立し、此《こ》の功徳を以って永く怨親平等《おんしんびょうどう》に回向《えこう》し、諸人と倶《とも》に彼の観音力を念じ、東亜の大光明を仰がんことを祈る」と彫ってある（伊丹忍礼「興亜観音のいわれ」興亜観音パンフレット）。

松井石根は、明治の元勲・乃木希典《のぎまれすけ》（一八四九～一九一二年）を敬慕《けいぼ》しており、乃木を見ならって勇敢に戦った敵将も讃《たた》えるべきだと考えていた。

興亜観音の本堂の祭壇には、中央に「観音菩薩・松井将軍部下戦死霊名」、右側に「支那事變日本戦没者霊位」、左側に「支那事變中華戦没者霊位」が祀られ、日本人と中国人を分け隔てることなく冥福が祈念されている。

興亜観音は、激戦地・南京に向かって合掌している。A級戦犯の絞首刑が執行される十九日前の十二月四日（土曜日）、松井石根は巣鴨プリズンの獄中で花山僧侶に「南京事件」の感慨を漏らしていた。

南京事件ではお恥しい限りです。南京入城の後、慰霊祭の時に、シナ人の死者も一しょにと私が申したところ、参謀長以下何も分らんから、日本軍の士気に関するでしょうといって、師団長をはじめあんなことをしたのだ。私は『日露戦争』の時、大尉として従軍したが、その当時の師団長と、今度の師団長などと比べてみると、問題にならんほど悪いですね。『日露戦争』の時は、シナ人に対してはもちろんだが、ロシア人に対しても、俘虜《ふりょ》の取扱い、その他よくいっていた。今度は、そういかなかった。政府当局ではそう考えたわけではなかったろうが、武士道とか人道とかいう点では、当時とは全く変わっておった。慰霊祭の直後、私は皆を集めて軍総司令官として泣いて怒った。その時は朝香宮（註・朝香宮鳩彦王《あさかのみややすひこおう》・一八八七～一九八一年）もおられ、柳川中将（註・柳川平助《やながわへいすけ》・一八七九～一九四五年）も方面軍司令官だったが。折角《せっかく》皇威を輝かしたのに、あの兵の暴行によって一挙にしてそれを落としてしまった、と。ところが、このことのあとで、みなが笑った。甚《はなは》だしいのは、或る師団長の如きは『あたり前ですよ』とさえ言った。従って、私だけでもこういう結果になるということは、当時の軍人達に一人でも多く、深い反省を与えるという意味で大変に嬉しい。折角こうなったのだから、このまま往生したいと思っている（花山『平和の発見』）。

6　絞首刑七士之碑

A級戦犯の身内として、冷遇と嘲《あざけ》りの眼差しの日々を過ごしていた遺族が興亜観音を訪れる機会がやってきた。一九四九（昭和二十四）年五月三日（火曜日）、三文字弁護士が東條英機、武藤章の未亡人を連れて訪問した。敗戦後、興亜観音の敷地は松井夫妻の自宅と兼用されており、松井夫人も同席。

三文字弁護士は遺灰の真相を説明し、「七人の遺骨を、改めて七ツの骨壺に分け納めて、それぞれの遺族の方々にお分け」したいと申し出た。東條勝子夫人（一八九〇〜一九八二年・東條英機との間に七人の子どもを生んだ）は「涙のでるほど嬉しく思います」「今すぐにでも御遺骨をいただきたいのは山々でございます」と感謝したが、「もしも遺骨のあることが他所へもれましたら、それこそ取り返しのつかない、大変な御迷惑を先生やご住職、飛田さんという方にまでおかけすることになります。万一、そのようなことがあったら、遺族として申訳ございません。どうか、いまはこのまま遺骨はないものとして、どこかにおあずけしておきまして、時機のくるのを待って――そういう時機がまいりましたら、分けていただきたい」と願い出た（林『敗者』）。

東條勝子の懇願を受け入れた遺族らは、興亜観音の伊丹忍礼《たみにんれい》住職に「知り合いの方の遺骨だが時期が来るまで秘蔵しておいて欲しい」と願い出て、伊丹住職もこの申し出を快く受け入れた。伊丹住職は、自分の家族にも骨壺を秘密にし、本堂の床下や礼拝堂など隠し場所を頻繁に変えて、遺灰を守り続けた。

それから十年以上経ち、日本が独立し復興を遂げていた一九五九（昭和三十四）年、隠し立てをせず、祈りと鎮魂の念を捧げる日が到来した。興亜観音に「七士之碑」が建立され、遺骨が納められたのだ。

「七士之碑」の碑文《ひぶん》を書いたのは元総理大臣の吉田茂。歴史の悪戯《いたずら》としか言いようがない。吉田茂は東京裁判でGHQに外務省の極秘史料を提供し、己の権力を高めるために、媚《こ》びを売った男だ。吉田茂に碑文を書かれた七人は浮かばれないだろう。

松井石根が絞首刑の直前に残した言葉は、はたして吉田茂に届いたのだろうか。

天地《あめつち》も人もうらみず一すじに無畏《むい》を念じて安らけく逝く
いきにえに尽くる命は惜かれど国に捧げて残りし身なれば
世の人に残さばやと思ふ言の葉は自他平等に誠の心

衆生《しゅうじょう》皆《みな》姑息《こそく》
正気《しょうき》払神州《じんしゅうをはろう》
無為《むい》観音力《かんのんりき》
普明《ふみょう》昭《しょう》亜洲《あしゅう》

（花山『平和の発見』）

《参考文献》

・伊丹忍礼「興亜観音のいわれ」興亜観音パンフレット
・ウィリアム・シーボルト『日本占領外交の回想』野末賢三訳・朝日新聞社・一九六六年
・宮内庁『昭和天皇実録　第十』東京書籍・二〇一七年
・黒岩徹「興亜観音と昭和殉難者たち」『別冊正論』第二四号・二〇一五年
・興亜観音公式ホームページ（http://www.koakannon.org/）
・三文字正平「東京裁判――極東軍事裁判の欺瞞と刑死した七士遺骨を奪還した義憤」『別冊正論』第二六号・二〇一六年
・永田憲史「A級戦犯の死刑執行手順書」『關西大學法學論集』第六三巻五号・二〇一四年
・西鋭夫『國破れてマッカーサー』中央公論社・一九九八年
・花山信勝『平和の発見――巣鴨の生と死の記録』オクターブ・二〇一七年
・花山信勝『太平洋戦争とお念仏』国際真宗学会・一九八六年
・花山勝道「父の背中　花山信勝」『北国文華』第二一号・二〇〇四年
・林逸郎編『敗者――東条英機夫人他戦犯遺族の手記』二見書房・一九六〇年
・「A級戦犯　太平洋に散骨」『朝日新聞』二〇二一年六月八日

Ⅶ　A級戦犯保釈と戦後日本

1　冷戦と東京裁判

一九四七（昭和二十二）年六月末、米国務省の政策企画室長を務めるソ連分析の権威ジョージ・F・ケナン（George F. Kennan・一九〇四～二〇〇五年）が『フォーリン・アフェアーズ』（*Foreign Affairs*）に匿名《とくめい》で「ソヴィエトの行動と源泉」（通称「X論文」）を投稿して、ソ連の危険性を警告した。

米ソの共通の敵であった「日本帝国」が崩壊したことで、米ソの関係に深い溝が生まれたのだ。地政学的にも、日本の領土であった朝鮮半島や台湾やアジアに勃発した「力の空白」をめぐり米ソが激突する。ソ連は「潜在覇権国」として台頭し、ソ連の脅威が世界中に広がりを見せた。米国は「力の空白」であるヨーロッパと北東アジアで国益を確保するためソ連を敵視し、世界を二極化する「冷戦」が始まった。

ケナンは東京裁判が長引いていることに苛立っていた。国家による戦争責任をどこまで個人が負うべきかをケナンは疑問視し、「公僕《こうぼく》として個人が国家のためにする仕事について国際的な犯罪はない。国家自身はその政策に責任がある。戦争の勝ち負けが国家の裁判である」と冷徹《れいてつ》な分析をしている（片岡鉄哉『日本永久占領』講談社・一九九九年）。

GHQ内部でも、東京裁判への不満が募《つの》る。反共主義者のチャールズ・A・ウィロビー少将の率いる参謀第二部（G―2）にとって、日本の保守派は大いに利用価値があった。共産主義を殲滅《せんめつ》したいウィロビーは、旧日本軍人の人脈や諜報を喉《のど》から手が出るほど欲しい。

ウィロビーは、A級戦犯の保釈勧告を行う。米国の寛大さを示し、日本を反米化させないためだ。米国の自由主義陣営に日本を留めたい。冷戦がいまにも熱い戦争へと噴き出そうとしており、米国政府は東京裁判そのものに関心を失っていた。裁判の長期化に伴い、保釈が相次ぐようになる。

「阿片売買」で暴利《ぼうり》を稼いでいた三井物産と三菱商事の責任もうやむやになった。三井の池田茂彬《いけだせいひん》（一八六七～一九五〇年・大蔵大臣兼商工大臣・枢密顧問官・三井合名会社筆頭常務理事）や三菱の郷古潔《ごうこきよし》（一八八二～一九六一年・東條内閣顧問・軍需省顧問・三菱重工業社長）などの財界人は、巣鴨プリズンから保釈された。

2　A級戦犯容疑者の釈放

巣鴨プリズンには、裁判を待っているA級戦犯容疑者たちがいた。

ところが、アメリカの関心は共産主義に移っていたので「第二次東京裁判」は実施されない。東條英機ら七人の絞首刑が行われた翌十二月二十四日（金曜日・クリスマス・イブ）、巣鴨プリズンで寒さと恐怖で震えていたA級戦犯容疑者たちの不起訴処分が決定。彼らは釈放され、自由の身となり、シャバの空気を全身で吸った。

安倍《あべ》源基《げんき》（一八九四～一九八九年・元企画院次長・元内務大臣）
安藤紀三郎《あんどうきさぶろう》（一八七九～一九五四年・元内務大臣）
天羽《あもう》英二《えいじ》（一八八七～一九六八年・駐イタリア特命全権大使・元情報局総裁）
青木《あおき》一男《かずお》（一八八九～一九八二年・元大東亜大臣）
後藤《ごとう》文夫《ふみお》（一八八四～一九八〇年・元内務大臣・元大政翼賛会副総裁）
本多熊太郎《ほんだくまたろう》（一八七四～一九四八年・元駐華大使）
石原広一郎《いしはらひろいちろう》（一八九〇～一九七〇年・石原産業株式会社社長）
岩村《いわむら》通世《みちよ》（一八八三～一九六五年・元検事総長・元司法大臣）

岸《きし》　信介《のぶすけ》（一八九六〜一九八七年・元商工大臣）
児玉誉士夫《こだまよしお》（一九一一〜一九八四年・元児玉機関長）
葛生《くずう》　能久《よしひさ》（一八七四〜一九五八年・元黒龍会会長）
西尾《にしお》　寿造《としぞう》（一八八一〜一九六〇年・元中国派遣軍総司令官）
大川《おおかわ》　周明《しゅうめい》（一八八六〜一九五七年・思想家）
笹川《ささかわ》　良一《りょういち》（一八九九〜一九九五年・元国粋大衆党総裁）
須磨弥吉郎《すまやきちろう》（一八九二〜一九七〇年・元スペイン公使）
多田《ただ》　駿《はやお》（一八八二〜一九四八年・元華北派遣軍総司令官）
高橋《たかはし》　三吉《さんきち》（一八八二〜一九六六年・元連合艦隊兼第一艦隊司令長官・元軍事参議官）
谷《たに》　正之《まさゆき》（一八八九〜一九六二年・元内閣情報局総裁・元外務大臣）
寺島《てらじま》　健《けん》（一八八二〜一九七二年・元逓信大臣・元鉄道大臣）

検察から「きわめつけの悪党」と名指しされていた笹川良一と児玉誉士夫も保釈された。彼らは、陸軍の商業代理人として阿片やヘロインを調達していた守銭奴《しゅせんど》だ。阿片で稼いだお金はどこに消えたのか。GHQと裏取引をしたのか。

不起訴になったA級戦犯たちの中には、反共右翼として活動し、CIAに協力するようになった者もいる。命の恩人に奉仕したのだ。

「満洲の参スケ」と名高い岸信介も釈放された。一八九六（明治二十九）年、山口県生まれの岸は、東京帝大法学部を卒業後、農商務省に入省し、日本帝国の植民地・満洲へ、満洲鉄道の高級幹部として派遣された。帰国後は、一九四一（昭和十六）年十月十八日から東條英機内閣の商工大臣になり、日米開戦・真珠湾攻撃の遂行に大きく参与した。終戦直後、マッカーサーのMP（軍警察）に逮捕され、巣鴨に入牢していた。

釈放された岸は、命を助けてもらった謝意を示すためか、それとも米政府と密約でもあったのか、自分の額にA級戦犯の烙印《らくいん》を捺した米国に傾倒していった。日本が真二つに割れた一九六〇（昭和三十五）年の「安全保障条約」の締結をめぐり、岸首相は米国の戦略構想だけが最も重要であり、日本国民の気持ちは共産党と社会党による「洗脳の産物」としか見ていないように動いた。

アジアの要・日本に米軍が駐留することは、アメリカ帝国が描く理想像である。岸首相は、国民があれほど大反対をした「日米安保条約」改定を国会に警察隊まで動員して通過させた。

当時、ソ連は日本との平和条約について話し合いをしており、北方領土を返還する意図を示していたが、この日米安保条約の締結から柔軟な態度を変え、米軍が日本から撤退せねば北方四島は返さないと断言した。この膠着状態は、ソ連が崩壊し米ソ冷戦が終わり、ロシアになっても変わらず、今現在でも続いている。

岸信介は「昭和の妖怪」と呼ばれるほどの大物政治家として、一九八七（昭和六十二）年に九〇歳で亡くなるまで永田町に君臨した。

3　B・C級戦犯

A級戦犯だけでなく、B・C級戦犯として起訴された数多《あまた》の人々がいる。B・C級は、捕虜虐待、民間人の殺害、略奪などの行為をした罪を問われた。終戦と同時に、国内および外地《がいち》で捕らわれた日本人「戦犯」だ。

一九九八（平成十）年六月十三日に、五〇年を経て外務省がやっと公開した資料によれば、連合軍七ヵ国がB・C級戦犯五七〇二名を裁判にかけ、四四〇四名が有罪判決を受け、その内、九八四名が死刑にされた。

米国は、一四三名の日本人B・C級戦犯を死刑にした。イギリスは、二二三名。オーストラリア、一五三名。オランダ、二三六名。フィリピン、一七名。中国（国民政府）、一四九名。

外務省はすでに、一九五〇（昭和二十五）年四月五日現在のB・C級戦犯につき詳しい統計を発表していた。一九九八年に公開された数字とほとんど同じだ。フランスは五十二名に死刑を宣告し、二〇名を処刑した。

ソ連と中国（北京政府）で戦犯として裁かれ、死刑になった日本人の数は、未だに不明である。スターリンは、戦犯でなくとも捕虜なら殺しても問題はないと思っていた。毛沢東も自国民五〇〇〇万人以上を粛清《しゅくせい》した。彼等にとって、日本人は全員戦犯だったのだ。

4　賀屋興宣の嘆き

東京裁判で「終身禁固刑」の判決を受けた賀屋興宣《かやおきのり》（一八八九〜一九七七年・第一次近衛内閣蔵相・北支那開発株式会社総裁・東條内閣蔵相）は、「理屈はともかく日本は敗戦国である。殴られ役は要るのである。蹴飛ばされ役は要るのである。それを全く封ずるというわけにはいかない」と達観《たっかん》している。

しかし、賀屋は、戦後日本が「戦争責任」を自主判断していないと嘆《なげ》く。東京裁判には、道義的にも、法律的にも議論の余地がある。外国が判断したものではなく、戦争を実行した責任者を日本人自らが判断すべきである。この一番重要なことが、ほとんどなされなかったことが、「まことに私は日本国民として遺憾千万《いかんせんばん》なことである」と悲歎《ひたん》に暮れる（賀屋興宣『戦前・戦後八十年』経済往来社・一九七六年）。

賀屋興宣は、巣鴨プリズンで十年間服役し一九五五（昭和三〇）年に仮釈放され、政界に復帰。池田勇人内閣では、法務大臣（在任一九六三年七月〜一九六四年七月）という要職に就いた。彼は、法務大臣在任中に「死刑執行命令書」に一度もサインをしない。

賀屋興宣は、巣鴨プリズンで絞首刑に処された七名のA級戦犯、百数十名のB・C級の受刑者が黄泉《よみ》の国へ旅立つのを間近で見ており、「死刑の執行はたいがい金曜日の午前、未だ深夜」に行われ、「絞首刑者の遺体が処刑台より落ちて、処刑の瞬間に発する異様な音」が聞こえたと回想している（賀屋『戦前・戦後八十年』）。彼は、法務大臣になってからも「処刑の瞬間に発する異様な音」がトラウマになっていた。

吉田茂は、賀屋興宣が法務大臣に就任した際、巣鴨プリズンに十年も入っていた「囚人が逆にその刑務所を監督する法務大臣になるというのは、全くおかしな話ですね」とからかった（賀屋『戦前・戦後八十年』）。

事実、吉田茂は戦犯が保釈されることに否定的だった。対米関係がこじれることを恐れたからである。「戦争受刑者世話会」から直訴《じきそ》されても、「物事には時機というものがあるし、相手のあることだから」と拒否。戦争受刑者世話会の鮎川義介《あゆかわよしすけ》（弐キ参スケの一人で「日産コンツェルン」の創始者）は、吉田茂を「彼は涙のない人である」と失望した（日暮吉延『東京裁判』講談社現代新書・二〇〇八年）。

吉田茂内閣が倒れ、一九五六（昭和三十一）年に保守合同を成し遂げた鳩山一郎《はとやまいちろう》（一八八三〜一九五九年）が自由民主党の初代総裁となり、受刑者の保釈運動が活発になった。

5 だまし討ちの責任は

戦後日本は、「戦争責任」を自主判断していない。

戦争責任から逃げたのは誰だ。

真っ先に挙がる戦犯は、外務省だ。

真珠湾攻撃の前日、ワシントンの日本大使館の職員たちは、米政府に宣戦布告書を手渡すことが遅れ、「日本人、卑怯者め!」の汚名を、永遠に被せられた日本国民に対する責任をとったのか。

日本は「真珠湾騙し討ち」のレッテルを貼られた。「真珠湾攻撃」の解明こそが、日本に残されている戦争責任の追及だ。

大本営は「真珠湾攻撃」に「宣戦布告は不要」と嘯《うそぶ》いていた。しかし、外務省が「宣戦布告の必要性」を強く説いたので、しぶしぶ対米英に宣戦布告をすることになった。大本営としては、真珠湾への奇襲作戦の効果を最大限に高めるため、通告をギリギリまで引き延ばしたい。この引き延ばしが、失策を招く。

全部で十四通からなる「最後通牒《つうちょう》」のうち、最後の十四通目には「大至急」とも「至急指定」もなされていない。なぜ、英米に対する宣戦布告を明確に謳《うた》った十四通目が「大至急」ではないのか。「至急度」が下がっていれば、電報の到着が遅くなるのは当然。そのうえ、訂正電報まで送っている。タイプライターの時代、清書《せいしょ》した原稿を訂正するには、最初から打ち直さなければならない。

外務省と大本営は、在米日本大使館職員のタイプ打ち清書が間に合わなくなるような工作をしていた。東京で「最後通牒」を遅延させていたのであれば、出先の日本大使館が予定通告時刻午後一時に間に合う訳がない。外務省と大本営の戦争責任を隠すため、在米日本大使館に責任転嫁をした可能性は捨てきれない（三浦宗弘「対米開戦通告の遅延と外務省の訂正電報：第九〇三号と第九〇六号の東京発信時刻と日本大使館配達時刻」『エネルギー史研究』第三一号・二〇一六年・原口邦紘「史料紹介　昭和十六年十二月七日対米覚書伝達遅延事情に関する記録」『外交史料館報』第八号・一九九五年）。

その犠牲者となったのが一等書記官の奥村勝蔵《おくむらかつぞう》である。汚名を被る代償なのか、奥村は外務省の最高官職である外務次官に異例の昇進。奥村は外務次官を退いた後も、外務省顧問に留まり、戦争責任隠しを組織的に行った。本来なら奥村は懲戒《ちょうかい》になるべき人物だ。

この政治的隠蔽の元締めが吉田茂である。外務省が自発的に罪を告白しないように、失態した責任者の奥村をあえて外務次官に就任させたのか。吉田茂は「対米協調」ではなく、「対米追従」へと戦後日本を創り上げた。

戦後日本の立役者・吉田茂は、一九六四（昭和三十九）年に「大勲位菊花大綬章《だいくんいきっかだいじゅしょう》」を受章。勲章を貰ってから三年後、一九六七（昭和四十二）年十月二〇日（金曜日）、吉田茂は心筋梗塞で死去。日本武道館で十月三十一日（火曜日）に「国葬」が営まれた。八十九歳で没した吉田に、最高位の「大勲位菊花章頸飾《だいくんいきっかしょうけいしょく》」が贈られる。墓の中でさぞかし嬉しかったろう。

だが、喜びは打ち上げ花火のように一瞬にして消え去る。一九六八（昭和四十三）年九月二十七日（金曜日）早朝、神奈川県大磯の吉田邸に泥棒が入る。犯人たちは、風呂場の小窓をドリルで穴をあけ、ねじ込み鍵を壊して侵入。吉田茂が息を引き取った寝室に飾られていた最高位の「大勲位菊花章頸飾」をはじめ、懐中時計やカフスボタンなど合計三十四点を盗み出す（「大勲位頸飾盗まれる　故吉田邸」『朝日新聞』一九六八年九月二十八日）。

警察の調べによると、（一）吉田邸にいる四匹の犬が吠えていない、（二）祭壇《さいだん》に立てかけてある吉田茂の遺影《いえい》が裏返しにされている、（三）室内を意図的に物色した痕《あと》がみられ、単独犯なのに複数犯に偽装している、と発表。吉田邸に出入りをしていた者の犯行という見方を強めた（「鼻メガネもご難　故吉田邸」『朝日新聞』一九六八年九月二十九日）。内部の犯行か、それとも組織的な古美術を専門とした窃盗グループの仕業か。さまざまな憶測《おくそく》が流れたが、犯人は捕まらず、勲章も未だに発見されていない。迷宮入り。

欲しかった権力と名誉を極めた吉田茂。戦前の一九三二（昭和七）年九月十五日（木曜日）、イタリア特命全権大使を終えたばかりで五十四歳だった吉田茂は「華族《かぞく》」に昇格したいと「授爵《じゅしゃく》」を願い出ている。当時の日本は、「爵位《しゃくい》制度」があり、「公爵《こうしゃく》・侯爵《こうしゃく》・伯爵《はくしゃく》・子爵《ししゃく》・男爵《だんしゃく》」の五段階の爵位があった（松田敬之『〈華族爵位〉請願人名辞典』吉川弘文館・二〇一五年）。

吉田の願いは御上《おかみ》に聞き入れられたのか。

「不許可」

人を見る眼が、いかに重要かを教えてくれる教訓だ。

《参考文献》

・片岡鉄哉『日本永久占領――日米関係、隠された真実』講談社・一九九九年
・賀屋興宣『戦前・戦後八十年』経済往来社・一九七六年
・西鋭夫『國破れてマッカーサー』中央公論社・一九九八年
・原口邦紘「史料紹介 昭和十六年十二月七日対米覚書伝達遅延事情に関する記録」『外交史料館報』第八号・一九九五年
・日暮吉延『東京裁判』講談社現代新書・二〇〇八年
・松田敬之『〈華族爵位〉請願人名辞典』吉川弘文館・二〇一五年
・三浦宗弘「対米開戦通告の遅延と外務省の訂正電報：第九〇三号と第九〇六号の東京発信時刻と日本大使館配達時刻」『エネルギー史研究』第三一号・二〇一六年
・X. 1947. "The Sources of Soviet Conduct." *Foreign Affairs*, Vol.25, No.4.
・「大勲位頸飾盗まれる 故吉田邸」『朝日新聞』一九六八年九月二十八日
・「鼻メガネもご難 故吉田邸」『朝日新聞』一九六八年九月二十九日

第四章　共産党殺しの特高警察――ＧＨＱへ再就職

I　東京裁判と特高警察

1　安倍源基と岸信介

東條英機ら七人の絞首刑が行われた翌日の一九四八（昭和二十三）年十二月二十四日（金曜日）、巣鴨プリズンに拘禁されていたA級戦犯容疑者たちの不起訴処分が決定。

戦後日本で暗躍した岸信介、児玉誉士夫、笹川良一の「仲良し巣鴨三人組」の悪名に隠れて、忘れ去られた人物がいる。特高警察の元締め、安倍源基《あべげんき》だ。巣鴨プリズンから出所した十二月二十四日、源基は五十四歳。

安倍源基は、山口県出身。岸信介とは同郷で、一九一七（大正六）年に東京帝国大学法学部に一緒に入学した仲だ。二人は帝大で急接近する。源基の結婚相手を紹介したのも岸信介。「私の友人に、安倍君という人がいる。この人は、将来、必ず大臣になれる人だ」と、後に法政大学学長になる秋山雅之介《あきやままさのすけ》（一八六六〜一九三七年・朝鮮総督府参事官・法学博士）の長女・藤子《ふじこ》を紹介した。

安倍源基は、帝国大学を卒業後、内務省に採用された。一九二〇（大正九）年に内務省に採用された公務員のうち二十五名が東京帝大出身。三名が京都帝大出身。安倍の直属の上司は、南原繁《なんばらしげる》（一八八九～一九七四年）。大正デモクラシーが盛り上がっていた時代だったので、南原繁は「労働組合法」の草案作成に尽力していた。南原はドイツ語に堪能であった安倍源基の才能を見抜き、ドイツの労働組合の調査を手伝わせた。南原は、内務省に約七年間奉職した後、研究実績がないにもかかわらず、伝手《つて》を頼って東京帝国大学の助教授に転身。敗戦後、彼は東京帝大総長に就任し、教育改革の指導者となる（石田雄「南原先生と内務省時代」丸山真男、福田歓一編『回想の南原繁』岩波書店・一九七五年・丸山真男、福田歓一編『聞き書 南原繁回顧録』東京大学出版会・一九八九年）。

内務省に入った安倍源基の最初の仕事は、ウラジーミル・レーニン（Vladimir Lenin・一八七〇～一九二四年）が一九一七年に執筆した『国家と革命』を日本語に翻訳することだった。『国家と革命』は日本では禁書だ。翻訳に手こずるが、語学力の秀でた源基は翻訳を完成させた。事務官の検閲を経て、『国家と革命』は「秘」の印がつけられ内務省警保局の名で執務用の参考資料として職員の間で配布された。「出版の検閲」は厳重であり、当時の世相《せそう》では販売すべき本ではないのは明らかだ（内政史研究会編『安倍源基氏談話速記録』内政史研究会・一九六七年・安倍源基他『思い出の記』静岡新聞社・二〇〇〇年）。

レーニンは、共産主義革命を貫徹させるには、武装蜂起すべきだと鼓舞《こぶ》した。レーニンは、議会で意見を戦わせて、多数決で政権を奪取するという考え方は無益であり、労働者が政治権力を握るには、国家権力の暴力的機関である警察・軍隊・裁判所を粉砕すべしと説いた。さらに、ブルジョア（資本家階級）による経済制度を廃止し、財産を没収せしめ、人民が資本を共有するにはプロレタリア階級による独裁的な権力が不可欠であると主張した（治安問題研究会編『新・日本共産党101問』立花書房・二〇一二年）。

内務省の若い役人にとって、特高警察に抜擢《ばってき》されることはエリートコースへの道だ。安倍源基は、新設された特別高等警察部の初代部長に任命された。特高警察は、戦争という「時代の落とし子」である。「戦争反対」「非戦」「政府打倒」を唱える危険人物、とくに共産党員を監視して弾圧した。

一九三七（昭和十二）年、出世街道を突き進んでいた安倍源基は、四十三歳のとき警視総監に就任。日本の敗戦に至るまで、「治安維持法」を厳格なまでに運用した。一九四五（昭和二〇）年八月の終戦時、安倍は鈴木貫太郎内閣の内務大臣として、権力の中枢にいた。運命か、出世街道を走っていた安倍は、竹馬《ちくば》の友である岸信介と共に「A級戦犯」として巣鴨プリズンで暮らす。

2　安倍源基の『巣鴨日記』

一九四五年十二月下旬から翌年四月上旬にかけて、巣鴨プリズンで安倍源基への尋問《じんもん》が行われた。源基は、検事から密告者になれと誘いをうける。東京裁判で検察の味方につき「証人業」とまで揶揄《やゆ》された田中隆吉《たなかりゆうきち》のように、彼は検察に協力したのか。

源基が巣鴨プリズンのなかで書き残した日記には、「田中は兵務局長時代頭が少し変になつて職を退《しりぞ》いた男で家系にも精神病の血が交つて居ると聞いて居たが、終戦後は親分宇垣大将をかつぎ廻る傍《かたわ》らキーナン主席検事の手先となり贅沢な生活をしてゐるとの噂が専《もっぱ》らであつた。彼は青年将校時代から政治を談ずる所謂《いわゆる》急進派で支那事変にも責任がある。今更ら知らぬ顔して検事の手先になり、ある事ない事をつきまぜて法廷で暴露するなど到底常識を以つては判断出来ぬ」と記されている（安倍源基『巣鴨日記』展転社・一九九二年）。

米検事は、通訳の日系二世を伴って、源基を尋問する。

検事：君を日本のヒムラーだという人があるが聞いたことがあるか？

安倍：聞かない。若《も》しそんなことを言う人があれば共産党員であろう。特高部長当時私は力を持っていたにしても、やめた後は特高方面に何等《なんら》の力はないから、日本には独逸《ドイツ》のヒムラーのような人物は生まれない。
検事：やめたら力がないというのはどういう訳か？
安倍：独逸ではナチという一国一党の組織があった。従ってナチの幹部は役人であると否とに拘らず国政上に力をもっていた。然るに日本ではそんな組織はないから、役人をやめれば役所に対して影響力はなくなる。
検事：思想統制に賛成か、反対か？
安倍：反対である。然《しか》し法令で思想統制が規定してあれば、その法令を執行するのは官吏《かんり》の当然の義務である。国民もまたこれを守る義務がある。
検事：思想統制に反対というが、何故君は治安維持法を作ったか？
安倍：治安維持法制定には私は全然関係がない。これは一九二五年（註・大正十四年）議会の協賛を経て法律として公布されたものである。
検事：それでは誰が作ったのか？
安倍：よく知らぬ。当時私は高知県庁で産業課長をしていたので知らぬ。
検事：産業課長というのは知事から何番目の地位か？
安倍：何番目かはっきり判らぬが、知事の下に部長が三人おり、部長の下に多数の課長がいた。

通訳：詳しく言ってください。治安維持法はあなたが作ったことになっているのだから。

安倍：一九二五年当時の内閣をお調べになれば判る。当時の司法大臣が法律発案の責任者で、閣議決定を経、さらに議会の決議を経て法律となったものである（大村立三、土谷文基編『安倍源基伝』非売品・一九九三年）。

検事は、安倍源基が「治安維持法」を制定し、ナチス・ドイツのヒムラーと同じような極悪人だと考えていた。ところが、「治安維持法」が内閣によって立案されたとすれば、安倍源基は「法治主義」に則り、職務を忠実に執行したに過ぎないことになる。思わぬ反論をされて認識を改めはじめた検事は、次の手を打ってくる。

検事：君は政治上のことが非常に詳しいから、公正な裁判をするために、我々検事を助けては呉れまいか？

安倍：否。

検事：何故援助出来ぬか？

安倍：そんな気持ちになれぬ（大村、土谷編『安倍源基伝』）。

検事の顔は険しくなり、不機嫌になる。
「政治上の事情はよく知らぬから」という断り方もあったが、後の祭りであった。源基は「検事から協力を頼まれ誘惑を受けたとき、もし心が動揺して検事の心に従っていたとすれば、恐らく私は早期に釈放されたと思われる。しかしその反面、友人を売り、先輩を売り、或いは国を売った恥知らずの卑怯者として私の一生は台無しになったであろう。現にそのような邪道《じゃどう》に陥った人もいる」と振り返っている（大村、土谷編『安倍源基伝』）。

3　好好爺・安倍源基

東京裁判も佳境《かきょう》に入り、一九四八（昭和二十三）年十一月に判決が下る。A級戦犯の七名に絞首刑の判決が言い渡された日、安倍源基は獄中で和歌をしたためた。

戦の責ことごとく身に負いて
　友等は重く罪せられたり

刑受けし友の面影目に浮かぶ
　心悲しも秋の夕暮

罪されし友の妻子は哀れなり
　泣き明すらむ秋の今宵を

いたわしや判決聞ける今日の夜の
　友の妻子の心思ほゆ

（安倍他『思い出の記』）

田中隆吉と比べて、仲間をかばい続け、Ａ級戦犯の死を悼《いた》んだ安倍源基が高潔で立派な人物のように映る。晩年、源基は「私は部下を使うに当り、部下が誠実にやった以上は、いくら失敗しても責任はおれが負う」「その代り手柄《てがら》は部下にやる」「部下に責任をなすりつけたことは一度もない」と男気をみせている（内政史研究会編『安倍源基氏談話速記録』）。

東京裁判から四〇年以上の歳月がすぎた一九八九（平成元）年十月六日（金曜日）の早朝、安倍源基は入院先の警察病院にて心不全で亡くなる。九十五歳、長寿を全うした。

源基の友人は、「赤狩りの安倍などと仇敵《あだがたき》視され、ナチスのヒムラーと対比されたこともある安倍先生は個人的には物柔かで、釣糸を垂れながら、ときには鼻歌などもハミングする飄々《ひょうひょう》とした好好爺であった」と追悼文を寄せている（越前屋正「壺中有天」大村、土谷編『安倍源基伝』)。

家族や親友の証言は、美化されがちだ。「回顧録」には自分に都合のよい内容しか書かない。美談には裏がある。穢《きたな》い悪行を覆い隠すために、虚像が創られがちだ。歴史の改竄《かいざん》は行われたのか。

安倍源基をトップとする特高警察は、いかにして共産党を取り締まったのか。特高警察に捕まった共産党員は、獄中で何を綴ったのか。彼らの信念は拷問され脆《もろ》くも崩れ去り「転向」したのか。それとも、信条を貫いたか。

スタンフォード大学フーヴァー研究所に保存されている極秘史料から日本が戦争国家・思想統制国家へ突入していった時、特高警察と共産党の壮絶なイデオロギー戦を浮き彫りにし、戦後日本に根強く残る特高警察の実像を追う。

《参考文献》

・安倍源基、藤子、基雄『思い出の記』静岡新聞社・二〇〇〇年
・安倍源基『巣鴨日記』展転社・一九九二年
・大村立三、土谷文基編『安倍源基伝』非売品・一九九三年
・清瀬一郎『秘録 東京裁判』中公文庫・一九八六年
・治安問題研究会編『新・日本共産党101問』立花書房・二〇一二年
・内政史研究会編『安倍源基氏談話速記録』内政史研究会・一九六七年
・西鋭夫『國破れてマッカーサー』中央公論社・一九九八年
・丸山真男、福田歓一編『回想の南原繁』岩波書店・一九七五年
・丸山真男、福田歓一編『聞き書 南原繁回顧録』東京大学出版会・一九八九年

Ⅱ　小林多喜二撲殺　一九三三（昭和八）年

1　『蟹工船』と不敬罪

労働者の過酷な生活を劇的に描いた小林多喜二《こばやしたきじ》（一九〇三〜一九三三年）の『蟹工船』（一九二九年作）は、文学史に燦然《さんぜん》と輝く。蟹工船とは、荒波のオホーツク海やカムチャツカ半島沖でたらば蟹を獲り、船内の工場で輸出用の高価な蟹缶詰を製造する船だ。低賃金で働く労働者と劣悪な労働環境が『蟹工船』の主役と舞台。出版から半年で、四万冊売れた大ベストセラー。海外でも翻訳された。現在でも読まれている。

二十六歳でこの小説を書いた多喜二は、秋田県の小さな村（現・大館市）の赤貧《せきひん》農家に生まれた。家族は秋田で生活が成り立たず、多喜二が四歳の時、北海道・小樽《おたる》で繁盛していたパン屋を営んでいる叔父の世話になる（多喜二が生まれた翌年、「日露戦争」が始まる）。叔父に学費を出してもらい、二〇歳で小樽高等商業学校を卒業した多喜二は、北海道拓殖銀行の小樽支店に勤める。初任給七〇円。米十キログラムが二円で、家賃が十円前後の時、七〇円は高給だ。その初任給で十四歳の弟・三吾《さんご》が夢にまで見ていた中古のヴァイオリンを買い与えた。弟は高価な楽器を抱きかかえ頬《ほお》ずり。貧しい両親は嬉し涙にくれた（三吾は後に東京交響楽団のヴァイオリン奏者となりコンサートマスターとなる。一九五三年、山村聰監督の映画『蟹工船』が製作された時、東京交響楽団が音楽を担当し、三吾がヴァイオリンを弾いた）。

一九二九（昭和四）年一月には、拓殖銀行の給料が一〇〇円。多喜二は、二十六歳で高給取り。同年の三月に『蟹工船』を完成させ、プロレタリア月刊誌『戦旗《せんき》』（五月及び六月号）に発表。

さらに、ブルジョア論壇の檜《ひのき》舞台と見られていた『中央公論』（十一月号）に「不在地主」を発表し、地主と小作人の格差を痛烈に批判する。現実を描写した小説だが、帝国の社会構成を攻撃しているとみられた。『中央公論』も検閲を恐れ、文章の一部を多喜二に断らずに削除した。

五年少々勤めた拓殖銀行から同年十一月に解雇される。多喜二自身も当然な解雇だと思ったのだろう。喧嘩別れではない。翌一九三〇（昭和五）年に上京。苦労させた母親に、印税で杉並区阿佐ヶ谷に家を買う。多喜二は築地に住み、作家生活に入る。

だが、『蟹工船』がベストセラーゆえ、特高に目をつけられた。登場人物に皇室への

「献上品の缶詰」に対して、「石ころでも入れておけ！　かまうもんか！」と「不敬」のセリフを喋らせたからだ。
『蟹工船』出版から一年あまり後の一九三〇（昭和五）年八月、多喜二は「治安維持法」で起訴され、頑丈《がんじょう》な赤レンガ造りの豊多摩刑務所に収監され拷問されたが、翌年一月に仮釈放。その年（一九三一年）共産党員になる。

2　治安維持法

国情は、言論者にとって日々過酷になる。「国体護持」のために、帝国政府は、歴史にその汚名を残す「治安維持法」を一九二五（大正十四）年に制定した。第一条をよめば、治安維持法の目的は明らかだ。

國體ヲ變革《へんかく》シ又ハ私有財産《ざいさん》制度ヲ否認スルコトヲ目的トシテ結社ヲ組織シ又ハ情ヲ知リテ之ニ加入シタル者ハ十年以下ノ懲役《ちょうえき》又ハ禁錮《きんこ》ニ處《しょ》ス
前項ノ未遂罪ハ之ヲ罰ス

「治安維持法」は、国体の変革や私有財産制度の否認を目的とする結社の組織・参加者の処罰を定めた。疑わしき者にたいして、裁判官が逮捕状を出すのではなく、検事が出せた法律だ。証拠がなくても警察が逮捕状を出せた。「予備拘禁」と言う条項があり、刑期を終えて釈放される者でも無制限に監禁できた。三年後、国家の安寧《あんねい》を乱す者には「死刑」が追加される。

「治安維持法」は、特高にとって「打出の小槌《こづち》」となり、最初から乱用が始まる。一九二五年の治安維持法が「ムチ」とすると、一九二八（昭和三）年二月の日本帝国で画期的な第一回目の普通選挙（二十五歳以上の男子が投票）は「アメ」だ。

普通選挙で、無産政党から八名が当選した。無産政党とは、有産階級に対する貧しい労働者たちが賛同する社会主義的な政党の呼び名。「共産主義的な」と言うと鞭《むち》が飛んでくる。

無産八名当選で、帝国政府、パニック。無産階級が活発になれば「和の国」が乱れると妄想に囚《とら》われていた政府は、徹底的な弾圧を開始した。

普通選挙からわずか一ヵ月後、一九二八（昭和三）年三月十五日（木曜日）、政府は特別高等警察を総動員し、隠れ共産主義者や社会主義者たち、その同調者たちを津々浦々から狩り出し検挙した。逮捕された数、約一六〇〇名。多喜二の友人たちは収監され拷問された。多喜二も検挙され拷問された。多喜二はその拷問体験を「一九二八年三月十五日」のタイトルで『戦旗』（一九二八年十一及び十二月号）に発表し、警察の拷問について詳しく書いた。『戦旗』は、発売禁止処分。暴露された特高は多喜二に復讐をすると決心していたのか（手塚英孝『小林多喜二 上下』新日本出版社・一九八八〜八九年）。

3 多喜二を売った男

多喜二の同志として地下活動をしていた密告者三船留吉《みふねとめきち》（一九〇九〜一九八三年）と特高課長毛利基《もうりもとい》（一八九一〜一九六一年）の密接な関係を克明にさらけ出した卓越した研究書が近年出版された。くらせみきお編著『小林多喜二を売った男――スパイ三船留吉と特高警察』（白順社・二〇〇四年）である。共産党員や社会主義者を全国から探し出し、牢獄へ押し込める役目を忠実に実行した特高とそのスパイたちの陰湿《いんしつ》かつ残忍な史実が赤裸々に書かれている。特高に捕まった女性たちは性器に集中して拷問をされたため、釈放された後も、戦後の自由な時代になっても、ほとんどの女性たちに子供が出来なかった。

多喜二は、共産党のために地下活動をしていた二十八歳の時、洋画家を目指していた伊藤ふじ子（一九一一〜一九八一年）と事実婚。特高の手がふじ子に及ばないように、入籍しない。多喜二の母親セキも友人たちもふじ子の存在を知らない。

多喜二は、隠れ共産主義者たちが集まる「青年同盟中央委員会」に特高課長毛利基の直参スパイとして潜《もぐ》っていた「同志」三船留吉に裏切られる。

巡査からのたたき上げの毛利課長は「領収書必要なし」の潤沢《じゅんたく》な活動資金をばらまき、三船を自由自在に操《あやつ》る。裏切り者として内部に潜り込む才能があった三船は、青年同盟の幹部（書記局員・政治局員・組織局員）に登用される。共産党内のスパイたちから情報を報告させていた特高は、共産党の陣容を完璧に把握していた。

スパイに使う金は機密費で賄われていたが、毛利基はこの金を使って、二人の妾《めかけ》を囲う。部下の山縣為三《やまがたためぞう》（一八九七〜一九七一年）も上司を真似て愛人をはべらす（倉田稔「経済学者 野呂榮太郎」『商学討究』小樽商科大学・第四五巻二号・一九九四年）。

一九三三（昭和八）年の寒い二月二〇日（月曜日）、多喜二は三船と赤坂の喫茶店で待ち合わせの約束をしていた。和服姿の小林は店に入った途端に異様な雰囲気に気付き、脱兎《だっと》のごとく赤坂の路地から路地へ二〇分間ほど逃げ回るが、ついに捕まり築地警察署へ連行された。

同志の名前を吐かない多喜二は、丸裸にされ細縄で両手を後手に縛られたまま、両足も縛られ、署内の二階にあった道場の梁《はり》から逆さ吊りにされ、何度も激しく頭を床に打ちつけられる。多喜二の脳天が硬い板床に激突。特高三名が入れ替わり立ち代わり太い籐《とう》のステッキで殴る。籐は樫《かし》のように固いが、しなる。木刀も使われた（註・ちょうど三〇〇年前の江戸時代の初期、一六三三年、絢爛豪華なローマを観た中浦ジュリアンが拷問中の拷問と恐れられた逆さ吊りの「穴吊りの刑」で殉死）。

全裸で逆さ吊りにされた多喜二を殴り続けたのは、共産党員や疑いありき者たちを拷問で責めつけ、その残忍さを自慢して「昭和の新選組」と豪語《ごうご》していた三名。

毛利《もうり》 基《もとい》（四十一歳・一八九一〜一九六一年・戦後埼玉県警察部長に栄転・七〇歳没）
中川成夫《なかがわしげお》（三十九歳・一八九四〜一九七四年・築地署長に栄転・戦後東映取締役・八〇歳没）
山縣為三《やまがたためぞう》（三十五歳・一八九七〜一九七一年・東京府会議員となり「スエヒロ」新橋店経営・七十四歳没）

多喜二が気絶すると、三人は茶を飲みタバコを吸い、タバコの火を多喜二の丸裸に押し付ける。築地署の刑事四名も拷問に加わる。細縄で多喜二の首を巻き絞めたり緩めたり。太い長い畳針で裸体のあちこちを深く刺し、指を逆に曲げて折り、さらに殴り続ける。最初から殺すつもりだ。多喜二は、捕縛されてから拷問され続け、午後七時四十五分に死亡。

翌日、築地署は「死因・心臓麻痺」と発表。ラジオの臨時ニュースと夕刊でも全国へ報じられた。『東京朝日新聞』（二月二十二日付）は「捕縛《ほばく》された当時大格闘を演じ殴り合った点が彼の死期を早めたものと見られている」と特高の死因説明をそのまま載せた。厳しい検閲を受けている新聞だったが、なんらの調査もしていない。

内務省警保局保安課が作成した極秘の『特高月報』には、「小林多喜二は二月二十日築地警察署に検挙せられ取調中なりしが、従来の病弱に加えて逮捕の際の格闘及び極度の精神亢奮《こうふん》等により、同日午後七時四五分頃前田病院に於て心臓麻痺により死亡せり」と記されている。毛利特高課長の談として、「決して拷問したことはない。あまり丈夫でない身体で必死に逃げまわるうち、心臓に急変をきたした」（内務省警保局保安課『特高月報』昭和八年二月分）。

「心臓麻痺」で死んだという嘘だけでは不安で、「拷問・虐待」ではないと不自然なほど強調している。誰も尋ねていないので、まるで自白だ。

毛利基の二枚舌には感心せざるを得ない。日米戦争中の一九四二（昭和十七）年、彼は九州地区の特高幹部を集めた会議で「特高警察官の心得」を説く。毛利は、「特高警察官は御承知の通り、多くの場合超法律的な事をしなければならない場合が多い」「法律に依ってやる事であるならば之は誰でも出来て難かしくもない」「法律を超越してやって行かなければならん特高警察官の使命を達成する」「其所に細心の注意が必要であります」と訓戒していたのだ（「特高警察黒書」編集委員会編『特高警察黒書』新日本出版社・一九七七年）。

毛利の言う「超法律的なこと」とは、撲殺《ぼくさつ》か。

母親セキは、ラジオ放送を聞いた隣の人から息子の死を知る。築地署へ駆けつけるが、遺体に対面させてもらえない。近くの前田病院に安置されていた遺体は、その夜、二月二十一日（火曜日）の午後一〇時すぎ、セキの家に運び込まれた。拷問虐殺の証拠隠滅のために、多喜二の身体の血はきれいに洗い流されていた。

母セキは、「多喜二の死体を一目《ひ》見《め》た者はどうして死んだか、ということは言わず語らずの裡《うち》にはっきりと認識したことと思います。時事新聞の標題には明らかに『怪死』と報じているではありませんか」と無念の声を上げている（小林セキ『母の語る小林多喜二』新日本出版社・二〇一一年）。

多喜二の死因を解明すべく、仲間たちは死体解剖を病院に依頼する。だが、東京帝国大学病院と慶應義塾大学病院は、特高を恐れ、死因解剖を拒否。東京慈恵会付属病院が「解剖をいたします」と約束したが、解剖室に死体を運んでから、事態が急変する。慈恵会付属病院は特高に脅され、辞退した。

4　多喜二の葬儀

杉並区阿佐ヶ谷に住む母親の家（多喜二が印税で母に買った家）でお通夜があり、悲報を聞きつけて駆けつけて来た友人たちは、家の前で特高に逮捕された。『貧しき人々の群』で文壇にデビューした有名な作家宮本百合子《みやもとゆりこ》（一八九九～一九五一年・共産党議長を歴任した宮本顕治の妻）も逮捕。

多喜二の内縁の妻ふじ子も駆けつけ、醜《みにく》く変形した夫の顔を両手で愛おしく包み、頰《ほお》をすり寄せ悲痛な号泣に咽《む》せる。ふじ子の存在を知らなかった作家の江口渙《えぐちかん》（一八八七～一九七五年）は、無言のまま二人の別れを凝視。

小林多喜二の遺体を囲む作家仲間（1933年2月21日、貴司山治撮影。©伊藤純）

多喜二の葬儀は、一九三三（昭和八）年三月十五日（水曜日）、プロレタリア演劇の本拠「築地小劇場」で行われた。当日、会場の回りを埋め尽くした警察隊は、葬儀委員長・江口渙を逮捕する。警察は葬式もさせない。平屋の築地小劇場は、一九二四（大正十三）年六月に開設された日本で最初の新劇用の劇場。客席数は五〇〇あった（註・一九四五年三月十日、桜蕾《さくらつぼみ》が膨らみ始めたその夜、夜空を埋め尽くした米爆撃機四〇〇機が低空飛行をしながらナパーム弾・焼夷弾をゲリラ豪雨のように東京に降らせた。築地小劇場は一瞬で炎上。この火災で隅田川が沸騰。焼死者は一夜で十万人。五〇〇万人が焼け出され、援助も救助もなかった）。

多喜二の新妻ふじ子との結婚生活はわずか一年。二月二十一日（火曜日）のお通夜に駆けつけたふじ子は葬式に招待されていなかった。一年後、ふじ子は、分骨された遺灰を持ったまま、札幌出身の漫画家森熊猛《もりくまたけし》（一九〇九〜二〇〇四年）と再婚する。ふじ子がどのようにして多喜二の分骨を入手したのかは、不明。森熊は共同通信社や毎日新聞で政治風刺漫画を描き続け有名になる。

多喜二の墓は、短い人生で一番長く滞在した小樽市にある。

小林多喜二が築地警察署内で特別高等警察官が振るう籐《とう》のステッキで撲殺されても、国民は怖くて沈黙していた。特高警察の内部で、責任追及の声なぞ上がりもしない。本来であれば、殺人罪や傷害致死罪や監禁致死罪にあたる。「拷問死」を合法化することなぞ不可能だ。特高は拷問をひた隠しにするため、報道を規制し、死体解剖も許さず、密談させないように集会を規制し、葬式さえも阻止したのだ（内田博文『治安維持法の教訓』みすず書房・二〇一六年）。

5　斎藤秀三郎と父親（西）

西鋭夫の父（正《まさし》）は、偉大な英語学者・斎藤秀三郎《さいとうひでさぶろう》（一八六六〜一九二九年）が東京・神田で創立した正則《せいそく》英語学校で書生として学び、斎藤先生を深く敬愛していた。

父は、通夜に参席した友人から「多喜二君の身体は傷だらけで、下半身は内出血でどす黒い風船みたいに腫《は》れ上がっていた」と聞かされた。凄まじい打撲が小林の股間《こかん》に集中していたのだ。両手首と足首と首回りには細い綱の傷跡、左こめかみにも打撲傷。歯も折れている。通夜に参席していた医者が検死を行い、その時に撮られた写真は現存する（多喜二の遺体を囲む通夜の新しい写真十数枚が最近発見された。『朝日新聞 Digital』二〇一五年二月二十一日）。

私の父親について書いたことはないが、少し。真珠湾攻撃の五日後、大阪市住吉で生まれた私は、無差別攻撃をする米空軍の焼夷弾《しょういだん》が豪雨のように大阪に降り始めた時、家族と共に母の里である岡山県の美しい城下町備中高梁《びっちゅうたかはし》へ疎開した。年少の頃から質素な夕食時に、父が「斎藤先生は」と話し始めるのを聞かない日はなかった。

没落武家の貧しい家に生まれ育った父は、絵描きと音楽評論家になりたい希望を持って上京した。絵具を買う金の捻出に苦労しつつも、東京には世界中から一流の音楽家がやってくる。苦学生の仲間には社会主義や共産主義に魅せられた者たちが大勢いた。この頃、父は斎藤秀三郎に紹介され、正則英語学校へ入門する。

父のアルバイトの一例。ロシアの、いや世界のオペラスター・フョードル・シャリアピン（Feodor Chaliapin・一八七三～一九三八年）が東京の日比谷公会堂で独唱会（一九三六年一月二十七日・月曜日）をするために来日した時、彼の英語通訳を務めた。名古屋と大阪でも公演したシャリアピンの凄さに日本中が湧いた。東京帝国ホテルで「シャリアピン・ステーキ」（玉葱《タマネギ》に漬け込み、柔らかく仕上げたランプ肉を焼く）は、来日中に歯が痛くなったシャリアピンのために考案されたものだ。二年後、シャリアピンは亡命先のパリで病死。六十五歳だった。

小林多喜二より一歳年下の父は、親しみをこめて「多喜二君」と呼んでいた。父は共産党員ではなかったが、軍閥政治の圧政に対して鬱積《うっせき》した正義感からか、日比谷公園で「支那大陸侵略反対」と演説。特高に捕まり収監され、拷問された。拷問が止まったのは、彼の恋人が一升瓶とご馳走が入った重箱を看守たちへ差し入れした直後だ（母親から聞いた）。学問好きの父は、あと一ヵ月で大学を卒業するはずだったが、東京から追放される。「戻ってきたら殺す」と言い渡された。

私が父から日比谷公園での顚末《てんまつ》を聞いたのは、一九六〇（昭和三十五）年の「安保反対」で日本全土が革命前夜のような熱気に包まれていた時、関西学院大学一年生の私が神戸で機動隊と衝突する抗議デモに参加し興奮したままの状態で大阪へ戻り、母に自分の「平和運動」について話していた時だ。

いつも書物から目を離さなかった父は、私の方を見て「安保の問題は何だ」と尋ねた。内心、「オヤジ、知らないのか」と失望しつつ、「日本がアメリカの戦争に巻き込まれるからだ」と大声で返答。「安保条約を読んだのか」と聞かれた。読んでいない。「朝日新聞がそう言っている」と反論を試みたが、恥ずかしかった。

母が父に「話をしてあげて」と勧めた。特高や憲兵隊を敵に回した父は、信念に命を懸けていたのだ。十八歳になって、初めて父親との「ランク違い」に気づいた。

あれほど戦争を嫌っていた父は、一九四五（昭和二〇）年一月、兵役に志願する。日本敗戦は誰の目にも明らかになり、私たち家族が焼夷弾で焼かれる大阪から岡山へ逃げていた時だ。子供が六人いた父は四〇歳。六番目は生まれたばかり。祖国が負けるのを見るに耐えられなかった父は、死を覚悟で戦場へ出征するつもりだ。兵役の身体検査で「過去に結核に冒されていた」と診断され、志願は却下。「お父さんは裏の縁側で泣いていた」と母が言う。愚直《ぐちょく》にまで日本を愛した純粋な人だった。

6　血尿と血便

多喜二と一緒に赤坂で捕らわれた詩人・今村恒夫《いまむらつねお》（一九〇八～一九三六年）も築地署で激しく拷問され左足に障害を負う。豊多摩刑務所に収監中に病状が悪化し、二年後の一九三五（昭和十）年に仮釈放されたが、弱り切った臓器は結核菌に冒されており、翌年十二月、二十八歳で死亡（松本克平『八月に乾杯 松本克平新劇自伝』弘隆社・一九八六年）。

保釈された直後、今村は作家の江口渙《えぐちかん》に多喜二が拷問された状況を伝えた。

特高警察は「お前は共産党だろう」とたたみかけ、多喜二は「そうではない」と否定。そうすると「この野郎、自白しなければするように締めてやるから」とステッキや野球のバッドで多喜二を殴りつけた。金具がついた靴で身体を踏みつけ、多喜二が気絶すると留置所へ放り投げた。

間もなく多喜二は息を吹き返す。

「俺はとても苦しくてこれ以上生きてはゐられぬ」「死んだら母にそのことを知らせてくれ」と今村に託す。そして、「便所へ行きたい」と訴える。留置所にいた者たちが多喜二を担いでトイレまで連れていく。

肛門と尿道から血が吹き出し、便所が真っ赤になる。トイレから留置所に戻ってきて、多喜二は息を引き取る。血便が出たのは、靴で腹を踏みにじられたので腸出血をしたからであろう（「小説の報復に拷問　同志作家が語る真相」『朝日新聞』一九四五年十月十六日）。

7　戦後を謳歌する虐殺者たち

多喜二を殴り殺した特高三名は、職務を忠実に遂行したと評価され、特高の最高栄誉である「功労記章」と特別賞の金一封を授与された。三名は、戦後の自由な日本で出世し裕福な生活を満喫する。

中川成夫警部は、出世階段を登った。高輪署長、築地署長、板橋署長のあと、板橋区長、滝野川区長となって一九四六（昭和二十一）年に退官。そして、映画館経営に乗り出し、東映の取締役として迎えられ、興業部長として「警視庁物語シリーズ」の製作に貢献する。「まさか」は続く。中川成夫は一九六四（昭和三十九）年に東京都北区教育委員になり、二期目には教育委員長に就任。妻を代表者にして幼稚園を経営した（柳河瀬精『告発　戦後の特高官僚』日本機関紙出版センター・二〇〇五年）。

山縣為三警部は、戦時中、東京府会議員となり、戦後は超ブランドのビフテキ店「スエヒロ」の社長から店名を借り、新橋店を経営し繁盛した。彼は『文藝春秋』（一九六七年）に「特高から見た共産党幹部」という思い出話を寄せているが、目を疑うような記述がある。「私の取調べは『口説き専門』である。暴力は用いない、という信念で一貫して来た。特高といってもいろいろな人間がいた。中には暴力をふるったり、拷問したりする者も、現にいたろう。私はそれを目撃したことはない」という（山縣為三「特高から見た共産党幹部」『文藝春秋』第四五巻六号・一九六七年）。

なぜ、小林多喜二は築地警察署で死んだのか。『文藝春秋』に「特高から見た共産党幹部」を寄稿した翌一九六八（昭和四十三）年、山縣為三は自叙伝『署長一代』を刊行した。しかもこ序文を寄せたのは、安倍源基。山縣為三は異色の警部で、「豪放大胆な性格で、しかもこまかな人間味があり、情理兼ね備えた仕事をする人であった」と安倍は褒め讃える。山縣の座右の銘「警察官の前にまず人間であれ」に甚《いた》く感心した安倍は、「人間としての道を心得ていなければ、職域倫理を完うすることはできない」と饒舌《じょうぜつ》になり、山縣の著書を絶賛した。

山縣の『署長一代』で過去を隠蔽したのか。『文藝春秋』に寄せた記事を補強するかのような言葉が続いている。

特高にいたあいだにただ一度も上司から、暴力を使うよう指示されたことはなかったし、むしろその点については暴力を用いてはならないことをたびたび諭示《ゆし》されまた部下にも指示したくらいであるから決して組織的な暴力などあり得ないのである。したがって取調べの間に暴力が行われたとするならば、それはあくまでもその人の個人的な性格がそうさせたものであって、決して上司の命令或は特高の一貫した方針ではない（山縣為三『署長一代』警察消防通信社・一九六八年）。

特高による組織的な暴力は存在せず、個人の資質の問題であると責任をすり替えた。この論理が正しければ、たとえば半数以上もの特高警察の職員が暴力を振るっていても、個人の問題だと言い逃れることができる。

山縣為三は、「魚為」というあだ名がつくほど釣りが好きだ。とくに、鮎《あゆ》の友釣りが好きだった（宮下弘『特高の回想』田畑書店・一九七八年）。鮎の友釣りとは、鮎は縄張り意識が強く、側に寄ってくる鮎を攻撃するので、生きた鮎を釣り糸の先につけ、周りに釣り針を五本ほど付けておくと鮎が引っかかる。

山縣について、釣り仲間の加藤須賀雄《かとうすがお》が書いた『かげろうの釣り　あとさき』（つり人社・二〇〇一年）に「山県会長のこと」と題された章がある。

> 私（著者加藤）が日本友釣同好会へ入会した時の会長は山県為三《ママ》さんだった……昭和二十五年創立当初から、その創立メンバーの錚々《そうそう》たるお歴々ぶりは有名だった。
> 山県さんは当時、すき焼き、新橋スエヒロのご主人ということで、まことに好々爺《こうこうや》然《ぜん》としておられたが、もとは警察官で、警察署長として最右翼といわれる丸ノ内や愛宕《あたご》署の署長を最後に、戦中は都議会議員であったという経歴は、誰もが知るところであった。さらに昭和の初年、思想弾圧の酷《きび》しかったころの警視庁特高部第一線幹部で、鬼警部として勇名をとどろかせていたことも知る人ぞ知るところであった。
> 鬼といわれたのは、検挙が冷酷無惨であったとか、取り調べにひどい拷問をしたとかいうのではなく、当時、拳銃で武装していた非合法共産党員の、どんな大物の検挙にも丸腰で立ち向かったという勇猛さが賞賛されてのことだった（加藤『かげろうの釣り　あとさき』）。

多喜二の名前は出てこないが、山縣は縛られていた多喜二をステッキで殴り殺したので全国で「勇名をどどろかせた」のだ。多喜二撲殺から六十八年後に書かれた「鬼警部」について釈明する文は、著者自身があの惨殺を知っており、明らかに隠蔽しようとしている時のあがきだ。

時が過ぎてゆくと、国家権力による冷酷な殺人も風化してゆくのか。風化させようとする人たちが真実を隠し、殺人者たちの日常生活を美化し「あの人は良い人なのだ」と言わんばかりに「好好爺《こうこうや》」という言葉さえ使う。このような記述を「史実の捏造」という。

山縣為三の人格を象徴するエピソードが残っている。

小林多喜二と同時期に逮捕されたなかに、北海道出身の野呂榮太郎《のろえいたろう》（一九〇〇～一九三四年）がいる。野呂は日本共産党の指導者の一人で『日本資本主義発達史』を書いたマルクス経済学者だ。彼は子どもの時の怪我により隻脚《せっきゃく》（片足）となり、障害者ながらも、結核の病身をおして活動していた。しかし、スパイの手引きで検挙され、品川署で激しい拷問をうけ、症状が悪化し絶命した。

野呂榮太郎の死に関して山縣為三は、「彼が死んでからわかった事だが、義足《ぎそく》のなかに千圓《せんえん》くらい持っていたらしい。あとで黨員《とういん》に、特高は千圓を横取りしただろうと言われた。こっちは知らないので、義足ごと焼いてしまった」と冷酷に突き放した（山縣為三「特高

旭日小授章	正五位勲四等	三橋 孝一郎（みつはし こういちろう・1895～1977年）	警保局保安課長
瑞宝章	従五位勲四等	纐纈 彌三（こうけつ やぞう・1893～1978年）	警視庁特高課長
単光旭日章	従五位勲六等	田中 省吾（たなか しょうご・1899～1967年）	大阪府特高課長
単光旭日章	正七位勲六等	毛利 基（もうり もとい・1891～1961年）	警視庁特高課長
単光旭日章	従六位勲六等	浦川 秀吉（うらかわ ひでよし・生没年不明）	警視庁警部労働課長
青色桐葉章	従七位勲七等	鈴木 與治郎（すずき よじろう・生没年不明）	大阪府特高課長
瑞宝章	従六位勲八等	網戸 鐵蔵（読み仮名及び生没年不明）	警保局保安課主任
瑞宝章	従七位勲八等	薬袋 勘兵衛（みない かんべえ・生没年不明）	警保局保安課警務官補
瑞宝章	従七位勲八等	山縣 為三（やまがた ためぞう・1897～1971年）	警視庁警部
瑞宝章	従八位勲八等	田中 酉蔵（たなか とりぞう・生没年不明）	大阪府特高警部

警察華やかなりし頃」『文藝春秋』第三二巻一六号・一九五四年）。

8　安倍源基の責任

一九三六（昭和十一）年十一月二十五日（水曜日）、日本とナチス・ドイツが手を組み「日独防共協定」が締結された。その二日後、日本共産党の「潰滅《かいめつ》」に功績があったとして司法・警察関係四十八名に勲章と盃が下賜《かし》された。

「日本共産党ノ検挙ニ当リ日夜不断ノ努力ト幾多ノ犠牲トヲ払ヒ漸同党幹部以下ヲ潰滅セシメ国家治安維持上特ニ功績アリタル者」と認められたからだ。

特高課長毛利基は、昭和天皇から「単光旭日章《たんこうきょくじつしょう》」と銀盃が下賜《かし》された。叙勲された十二名のうち十名が特高関係者だ（柳河瀬『告発 戦後の特高官僚』）。「多喜二殺し」を容認した責任者は、東京帝大法学部を卒業して内務省に入り、初代特高部長に任命された安倍源基。安倍が特高部長に任命された一九三三（昭和八）年、多喜二を含め十九名が獄死している。

多喜二殺しから四年後、安倍は警視総監を二期務める。降伏間近の一九四五（昭和二〇）年四月七日から八月十七日までの短い鈴木貫太郎内閣では、内務大臣へ昇進。極東軍事裁判で「A級戦犯」に名指しされた安倍は巣鴨に拘留される。

一九四八（昭和二十三）年十二月二十三日零時（上皇陛下の誕生日）、巣鴨プリズンで東條英機ら七名が絞首刑になった翌日、安倍や岸信介や児玉誉士夫や笹川良一など十九名のA級戦犯は不起訴にされた。

9 「回顧録」の真相とは

世界中で激化する米ソ冷戦が占領下日本にも劇的な変化をもたらした。非武装の日本を目指していた米国は、夢のようなユートピア日本構築を破棄し、日本中に溢れる共産党員を取り締まり始める。

日本には取り締まりのプロがいたが、巣鴨で才能を持ち腐れにしていた。三年二ヵ月後、安倍は釈放された。占領後、「従三位勲一等」を授与され、戦後日本の保守政権に多大なる影響を与えた。一九八九（平成元）年、九十五歳で死没。その五十六年前、築地の寒い深夜、全裸で逆さ吊りにされ撲殺された多喜二は、二十九歳。

安倍は保釈後、回顧録『昭和動乱の真相』（原書房・初版一九七七年・中公文庫・二〇〇六年）を出版した。『回顧録』には小林多喜二に関する記述が一切ない。「私はいつも右に正義の剣を持ち、左に愛の玉を抱いて行動するように、自らも努めたが、部下にもそのように努めるよう常に指導したつもりである。共産党の検挙、取締りについては、私は経験がないので、有能で信頼できる毛利特高課長にまかせていた」と、自分は無関係かのような記述だ（安倍『昭和動乱の真相』）。

きらびやかに輝く勲章や銀盃を積み重ねても、国家権力による残酷な殺人罪は隠しきれない。時間が経っても拭いきれない罪の意識に駆られたので、勲章や表彰状を授与し、醜《みにく》い過去に覆いをかぶせたのだ。それ自体が殺人罪の隠蔽工作である。

非合法の日本共産党は、党内に潜《ひそ》んでいたスパイの存在で疑心暗鬼の恐怖心に駆られつつ内部粛清を繰り返し、また容赦ない国家の弾圧で、結束を保てず崩壊。共産党は、一九四五年の秋、マッカーサーが共産党を「合法」にするまで地下へ潜《もぐ》って息もしない。

多喜二の虐殺やその後も続く死の弾圧は、国民の良識を信じなくなった政治権力と軍閥が自ら創り上げた亡霊や怨霊を恐れ「言うことを聞かない者たち」を手当たり次第殺し始めた実情を浮き彫りにした。狂い始めた権力者が恫喝《どうかつ》と殺人で国を治められると思ったのだ。国民の間にわだかまる不満と飢えと怒りの不協和音を搔《か》き消すために使われる手段が戦争だ。歴史に例外はなく、日本帝国も同じ手段を使う。

《参考文献》

・安倍源基『昭和動乱の真相』中公文庫・二〇〇六年
・内田博文『治安維持法の教訓――権利運動の制限と憲法改正』みすず書房・二〇一六年
・加藤須賀雄『かげろうの釣り　あとさき』つり人社・二〇〇一年
・くらせみきお編著『小林多喜二を売った男――スパイ三船留吉と特高警察』白順社・二〇〇四年
・倉田稔「経済学者　野呂榮太郎――没後60年」『商学討究』小樽商科大学・第四五巻二号・一九九四年
・小林セキ『母の語る小林多喜二』新日本出版社・二〇一一年
・小林多喜二『蟹工船・党生活者』新潮社・一九五三年
・手塚英孝『小林多喜二　上下』新日本出版社・一九八八～八九年
・「特高警察黒書」編集委員会編『特高警察黒書』新日本出版社・一九七七年
・内務省警保局保安課『特高月報』昭和八年三月分
・松本克平『八月に乾杯　松本克平新劇自伝』弘隆社・一九八六年
・宮下弘『特高の回想――ある時代の証言』田畑書店・一九七八年
・柳河瀬精『告発　戦後の特高官僚――反動潮流の源泉』日本機関紙出版センター・二〇〇五年
・山縣為三「特高から見た共産党幹部」『文藝春秋』第四五巻六号・一九六七年
・山縣為三「特高警察華やかなりし頃」『文藝春秋』第三二巻一六号・一九五四年

・山縣為三『署長一代』警察消防通信社・一九六八年
・「小説の報復に拷問　同志作家が語る真相」『朝日新聞』一九四五年十月十六日

Ⅲ　特高警察と拷問史

1　特高警察の残虐性

明治憲法下の「刑法」では、裁判・検察・警察・刑務所の看守《かんしゅ》による拷問や虐待は禁止されており、罰則まで定められていた（『特高警察黒書』編集委員会編『特高警察黒書』新日本出版社・一九七七年）。それでも、小林多喜二は、拷問され撲殺《ぼくさつ》された。特高警察は、拷問のスペシャリストだ。

なぜ、特高は暴力を振るうのか。特高は、自白をさせて共産党の情報を入手し、転向を促したい。だが、拷問が行き過ぎ失神させてしまうと、水をかけ蘇生《そせい》させ、拷問を繰り返した。

特高は、捕まえた共産党員に対して「誰に入党させられたか」「誰を入党させたか」を徹底的に問い詰める。共産党の組織は、ピラミッド状の徹底したタテ割組織だ。横の連絡がない。捕まっても上下の連絡方法さえ喋らなければ、特高からの追及をかわすことができる。だが、拷問を駆使する特高にとって、口を割らすことなぞ容易い（纐纈彌三「赤色戦線大検挙」『文藝春秋』第三三巻一六号・一九五五年）。

捕まった者たちは、特高の巨大な圧力に耐えきれず、組織の秘密を白状してしまう。仲間を売ってしまう。たとえ口が堅くとも、周辺人物から攻められると、特高に情報がすべて筒抜けなのだから、いまさら隠しても仕方がないと観念してしまうのだ（宮下弘『特高の回想』田畑書店・一九七八年）。

革命運動の分析をしている特高警察は、共産党員が普段使うような言葉づかいをして、仲間と喋っているような雰囲気を醸《かも》し出す。留置場に放り込まれていると、会話をしたくなる。喋りやすい係員だと、雑談ついでに口を滑らしてしまう。さらに、エリート党員であればあるほど、汚い牢獄に入れられた時の精神的ショックが大きく、スラスラと自白する。共産党が崩壊したのは、あまりにも多くの党員が秘密を漏らしてしまったからだ。裏を返せば、それだけ特高の尋問が熟練していると同時に、無慈悲な拷問をしたからだ（山縣為三「特高から見た共産党幹部」『文藝春秋』第四五巻六号・一九六七年・立花隆『日本共産党の研究　一』講談社文庫・一九八三年）。

特高警察の権限濫用《らんよう》は、日常茶飯事。被疑者を拘留《こうりゅう》し続けるために、帳面の上だけで一度保釈して、再び検挙したことにする。拘留の切れた被疑者を別の警察署に運び、あらためて拘留を言い渡す「たらい廻《まわ》し」が横行していた（内田博文『刑法と戦争』みすず書房・二〇一五年）。共産党員は、残忍な拷問と尋問から逃れることはできない。特高の残虐性を探るには、日本の「拷問史」を振り返らねばならない。

2　拷問は日本の伝統芸

日本では古来より、千差万別の拷問が行われてきた。まるで日本の風土に合わせた伝統芸かのように、卓越した拷問が考案された。

短時間で痛めつける方法、かたや長時間をかけて苦しさを徐々に増す技。屈辱感を与えたり、恐怖心や嫌悪感を利用する手法。思考力を失わせ、自我を崩壊させる術。

なぜ、近代日本で拷問が発達したのか。それは、江戸時代の裁判が「自白裁判」だったからである。証拠や証人があっても、本人が「私が犯人でございます」と白状しなければ、断罪できなかった。とくに、重罪の場合は、本人の自白が必要不可欠。自白させる方法として、拷問が用いられた（名和弓雄『改訂新版　拷問刑罰史』雄山閣・二〇一二年）。

名和弓雄《なわゆみお》（一九一二〜二〇〇六年）の傑作『拷問刑罰史』を参考にし、日本で執り行われた拷問の数々を紹介する。目を背《そむ》けるべきではない。

【水責め】

（一）仰向けにして、顔面上に間断なく水を注ぐ。水が流れ込むので呼吸ができなくなり、苦しさのあまり口をひらく。やがて胃袋に水が充満し、溜まったところで、水を吐かせる。口と鼻から水が噴出するので、呼吸困難に陥り、苦痛を伴う（註・イラク戦争中、米軍がイラク軍の捕虜たちに行った）。

（二）水槽や池や川の水中に押しつけ、死にかけると引き上げて空気を吸わせ、また水中を繰り返す。

（三）首だけが上に出る冷たい水深の水中に縛って立たせておく。水温で身体が冷えてゆき、徐々に苦痛が増大する。

（四）水を与えず縛り付けて放置し、目の前に清らかな水を見せ、苦しめる。

（五）水車に縛り付けて、数時間水中をくぐらせる。

【氷責め】

（一）裸体にして縛り、氷の上に転がしておく。

【雪責め】

（一）裸体にして縛り、雪の中に埋めておく。

【火責め】
（一）烈火の上を素足で歩かせる。
（二）焼火箸《やけひばし》やロウソクで皮肉を焼く。
（三）脇毛や胸毛や陰毛を焼いて責める。
（四）手や足に油を塗っておいて、下から火を焚く。
（五）縛り付けておいて、松葉や唐辛子で燻《いぶ》す。
（六）湯を満たした釜に入れて火をたく。
（七）背中を切り裂き、傷口に、とかした鉛《なまり》をつぎこむ。
（八）逆さ吊りにして、下から火をたく。
【釣るし責め】
（一）両腕を背後で吊り下げて打ちたたく。
（二）片手だけを縛り、もう一方の手で吊り下げる。
（三）髪の毛で吊り下げる。
【圧し責め】

（一）しめ木や道具を使って腹部を圧迫して苦痛を与える。

【糞尿責め】

（一）大小便を食べさせる。

【屍体責め】

（一）二個の屍体《したい》の間に、裸体にした被疑者を密着させて放置する。屍体から発せられる屍臭《ししゅう》に耐えきれない。

【蛇責め】

（一）蛇、ヒル、蜘蛛、蟻、毒虫などを桶や箱に充満させておいて、全裸にして縛った者をその中に入れて放置する。

【晒し責め】

（一）裸体にして縛り、日にさらし雨ざらしにされ、衆人の晒しものにする。

生活の身近にある「水」や「火」を使う拷問の方法が豊富なことがわかる。拷問をする側にとっても、準備する時間が短くて済むからだ。口を割らない者に対しては、拷問の強度が大きくなることは言うまでもない。

（余録・ナチス・ドイツは共産主義者や捕虜に情報を吐かすため、黙秘を続けた男たちには、尿道に細いガラスの管を差し込み、金槌で叩き割った。）

3　拷問体験談

特高警察は共産党員に対して、どのような仕打ちをしたのか。特高から拷問を受けた者は、次のように回想している。


部屋のコンクリートの床には、一メートル四方くらいの四角い穴があり、水がはってある。そしてわたしは、ちょうど鼻の穴のあたりに水面がくるように逆さ吊りにされた。その状態にして、特高達は竹刀と木刀で叩きまくるのだが、打たれ、殴られ、蹴られて身体が動くたびに鼻や口から肺に水が逆流するのである。

だから、竹刀や木刀で叩かれるたびに、全身を緊張させて衝撃を跳ね返すこともできない。頭は逆さ吊りで水中にあり、肺が破裂しそうで、呼吸困難で息をするのに必死になっている状態を狙って、身体には竹刀と木刀が乱打されたのである。

逆さ吊りの血液の逆流と、水で息ができないようにするという身体の内部からの攻撃をあわせた拷問手口であって、流れる血で、そのコンクリート床の水槽の水が赤くなっており、水槽のなかで眼を開けているのだが、眼の前が赤い色だった（孫栄健『特高と國體の下で』言視舎・二〇一七年）。

多喜二が撲殺されたように、特高は「殴る・蹴る・打つ」を繰り返し、逆さ吊りにして血流を逆行させる。さらには、水責めにして、多角的な方向から攻めて「合わせ技」をくりだした。

4　女性党員への恥辱

共産党員は、男性だけではない。女性も革命を夢見て、共産主義に共感を抱く者もいる。特高は、女性党員に手加減をしたのか。

共産党員で作家の中本たか子（一九〇三〜一九九一年）は、一九三〇（昭和五）年七月十四日（月曜日）に検挙された。留置場で黙秘を続けていたので、特高から壮絶な拷問を受ける。

逮捕されてから十日後、尋問がはじまった。谷中署は古い小さなかまえで、よびだされた二階の調室というのが六畳くらいの畳の部屋だった。わたしに向かったのは警視庁の特高三人であり、中央には額がはげ上がった五〇年配の男（鈴木警部）がすわり、その左右に四〇年配のチョビひげをはやした色のくろい男（栗田巡査部長）と、三〇年配の陰気《いんき》にみえる男とがひかえた。鈴木警部がまずわたしに姓名、住所からききはじめた。

わたしは答える必要がないので、口を開かなかった。最初おだやかに、いかにも温情ありげに向かった特高どもは、見るみる顔色をかえて総立ちとなった。〈なめるなら、なめてみろ！〉と言うなり、顔をなぐり、髪の毛を手にまいてひっぱり、足をあげて背中をけりつけた。なぐられっぱなしのわたしは頰がゆがみ、髪の毛はばりばりとぬけ、背すじの骨がいたむ。すると、暑さのためにあけ放った窓を、鈴木警部はしめて、室の隅においた竹刀をもってきてわたしの頭をなぐりつけた。三人の男どもはそれぞれに力をこめて、ふんだり、けったり、なぐりつけたりして、わたしを責めつづけた。わたしは意識がくらんできた。

その上、かれらはわたしをまっ裸にし、布きれ一枚つけないままで、捕縄をもってわたしを後ろ手にゆわえあげ、足もしばって、逆さにもちあげ、さかさづりにしようとした。が、そこの天井には、わたしの体重にたえるだけの釘もしかけもないので、わたしを畳の上になげつけた。鈴木警部は室の隅においてあった手箒《てぼうき》をもってきて、その箒の柄をわたしの股のおくにつっこんだ。つまり、わたしに女性としてのはずかしめをあたえようとした。箒の柄がはいらないので、こんどは栗田が馬のりになって、両手でわたしの首をしめた。〈堕ちろ、おちろ、地獄へおちろ!〉とまるで芝居のせりふのような言い方をして首をしめたため、わたしは意識を失った。しばらくしてわたしが意識をとり戻すと、特高どもはわたしのからだをおこして正座させ、手をしばったままで、ふろしきに包んだ鉄棒をもって、太股を小突きはじめた。みるみるうちに、わたしの太股はあかくなり、紫色になり、はてはどすぐろくなって腫れ上がった。痛さに泣きさけぶわたしを面白そうにながめ、三人の特高どもはかわるがわる、三時間ぐらい小突きつづけた。翌日もまた、同様の拷問をくりかえした(「特高警察黒書」編集委員会編『特高警察黒書』)。

特高にとって共産主義というバイ菌に毒された党員を罰するために、男女の区別はなかった。特高から拷問を受けた女性は、子どもを産めない身体になる。発狂した者もいる。

5　コミンテルンの手先「日本共産党」

元特高の宮下弘《みやしたひろし》は、「取調べのさいの暴力ですが、ぶんなぐるというようなことがなかったというと、それはずいぶんあったかもしれない」「当時は親でも学校の教師でも、かんたんにやった」「軍隊経験者も多いし、挑発されるとつい手がでる。そういう意味では暴力は警察のなかでは比較的日常化しているということはありました。取調べていてひっぱたくというようなことはあった」と証言している（宮下『特高の回想』）。

留置場で特高の暴力は日常的だった。なぜ、このような事態になったのか。その背景を炙《あぶ》り出し、取り締まる側の深層心理を探らなければならない。

日本共産党は、一九二二（大正十一）年七月十五日（土曜日）、「コミンテルン日本支部日本共産党」として、コミンテルンの直接指導と支援のもとに極秘に結成された。

コミンテルンとは、「第三インターナショナル」の別名で、一九一九（大正八）年にレーニンの指導により三〇ヵ国の共産党と社会主義者によって結成された。労働者階級の国際的連携こそが、世界革命を達成するために不可欠と説くレーニンやスターリンは、革命を成し遂げた国の共産党は資本主義国の共産党を支援すると宣言。援助を受けた資本主義国の共産党は、社会主義建設のために奉仕することが求められた。

コミンテルンは、豊富な財源を持っていた。ロマノフ王朝から宝石や現金を没収して懐に入れていたからである。ロシア皇帝の資産を軍資金として、世界の国々で共産党が産み落とされていく（名越健郎『秘密資金の戦後政党史』新潮社・二〇一九年）。

コミンテルンは一九二〇（大正九）年に極東支部を設置。近藤榮藏《こんどうえいぞう》（一八八三～一九六五年）がコミンテルンから活動資金を貰い、一九二一（大正十）年八月、秘密裏に「暁民《ぎょうみん》共産党」を設立。翌年、コミンテルンに代表を送り、「日本支部日本共産党」として認められ、産声《うぶごえ》を上げた。共産党員は、皆若い。

委員長　堺《さかい》　利彦《としひこ》（一八七一～一九三三年・当時五十一歳）
中央委員　山川《やまかわ》　均《ひとし》（一八八〇～一九五八年・四十一歳）
荒畑寒村《あらはたかんそん》（一八八七～一九八一年・三十四歳）
近藤榮藏《こんどうえいぞう》（一八八三～一九六五年・三十九歳）
高津正道《たかつまさみち》（一八九三～一九七四年・二十九歳）
橋浦時雄《はしうらときお》（一八九一～一九六九年・三十歳）
徳田球一《とくだきゅういち》（一八九四～一九五三年・二十七歳）

（治安問題研究会編『新・日本共産党101問』立花書房・二〇一二年）

日本共産党は、スターリンやコミンテルンの手先になって、日本を暴力で転覆《てんぷく》させようとする組織だ。日本帝国からみれば、存在自体が許されない。まさに「大逆罪」であり、特高警察が共産主義者を取り締まることは、国体護持と捉えられていた（兵本達吉『日本共産党の戦後秘史』産経新聞出版・二〇〇五年）。

コミンテルンは、資金援助だけでなく、モスクワで「極東民族大会」を催し、海外からの共産党員たちの教育とオルグの場とした。スターリンも教育係として、日本代表団の宿舎にやってきて、毎日数時間ずつ、共産主義のイロハを講義。「極東民族大会」が終わっても、「クートベ」（東方勤労者共産大学）という共産党員を養成する大学に入学する党員もいた。クートベは、二年間の課程で、マルクス主義・レーニン主義・世界史・ロシア共産党史をはじめ、小銃・機関銃・手榴弾などの武器から、部隊の指揮術まで教え込んだ（立花『日本共産党の研究　一』）。

「國體」を破壊しようとする共産党員は、天皇に逆らう不敬な輩《やから》である。特高警察は、共産党を撲滅することに喜びさえ感じていた。特高たちの間に「天皇陛下の警察官だ」という意識が高まっていく。事実、「特別高等警察執務心得」の第一条に、「特別高等警察ハ國家存立ノ根本ヲ破壞《はかい》シ若《もし》ハ社會ノ安寧秩序ヲ攪亂《かくらん》セムトスルガ如キ各種社會運動ヲ防止鎮《ちん》壓《あつ》スルヲ主タル任務トス」と定められていた。

特高警察官の幹部と現場を駆け回る特高課員には、歴然とした「学歴」の差がある。特高は「選りすぐりの精鋭グループ」というイメージがあるが、それは内務官僚の高級エリートたちだけ。現場の特高課員の大部分は中学さえ卒業していない。

共産党員は、大卒のインテリだ。彼らは革命的なヒロイズムに酔いしれ、特高警察官を「国家の番犬」と見下している。日本の知識階級は、資本主義が崩壊し、共産主義社会の到来が「歴史の必然」だと堅く信じており、ロシア革命が起こり、この流れは世界に波及すると確信していた（宮下『特高の回想』）。

「左翼でなければインテリではない」という時代の風潮に染まっておらず、その「左翼」を潰してやると考えていたのが特高のトップ安倍源基である。安倍は、大卒のインテリども は「反國家的或は反戦的な気分を持って居る者は相当多い」と見なしており、共産党の取り締まりは「間断なく根を掘り返すに非ざれば到底真の取締は出来ない」と認識していた（「【極秘】安倍源基氏述（要旨）最近の思想犯情勢及び其の検挙に就て」日本外交協会・昭和十三年一月・外務省外交史料館蔵）。

国家の非常時という切迫感のなかで、特高の暴力は「必要悪」と見なされ、過剰なまでの暴力が吹き荒れた。仇敵《きゅうてき》同士が会えば、死闘になるのは必然だ。敵を捕まえた特高警察が警察署内で拷問をしやすい空気が満ちていた。

6　右翼に甘い特高警察

特高警察の取り締まりは、共産主義者だけではない。無政府主義者や社会主義者をはじめ、弁護士、学者、文化人、宗教団体、農民運動、労働運動など多岐にわたる。逮捕、投獄された総数は十数万にのぼる。山東出兵、上海事変、盧溝橋事件が次々と勃発し、中国侵略が拡大され、侵略戦争反対の声を押しつぶすために大弾圧が行われた。

しかし、危険な人物や団体はこれだけに留まらない。国粋主義の右翼や青年将校たちはクーデターを起こし政府要人を暗殺した。

一九三六（昭和十一）年二月二十六日（水曜日）、夜明け前の雪あかりの朝に、陸軍皇道派の青年将校が決起して、三〇〇名以上の軍隊が首相官邸を襲撃。首相の岡田啓介《おかだけいすけ》（一八六八～一九五二年）は女中の部屋に隠れて、奇跡的に難を逃れたが、内大臣の齋藤實《さいとうまこと》（一八五八～一九三六年）と教育総監の渡辺錠太郎《わたなべじょうたろう》（一八七四～一九三六年）と大蔵大臣の高橋《たかはし》是清《これきよ》（一八五四～一九三六年）が殺された。後に、終戦内閣を組閣することになる鈴木貫《すずきかん》太郎《たろう》（一八六八～一九四八年）も重傷を負った。

ぼたん雪が降り続ける東京で「二・二六事件」が起こったのは「日本社会の規制の弱さ」や「軍紀のたるみ」からではない。国庫の六〇～七〇パーセントを軍事費に使う農業国日本では、都市の住民や数多くいた農民たちは困窮《こんきゅう》の沼でもがいていた。だが、膨《ふく》れ上がる陸海軍や政治家たちと密接につながっていた財閥は、産業と金融を独占的に牛耳り、莫大な富を蓄積する。その現状を打破することが陛下の御心であると信じた農村出身の青年将校たちは、命を懸けて「昭和維新」の反乱を起こした。財閥や金で飼われていると見られた政治家を「討奸《とうかん》」と叫んで暗殺した。この昭和維新は見事に失敗したが、日本の国家構造に重大な問題を突きつけた事件として歴史に残る。

一九三六（昭和十二）年を境に、特高警察は右翼対策に重点を置くようになる。思想に関係なく、極右が「危険」だということに変わりない。特高警察は、「二・二六事件」を引き起こした国家主義者たちを拷問したのか。

特高警察は、右翼に対して手をかけない。

なぜなら、特高は、国家を中心に考え武装して暗殺までする右翼を同志のような感覚で扱っていたからである。「国家革新」「国体護持」という旗印に対して、官僚や警察も内心で共鳴している者が多かった。特高は、思想的に国家主義者に同調しており、取り締まりも甘く、むしろ指導する側に立とうとした。特高の右翼担当者は、視察の対象者のところに出かけては話を伺い、積極的に取り締まることはほとんどしない（宮下『特高の回想』）。

7　門外不出の極秘講演録

巣鴨プリズンから釈放された特高警察のトップ安倍源基は、晩年に特高の取り締まりの正当性を主張した。特高は「共産党の取締りに厳正であったと同時に、国家主義者などの非合法運動に対して厳正であった。過激な国家主義者たちの内乱予備や、要人の殺害、その他の不穏計画を未然に検挙した事例は数えきれないほどである」「多数の警察官の中には、多少の行きすぎもあったかも知れないが、特高警察に従事した」に過ぎないと弁明（安倍源基『昭和動乱の真相』中公文庫・二〇〇六年）。

組織のトップを司った者として安倍源基に反省の色はない。厳正な右翼対策を実施したと吹聴《ふいちょう》し、共産主義者たちを拷問した事実にすら触れようともしない。問題の核心を、共産党ではなく、右翼の国家主義運動にすり替え、責任逃れをしたい魂胆《こんたん》が見え見えなのは、彼の本心が語られている一九三八（昭和十三）年一月に作成された「極秘」の講演録が残っているからだ。安倍が「門外不出の約束」のもとで、日本外交協会の席で共産党に関して語る。「門外不出」の講演が「極秘」の備忘録《びぼうろく》として作成され、保管されていた。

安倍源基の講演を聴いてみよう。

昭和三年に治安維持法が改正されて以来、当局としては秘密結社日本共産党に中心を置いて取締って来たのであって、例えば三・一五（註・一九二八年三月十五日に実施された全国一斉の日本共産党員の検挙）でも四・一六（註・一九二九年四月十六日に実施された日本共産党員の一斉検挙。三・一五事件から逃れた幹部を追跡し逮捕）でも常に内偵は怠らないが、共産党が或る程度まで延びて来るのを待って一挙に検挙する。即ち間歇的《かんけつてき》に検挙すると云ふ方針であったのであるが、其後私が警視庁に入ってからは、絶えず情勢を観て居って間断なく検挙する。即ち共産党を再建しない前に其の芽を摘み根を掘ってしまふと云ふ方針で現在まで進んで来た（「【極秘】安倍源基氏述（要旨）最近の思想犯情勢及び其の検挙に就て」）。

共産党の芽を摘み取った張本人安倍源基が晩年になって「言い訳」をするのは見苦しい。「回顧録」が史料としていかに信頼できないものかの実例だ。

《参考文献》

・安倍源基『昭和動乱の真相』中公文庫・二〇〇六年
・内田博文『刑法と戦争――戦時治安法制のつくり方』みすず書房・二〇一五年
・纐纈彌三「赤色戦線大検挙」『文藝春秋』第三三巻一六号・一九五五年
・孫栄健『特高と國體の下で――離散、特高警察、そして内戦』言視舎・二〇一七年
・立花隆『日本共産党の研究　一』講談社文庫・一九八三年
・治安問題研究会編『新・日本共産党101問』立花書房・二〇一二年
・「特高警察黒書」編集委員会編『特高警察黒書』新日本出版社・一九七七年
・名越健郎『秘密資金の戦後政党史――米露公文書に刻まれた「依存」の系譜』新潮社・二〇一九年
・名和弓雄『改訂新版　拷問刑罰史』雄山閣・二〇一二年
・兵本達吉『日本共産党の戦後秘史』産経新聞出版・二〇〇五年
・宮下弘『特高の回想――ある時代の証言』田畑書店・一九七八年
・山縣為三「特高から見た共産党幹部」『文藝春秋』第四五巻六号・一九六七年
・「【極秘】安倍源基氏述（要旨）最近の思想犯情勢及び其の検挙に就て」日本外交協会・昭和十三年一月・外務省外交史料館蔵

Ⅳ　転向政策とスパイ

1　崩れ墜ちる日本共産党員

共産主義革命を夢見て人生を賭けた若者たちが留置場で見たものは、理不尽な現実だ。理想は燃え尽き、共産党に対する宗教に近い信仰心が崩れ落ちていった。

共産党員の「転向」について、安倍源基は「特高警察官の説得によって転向した共産主義者も数限りがないが、血も涙もない鬼のような人間から他人を説得し転向せしむる力が生まれるであろうか」と疑問を呈す（安倍源基「序文」小林五郎『特高警察秘録』生活新社・一九五二年）。さらに、安倍は「罪を憎むも人を憎まず」という信念のもと、「改心転向せしめ起訴される者の数は最小限度に止める」という方針だったという（安倍源基他『思い出の記』静岡新聞社・二〇〇〇年）。彼の言葉通りであれば、特高は「血も涙もない鬼」ではなく、温情溢れる人情家だ。

共産党員が逮捕されると、警察の留置場へぶち込まれ長期間にわたり外へ出してもらえない。留置場は、蚤《ノミ》や虱《シラミ》や南京虫が繁殖している。被疑者は、入浴も許されないので、身体を拭くしかない。さらに、太陽の光を自由に浴びることもできない。「ビタミンＤ」が不足し、栄養状態も悪く、不潔な環境で身体が弱くなるのは当然だ。取り調べが長い者になると、半年から一年近くにわたり留置場に拘束される。警察の留置場に入浴場と運動場が設けられたのは、日本が戦争に破れ、ＧＨＱが命令したからだ（大橋秀雄『特高警察官の手記』私家版・一九七八年）。

栄養も不十分な長期の拘留生活は、結核《けっかく》や脚気《かっけ》などさまざまな病気を誘発する。非人間的な環境に置かれると信念はぐらつき慚愧《ざんき》に咽《むせ》び、挫折感と自責の念に駆られる（伊藤晃『転向と天皇制』勁草書房・一九九五年）。

特高課長の毛利基《もうりもとい》は、「思想犯を語る」という論評で取調室の状況を詳しく描写する。明治二〇〜三〇年代に建築された警察署の取調室には、二〜三段ほどの高低差があった。尋問する警察官は上座《かみざ》で、被疑者は下座《しもざ》に座る。被疑者の目の前には警察官の靴があり、高く見上げなければ、調べる者の顔が見えない。このような環境に置かれると被疑者の心境は一変し、頑張る気力は失せて、自白をするようになる。そして、「家庭、親族、友人等よりの差入れ、父母の面会、取調官よりの説諭」により、共産党への信念は揺るぎだすという（毛利基「思想犯を語る」池田克、毛利基『防犯科学全集　第六巻　思想犯篇』中央公論社・一九三六年)。

2　司法と特高による留保処分

「治安維持法」の体制下では、司法も特高も同志の仲間だ。

「二・二六事件」が起きた一九三六(昭和十一)年に、毛利基と共に大審院検事の池田克《いけだかつ》(一八九三〜一九七七年)が共著で『防犯科学全集 第六巻 思想犯篇』を出版した。

東京帝国大学法学部を卒業した池田克は、司法官試補、東京地裁検事、司法書記官と出世の階段を進み、一九三五(昭和十)年に大審院検事に就き思想検事として活躍。彼は、「留保処分」(起訴留保)という日本独自の制度を活発に運用したことで知られる。

留保処分とは、一九三一(昭和六)年を境に実施された「転向政策」の根幹をなす制度である。後悔して改心する見込みのある者を起訴猶予にし、一定期間(通常六ヵ月)にわたり、身元引受人の監視下に置く策だ。身元引受人は、月に一回、思想及び行動、交友関係などを報告する義務を負った。留保処分の間、被疑者は起訴される可能性が残っており、自己反省が続く日々を過ごすので「再犯防止」につながる。池田克は、留保処分を「思想犯に対する刑事政策史に輝ける足跡を印した」と自画自賛している(池田克「左翼犯罪の覚え書」『防犯科学全集 第六巻 思想犯篇』)。

「転向政策」は日本独特の制度であり、改悛《かいしゅん》の情を示せば未来ある青年を許そうという日本的な考え方もあった。親族からは、「寛大な措置」をという嘆願《たんがん》もくる。それを押しきり、刑務所を満杯にして税金でメシを食べさせるのは「勿体《もったい》ない」という声もあった（宮下弘『特高の回想』田畑書店・一九七八年）。

その一方で、ナチス・ドイツは大嫌いな共産主義者に容赦しない。ナチスの親衛隊長官ハインリヒ・ヒムラーは、「日本では共産党員に死刑を科す」のかと、在ドイツ日本大使館の事務次官に問うた。事務次官は「法律上死刑の規定は存するが、実際にはまだ一度も適用されたことはない。日本の共産党員は刑務所といふ学校に入れて教育を与へたり、自ら反省せしめると、大半転向して其の非を悟るに至る」と答えた。これを聞いたヒムラーは、「それは吾等《われら》にとってはウンデンクバール――考へ得られないことだ」と驚いたという（池田、毛利『防犯科学全集　第六巻　思想犯篇』）。

「治安維持法」と共に半世紀を歩んだ池田克は、日本の敗戦後、公職追放にされた。しかし、占領軍が去った後、一九五四（昭和二十九）年に最高裁判所判事に就任。翌一九五五（昭和三〇）年、最高裁判所裁判官の「国民審査」が実施された。日本共産党は、過去の恨みを返すかのように罷免《ひめん》運動に執念を燃やした。機関紙『アカハタ』は、池田克は共産主義者に対する「弾圧とごう問の血でそまっている」と攻撃。池田克は、戦後最大のリコール票四〇九万五七八票（有権者の十二・四九パーセントが罷免要求）を獲得。それでも、罷免に必要な過半数に届かなかったので、池田は一九六三（昭和三十八）年五月の定年まで裁判官に居座る。その後、國學院大學に教授として迎えられ、十三年間の教授生活を過ごし、一九七七（昭和五十二）年、八十三歳で没（西川伸一『最高裁裁判官国民審査の実証的研究』五月書房・二〇一二年）。

3　転向の組織的圧力

特高と司法による「転向政策」は、どれほど効果をもたらしたのか。

内務省が作成した「治安維持法違反者検擧者調」という貴重な統計が残されている。一九三一（昭和六）年から一九三三（昭和八）年にかけて二万人以上が検挙されたが、実際に起訴された人数は十分の一以下だ。

起訴されて検事局に送られれば、今度は検事が警察では十分にやりきれなかった転向工作を行う。そこで、転向した者の大部分は起訴猶予にされる。それでもなお、頑として耐え抜く党員もいる。法廷で正義が貫かれるはずもなく、裁判所が転向をすすめる始末だ。刑が確定して牢獄に入っても、転向の強要がついてまわる。保釈された人々は思想犯保護観察の下にくみこまれる。保護観察からはみ出たことをすると、予防拘禁所に拘禁される。つまり、転向しない限り、最後まで陽を見る機会がない（上田誠吉『昭和裁判史論』大月書店・一九八三年）。

一九三五（昭和十）年四月二〇日の時点で、治安維持法に違反した者たちは、どの程度で転向したのか。半数以上は「転向」し、残りの者たちも思想的に揺れて「転向」に近い状態だ。思想動揺中は、いずれ崩れ落ちていく。

「非転向」を貫くものは、十人に一人以下だ。特高からの執拗《しつよう》な拷問や親族からの泣き落としなどに耐え抜き、共産主義を捨てずに己の信念を貫くことができた党員の精神力は感動さえ覚える。転向しなかった徳田球一《とくだきゅういち》や志賀義雄《しがよしお》（一九〇一〜一九八九年）は、戦後に英雄になる。

4　転向と母性愛

特高のトップである安倍源基は、「転向」の動機には人それぞれあるが、「家族愛」、とくに「母性愛」に突き動かされて反省するものが多いという。捕まった者たちが両親に面会すると、母親の子を想う心情が伝わり、母と息子は咽《むせ》び泣く。

父親の場合は、理屈を言ったり或いは叱責する様な事があるが、其は必しも良結果を生まぬ。然し母親に会わした場合は一切の理屈を抜きにして、わっと泣き出すのが

治安維持法違反検挙者調

年度別	検挙人員	起訴人員	起訴猶予人員	起訴留保人員
昭和3年	3,426	530	—	—
昭和4年	4,942	344	—	—
昭和5年	6,182	448	482	5
昭和6年	10,505	313	588	134
昭和7年	12,622	654	658	726
昭和8年	14,318	1,295	1,157	1,066
昭和9年(11月末)	3,471	439	—	—
合 計	55,466	4,023	—	—

(参照・内務省「治安維持法違反者検擧者調等」国立公文書館蔵)

治安維持法違反者転向調(昭和10年4月20日現在)

区別	転向	準転向	思想動揺中の者	非転向	合計
刑期満了出所者及仮出獄者	368	144	86	116	714
刑の執行停止同猶予中者及保釈責付者	902	436	235	148	1,721
起訴猶予者	1,216	444	248	157	2,065
起訴保留者	692	201	81	74	1,048
起訴中止者	28	9	3	7	47
合計	3,206	1,234	653	502	5,595
総数に対する百分比	57%強	22%強	12%弱	9%弱	—

(参照・内務省「治安維持法違反者検擧者調等」国立公文書館蔵)

治安維持法違反者転向調（昭和10年4月20日現在）

区別	転向	準転向	思想動揺中の者	合計	百分比
信仰上	103	37	10	150	3%弱
近親愛其の他家庭関係	1,724	633	239	2,596	51%弱
理論の精算	611	167	110	888	17%強
国民的自覚	508	174	60	742	15%弱
其の他	260	223	234	717	14%強
合計	3,206	1,234	653	5,093	―

（参照・「治安維持法違反者検擧者調等」国立公文書館蔵）

普通である。是《ここ》には流石《さすが》に子供も心を打たれる。親子の愛は動物的愛に過ぎぬと幹部から教えられている党員も、母親を泣かせ悲しますに忍びぬとの情が湧いて出るのである。父親も母親も子供に対する愛情には変りはないと云うが、父親は世間に対する体裁を考えたり、一種の邪念が伴う場合があるが、母親の場合は情的であり、絶対的である。これが子供の心を打つ所以《ゆえん》であろうと思う（安倍源基他『思い出の記』静岡新聞社・二〇〇〇年）。

内務省の「治安維持法違反者転向調」（国立公文書館蔵）によると、「近親愛・家庭」を理由に転向するものは過半数を超える。続いて、「理論の精算」（共産主義理論の行き詰まり）を自覚し、「国民的自覚」（臣民としての皇室の重要性）に覚醒する者たちが続く。

大半の党員は、家族に迷惑がかかり、両親や近親者の泣き落としによって改心し、平穏な生活に戻っていく。

イデオロギーよりも母親の方が遥《はる》かに偉大だった。

5　二大巨頭の陥落

留置場や牢獄に監禁され拷問に耐えていた共産党員に吐き気を催させる出来事が起きた。一九三三（昭和八）年六月十日（土曜日）、日本共産党の大幹部で獄中に収監されていた佐《さ》野学《のまなぶ》（一八九二～一九五三年・早稲田大学商学部講師・元中央委員長）と鍋山貞親《なべやまさだちか》（一九〇一～一九七九年・元中央委員長及び教育部長）が二人揃って「転向宣言」を出したからだ。佐野学はインテリ出身、鍋山貞親は旋盤工《せんばんこう》の労働者出身で、共産党員にとって神様のような存在。この二人の右に出る指導者はいない、とまで評価されていた。二大巨頭がソ連のコミンテルンを糾弾《きゅうだん》して、天皇制を擁護し、転向を全国に知らしめたのだ。

共同被告同志に告ぐる書

佐野　学　鍋山　貞親

我々は獄中に幽居《ゆうきょ》すること既に四年、その置かれた條件《じょうけん》の下において全力的に闘《とう》爭《そう》を續《つづ》けると共に、幾多の不便と危險《きけん》とを冒し、外部の一般情勢に注目して來《き》たが、最近、日本民族の運命と勞働階級のそれとの關連《かんれん》、また日本プロレタリア前衛《ぜんえい》とコミンターンとの關係について深く考ふる所があり、長い沈思の末、我々從來《じゅうらい》の主張と行動とにおける重要な變更《へんこう》を決意するに至つた。

……（中略）……

日本共産黨《とう》はコミンターンの指示に從つて君主制癈止のスローガンをかゝげた。前記テーゼの主想の一は、更に一歩を進め、反君主鬪爭《とうそう》が現下の階級鬪爭の主要任務であるなどの、バカげた規定をしたことにある。コミンターンは日本の君主制を完全にロシアのツアーリズムと同視し、それに對《たい》して行つた鬪爭をそのまゝ日本支部に課してゐる……（中略）……我々は日本共産黨がコミンターンの指示に從ひ、外觀《がいかん》だけ革命的にして實質《じっしつ》上有害な君主制廢止のスローガンをかゝげたのは根本的な誤謬《ごびゅう》であつたことを認める。

……（中略）……

十一年來コミンターンの旗の下に教養され、全力を以てその陣營《じんえい》のために戰つた我々であつたが、今、相容れざるもの多くをもつに至つたから、潔くこの陣營を去つて新たな道に就く。

……（中略）……

たとへこのまゝ獄中に終らうともプロレタリア前衛《ぜんえい》の誇りを以て死に赴くことも變

りはない。我々は日本の勞働者運動に眞摯《しんし》の關心《かんしん》をもつ何人もこゝに提示された問題に嚴肅《げんしゅく》な注意を向けることを要請する。

於　市ヶ谷刑務所

（内務省警保局保安課『特高月報』昭和八年六月分）

共産党の大物による「佐野・鍋山宣言」は、捕まっていた党員たちを萎《な》えさせるには十分すぎるほど効果があった。動揺して、共産党への信念がぐらつき、頭が割れる激痛に苦しんだろう。「転向」したことで、信条を貫くことが辛い。戦場で大将を討ち取られてしまった兵士のような感覚に陥り、闘争本能は消え失せる。

佐野学は「無期懲役」の判決を受けていたが、「転向宣言」を出すと懲役十五年に減刑され、日米激戦中の一九四三（昭和十八）年十月に出所。鍋山貞親も「無期懲役」のはずだったが、減刑されて一九四〇（昭和十五）年に出獄した。

幻滅した共産党員たちは、雪崩《なだれ》を打って「転向」する。特高警察のトップ安倍源基は、二人の転向に関して「佐野、鍋山の転向声明あたりに影響されて、ほとんど昭和九年の暮れ頃になったら共産党は潰滅《かいめつ》状態と言っていいのではないか」と分析している（内政史研究会編『安倍源基氏談話速記録』内政史研究会・一九六七年）。

『特高月報』によれば、二人が転向した動機は、（一）過去数年間にわたる刑務所生活における思索と反省により、日本民族意識が蘇《よみがえ》ってきたこと、(二) 宗教の本を親《した》しんで読んだことで、仏教の哲理を学んだこと、(三) 社会情勢の変化と共産党の労働者農民の離反《りはん》、(四) 日本の家族制度の特性によるものと評価した（内務省警保局保安課『特高月報』昭和八年六月分)。

「転向」の雪崩現象が起きた背景には、二大巨頭の陥落だけでなく、もう一つ抜き差しならぬ理由がある。特高が送り込んだスパイが、日本共産党内で暗躍しはじめていた。

6　スパイに転向した共産党員

元特高警察官の宮下弘は、巡査千人よりも腕利きのスパイが五人欲しいと本音を語る。なぜなら、制服を着た巡査が沢山いても、日本共産党の中核は掴みきれないが、共産党の中央委員会の要職についている者を内偵者にしておけば、会議の内容や次の計画を見通せるからである（宮下『特高の回想』)。

特高警察は、共産党より一枚も二枚も上手だ。特高は、転向した共産党員をスパイに育て上げ、共産党の内部に浸透させた。

毛利特高課長は、月一〇〇円ほど内偵者に与え、彼らの生活の面倒までみていた。特高課内であっても、鵜飼《うか》いにしているスパイの氏名を他の課員に漏らしたりしない。課員の間でスパイの引き継ぎなどはせず、スパイは特定の課員の配下となる。原則として、毛利課長のみがすべてのスパイの名前を把握していた（宮下『特高の回想』）。

特高自身が共産党員を装って内部に入り込むという手法はとらなかった。「治安維持法」の番人である特高が、共産党の活動を助長させることは本末転倒だからである。潜入した特高職員は、スパイだという事実を隠蔽するため、積極的に共産党の活動に貢献しなければならない。特高が危険を冒すよりも、共産党員を「転向」させて特高警察の密偵に仕立てあげる。共産党員であれば、いざとなれば切り捨てることもできる。

なぜ、共産党員が憎き敵の特高のスパイに成り下がってしまうのか。

特高は、被疑者のなかでスパイとして利用できる人材だと見定めると「罠」を仕掛けてくる。起訴を覚悟している人物にスパイになれと誘うのだ。スパイになると調書《ちょうしょ》にも載ることもなく、報酬も与えられる。たとえ他の党員の自白供述に名前が出ても、調書に載るようなことはない。つまり、スパイになった者たちは、特高の調書から除外され、経歴に傷がまったくない人間に様変わりできる。

スパイに転向して監獄から出てきた者は、拷問に耐え抜き、断固として特高と戦い、保釈を勝ち取ったと吹聴して、共産党の仲間から英雄視される。同時に、モグラになって活動できる。スパイは定期的に党の情報を特高課員に報告。特高もスパイの報告の裏付けをとり、正確な情報なのか確証を得る。スパイ行為を一度した者は、徐々に罪悪感が薄れていくので、特高を裏切ることはない（宮下『特高の回想』）。
ここで大きな疑問にぶち当たる。なぜ、特高警察は共産党を潰さないのか。
元特高の宮下弘は次のように答える。

日本共産党というのはコミンテルンの日本支部ですから、つぶれればコミンテルンのほうでまた新しい工作者を派遣してきて連絡をつけようとするだろう。そういうときにぜんぶ根こそぎにしていれば、こちらのほうもまったく新しく捕まえなければならない。だから、温存しておけば、そういうものが来たときに、温存しているところへ入ってくるんだから、容易に見つけられるわけです（宮下『特高の回想』）。

共産党は、特高の手のひらで踊らされていた。特高は、党員を捕まえようと思えば、いつでも捕まえることができる。日本共産党を生かさず、殺さずという半死の状態にし、党の活動を通してソ連のコミンテルン情報を入手していた。
「共産党 対 特高警察」という単純な枠組みで考察をすると本質を見誤る。信じられないことに、日本共産党の指導者に、特高警察の特別スパイが就いた。世にいう「スパイＭ」の存在だ。

《参考文献》

・安倍源基、藤子、基雄『思い出の記』静岡新聞社・二〇〇〇年
・池田克、毛利基『防犯科学全集 第六巻 思想犯篇』中央公論社・一九三六年
・伊藤晃『転向と天皇制――日本共産主義運動の1930年代』勁草書房・一九九五年
・上田誠吉『昭和裁判史論――治安維持法と法律家たち』大月書店・一九八三年
・大橋秀雄『特高警察官の手記』私家版・一九七八年
・小林五郎『特高警察秘録』生活新社・一九五二年
・内政史研究会編『安倍源基氏談話速記録』内政史研究会・一九六七年
・内務省「治安維持法違反者検擧者調等」国立公文書館蔵
・内務省警保局保安課『特高月報』昭和八年六月分
・西川伸一『最高裁裁判官国民審査の実証的研究――「もうひとつの参政権」の復権をめざして』五月書房・二〇一二年
・宮下弘『特高の回想――ある時代の証言』田畑書店・一九七八年

Ｖ　「矢野豊次郎文書」の発見

１　特高警部・矢野豊次郎

近現代史の宝庫であるスタンフォード大学フーヴァー研究所には、膨大な共産党に関する史料が保管されている。未整理の史料の山と格闘していると、暗闇の森で迷子になったかのような感覚になる。

フーヴァー・トレジャーズの探索をしていたとき、特高警察の生々しい極秘文書を発見した。警視庁特別高等警察部特高一課第一係警部であった矢野豊次郎《やのとよじろう》（生没年不明）の個人史料だ（*Yano Toyojiro Collection*, Japanese Modern History Manuscript Collection, Hoover Institution, Stanford University）。

矢野豊次郎は、特高警察のスパイマスター毛利基の直属の部下。一九三五（昭和十）年十二月一日付の『警視廳職員録』によれば、特高警察第一係は、左記のメンバーで構成さ

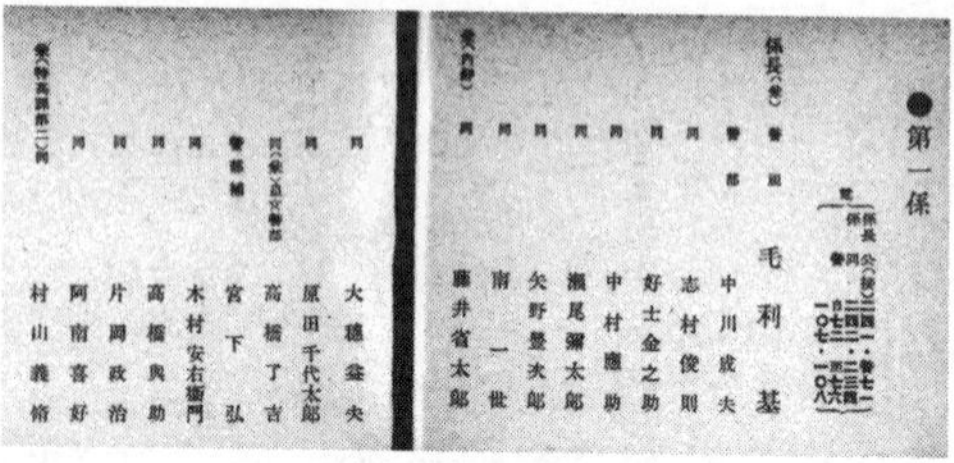
●第一係
係長　警視　毛利　基
警部　中川　成夫
同　志村　俊則
同　好士　金之助
同　中村　應助
同　瀬尾　彌太郎
同　矢野　豊次郎
同　南　一世
同　藤井　省太郎
同　大穂　夾
同　原田　千代太郎
同　高橋　丁吉
警部補　宮下　弘
同　木村　安右衛門
同　高橋　興助
同　片岡　政治
同　阿南　喜好
同　村山　義脩

（参照・警視廳『警視廳職員録』圀佑社・1935年）

れていた。

第一係

係長　警視　毛利　基
警部　中川　成夫
同　志村　俊則
同　好士　金之助
同　中村　應助
同　瀬尾　彌太郎
同　矢野　豊次郎
同　南　一世
（以下略）

特別高等警察部は、何度か改編されるが「特高課」「労働課」「内鮮課」「検閲課」「外事課」「調停課」の六課が特高部の指揮下に置かれた。特高課長の人事は、中央である内務省警保局保安課長がにぎっており、高等文官試験に合格した優秀な若手が任命され、その下にベテランが配置される。各都道府県の特高課長は、「指定課長」「指定警視」とも呼ばれた。

　矢野豊次郎は一九三九（昭和十四）年五月に特高一課第一係筆頭警部、翌年の五月に経済保安課第二係長に転じ、一九四一（昭和十六）年六月に堀留《ほりどめ》警察署長に就任し、警視に昇格（渡部富哉『偽りの烙印』五月書房・一九九八年）。だが、それ以降の矢野豊次郎の足取りは、全く不明だ。

　敗戦により特高警察が解体されたことで、矢野豊次郎にとって職務で利用した資料は不要になったのかもしれない。あるいは、占領下の混乱期で生活が苦しくなり、資料を放出したとも考えられる。いかなる経緯でフーヴァー研究所東京オフイスが「矢野文書」を入手したのかは明らかではない。

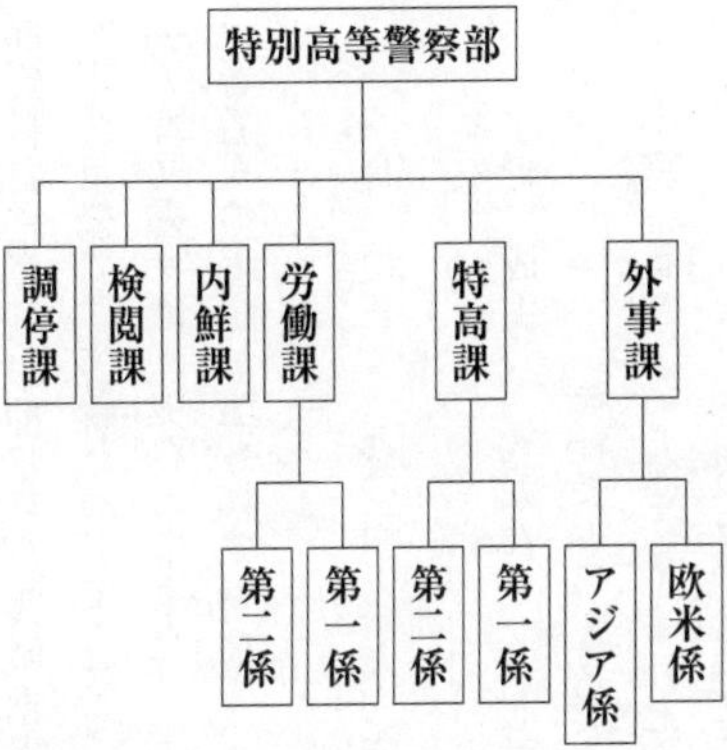

2　特高警察の埋蔵宝庫『矢野文書』

　十九箱からなる「矢野文書」には、日本共産党が弾圧された「三・一五事件」や「四・一六事件」などの治安維持法違反事件の書類をはじめ、特高の内部資料と官憲側が押収した共産党出版物が含まれている(「戦前日本の左翼・革新運動等に関する官憲側収集資料についてのスクープ」フーヴァー・トレジャーズ【文書二十二】)。

「矢野文書」は、史料の宝庫だ。

著名人の手記が埋もれていた。

河合《かわい》悦三《えつぞう》(一九〇三～一九六六年・コミンテルン本部に派遣され日本農民組合中央委員・フーヴァー・トレジャーズ【文書二十三】)
水野《みずの》成夫《しげお》(一八九九～一九七二年・しんぶん赤旗初代編集長・フジサンケイグループ初代社長・フーヴァー・トレジャーズ【文書二十四】)
小宮《こみや》義孝《よしたか》(一九〇〇～一九七六年・東京帝国大学医学部卒・寄生虫学者・フーヴァー・トレジャーズ【文書二十五】)
大場《おおば》正史《まさふみ》(一九一四～一九六九年・翻訳家で『千夜一夜物語』を和訳・フーヴァー・トレジャーズ【文書二十六】)
尾村幸三郎《おむらこうざぶろう》(一九一〇～二〇〇七年・築地中央卸売市場「尾寅」十三代目・フーヴァー・トレジャーズ【文書二十七】)

特高に逮捕された共産党員は、留置場内で共産主義と決別する「転向」の手記を書かされた。「手記」には拇印《ぼいん》まで押されており、いまでも朱の指紋がくっきりと映っている。彼らの苦悩と葛藤《かっとう》が「手記」から滲《にじ》み出る。

さらに、一九三二（昭和七）年十月六日（木曜日）に共産党が起こした銀行強盗「川崎第百銀行大森支店襲撃事件」で逮捕された実行犯の「調書」が残っていた（「日本共産党特別資金局所属ギャング事件担当責任者 今泉善一調書」フーヴァー・トレジャーズ【文書二十八】・「日本共産党特別資金局所属大森第百銀行ギャング事件担当者 中村経一調書」フーヴァー・トレジャーズ【文書二十九】）。

ギャングに扮《ふん》する共産党員が拳銃を発砲して行員を脅し、現金三万一二三四円（現在の貨幣価値で約一億円）を強奪《ごうだつ》した。なぜ、共産党は銀行強盗に手を染めたのか。闇に埋もれていた「特高警察と共産党」の真実が「矢野文書」の解読により白日《はくじつ》の下に晒される。

3　日本初の銀行強盗

一九三二（昭和七）年十月六日（木曜日）、東京の「川崎第百銀行大森支店」（一九四三年に三菱銀行に吸収合併・東京都大田区大森）で銀行強盗が発生、現金三万一二三四円が強奪された。

午後三時五十五分頃、バーバリーのレインコートを着て、眼鏡をかけた三人の男が銀行の裏口から入ってきた。ピストルを携帯した彼らは、付け髭で変装している。表のドアはすでに閉まっており、銀行のなかでは行員たちがソロバンで金の勘定をしていた。

男のひとりが、支店長に向かってピストルを突きつける。だが、店内はざわついており、支店長は電話をかけている。何が起こっているのか、状況を把握できない。銀行員の誰も、「銀行強盗」という言葉さえ知らない。

強盗犯は威嚇《いかく》のために床に向けて拳銃を二発撃つ。驚いた支店長や行員たちは、拳銃を向けられ「見てはならぬ」「下を向け」と怒鳴られ部屋の隅に追いやられた（フーヴァー・トレジャーズ【文書二十八】）。

銀行強盗たちはボストンバッグに行員たちが勘定していた百円札、十円札、五円札を詰めていく。ボストンバッグが一杯になると、男たちは急いで裏口から出て行った。自動車で待機していた仲間にボストンバッグを渡し、実行犯たちは服を脱ぎ捨て、街の中に消えていく。電車に乗った者もいれば、自動車で逃げた者もいる。近郊の道路は、非常線が敷かれた（山縣為三「特高警察華やかなりし頃」『文藝春秋』第三二巻一六号・一九五四年）。

強盗団はアメリカのギャング集団のような出で立ちだったので、翌日の新聞は「ピストル強盗」「銀行ギャング事件」が発生したと騒ぎ立てた。事実、強盗団の一味は、アメリカのギャングに関する本を参考にしていた。これが日本で初めて起こった銀行強盗である。盗まれた金額が天文学的だったことから、日本国中の関心を呼んだ。

4　毛利基と「スパイM」

日本で初めて起こった銀行強盗に、警視庁は事件の手がかりを摑めない。だが、確実な情報を握っていた人物がいた。特高課長の毛利基だ。事件の二日後、毛利の直参スパイから情報がもたらされた。

スパイの名前は、松村昇《まつむらのぼる》。本名は飯塚盈延《いいづかみつのぶ》（一九〇二～一九六五年）。日本共産党内では、松村の頭文字から「Ｍさん」との愛称で呼ばれた大幹部で、当時の共産党内の序列で二番目の地位を占める。

松村は、ソ連のクートベ（共産大学）に留学した経験の持ち主。ソ連時代は、ヒョードロフという別名を使い、峰原暁助、高瀬正敬などさまざまな変名を使い分けた。妻や子どもたちまでにも、姓名と本籍地を偽《いつわ》らせる。松村こと「スパイＭ」という策士《さくし》が日本共産党を奈落の底へ突き落とす。

特高は、共産党以上に共産党を知っていたのだ。「敵・味方」という二分割で歴史を見ると判断を間違う。組織のトップ同士は、繋がっているものだ。共産党の勢力は拡大しているかのように見えたが、権力の罠に嵌《は》められていることに誰一人として気づかない（風間丈吉『「非常時」共産党』三一書房・一九七六年）。

特高警察でスパイMの存在を知っているのは、毛利特高課長のみ。松村昇（飯塚盈延）は、モスクワから帰国後、すぐに逮捕された。このとき、特高のスパイになる。松村はソ連留学中に共産主義に幻滅を覚えていた。人間は平等のはずなのに、コミンテルンの現状は差別だらけ。その権威主義に嫌悪感を持っていた（小林峻一、鈴木隆一『昭和史最大のスパイ・M』ワック・二〇〇六年）。

スパイMは、特高に自分の価値を高く売りつける。己の地位を安泰にするため、情報を小出しにしつつ、内部の機密を密告する。しかも、スパイMはコミンテルンとの連絡ルートも握っていただけでなく、日本共産党の非合法活動による資金調達組織「技術部資金係」のすべてを把握していた。

なぜ、スパイMは党内で高い地位につけたのか。スパイMの才能が秀《ひい》でていたことは確かだ。党員たちには、「服装は絶えずキチンとして身ぎれいにしておけ」「下宿先には挨拶を欠かすな」「下宿ではゴロゴロ寝ていてはダメ」「毎朝決まった時間に家を出ろ」と生活指導までしていた（小林、鈴木『昭和史最大のスパイ・M』）。

だが、それにも増して重要なことは、日本共産党は検挙の連続で人材不足に陥っていた。指導部は、一年から二年周期で崩壊。一九二三（大正十二）年の「第一次弾圧事件」、一九二八（昭和三）年の「三・一五事件」（一六〇〇名に及ぶ党員と支持者が逮捕）、一九二九（昭和四）年の「四・一六事件」（総数約一〇〇〇名の大検挙）、一九三〇（昭和五）年の全国的な大検挙が実施され、共産党は崩壊状態だ。トップ層が根こそぎ監獄に入れられてしまったので、下部組織の者たちが党の運営に関わった。

5　資金難とカンパ

一九二九（昭和四）年七月頃、日本共産党とコミンテルンとの連絡が途切れ、資金を融通してもらえない。コミンテルンから月二〇〇〇円（註・現在の約二六三〇万円）の援助金が届かなくなる。日本共産党の財政は、火の車だ（内政史研究会編『安倍源基氏談話速記録』内政史研究会・一九六七年）。

コミンテルンからの援助が途絶えた日本共産党は、活動資金を集め出す。共産党に共鳴するインテリ層がカンパをして、党の運営を助けた。資金を補ったのは純粋な共産党員だった。文化人・知識人も献金した。小林多喜二も寄附をして党の財政を支える。ベストセラー『貧乏物語』で有名な河上肇《かわかみはじめ》（一八七九〜一九四六年・マルクス経済学者）は、一万五〇〇〇円もの大金を献金した。当時は、累進《るいしん》課税制度がなかったので、巨額の印税を財産として残すことができた。

それでも、日本共産党は極度の資金難に陥《おちい》っていく。なぜなら、スパイＭが党の財政を意図的に圧迫させていたからである。党機関紙『赤旗』の活版化と自動車の購入を提案した。さらに、アジト（隠れ家）が必要だとして家も買う。

『赤旗』の活版化は共産党の宣伝になるので、高く評価された。一九三二（昭和七）年四月八日（金曜日）付の『赤旗』から活版がはじまり、A3版で八面、月五回発行された。だが、活版化には莫大な出費を伴う。組織が拡大するにつれ、人件費や印刷費もかさむ。党大会を実施するにもお金がかかる（倉田稔「経済学者 野呂榮太郎」『商学討究』小樽商科大学・第四五巻二号・一九九四年）。

日本で革命を実施するには、大量の武器もいる。金がないと武器も買えない。革命は武装蜂起によってしか成し遂げられない。スパイMは、党の活動には潤沢な資金が必要だとして「銀行強盗」を同志に唆《そそのか》した。

純粋な若い共産主義者たちは、自己犠牲の精神に燃え、革命を夢みたが、その背後でスパイMに扇動《せんどう》されていることに気づいていない（小林、鈴木『昭和史最大のスパイ・M』）。

6 「今泉善一調書」の発見

スパイMは、いかにして共産党員に銀行強盗をさせたのか。

フーヴァー・アーカイブズには、銀行強盗の実行犯の調書が残っている。

実行犯の名前は、今泉善一《いまいずみぜんいち》（一九一一～一九八五年）。今泉は一九二八（昭和三）年に技師と職人を養成する工手学校を出て、大蔵省の営繕《えいぜん》管財局に入る。陸軍・海軍・司法・農商務省の建物を改築・修繕した。

大蔵省に入った今泉は、一九二九（昭和四）年に早稲田高等工学校の夜学で学ぶ。その頃から、マルクス主義にのめり込んでいき、共産党雑誌『プロレタリア科学』の分局を大蔵省のなかにつくる。一九三一（昭和六）年頃になると、今泉は大蔵省のなかで『赤い台帳』という新聞を秘密裏に配るようになる。今泉は、大蔵省内にシンパを獲得し、月三〇円近くの資金を集めるようになるまで成長した。だが、この活動が発覚してしまう（フーヴァー・トレジャーズ【文書二十八】）。

今泉の記憶によれば、「昭和六年の夏の暑い日だったが、役所に行くと、表門を入るときに、どうも変だなという感じがした……特高が今日は張っているなと思って、自分の部屋に入った。部屋のやつは気がついていないから、普通のまま机の中をちょっと整理して、ヤバいものは持って、便所へ行くような格好をして裏門からサッと逃げちゃった。それから非合法生活に入った」と振り返っている（今泉善一「大森事件のことなど」『建築雑誌』第一〇〇巻一二二九号・一九八五年）。

共産党の地下活動に従事するようになった今泉は、『赤旗』の印刷所の責任者となり頭角を現す。活動資金や武器を調達する「技術部資金係」を担当する。

スパイMは、資金不足を解消するには、「非常手段を用いてやるしかない」とけしかける。今泉に「こうした非常手段を用いたやり方は、ロシア革命の時もあった。やってくれ、今泉君」と説得された。スパイMから「ソ連に戦闘的技術集団というものがレーニンの下にあってということ」を言われると、今泉の心に迷いはなくなっていた（今泉「大森事件のことなど」）。

今泉は、己を「共産党の闘士」だと鼓舞《こぶ》し、銀行強盗を決行する。今泉は東京郊外にある警備の薄い銀行を選び、なおかつ交通の便がよく、預金額の多い川崎第百銀行大森支店に狙いを定めた（フーヴァー・トレジャーズ【文書二十八】）。そして、運命の日である十月六日がやってくる。今泉を中心にして銀行強盗が決行された。

7　強奪資金の使い道

強奪した資金はスパイMに手渡され、ピストル購入や党大会の準備資金に使われるはずだったが、ほとんどは幹部たちの懐《ふところ》へと消えた。

事件から三日後の十月九日（日曜日）、今泉は逮捕された。彼が逮捕されたとき、所持金は二五〇〇円。強奪した金で、武器を調達するためだった（フーヴァー・トレジャーズ【文書二十八】）。

今泉善一を逮捕したのは、暴力団の武器売買を追っていた神楽坂署だ。暴力団の銃取引

月.日	科目	摘要	入金	出金	差引残高
10. 6	1号		31,234		
〃.7		事		203	31,031
〃 〃		調		200	30,831
〃 〃		地		700	30,131
〃 〃		賃		3,000	27,131
〃 〃		〃先月借金返済		200	26,931
〃 〃		上, M		25,000	1,931
〃 〃		H.U.S		500	1,431
〃 〃		棲, 大		100	1,331

（フーヴァー・トレジャーズ【文書二十八】）

の捜査から、今泉に銃を売ったことが判明した（宮下弘『特高の回想』田畑書店・一九七八年）。今泉の逮捕を皮切りに、共産党のアジトは次々と襲われた。逮捕されたとき、今泉は現金と共に手帳を持っていた。その手帳には、強奪現金の使い道が書き留めてあった。

十月六日の銀行強盗によって三万一二三四円を獲得。翌七日の支出をみていくと、党内の資金局事務係の責任者に二〇三円、調査係の責任者に二〇〇円、地方部の責任者に七〇〇円、今泉の部下や協力者たちに三〇〇〇円、借金の返済に二〇〇円を支払っている。問題は、二万五〇〇〇円もの大金を受け取った「上、M」という人物だ。もちろん、共産党の上層部であるスパイMのことだ。今泉は二万五〇〇〇円のなかから二〇〇〇円を武器購入のためスパイMから預かる。「H.U.S」とは、資金局家屋部を指しており、この責任者に五〇〇円、「棲、大」は今泉の生活費として一〇〇円を支出したことを意味している（フーヴァー・トレジャーズ【文書二十八】）。

スパイMの手許には二万三〇〇〇円が残された。彼は、この大金をいったい何に使ったのか。真相は藪《やぶ》の中だ。なぜなら、スパイMが二万三〇〇〇円を懐に入れた日、彼は銀行強盗は共産党の仕業だと特高課長の毛利基に密告。翌日、今泉は逮捕されてしまったからだ。

スパイMは、「ギャング事件」を仕立てて、党幹部を一網打尽にした。

スパイMにまんまと騙され、使い捨てにされた今泉は、市ヶ谷刑務所の独房に入れられ法廷の前に立たされる。一審の求刑は十五年、判決は十三年。「治安維持法」に違反したという罪状だ。強盗や傷害容疑だと、懲役が十年未満になってしまうからだ。

今泉の「手記」（昭和七年十二月十六日付）には、「現在の思想並びに将来の決心」という決意表明が記されている。

フーヴァー・トレジャーズ【文書二十八】

私は過去に於て共産党の綱領・政策は正しき物であると思い決死的に日本共産党の一構成員として活動をして来ましたが、現在の私の思惟は、マルクス主義思想自体には何等反駁《はんばく》するものがなく、マルクス主義思想は正しき思想であると思います。で私は飽迄《あくまで》も現在の社会制度に対して不満を持って居るものであります。然し将来私は共産党の運動をやめる事を決意して居ます。即ち、私が過去に於ける運動上の銀行ギャング事件等を想起するにその社会的悪は私自身のみならず私の父母兄弟親戚に非常なる、迷惑を掛けたる事は私がこれから数十年の間眞面目《まじめ》に家族及び親戚の人達の為に働いても、補う事の出来ない程の物でありますが、其の何百分の一でも家族及び親戚の人達の為に眞面目に働き、父母には孝養《こうよう》をつくしたいと思うのであります（「日本共産党特別資金局所属ギャング事件担当責任者　今泉善一調書」）。

今泉は、共産党との関わりは絶つと言うものの、マルクス主義を捨てようとはしない。非転向を貫く姿勢を示した。小菅刑務所で刑期を過ごした今泉は、一九四四（昭和十九）年五月十九日（金曜日）に満期で出所。しかし、彼が獄中にいるうちに、両親は失意のうちに亡くなっていた（今泉「大森事件のことなど」）。

8　スパイMの功績と晩年

スパイMは、銀行強盗で共産党の社会的信用を失わせ、党内を混乱させると同時に共産党員を特高に売り渡した。特高による一斉検挙が起こった時には、スパイMは行方をくらましていた。

スパイMの功績は、コミンテルンと日本共産党の連絡を完全に断ち切り、日本における共産党の活動を再起不能の状態にまで追い込んだことだ。特高警察の毛利基は、共産党を極左犯罪集団に仕立てあげ、「道徳的」にも失墜《しっつい》させた。

獄中で、共産党員による銀行強盗事件を知ったものは、崩れ落ち、転向していく。なし崩しの大量転向が起こり、日本共産党は大打撃を受け、内部から崩壊。疑心暗鬼が党内に蔓延《まんえん》していき、誰がスパイで、誰に売られるかわからない。党の粛清《しゅくせい》が行きすぎて、同志をリンチして、殺し合いにまで発展する。仲間同士で潰し合い、日本の共産主義運動は潰滅した。

スパイMは、一度も追及されず、検挙もされず、その存在さえも特高警察や公安調査庁の資料から抹消された。彼は、終戦と同時に名前も本籍も生年月日も変えた。終戦時のどさくさで、満洲からの引き揚げ証明書に適当な記入をして、それを役所にもっていくと、本籍照会もせずに住民登録できたからである（立花隆『日本共産党の研究 二』講談社文庫・一九八三年）。

北海道で息を潜《ひそ》めながら生きながらえたスパイMは、一九六五（昭和四〇）年九月四日（土曜日）、六十二歳で朽ち果てた。Mの死生観は、「人間は、生まれてこないのが最も幸せだ。しかし、生まれてきた以上は、どんなことがあっても生きるべきだ。不慮の事故で死ぬべきではない、それは注意不足だ。また、自分で命を絶つべきでもない。死ぬまで生きるべきだ」という信念をもっていた。共産党や特高警察の復讐に怯《おび》えながら、生きながらえていた（小林、鈴木『昭和史最大のスパイ・M』）。

戦後、日本共産党はスパイMの行方を追っていた。彼が亡くなると、『赤旗』で「スパイ〝M〟こと飯塚盈延《いいづかみつのぶ》とその末路」と題して大々的に記事を載せた。

わが党は戦後、十五年間にわたってスパイ〝M〟の実態と行方を調査していたが、このほど彼のほぼ全貌とその末路までをつかんだ……スパイ飯塚の末路がまさに悲惨なものであったことは、スパイというものがいかに恥ずべき悪政の所産であるかをしめすものである……満州と日本を股にかけて土木業をいとなんでいたが、一時妻妾を同居させたり、待合に居つづけたり、朝から浴びるように酒を飲むなど、荒廃した生活を送った。戦後、引揚げてきてからは、一室にとじこもり、たえず元特高関係者から、〝消される〟ことをおそれ、こどもたちを含め、変名で生活するなど、おびえきった生活を送り、敗戦から二〇年目の一九六五（昭和四〇）年九月、北海道で死んだ。死因は脳軟化症だった（立花『日本共産党の研究 二』）。

スパイM・飯塚盈延は遺言で、「いっさい、オレのことは構わないでくれ。葬式も出さず、樽に詰め、上から酒でもかけて、川に流してくれ」という(小林、鈴木『昭和史最大のスパイ・M』)。

《参考文献》

・今泉善一「大森事件のことなど」『建築雑誌』第一〇〇巻一二三九号・一九八五年
・風間丈吉『「非常時」共産党』三一書房・一九七六年
・倉田稔「経済学者　野呂榮太郎――没後60年」『商学討究』小樽商科大学・第四五巻二号・一九九四年
・警視廳『警視廳職員録』圀佑社・一九三五年
・小林峻一、鈴木隆一『昭和史最大のスパイ・M――日本共産党を壊滅させた男』ワック・二〇〇六年
・立花隆『日本共産党の研究（二）』講談社文庫・一九八三年
・内政史研究会編『安倍源基氏談話速記録』内政史研究会・一九六七年
・宮下弘『特高の回想――ある時代の証言』田畑書店・一九七八年
・山縣為三「特高警察華やかなりし頃」『文藝春秋』第三二巻一六号・一九五四年
・渡部富哉『偽りの烙印――伊藤律・スパイ説の崩壊』五月書房・一九九八年

フーヴァー・トレジャーズ
【文書二十二】「戦前日本の左翼・革新運動等に関する官憲側収集資料についてのスコープ」
【文書二十三】河合悦三「僕が日本共産党より脱党を決意し自白するに至りし過程」*Yano Toyojiro Collection*, Japanese Modern History Manuscript Collection, Box 32-5.

【文書二十四】水野成夫「日本共産党脱退に際し党員諸君に（感想）」*Yano Collection*, Box 32-5.
【文書二十五】小宮義孝「手記」*Yano Collection*, Box 32-5.
【文書二十六】「無政府主義者　大場正史手記」*Yano Collection*, Box 39-5.
【文書二十七】「日本無政府共産党　尾村幸三郎手記」*Yano Collection*, Box 39-4.
【文書二十八】「日本共産党特別資金局所属ギャング事件担当責任者　今泉善一調書」*Yano Collection*, Box 37-6.
【文書二十九】「日本共産党特別資金局所属大森第百銀行ギャング事件担当者　中村経一調書」*Yano Collection*, Box 37-7.

Ⅵ　獄中手記

1　転向と手記

フーヴァー・トレジャーズには、共産主義に共鳴したものの特高に捕まり監獄へ入れられた多くの者たちの直筆手記が保管されている。なぜ、獄中で手記が書かれるようになったのか。

それは、共産党員の逮捕者が多くなり、検事が足りず、十分な取り調べ時間を確保することができないので、調書をとるのではなく「手記」を書かせたところ、大きな効果があることが判明したからだ。

具体的には、（一）経歴や思想などは、本人が書いた方が理解しやすい、（二）口の堅い者でも、執筆を促されると態度が和らぐ、（三）手記であれば、本人の書いたものなので自白以上に立派な証拠となる、（四）手記が「転向」を表明する手段になる、という利点があった（伊藤晃『転向と天皇制』勁草書房・一九九五年）。

被疑者に「手記」を書かせるため、特高は「環境」を整える。「手記」の執筆場所は、肥溜《こえだ》めのような留置場ではなく、清潔な特高室だ。手記の参考にしたいという名目で新聞や本を読み、「一息つける」ことができる。

毛利特高課長は、捕まった者たちの心理を手に取るように把握していた。精神的・肉体的に極度に疲労すると、「生理的に甘い物が無性にほしくなって来る、同時に煙草《タバコ》をのむ者は堪らない程ほしくなる。此の自然の生理的欲求に対し、抑制せんとする精神力は、一週間経過後に於ては到底打ち勝ち得ない」ものだ。我慢できなくなると、欲求を満足させるため特高室に行き、検事の取り調べを「進んで希望」したくなるのだという（毛利基「思想犯を語る」『防犯科学全集　第六巻　思想犯篇』中央公論社・一九三六年）。

やがて、特高警察官と顔なじみになり、煙草を吸って会話を交わすようになる。人間の心理として、早く特高の望むように手記を書いて、留置場から出たい。刑期を短くするために、進んで手記を書く。もちろん、特高の意に沿わない手記だと、反省が足らないと書き直しを命じられる。それ故、手記を読むときは、彼らが置かれた精神状態を鑑《かんが》みて読むことが肝心だ（伊藤『転向と天皇制』）。

2　『千夜一夜物語』と翻訳者

翻訳家として著名な大場正史《おおばまさふみ》（一九一四～一九六九年）の「手記」がある。大場正史は「アラビアンナイト」で知られる『千夜一夜物語』を独力で和訳し、翻訳家として名を馳《は》せた。しかし、彼が特高警察に拘束されていた事実は知られていない。まして「獄中手記」が存在することなど、想定もしていなかった。この発見は、奇跡に近い幸運だ。初公開の大場の手記は、蒲田《かまた》警察署の原稿用紙三十四枚にわたり綴られている。

フーヴァー・トレジャーズ【文書二十六】

大場正史「手記」
（註・原文の「カタカナ」を「ひらがな」に改めた）

本籍　佐賀縣東松浦郡鏡村大字半田一九八八番地　戸主正朝　長男
住居　東京市蒲田区羽田町一丁目一五九番地　自宅
職業　飜訳業
別名　川崎　大治郎　日本無政府共産党関係

石井　日出夫　詩行動投稿名
本名　大場　正史　大正三年一月一日生　当廿三年
一、出生地　本籍に同じ
二、位記勲等年金、恩給身分公職関係　無し
三、兵役関係　無し
四、前科　無し。尚これまでに検束、拘留を受けたることは一回もありません
五、検挙年月日　昭和十年十一月廿三日
　　東京都蒲田区羽田町一丁目一一五九番地　正朝　方にて
六、住居の移動関係　昭和三年末より昭和十年二月まで
　　東京市渋谷区上智町五三番地　鈴木梅香　方
　　昭和十年一月末より今日まで
　　東京市蒲田区羽田町一丁目一一五九番地　正朝　方
七、健康状態　精神系統の疾病《しっぺい》は無く、十五、六才の頃心臓　脚気を病みましたが
　　現在は全治しています
八、趣味嗜好　趣味は読書の外　囲碁、釣魚、嗜好《しこう》は煙草
九、家庭の状況
　　父　正朝　四十五才　現住所　東京市蒲田区羽田町一ノ一一五九

醫業
母　安子（継母）卅四才　仝　無職
私　正史　廿三才　仝　飜訳《ほんやく》業
妹　輝子　十五才　仝　府立第八高女一學年
妹　恵美子　九才　仝　小学校一學年

私の家庭は士族の出にして四十八代の祖父までは代々佐賀藩主の碌を受けたと聞いています　父は厳格なる祖父の指導下で郷里の中学を終へて、長崎醫專に学びましたが、間もなく陸軍々醫《ぐんい》を志願して少尉となりました。私の生れたのも恰度《ちょうど》この頃であります。実母は長崎の人でしたが、私の三才頃　肺を患って若くして逝去しました（……中略……）

十、學歴、成績、修學の目的等
大正十五年三月　東京市渋谷区広尾尋常小學校卒業
昭和二年四月　佐賀縣立唐津中學校第一學年に入學
昭和三年十二月　同校第二學年を中退す
昭和四年六月　東京市神田区私立正則英語學校（註：斎藤秀三郎が設立）普通科第三學年に入學
昭和六年六月　同校高等科を経て文學科を卒業

（其他、独語専修學校及び東京外国語學校に各一學期間在學したことがあります）
小學校時代は上位の成績
中學校時代は中位の成績
正則英語學校時代は上位の成績にて、文學科を主席にて卒業
私は英文學の飜訳を志して英語を學びました
十一、職業経歴
無し。但し昭和七年当初より英語の飜訳《ほんやく》に従事して来ました
十二、読書関係
小學校時代
イソップ物語の勧善懲悪的な話を面白く読んだ以外に記憶するところがありません
十六、七才頃
ヴィクトル・ユーゴオ作『噫、無情』（……略……）
石川啄木著『悲しき玩具、一握の砂』（……略……）
十八、九才頃
厨川白村著『文學十講』『近代恋愛観』（……略……）
ゾンバルト著『社会主義とは何か?』

私は本書を独逸語習學時代に読んで、確然と現代社会制度の缺陥《けっかん》に対する認識を得ました。現時の社会生活の不安定が個々人の制限なき私有欲に基づいて、所謂《いわゆる》ブルヂョアヂーなるものが政治的にも経済的にもプロレタリアトを抑圧搾取する所に資本主義制度が成立することを理解したのであります（……略……）

廿才以降

トルストイ著『芸術とは何ぞや』（……略……）

バートランド・ラッセル著『自由への道』

私が反権的社会主義に注目するに至ったのは本書によってでありまして、所謂政権を以って人間生活を支配統制することは決して本能的に自由・平等を欲求する人間性に適合せぬことを學びました。（……略……）

クロポトキン著『一革命家の思い出』

私はこれを読んで社会のために全我を抛《なげう》って人間性の解放を唱えたＰ・クロポトキンの其人の人格的高潔さに打たれました（……略……）

十三、思想推移の過程

私が思想関係の著書に関心を有ち始めましたのは正則英語學校在學中のことでありまして（……略……）最初は物語・小説・詩歌・文学史などの原書に親しんでいました。けれども軈《やが》て文學の研究には哲學・心理學・美學などの必要は云うまでもなく、殊に一般の思想的体系を熟知することが肝要であると考え、其以後、私は時折思想的諸傾向を説明した著作を読むようになりました（……略……）社会的文芸ものを愛読して、彼等の熱烈な人道主義思想に共鳴したのであります（……略……）私は資本主義社会の根本的誤謬《ごびゅう》であるブルヂョアヂーのプロレタリアート搾取事実を教示されると共に、反強権主義存在とマルクス対バクーニンの複雑な関係を知るに至ったのであります（……略……）

十四、運動経歴

自	昭和八年三月	至	昭和八年四月	狼群社
自	昭和八年七月	至	昭和八年十一月	文芸時調社
自	昭和八年九月	至	昭和八年十一月	東社
自	昭和九年十一月	至	昭和十年六月	萬人社
自	昭和九年九月	至	昭和十年十一月	自由聯合新聞社

十五、無政府主義に対する認識

（1）無政府主義の最高目標と理論的根拠

無政府主義の最高目標はこれを一言で云いますと、人の人に対する支配なく、搾取もない万人平等の自由社会を實現することにあります。私有財産制度、賃銀制度、分業制度等に基づく現資本主義社会の根底を衝《つ》くと共に、無政府主義は何処までも権力否定の立場に立って国家と社会を峻別《しゅんべつ》するものであります。

(2)無政府主義者社会實現の為めの方法手段

無政府主義者はマルキシズムの如く経済闘争を重要視しない故に、現今の資本主義社会に於ける貧富の対立やそれに伴う搾取、或は権力制度をなくすためにテロリズムの手段による暴力革命を提唱するのであります。(……略……)

(3)無政府主義運動の起源と運動形態

無政府思想が始めて《ママ》社会運動の形態となりましたのは第一インターナショナルの創立された一八六〇年代であります。(……略……)

十六、無政府主義運動関係（……略……）

十七、日本無政府共産党の認識

私は今回の事件が発生するまで、無政府共産党の存在している事實《じじつ》を知りませんでした。

十八、日本無政府共産党との関係　無し

(1)入党関係　無し

(2)入党後の地位　無し

十九、党活動　無し

廿、証拠品の説明　無し

廿一、自己批判及び将来の方針

私にとりましては今回の日本無政府共産党事件は全然初耳でありまして、同党が無政府主義の再認識を唱えて旧来の自由聯合主義組織を放棄して中央集権主義に変転したことに就いて驚愕《きょうがく》としております。

私は無政府主義の主張する理想社会が単なるテロリズムや暴力革命によって實現《じつげん》されるとはどうしても思えません。これは方法手段に関する本質的問題でありまして、方法手段に目的と背反するものがあっては、決して目的の実現とはならないのであります。換言しますれば、万人の自由平等を出する道徳的社会の理想と非社会的テロリズムの手段とは凡《あら》ゆる点に於て合致し難いものであります。

この意味に於ても最近は無政府主義の社会革命と観《み》なるものに対して非常な疑惑を懐いているのであります。人間の道徳意識や習慣性を無視して、制度や組織という外形のみの破壊主義に走る無政府主義はそれ自らが対立して来たところの唯物主義に陥って丼るのだと私は思います。

私が今回の事件に於きまして、不識々々《しらずしらず》の裡《うち》に暴力革命を謳歌する秘密結社運動を助成するに至りましたことは全く遺憾の極みであります。

人生というものは假令《たとえ》如何なる理論でありましても、それによって支配されているものではないことを私は熟々考えました。實生活に於ける私の行動を反省して見ましても、理性に従《したが》うよりは寧《むし》ろ独りよがりの我意《がい》に従った点が頗《すこぶ》る多かったようであります。

従って私は父母の気持を無視して非常な精神的苦痛を与え、育ての親と云うべき義祖母に対しても事々に逆って来たことを今想起しまして、実に面目次第もないことだと感じています。理論的に自己主義を排斥《はいせき》する私の行動が結果的に見て実は大きな利己主義を犯して来たのであります。社会生活の基調を恩恵という連帯概念に於て見ますれば私の行為は正に社会の逆徒《ぎゃくと》の行為に外なりません。

故に私はこの機会を利用して今回の運動関係者との一切の旧交を絶ち寄生的生活を離れて自分というものの生活を確立したい考えであります。独立の生活の中に於て自己をよく反省したいのであります。独立した生活もなくて徒に生活思想を云々《うんぬん》して来た今日までの私は実に愚《おろか》な且つ悲惨な存在でありました。私にとりましては假今《たとえ》現実がどのように虚偽に満たされていても、この事實から自己の生活などはどうあってもよいなどいう虚無的な結論は絶対的に生れて来ないと思います。人生は先が有意義に自己の生命とを延ばすことに在ると信じます。

今回、殊《こと》に、私は生活のない生活思想の空隙《くうげき》なることを知る機会を与えられましたことに対しまして非告中に嬉しく感じている次第であります。

尤《もっと》も、私は父の職業である醫業《いぎょう》を受継くべき教育を全く受けていませんから自分の専攻して来た英語、西班牙《スペイン》語などを役立たせるために雑誌社関係の所に就職して将来の生活を打ち立てたいと考えています。尚、祖母は現在渋谷にて下宿業を営んでいますが、老齢のため私にこれを継がせて自分は羽田の父の家に写《ママ》りたいと云っていますから、自然私は妻帯して渋谷の家を継ぐことになります。従って私自身さえ就職しますれば將来《しょうらい》の生活は楽にやって行けると思うのであります。

尚、今後の私の思想的立場に就きましては、もっと批判的な角度から無政府主義を観察して、無政府主義の思惟方法に於ける決定主義を剔抉《てっけつ》する一方、學《がく》徒《と》として一般の社会問題を考究して行く積《つも》りであります。

昭和十一年二月十四日

於 蒲田警察署

大場　正史　拇印

(「無政府主義者 大場正史手記」*Yano Toyojiro Collection*, Box 39-5.)

英語の神様・斎藤秀三郎《さいとうひでさぶろう》の設立した正則英語学校で学び、語学が堪能《たんのう》だった大場正史が無政府主義者の道を歩み続けていたら、『千夜一夜物語』が和訳されることはなかったであろう。大場は、共産主義と決別し、学者としての人生を歩む。インドの聖典『カーマ・スートラ』を翻訳し、性文化の研究者として独自の地位を築いた。

3　魚河岸のアナキスト・尾村幸三郎

「手記」で読み応えがあるのは、「自己批判」と「将来の方針」である。「魚河岸《うおがし》のアナキスト」という異名をもつ尾村幸三郎《おむらこうざぶろう》（一九一〇～二〇〇七年）の「手記」を紹介する。

尾村幸三郎は、東京日本橋の魚問屋の三男に生まれ、築地中央卸売市場仲卸売人として「尾寅《おとら》」を経営。著作に『日本橋魚河岸物語』『魚河岸怪物伝』をはじめ、筆名として尾村《おむら》馬人《ばじん》『いちば抄――まぐろ俳句ノート　句集』『魚河岸日々絶唱』がある。また、共産党員として活動していた際、小倉三郎という文名で『魚河岸のアナキスト――歌集』『私の短歌履歴書――魚仲卸売人の自由律運動史』という著作も出している。

アナーキズム運動に共鳴していた尾村は、一九三五（昭和十）年十一月に自宅で「あんたについて訊きたいことがあるから一緒に署に来てもらう」と告げられ、両手に冷たい手錠をはめられ築地警察署に連行された。翌日の新聞には、「魚河岸に国賊現る」と写真入りで大々的に報道された（尾村幸三郎『魚河岸怪物伝』かのう書房・一九九四年）。

築地警察署は、尾村逮捕の二年前、小林多喜二が一九三三（昭和八）年に撲殺《ぼくさつ》された場所である。尾村は、留置場内での体験を次のように振り返っている。

ブタ箱は警察の裏手で、塀が逃げられないように高く建ててある、その通り、「ブタ箱」で、きたないこと無類、私の入れられたのは十一月であったから、蚊は余りいなかったと思うが、蚤《ノミ》と、南京虫と虱《シラミ》の養殖場みたい、部屋は相当あったけれど、一部屋に六人ぶち込まれるのだから、狭くて切ない、然もセメントの上に、筵《むしろ》と板が敷かれているだけで、その冷たさと、悪臭が、たちこめていて、テレビの「小伝馬町牢」のような木造ではなく、鉄棒で縦横をがっちりとしめつけてあるから、常人の想像以上の地獄図である。

それと眠るときが問題である、六人で切なく眠る格好としては三人宛、頭を反対側にして、足を向こうの足の間にはさむ、今にしては思うと滑稽のようだが、これ以上によい寝方はないのだから止むを得ない。

七〇歳を何年か越えた私の脳裡《のうり》にひびく、珍妙な声と、その夜のアクシデントは余りにもまざまざとして生涯忘れられない、つまり何か小泥棒でもしたのであろう外人が、深夜、同室の人々に、うまくない日本語で、奇声を発しはじめた。
「ミナサン、ゴメンナサイオベンジョクダサイ」、同室の五人は就眠中の邪魔をかけられて怒る。
「ウルサイナ、黙って寝ろ」、一同の怒声に、外人はその時は黙ってしまうが、すぐ、「ミナサン、ゴメンナサイオベンジョクダサイ」と繰り返す、何回目かに、その外人は「アア、アア、デチャッタ」と叫んで立上がると、小便の開始となる。もう止まらないので部屋中は臭水の泉？　となる、五人はなぐりになぐっても、出た小便のためにセメントは、水だまりとなる、私の生涯にとってこれが一番最低だったと思うと、ここまで落ちたのだからもう下はないという妙な勇気を覚悟させたのも事実である（小倉三郎〔尾村幸三郎〕『私の短歌履歴書』ながらみ書房・一九九五年）。

不浄な留置場で小便まみれになり、この世の底辺で辛酸《しんさん》を舐《な》めた尾村は、特高からいかなる取り調べを受けたのか。彼の回想録を引き続き読んでみよう。

最初私が二階の特高室へ入るや否や、いきなり数人で頬を胴を足をなぐりつけたので、部屋の隅へ飛ばされた、次は竹刀で無茶打と来る、悪事をしていないから、若い反抗精神は奴らを睨みつける、この状態が何日かつづいて或日、本庁から来るM警部、築地の特高主任Mや、A、其他の特高連の態度が若干軟化して来たから不思議「おい尾村、アナキズムではなく、いまの日本を改善する方法を探し、研究して文章にして呉《く》れないか」と来た。それには裏があったのだ、私の嫂《あによめ》が、おふくろの哀しみを深く汲取って、独房に移ったことかららしいが、特高連に昼飯として、宮川の鰻《うなぎ》、玉鮨の鮨《すし》を毎日、大量に景気よく逆差入（私にではないから）をつづけたので「君の嫂《ねえ》さんはいい人だネ」と云い始めた、だから前述のような社会政策方式的な文章を書けと言ったのは、私に「転向」させようという、苦肉の迷案？ だったのだ、こんな汚《お》臭《しゅう》の部屋にいるのは堪らない、出して呉れるという条件を匂わせたから、何を書いたか記憶はないが、妙論文《みょうろんぶん》をせっせと書いて呈出《ていしゅつ》、ただちに帰宅。おふくろの墓参をつづけ、いまも嫂に頭の上らない理由だ（小倉『私の短歌履歴書』）。

特高から拷問を受けた尾村は、兄嫁の機転により、命を救われた。どの時代でも賄賂《わいろ》の力は強い。兄嫁が鮨や鰻を特高に貢ぎ、彼らの胃袋を満たし自尊心をくすぐった。忖度《そんたく》が罷《まか》り通る世界だったので、特高の暴力が止み、釈放の引き替えに手記の執筆を促される。尾村が「何を書いたか記憶はない」という「妙論文」は、時を越え、海を越え、フーヴァー研究所で発掘された。

4　母親への感謝と後悔

尾村幸三郎の「手記」は、八〇枚を超える分量で、「築地（駿河屋製）」の原稿用紙に執筆されている。

これまで見てきたように「手記」は、「本籍」「住所」「職業」「出生地」「叙勲」「兵役」「前科」「検挙」「住居」「健康」「趣味」「家庭状況」「学歴」「職歴」「読書歴」「思想」「運動経歴」「党活動」「証拠品」「自己批判」「将来の方針」という構成で執筆されており、最も読み応えがあるのは、自分を押し殺さなければならない「自己批判」と「将来の方針」である。尾村が振り絞って書いた「自己批判」と「将来の方針」は熟読すべき内容だ。

フーヴァー・トレジャーズ【文書二十七】

尾村幸三郎「手記」

（註・原文の「カタカナ」を「ひらがな」に改めた）

本籍　東京市京橋區築地弐の八番地の一号

住居　東京市京橋區築地弐の八番地の一号

職業　中央卸賣市場魚類部卸賣仲買人
別名　小倉　三郎（文名）
本名　尾村　幸三郎　　明治四十三年二月二十七日生
（……中略……）

一、無政府主義の批判

私は生れて初めて留置所内の生活をして二つの重要な事を発見しました。一つは社会生活に於ける「権力」の必要であり、一つは人間の本性の中にある「怠惰性」の発見でありました。私は留置所内に於てとても救われない人間だと考えて居りました人間が、その犯罪に「適当する制裁」に依って、如何に甦生せんと意気込んで、私の最初知った性格とは変った、性格となって出て行った人間を三四人私の部屋内だけでも知って居ります。この事は社会生活にも考えられる事でありまして現存の社会には確し《ママ》かに不当な権力関係も勿論ありましょう。だからと云ってこの社会生活から全部の権力を否定せんとする「アナーキズム」の思想は、その意味に於ては一個の現存社会からの反動思想であると考えますし、社会生活の安定性をかえって惑乱するものであります。（……中略……）

二、無政府共産党批判

　無政府共産党を否定する以上当然その党も亦《また》否定されなければなりません。（……中略……）

　第一、聯合現職でなく、中央集権現職をもつことは「アナキズム」の敗北、変質でありま す、日本と云う風土、三千年間の情緒をもつ民族性、天皇制、家族制度、は理論を超えた何ものかであります。私が「進歩的インテリ」の幻影に惑うて右の事を知りつつも弥《いや》みに落ちんとしたのは決定的な失敗であり低脳《ていのう》を暴露するものでありました。（……中略……）

三、自己批判

　私は今回検挙され留置所内の生活を致しまして、これこそ反省の探兮《たんけい》であり人間研究の教室であると考え生活し実にいろいろの事を教えられました（……中略……）私が「アナキスト」との交遊中つねに感じて居りましたことは自分は「進歩的インテリ」と云う誇りでありましたが、これは現実の嵐の中には一つの幻影であるに過ぎないと知りました（……中略……）私は魚市場の仲買人でありまして、生活層としては「プチブルジョア」の「搾取側」に属している人間です。その私が反対側の「プロレタリア運動」をすることは、恐ろしい矛盾でありまして到底許さるべき事ではなく、このままつづいて行けば結局その「ギヤップ」が私をして精神的殺害を加えるでしょう（……中略……）私が弐歳の折父は病死し、その後は現在迄母のふところに育てられて来ました。然もその間は癇癪《かんしゃく》その他の病氣をしつづけて母を心配させ、いままた今回の事件で再び心痛を味わせる、とは何たる不孝者でありましょうか。然も母は六十四歳いま一人前の人間とならなければいつ孝行することができましょうか。私は自責の念に苦しみます（……中略……）拘留場内四十日間の生活でヘトヘトになってしまいました。私は革命運動は勿論革命思想をもてるような男ではないとしみじみ思いました。

四、将来の方針

私はいま迄長兄と共同事業でやって来ましたので今度は出来れば独立して前述した如く一ヶ月二十円でも三十円でも働いた収入を一個の社会人としての完成を期し又経験を重ねたいと存じます。職場は従来通り「在京中央卸賣市場魚類部」であります。そして老年の母親に早く安神《ママ》をさせ母親中心主義の生活をして母のその永年の労苦に報いたいと存じます。私は幸いにして今回留置場の雑役を二日間ではありましたが務め、人間の苦しさとしての底を味わいましたので、如何なる困難にも打克つことができると自信して居ります。

今迄私は人生の暗い面のみ見て参りましたが今後はシネマを見　音楽に聴入る等、私にあたえられた短い人生を「エンジョイ」する事を忘れずに、明るく小市民としての危気《あぶなげ》のない生活をして行くつもりです。智識は求めますが浅く広く一つの事に深く拘わらないつもりです。

勿論《もちろん》社会運動に関する一切の行動は致しません。そして今後今回のような事件で再び検挙されるような事がありますならば、その時は捜査官に語りました如くに「斬罪《ざんざい》に処せられるともいといません」。

最後に宜しく情ある御処断を願って置きます。

昭和拾一年弐月拾三日

於　自宅

尾村　幸三郎

（「日本無政府共産党　尾村幸三郎手記」*Yano Collection*, Box 39-4.）

尾村は母親を安心させ、魚河岸で身を立てていくことを誓い、共産主義運動との決別を宣言し、寛大な処罰を願い出た。その後、尾村は共産主義運動から足を洗ったようだが、反骨心は健在だった。十三代目として鮪問屋「尾寅」を継承し、現在でも豊洲《とよす》で十五代目が営業を続けている。

尾村幸三郎の著作『日本橋魚河岸物語』には、特高に逮捕された事実に触れており、「あとがき」に母親へのお詫びの文章が綴られている。

或る思想事件で昭和十一年秋、私は築地警察署のブタ箱にほうりこまれてしまいました。日本軍国主義の醜悪な足音がはじまる頃で、若い私にはそれなりの理論はもっていたのですが、なにしろ翌朝の各新聞は写真入りの六、七段組みの活字で発表したのですから、まさに国賊現るの空気、そのため私の一番愛するおふくろを悲哀《ひあい》と蔑視《べっし》のどん底に落とし、想像するに世論の攻撃に夜中も寝られないで号泣したのではないかと思います。それを考えると胸がつまり、いまでも墓地へ詫びるために命日には出かける……若干の救いとしては、おふくろは敗戦後一年間ではありましたが、生きていて呉《く》れたので、例のマッカーサー革命により思想犯が青天白日となり、刑務所なりブタ箱から自由な身となったのをみて、「幸ちゃん、おまえの考え方がやっぱり正しかったのだネ」と、しみじみ云ってくれたおふくろの声音を、この耳で聴いたことです（尾村幸三郎『日本橋魚河岸物語』青蛙房・二〇一一年）。

晩年に尾村が書いた文章を読むと、母親への感謝が胸を打つ。築地警察署の独房で不本意ながら殴り書きした彼の「手記」にある、「母親に早く安神《ママ》をさせ母親中心主義の生活をして母のその永年の労苦に報いたいと存じます」という言葉は本心だった。

5　水野成夫の「転向宣言」

共産主義社会の理想に酔いしれていた若者は、現実を見つめ直すことで保守的な考えを持つようになる者もいる。極左から極右への大転換だ。マルクス・レーニン主義をかなぐり捨て、反共産主義者となり、日本人としての自覚に目覚め、天皇絶対主義へと変貌《へんぼう》する。その好例が水野成夫《みずのしげお》（一八九九～一九七二年）。

水野成夫は、一九二八（昭和三）年二月一日（水曜日）から発行された日本共産党中央機関紙『しんぶん赤旗』の初代編集長。当初、『赤旗』（*AKAHATA*）は「せっき」と呼ばれていた。

なぜ、「赤旗」が共産党のシンボルになったのか。赤色の旗が「革命の旗印《はたじるし》」として用いられたからだ。十八世紀のフランスでは、暴動が起きて戒厳令《かいげんれい》が敷《し》かれると、危険を知らせるために赤旗を立てた。一八四八年の「二月革命」では、パリの労働者たちは、赤旗を抵抗の旗印として掲げ、政府に押し寄せ、フランスの三色国旗を赤旗に代えるように要求した歴史があった（治安問題研究会編『新・日本共産党101問』立花書房・二〇一二年）。

東京帝大法学部仏法科を卒業したインテリの水野は、翻訳家としても才能を発揮。一九四六(昭和二十一)年にフランスの詩人アナトール・フランス(Anatole France・一八四四~一九二四年)の『神々は渇《かわ》く』を翻訳し、日本でベストセラーになった。

フーヴァー・トレジャーズには、水野成夫の「転向宣言」も保存されていた。一九二九(昭和四)年五月二十三日(木曜日)付の「日本共産黨《とう》脱退に際し黨員諸君に(感想)」という檄文《げきぶん》である。

水野はこの手記において、「次に述べんとする事実に目をつぶってはいけない。顔をそむけてはいけない。現実は直視すべきだ!」と叫び、皇室と日本人の結びつきに論究し、天皇が「古来民族的信仰の中心」であることは、「善悪当否の問題」ではなく「事実である」と明言した。共産主義者が天皇制を容認したことは大きな驚きをもって受けとめられた。

水野は、その理由を「織田、豊臣、徳川等が、実力を振りつつも尚皇室を倒さなかったのは、矢張《やは》りこの民族的信仰が民衆の心の底」にあったからであり、「伊勢神宮は、二千数百年以前から引続き国民的参拝の対象」で、これは抗しがたい現実なので、皇室の存在を否定することはできないのであると断言。

精神的に皇室と結びついている日本の大衆に対して、天皇制廃止を謳うことは愚かな戦略である。「我々の頭の中で『君主制を撤廃しろ!』と言ふスローガンを決めてしまって、革命的な気分になって、さて、これを民衆に押しつける段になると、とんでもない結果」が起こることは明白だと論じた。

水野は、拍車がかかったように、共産党の恥部《ちぶ》を暴露する。共産党執行部を「腐った伝統」「堕落的伝統」と攻撃した。

フーヴァー・トレジャーズ【文書二十四】

数百の同志が牢獄に呻吟《しんぎん》してゐるとき藝者買ひをしたとすれば階級道徳の上から見てそれは絶対に許すべきではあるまい……藝者と二人で共産党指導の名案がでないことだけは明らかだ……かかる行為がいかなる意味に於ても許さるべきではないことは軍閥やブルジョアだって知ってゐるのである。まして我々に於てをや……我々が自ら未来社会の道徳の萌芽を我らの実践の中に作りだそうと試みることなくしてどうして我々の目的が達成せられよう。餓えたる大衆の先頭に立てようか！（水野成夫「日本共産黨脱退に際し黨員諸君に（感想）」*Yano Collection*, Box 32-5.）。

水野はアジテートで締めくくる。

親愛なる党員大衆諸君！　僕は諸君が労農大衆の先頭に立って次のやうに呼ばれん

こと希望するものだ。「日本共産党指導部の腐敗的伝統をドブの中に叩き込め！　大衆的に精算しろ！　然《しこう》して、その戦闘的伝統を大衆的規模に於て生長《ママ》させ、発展せしめよ」（フーヴァー・トレジャーズ【文書二十四】）。

6　芸者遊びを暴露

共産党幹部の堕落《だらく》を間近で見ていた水野は、幹部たちの節操のなさに憤怒していた。日本共産党が産声を上げたときから、悪臭を放つかのように腐敗の構造が生み出されていた。気前のよい「コミンテルン」というスポンサーがいたからだ。

打ち出の小槌《こづち》を振るように、日本共産党の活動資金は豊富にあった。困ったら、コミンテルンに革命の資金が必要だとお願いすればよい。このような自助努力なしに政治活動をすると、自堕落になり散財するのが人間の性《さが》というものだ。

共産党の幹部は、浅草や赤坂で芸者と豪遊する。妾《めかけ》を二人抱えていた特高の山縣為三でさえ、共産党による犯罪が起こると「いちばん先に花柳会に手配」したと証言。事実、共産党の大幹部たちの大半は、性病（淋病）を患っていた（山縣為三「特高警察華やかなりし頃」『文藝春秋』第三二巻一六号・一九五四年・小林峻一、鈴木隆一『昭和史最大のスパイ・M』ワック・二〇〇六年）。

歴史を振り返ると、赤穂浪士の大石内蔵助《おおいしくらのすけ》（一六五九〜一七〇三年）は、京都祇園で最も格式の高いお茶屋「一力亭《いちりきてい》」で豪遊して、仇討ちの偽装をしていたことは有名だ。共産党員も、偽装のために豪遊していたのか、それとも他人の金で遊んでいたのか。党の幹部たちは、浅草や日本橋で遊ぶことが多く、赤坂にまで足を伸ばした。彼らは呉服屋や貿易商だと偽り、芸妓に活動資金の米ドルを持たせて、銀行に両替にやらせる。ドルを円に両替させて、端数は芸妓に使い賃として渡し見栄を張る。幹部たちはコミンテルンから貰った米ドルを、活動資金として円で蓄えた（小林五郎『特高警察秘録』生活新社・一九五二年）。

指導部は革命に酔いしれ、花街で英雄気取りになっていたのだろう。それを間近で見ていた水野は憤激し、共産党執行部の「腐った伝統」「堕落的伝統」を葬り去れと焚《た》きつけたのだ。

7　『産経新聞』の生みの親は共産主義者

共産党の腐敗を暴露し転向宣言をした水野成夫は、軍部に取り入り、軍用製紙工場の払い下げなどの手厚い援助を受けて、「国策パルプ」を設立し、戦後はビジネスの世界で反共主義の戦士になる。

水野は長女を「山陽国策パルプ」（現・日本製紙）の社長二宮正義《にのみやまさよし》（一九一七〜一九八二年）に嫁《とつ》がせ、次女は白洲次郎の長男で東宝東和社長の白洲《しらす》春正《はるまさ》（一九三一〜二〇〇八年）にあてがう。さらに芸妓の養女を西武グループの堤清二《つつみせいじ》（一九二七〜二〇一三年・小説家として「辻井喬《たかし》」と筆名を持つ）に娶《めと》らせた。水野家のコネクションは、娘を介して黄金蜘蛛の巣のように広がっていく（佐藤朝泰『閨閥』立風書房・一九八一年）。

戦後の財界は、マスコミの左翼化に憂慮《ゆうりょ》しており、保守的なメディアの到来を待ち望んでいた。財界は共産主義が大嫌い。共産主義は私有財産を否定するからだ。そこで白羽の矢が立ったのが、水野成夫。共産主義を知り尽くしている知識と苦節を体験した水野が「文化放送」に送り込まれた。財界によるマスコミ対策の切り札だ。

一九五六（昭和三十一）年に文化放送の社長に就任した水野は、翌年にテレビ免許申請を行い、第八チャンネル（一九二〜一九八メガヘルツ）の使用が許可された。現在のフジテレビだ。当時は、漢字表記で「富士テレビ」と呼ばれており、白黒テレビの時代だった。さらに、一九五八（昭和三十三）年、水野は『産経新聞』（前身『日本工業新聞』）を引きうける決意をする。『朝日新聞』を読むことがインテリの証しであった時代に、対抗勢力が求められたからだ。

水野の社長就任で、『産経新聞』は急速に右回転した。保守派の執筆陣を迎え入れ、アドルフ・ヒトラーの『我が闘争』の邦訳でも知られる室伏高信《むろふせこうしん》（一八九二〜一九七〇年）

がコラム「声なき声」の執筆陣となった（境政郎『水野成夫の時代』産経新聞出版・二〇一二年）。

水野成夫は、「文化放送社長・フジテレビ社長・産経新聞社長」を兼任し、「ラジオ・テレビ・新聞」を名実ともに牛耳った。水野は、労働組合を破壊し、共産党時代に培《つちか》った政治工作と掌握《しょうあく》の技術を存分に発揮し、戦後日本の保守メディアの中核を創った。一九七二（昭和四十七）年五月四日（木曜日）、水野成夫は肝硬変のため七十二歳で逝去（思想の科学研究会編『共同研究 転向 １ 戦前篇 上』平凡社・二〇一二年）。

現在、『産経新聞』や『正論』の愛読者たちで、フジサンケイグループの大黒柱だった水野成夫が熱烈な元共産党員だったことを知る人は少ないだろう。

《参考文献》

・伊藤晃『転向と天皇制――日本共産主義運動の1930年代』勁草書房・一九九五年
・尾村幸三郎『魚河岸怪物伝――筑地市場を創建・隆盛にした人々とその展望』かのう書房・一九九四年
・尾村幸三郎『日本橋魚河岸物語』青蛙房・二〇一一年
・小倉三郎〔尾村幸三郎〕『私の短歌履歴書――魚仲卸売人の自由律運動史』ながらみ書房・一九九五年
・小林五郎『特高警察秘録』生活新社・一九五二年
・小林峻一、鈴木隆一『昭和史最大のスパイ・M――日本共産党を壊滅させた男』ワック・二〇〇六年
・境政郎『水野成夫の時代――社会運動の闘士がフジサンケイグループを創るまで』産経新聞出版・二〇一二年
・佐藤朝泰『閨閥――日本のニュー・エスタブリッシュメント』立風書房・一九八一年
・思想の科学研究会編『共同研究 転向 1 戦前篇 上』平凡社・二〇一二年
・治安問題研究会編『新・日本共産党101問』立花書房・二〇一二年
・毛利基「思想犯を語る」『防犯科学全集 第六巻 思想犯篇』中央公論社・一九三六年
・山縣為三「特高警察華やかなりし頃」『文藝春秋』第三二巻一六号・一九五四年

フーヴァー・トレジャーズ

【文書二十四】水野成夫「日本共産黨脱退に際し黨員諸君に（感想）」*Yano Toyojiro Collection*, Box 32-5.

【文書二十六】「無政府主義者 大場正史手記」*Yano Collection*, Box 39-5.

【文書二十七】「日本無政府共産党 尾村幸三郎手記」*Yano Collection*, Box 39-4.

Ⅶ　網走監獄

1　北海道網走訪問

二〇一九（令和元）年六月、私たち筆者らは北海道の果ての果て「網走監獄」へ足を運んだ。キツネが道路で戯《たわむ》れている。初夏でも肌寒い。冬は零下二〇度から三〇度になり、想像を絶する寒さだ。

網走監獄は、明治初期から一九八六（昭和六十一）年まで使用された。監獄内の中央看守所を中心に五翼の木造による舎房《しゃぼう》が現存しており、中央見張所からは五翼による点検、出役還房《しゅつえきかんぼう》など一斉に監視することができる。廊下を挟んでヤチダモの材が用いられた監《かん》房《ぼう》が左右に配列されており、明かりは天井から差し込む。網走一帯に群生していたヤチダモは堅く、現在でも野球のバットに使われる。

独居房は、それぞれの囚人同士の目が合わないように設計されている。不要ないざこざを防ぎ、囚人同士の不穏な動きを起こさせないためだ。囚人を覗《のぞ》くことができるのは看守のみ。独居房は、格子《こうし》の木口がひし形に刻まれ、格子の柱が斜めに組み込まれており、左側からのみ内部が見える仕組みになっている（重松一義『博物館 網走監獄』財団法人網走監獄保存財団・二〇〇二年）。

網走監獄の敷地には、レンガ造りの「懲罰房《ちょうばつぼう》」も残っている。規則を破った者が押し込まれる反省室だ。四〇センチ以上もある分厚いレンガで壁が造られているため完全防音。窓もなく、扉は二重になっている。懲罰房のなかに入ってみた。真っ暗。音の感覚を失う。方向も分からない。真っ暗闇の恐怖のなかで、反省を迫られる。

難攻不落の網走監獄からの脱獄は至難の業。一八八一（明治十四）年から一九〇三（明治三十六）年まで北海道の監獄（網走・樺戸《かばと》・空知《そらち》・釧路《くしろ》・十勝《とかち》）から逃げた者は七九五名。網走からの脱獄者は僅《わず》か十一名。だが、簡単には逃げ通せない。逃走囚が捕まり抵抗した場合、見せしめに斬殺されることすらある。脱獄者の約二割は「拒捕斬殺《きょほざんさつ》」という大義名分で殺された（財団法人網走監獄保存財団、高塩博、中山光勝編『北海道集治監論考』弘文堂・一九九七年）。

なぜ、私たちは日本最北の果て網走を訪れたのか。

共産党の政治犯が網走監獄に収監されていたからだ。「治安維持法」で起訴され、罪が軽い者は東京の「豊多摩《とよたま》監獄」で収監され、罪の重い者は「小菅《こすげ》監獄」、凶悪犯は日本最北の「網走監獄」に投獄された。著名な共産党のリーダーたちは、国家転覆を目論む「極悪人」と見なされ、網走で獄中生活を過ごした。

2 徳田球一の獄中生活

国家の「暴力」は、戦争だけではない。「刑罰」を乱用すれば暴力になる。極寒の網走で獄中生活を送った者は、「監獄は社会の一種の縮図である。社会があらたまらなければ、監獄もあらたまらない。監獄がざんこくであるということは、社会もざんこくである」という言葉を残した（徳田球一、志賀義雄『獄中十八年』講談社文芸文庫・二〇一七年）。

特高警察から拷問をうけても転向せず、共産党の信念を貫いた「赤の戦士」は、日本の最果て網走監獄に幽閉《ゆうへい》された。その一人が日本共産党の大幹部である徳田球一（一八九四～一九五三年・弁護士・衆議院議員・初代日本共産党書記長）だ。彼は、網走での獄中生活を振り返った。

ただ、寒かった。骨のずいにしみとおるあの言語に絶する寒さは、六年間の網走生活の記憶を、いまもなおつめたく凍りつかせている。

真冬には、零下三〇度にさがることもめずらしくなかった。そんなときには、暖房のはいった監房のなかでも零下八度とか九度とかをしめす。はいた息が壁にあたると、見るまに凍りついて、無数のこんぺいとうができる。こんぺいとうは壁にだけできるとはかぎらない。うっかりすると、眉毛のさきや鼻のあたまにもできる。しょっちゅう気をつけて鼻をもんでいないと、やけどのようにどろどろになって腐ってしまう。

夜は、例の赤いつんつるてんの作業衣をねまきに着かえて寝るのだが、着かえるまえには、かならず氷を割って、全身に冷水摩擦をしなければならない。これをおこたって、零下何度の寒さでかちかちに冷えきったねまきを、そのままの肌に着ようものなら、たちまちかぜをひいて肺炎をおこす。寝るときには、かならずふとんのなかに、頭ごとすっぽりもぐりこまねばならない。監獄では、自殺のおそれがあるというので、ふとんにもぐって寝ることは禁ぜられているが、そんな規則などにかまってはいられない。もしふとんから顔をだして寝たりしようものなら、寝ているうちに、自分のはく息で、口のまわりがすっかり凍傷にやられてしまう……ふとんにもぐって寝ていると、はく息はどこかのすきまからそとへ洩れて出てゆくわけだが、こんどはその出口のところで、ふとんそのものが凍りついてしまうのだ……

とにかく、猛烈な寒さだった。わたしは、網走へいった翌々年、忘れもしないそれは二月十一日紀元節の朝だったが、目がさめて起きようとしても、どうしても起きられない。全身に神経痛がおこって、ぎりぎりと錐をもみこまれるようで、足も腰も立たない。室のなかのすぐそこにおいてある便器のところまでもゆけないのだ。人にたすけてもらってやっと用をすませ、かつがれて病室へいって、手と足と腰に注射し、それから一週間ほど、まったくうごけないで寝ていた。一週間たって、やっとどうやら起きられるようになったが、このとき以来、神経痛はわたしの持病の一つになった。紀元節の朝から一年半ほどのうちに、こんどは右の手くびがうごかなくなった。肩のつけねからゆびさきまで、じーんとしびれたきりで、右手ぜんたいが自由にならない。一年ほどこの状態がつづいて、そのあいだは仕事もやすんだ。右手の不自由は、そのまま今にいたるも完全になおらないで、網走生活の記念になっている（徳田、志賀『獄中十八年』）。

3　不屈の男・徳田球一

徳田球一は沖縄の名護《なご》市出身。琉球で一番立派な男になるようにと願いを込めて「球一」と名付けられた。共産党員からは、「徳球」と親しみを込めて呼ばれた（徳田、志賀『獄中十八年』）。

沖縄から上京した徳田球一は、苦労して日本大学の夜学に通い、弁護士になる。一九二二（大正十一）年に非合法の日本共産党の結成に参画。中央委員に就任し、地下に潜《もぐ》り活動を続けた。徳田球一は地下に潜ったまま一九二八（昭和三）年二月に行われた普通選挙で、福岡県から立候補。「日本共産党候補者・徳田球一」というビラを撒《ま》いて運動した。共産党の目的は、選挙で当選することではない。選挙を宣伝活動の好機と捉えていたのだ（山縣為三「特高警察華やかなりし頃」『文藝春秋』第三二巻一六号・一九五四年）。

選挙の終盤戦になって福岡の選挙区に潜伏していた徳田球一が突如現れた。喜んだ共産党は大衆機関紙『無産者新聞』で球一出現を煽《あお》った。これが命取りになる。特高警察の纐《こう》纈彌三《けつやぞう》（一八九三～一九七八年・特高警察課長・大分県知事・衆議院議員を歴任）が『無産者新聞』に目を通していたからだ。纐纈は福岡県庁に打電し、徳田を終始尾行するように依頼。選挙戦を終えたところ、徳田は検挙され、東京へ身柄を送致され高輪《たかなわ》警察署に拘留された（纐纈彌三「赤色戦線大検挙」『文藝春秋』第三三巻一六号・一九五五年）。

逮捕された徳田は、高輪署から警視庁に移され「爪と肉のあいだに針」を刺される拷問を受けた。それでも、黙秘を貫く。市ヶ谷刑務所に移され、さらなる取り調べを受けたが埒《らち》があかず、証拠のないまま東京の豊多摩刑務所に放り込まれる（徳田、志賀『獄中十八年』）。

弁護士の徳田球一は、粘《ねば》りに粘る。「治安維持法」をめぐり、彼の法廷闘争は六年間にも及んだ。しかし、司法は転向しない共産主義者に容赦のない判決を下す。懲役十年、未決通算四〇日。六年間の未決生活（法廷闘争）は四〇日にしか換算しないという、残酷な判決だった。

徳田は網走刑務所へ収監された。網走に送るということは「計画的な死刑」に等しい。徳田は、一九三四（昭和九）年末から一九四〇（昭和十五）年の春まで約七年間を網走監獄で耐え忍ぶが、全身神経痛になり、身体が動かなくなる。刑期のおわりが近くなった一九四〇年四月に千葉へ移送された。さらに一九四一（昭和十六）年九月に小菅刑務所に移され、日米戦争が始まったばかりの十二月二〇日に刑期を終えた。皇紀二六〇〇年の恩赦《おんしゃ》があり一年十ヵ月ほど「減刑」されたからである。

刑期が済んだ徳田球一を待ち受けていたのは「予防拘禁所」だ。問答無用でいきなり拘禁所に送られた。治安維持法違反でさえ形式的な裁判を行うが、それすらなく、戦争がおわるまで四年間、予防拘禁所で再び獄中生活を過ごす。

一九四一（昭和十六）年三月に「治安維持法」が改正され、再犯の恐れがある者は「予備拘禁」できるという規定が加わっていたからだ。徳田球一にとって、事実上の「終身刑」だ。

「予防」という言葉は独り歩きをはじめる。日本が真珠湾を奇襲した一九四一年十二月八日（月曜日）の翌日、特高警察は一斉に検挙検束を断行し、合計で三九六名が日米戦の「非常措置」に基づき検挙された。党員たちには弁護士を自由に決める権利もなく、勝つ見込みのない暗黒裁判が続いた（小森恵、西田義信『治安維持法検挙者の記録』文生書院・二〇一六年）。

太平洋戦争中、共産主義者はピクとも動けない。日本敗戦後の一九四五（昭和二〇）年十月十日（水曜日）、徳田球一は三十三歳から五十一歳まで合計十八年の監獄生活を経て、府中刑務所から釈放され、太陽の光を浴びた（徳田、志賀『獄中十八年』）。

4　世界三大流刑国

徳田球一が辛酸《しんさん》をなめた網走監獄は、極寒の地で囚人を酷使したことでも有名だ。思想犯を「島流し」にするかのような仕打ちである。

日本では古くから「流罪《るざい》」があり、隠岐《おき》や佐渡島や八丈島へ追いやった。島流しにされた者の特徴は、「思想犯」や「政治犯」である。政敵に敗れたり、異端《いたん》の扱いを受けた者たちだ。宗教の分野でも、「法華経《ほけきょう》」を伝え弘《ひろ》めた日蓮聖人《にちれんしょうにん》（一二二二〜一二八二年）でさえ、鎌倉幕府から疎《うと》まれて佐渡島に追放された。

江戸時代も「島流し」は続く。たとえば、薩摩藩は奄美《あまみ》諸島を流刑《るけい》の地としていた。維新の英雄西郷隆盛《さいごうたかもり》（一八二八〜一八七七年）は、島津久光《しまづひさみつ》（一八一七〜一八八七年・第十二代薩摩藩主忠義《ただよし》の父）の逆鱗《げきりん》に触れ、奄美諸島の「沖永良部島《おきのえらぶじま》」に流刑にされている。

世界の三大流刑国

国名	流刑地	戒具
フランス	南米：ギアナ、アルジェリア 豪州：ニューカレドニア	片足に鉄丸付着
イギリス	オーストラリア（シドニー周辺、ノーホーク島、タスマニア島）	片足に鉄丸付着
ロシア	極東：シベリア、サハリン島	両手を鎖で拘束。頭髪を半分に切り、逃亡時の目印とした

（参照・重松一義『史料 北海道監獄の歴史』信山社・2004年）

箕輪優《みのわゆう》の優れた調査によると、三三五名の罪人が奄美大島《あまみおおしま》、加計呂麻島《かけろまじま》、与路島《よろじま》、喜界島《きかいじま》、徳之島《とくのしま》、沖永良部島《おきのえらぶじま》、与論島《よろんじま》などに流されている。罪状理由はお家騒動、親族の願い出、宗教弾圧、圧政闘争、窃盗、強盗などだ。奄美諸島への流刑は、一八七五（明治八）年頃まで続いた。奄美諸島民に対して鹿児島県（薩摩藩・島津氏）からの「謝罪」はない（箕輪優『近世・奄美流人の研究』南方新社・二〇一八年）。

世界に眼を向ければ、大英帝国は植民地や未開の土地を「ごみ箱」として、そこへ犯罪者を捨てた。国内の牢獄が満杯になり、税金で犯罪者を養いたくもない。ロンドン周辺の犯罪者や売春婦を新大陸のオーストラリアに送り、厄介払いした。

フランスはアフリカ大陸に植民地を保有しており、ギアナやアルジェリアの熱帯地域に囚人を護送。大半の者は、マラリアなどの風土病で死亡した。

ロシアは、極寒のシベリアやサハリンで犯罪者に強制労働をさせた。囚人が逃げたときの目印として、頭髪の半分を切

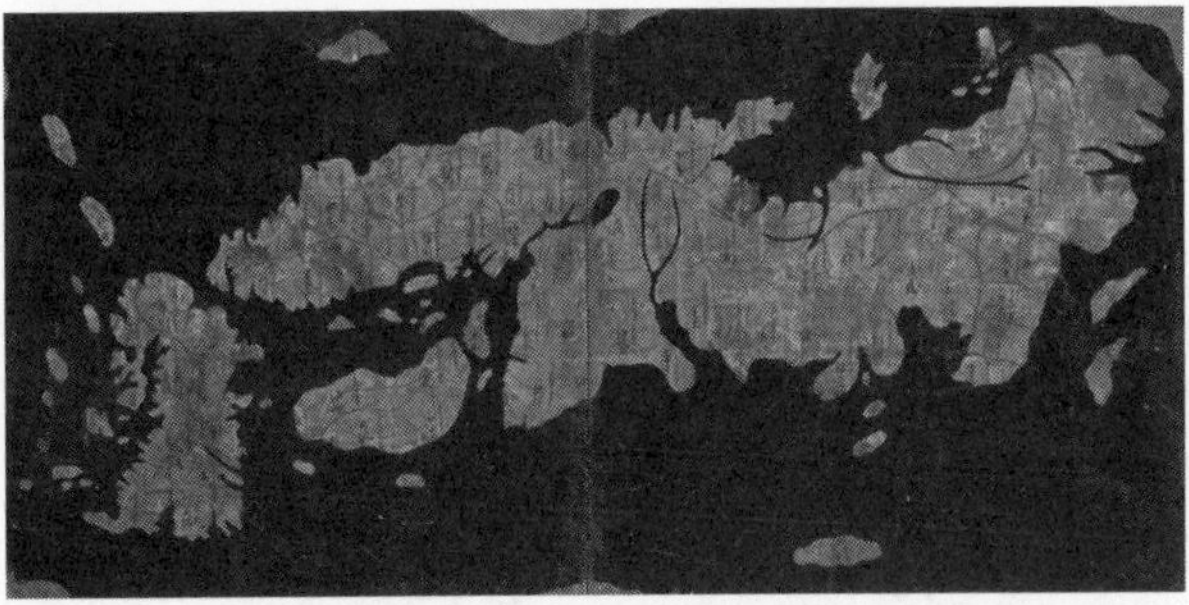

行基図（江戸時代以前の日本全図。「大和某寺旧蔵日本地図屛風（仮）」神戸市立博物館蔵、Photo : Kobe City Museum / DNPartcom）

り刻んだ。寒さと飢えで囚人の多くが命を落とした。

世界の三大流刑国（イギリス・フランス・ロシア）のように、日本にも巨大な島があった。北海道（蝦夷《えぞ》地《ち》）である。現代の私たちは、当然のごとく北海道は日本の「固有の領土」と信じている。

しかし、江戸時代以前の日本地図（行基図《ぎょうきず》）には、北海道は描かれていない。沖縄もない。沖縄は、独立した「琉球王国」だった。領土は、時代によって大きくなったり、縮んだりする。

中世日本は、北海道を辺境《へんきょう》の地と見なしていた。地名に面影《おもかげ》が残っている。本州の最北端である青森の津軽地方は「外が浜」と呼ばれており、最南端の鹿児島の島々は「鬼界ケ島《きかいがしま》」。「鬼」が棲む未開の地と見なされていた。朝廷の支配が及ばない僻地《へきち》とされ、罪人の流刑地だ（岩下明裕『入門　国境学』中公新書・二〇一六年）。

事実、明治新政府が一八七〇（明治三）年に発布した刑法典「新律綱領《しんりつこうりょう》」には、「流徒刑《るずけい》」が定められている。

凡流《ぼんりゅう》ハ、北海道ニ発遣《はっけん》シ、罪ノ軽量ニ従ヒ、役ヲ三等ニ別チ、一年ニ始リ、二年ニ止ル、役満レハ、彼地《かのち》ノ籍ニ編入シ。役ニ随ヒ、生業を営マシム（名例律 上）

「流徒《るず》」とは、「流罪《るざい》」（追放刑）と「徒罪《ずざい》」（拘禁労役刑）を重ね合わせた罪である。流刑先は、一八六九（明治二）年に「蝦夷地」から「北海道」と改称されたばかりの新地と定められた。明治政府は、開拓されたばかりの北海道という大きな島へ犯罪者を追いやった。

5　北方領土とアイヌ民族

未開の地である蝦夷地で暮らしていたアイヌ民族は、本土から囚人集団が送られてきたので困惑したろう。我々は、アイヌ問題を語るとき「囚人」という視点が抜け落ちている。盲点は「囚人」だけではない。北方領土とアイヌの関係が抜け落ちている。樺太《からふと》と千島列島で生活を営んでいたアイヌは、明治政府により強制的に北海道へ移住させられた。

一八七五（明治八）年五月七日、明治政府と帝政ロシア帝国との間で「樺太・千島交換条約」が締結され、樺太全島がロシア領となり、千島列島全島が日本領となった。樺太に住んでいる先住民は、三年以内に日本とロシアのどちらかの国籍を選び、居住地を選択する自由が保障された。だが、日本移住を希望していた樺太アイヌ一〇八戸・八四一人は、故郷に近い宗谷に連れてこられたが、翌一八七六（明治九）年六月に石狩国《いしかりのくに》札幌郡《さっぽろぐん》対雁《ついしかり》村《むら》（現在の北海道江別市）へ有無を言わさず移住させられた。なぜか。明治政府は、北海道開拓の人手が欲しかったからだ。狩猟や漁撈《ぎょろう》で生活を営んでいたアイヌは、内陸部で農耕生活を強制された（中村睦男『アイヌ民族法制と憲法』北海道大学出版会・二〇一八年）。

千島列島の島々で生活していたアイヌ全員は、色丹島《しこたんとう》（アイヌ語で「大きな村」の意味）に移住させられた。その数、九十七名。彼らに土地を与えて農耕を促したが、定着するはずがない。生活が激変したことで、アイヌの生活は成り立たず貧困に陥る。さらに和人との接触で、コレラや天然痘に感染し、多くのアイヌが命を落とした。樺太アイヌが移り住んだ対雁村では三〇〇人を超える死者が出た。狭い地域に囲い込むように作られたアイヌ部落で、伝染病が爆発的に流行したからだ。生き残った者たちは村を捨て、石狩に向かう者もいれば、「墓参」や「出稼ぎ」を理由に樺太に渡った者もいる。一九〇五（明治三十八）年、日露戦争の戦利品として南樺太が日本領土になり、樺太アイヌは帰郷したが、第二次世界大戦の敗北により、再び北海道へ引き揚げてくる。日本帝国に翻弄《ほんろう》され、故郷を失い、家族を失い、頼れる親族もないまま、アイヌの誇りまでもが歴史の片隅に埋葬されたままだ（樺太アイヌ史研究会編『対雁の碑』北海道出版企画センター・一九九二年・中村『アイヌ民族法制と憲法』）。

戦後七十五年以上経ってもロシアから返還されることもない「北方領土」。北方領土の元島民には、アイヌ民族の血を引く者たちがいる。「先住民族の権利」が叫ばれる国際政治のなかで、北方領土の返還先は日本ではなく、先住民族のアイヌという道筋も残されている。アイヌと北方領土は、日本国民の盲点だ。

政治家・鈴木宗男《すずきむねお》（新党大地代表）は、二〇〇八（平成二〇）年十月、衆議院臨時国会で、「ビザなし交流」のロシア側団長による「北方領土解決への妥協策として、北方四島を先住民族であるアイヌ民族の独立国とする」という提案について、日本政府（外務省）の姿勢を問い糺《ただ》した。重要な指摘なので、長くなるが引用する。

鈴木議員：本年（註・二〇〇八年）六月六日、衆参両議院の本会議においてアイヌ民族を先住民族とすることを求める国会決議が全会一致で議決され、それを受けて政府も、アイヌ民族を「日本列島北部周辺、とりわけ北海道に先住し、独自の言語、宗教や文化の独自性を有する先住民族」であるとの認識を示している。では北方四島におけるアイヌ民族の先住性について、外務省はどの様に認識しているか。二〇〇六年五月十九日から二十二日の日程でビザなし交流に参加した際、色丹島アナマ村の村長から、「十八世紀に入ってコサック兵がカムチャッカからクリルに南下し、その当時の資料で確認できる唯一の民族はアイヌであった。アイヌは当時ロシアと商取引していたがコサック兵との衝突もあった」との話を聞いたことがあり、北方領土に住むロシア人住民またはロシア国内においては、北方領土の先住民族はアイヌ民族であるとの共通認識があると思料するが、外務省も同様の認識を有しているか。

外務省：外務省としては、アイヌの人々は日本列島北部周辺、とりわけ北海道に先住していたと認識している。

鈴木議員：「提案」に対する外務省の評価如何。

外務省：外務省として、御指摘の「提案」のような一個人の考えについてお答えする立場にない。

鈴木議員：本年八月勃発したロシアとグルジアの紛争は、グルジアに属することを嫌がってロシア国籍を取得した南オセチア共和国の住民の保護を理由にロシアが南オセチアに進出したことがきっかけであると承知する。同様に、北方四島がロシアの領土であると考えており、また近年の原油価格高騰等により財政に余裕のあるロシア政府が、その北方領土の先住民族であるアイヌ民族に対して独自に金銭的援助等を行ったり、ロシア国籍を付与することもあり得ると考えるが、外務省の見解如何。

南オセチアを巡る紛争と同様に、ロシアがアイヌ民族に金銭的援助等を行い、同国の国籍を与え、アイヌ民族をロシア国民であるとして、アイヌ民族の保護を名目にロシアが我が国に対して様々な要求を突きつけてくることも、将来的に必ずしも非現実的であるとは言い切れないと考えるが、右に対する外務省の見解如何。

外務省：外務省として、仮定の質問には、お答えを差し控えたい。

（「ビザなし交流で日本を訪問しているロシア人訪問団長による北方四島をアイヌ民族の独立国にするという提案に対する政府の認識等に関する質問主意書」衆議院第一七〇国会）

外務省は、北方領土にアイヌ民族問題を絡《から》めたくないのだ。領土と民族は、ナショナリズムを刺激する。アイヌに先住民族の権利を主張されると、北方領土が日本に還ってこないと考えているのか。だが、外務省による返還交渉では歴史は動かず、北方領土は日本に戻ってこない。

6　アイヌ差別と優生学

アイヌ民族は、いつから日本人になったのか。

アイヌ民族に対する同化策は、一八七六（明治九）年七月に苗字をつけることまで遡《さかのぼ》る。アイヌには苗字がなく、名前しかなかったからだ。アイヌに戸籍《こせき》が与えられ「日本国民」

に編入される。だが、差別は残る。「和人」と「アイヌ」を区別するため、戸籍や官庁文書や法律用語で「旧土人」と分類されたのだ。「旧土人保護法」という、侮蔑的な法律は一九九七（平成九）年まで存在した（中村『アイヌ民族法制と憲法』）。

「旧土人」が住んでいた地区は、一八七七（明治十）年に明治政府の「官有地」とされた。まるで「無主物先占《むしゅぶつせんせん》」の思想である。アイヌの土地利用権は完全に無視。強制移住による土地や資源など財産権の収奪や漁場（共有財産）の剝奪《はくだつ》などは、歴史的に否定しようがない。アイヌに対して、何らかの形で行政上の「補償」が伴うのは当然である（吉田邦彦「アイヌ民族の補償問題」『ノモス』二八号・関西大学法学研究所・二〇一一年）。これを「アイヌ優遇」と見るのは、己の無知と無意識の差別をさらけ出すことだ。いまだに、アイヌに対する「謝罪」もない。アイヌという枠組みを取り払ったとしても、日本国民になった「旧土人」の財産権が行政の不作為により損害を受けたら、補償を求めるのは自明の道理である。

「旧土人」であるアイヌへの偏見には、驚くべきものがある。

植木哲也《うえきてつや》の力作『新版　学問の暴力』（春風社・二〇一七年）は、アイヌ墓地から人骨が盗まれる奇怪《きかい》な事件を追った。なぜ、文化と人道を踏みにじる蛮行である墓荒らしが行われたのか。それは、アイヌの頭骨《とうこつ》が、欧米で高値で売れたからだ。英国の博物館では、一〇〇〇ドルから二〇〇〇ドルで取引されていた。

欧米の研究者たちは、アイヌの頭骨が欲しくてたまらない。「頭骨計測学《とうこつけいそくがく》」が大ブームになっていたからだ。頭蓋骨の形や大きさを測定して、人種の特徴や優劣を解き明かそうと躍起《やっき》になっていた。頭骨の容積は、脳の大きさを測る物差し。まさに「優生学」である。白人の優越性を「科学的」に証明するために、さまざまな人種の頭部が集められていた。原始的な民族とみなされていたアイヌの頭蓋骨は貴重品。

最初の盗掘は、慶応元年・一八六五年。三人の英国人が深夜にアイヌ墓地から三体の遺骨と一体の頭部を盗み出す。アイヌたちは、激怒。外交問題にまで発展し、英国の外交官ハリー・S・パークス（Sir Harry S. Parkes・一八二八～一八八五年）も恥ずべき行為に面目《めんぼく》を潰され、犯人の厳罰とアイヌへ慰謝料三五五両を支払うことに合意した。

盗掘は外国人によるものだけではない。日本人の手によっても行われた。アイヌの墓が組織的に暴かれていく。「優生学」に被《かぶ》れた帝国大学の人類学者たちが「研究」と称してアイヌ墓地から人骨を掘り起こし、研究室に持ち帰った。アイヌの許可や協力を得た事例もあるが、ひっそりと盗掘が行われた事実は否めない。戦後も続く。墓地発掘は刑法上の犯罪だ。それでも「学術研究」という名の下に発掘は正当化されていく。

法律上、アイヌは「日本国民」である。日本国民のはずなのに、アイヌの墓だけは「遺跡」のような扱いをうけて、荒らされる。私たちの心のなかに差別する基準が存在し、無意識に使い分けている。あなたの祖先の墓が暴かれ、遺骨が盗まれたら怒りを覚えるどころか、犯人を許さないだろう。

二〇一一（平成二十三）年に文部科学省が実施した調査によると、アイヌとされる遺骨で、全国十二の大学に一人分と特定できる遺骨が一六三六体、特定できない遺骨が五一五箱あることが確認された。

大学別保管遺骨数

大学名	個体特定できる遺骨	個体特定できない遺骨
北海道大学	1,027	484
札幌医科大学	251	—
東京大学	198	6
京都大学	94	—
大阪大学	39	2
東北大学	20	1
金沢医科大学	4	—
大阪市立大学	1	—
南山大学	1	—
岡山理科大学	1	—
新潟大学	—	17
天理大学	—	5
合計12大学	1,636体	515箱

（参照・植木哲也『新版 学問の暴力』春風社・2017年）

アイヌの頭骨をめぐって学術上の一大論争がある。それは、発掘されたアイヌの頭骨には、傷跡が残っている事例が頻繁《ひんぱん》に見うけられたことだ。ドイツ医学会の重鎮学者は、吸血鬼伝説と結びつけて、墓から掘り出して頭を切断する習慣があったのではないかと推測。日本人学者は、人脳が梅毒《ばいどく》の薬になると信じ込まれていたので、埋葬後にアイヌか和人が遺体を掘り起こしたのではないかと推測。あるいは、アイヌには埋葬前に髄脳を取り出す風習があったと主張する研究者もいた。さらには、埋葬前に遺体を半ミイラ状態にする風習がアイヌにあり、遺体の腐敗を防ぐために脳漿《のうしょう》を取り除いていたのだ、という見解もだされた。さらに、アイヌ民族が文明に触れて啓蒙されたことで、徐々に頭部を傷つける風習が減少したという学説も提唱された。明治以前に埋葬された骨は損傷の頻度が高いが、それ以降は損傷の頻度が低下している。この事実を年代別の発掘調査を通して検証を試みた。

しかし、八〇年以上続いた論争の幕切れは、あっけない。損傷の原因は、ネズミが噛《か》んだ痕だった。アイヌ民族の埋葬は土葬である。ゴザにくるまれ、遺体は仰向けのまま副葬品と共に深さ数十センチに埋葬される。そのため、簡単に遺体を掘り起こすことができたと同時に、ネズミにとっては格好の棲《す》み家でもあった。土中にネズミなどの小動物が入り込み、人骨を嚙む。それがあたかも人為的に付けられた傷である、と論争を繰り広げていた。

明治から大正、昭和にかけて頭骨の損傷が減ったのは、アイヌが近代文明に触れて頭部を傷つける風習を控えたからではない。遺体を木製の樽《たる》や桶《おけ》に入れて、土を深く掘って埋葬するようになっていたからだ。木材で密閉されていれば、ネズミが入り込む隙もなく、当然ながら遺体を嚙むこともない。

研究者のアイヌに対する人種偏見が愚かな学術論争を生み出していた。そして、「学術調査」という大義名分を掲げて、アイヌの遺骨は盗掘され、ときには商品とされた。アイヌ民族だけでなく、世界の各地にも、出土した頭骨に傷が確認されている。これは、リスやネズミやヤマアラシなどの齧歯類《げっしるい》が頭骨を棲み家にしていたので、頭蓋骨に傷跡が残っているのだ（植木『新版 学問の暴力』）。

7　金子堅太郎と網走監獄

アイヌ民族が生活を営んでいた蝦夷地は、明治政府の歩みと共に制度が整えられていく。その一翼を担ったのが福岡藩出身の金子堅太郎《かねこけんたろう》（一八五三〜一九四二年・日本大学の前身である日本法律学校初代校長・司法大臣）である。伊藤博文《いとうひろぶみ》（一八四一〜一九〇九年・初代内閣総理大臣）の懐刀だ。金子堅太郎は、ハーヴァード大学で法律学をまなび、明治憲法の起草に参画した明治の大物。彼が太政官大書記官のとき、北海道開拓事業に取り組む。このとき、金子は三十二歳。

明治政府は一八六九（明治二）年に「開拓使」を設置したものの、広大な北海道を切り拓く十分な予算も人足もなかった。金子は一八八五（明治十八）年七月下旬から約七〇日間の日程で北海道の三つの地域（函館・札幌・根室）を視察。その成果を「北海道三県巡視復命書」として、意見書を添えて初代総理大臣の伊藤博文に提出した。北海道植民政策の青写真である（重松『博物館 網走監獄』・金子堅太郎「北海道三県巡視復命書」北海道大学

北海道における収監囚人数

年度	樺戸	空地	釧路	網走	十勝	合計
明治19年	1,434	2,003	772	—	—	4,209
明治20年	1,383	1,966	791	—	—	4,140
明治21年	1,450	2,163	847	—	—	4,460
明治22年	2,365	2,975	1,117	—	—	6,457
明治23年	2,317	3,048	1,409	—	—	6,774
明治24年	2,357	2,630	663	1,200	—	6,850
明治25年	2,338	2,549	1,291	769	—	6,947
明治26年	1,497	2,502	1,943	1,288	—	7,230
明治27年	1,449	1,953	2,285	1,272	—	6,959
明治28年	1,393	1,713	1,383	1,220	1,313	7,022
明治29年	1,561	1,561	1,172	1,371	1,176	6,841
明治30年	1,028	1,001	965	—	797	3,791

（参照・重松一義『史料 北海道監獄の歴史』信山社・2004年）

北方資料データベース）。

賃銭の割合非常に高きとの情況あるが故に、札幌及び、根室二県下に在る、集治監《しゅうちかん》の囚徒《しゅうと》をして、之れに従事せしめんとす。彼等は、固より暴戻《ぼうれい》の悪徒《あくと》なれば、其苦役に堪えず、斃死《へいし》するも、尋常の工夫が、妻子を遺して骨を山野に埋むるの惨状と異なり、又今日の如く、重罪犯人多くして、徒らに国庫支出の監獄費を増加するの際なれば、囚徒をして、是《これ》等《ら》必要の工事に服従せしめ、若し之に堪えず斃《たお》れ死して、其人員を減少するは、監獄費支出の困難を告ぐる、今日に於て、万《ばん》已《や》むを得ざる攻略なり（重松『北海道行刑史』図譜出版・

一九七〇年・原文「カタカナ」を「ひらがな」に改めた)。

金子堅太郎は、囚人を北海道開拓の労働力とみなし、たとえ彼らが作業中に野垂れ死んでも、監獄費(税金の支出)を抑えることができると具申した。「囚人使い捨て」は「正義」だという思想だ。

伊藤博文も大賛成。犯罪者に苦役を強いるのは当然という時代の風潮だったので、北海道開拓に囚人をあてるべきという金子の提案はすぐさま採用された。重罪犯に未開の大地で、ブルドーザーのような役割を背負わせたのだ。

8　囚人道路

明治政府が北海道開拓のため大量の重罪人を投入したことは、埋没された裏面史である。なぜ、明治政府は蝦夷地の開拓を急いだのか。幕末からロシア船が頻繁に北海道周辺や北方領土に出没していたので、北海道開拓と防衛が急務だったからだ(重松一義『史料北海道監獄の歴史』信山社・二〇〇四年)。

一八七四(明治七)年、北海道に屯田兵《とんでんへい》が送られる。屯田兵とは、北海道の警備と開拓にあたった武士の部隊だ。その大部分は、戊辰戦争で敗北した会津藩の元藩士たち。そし

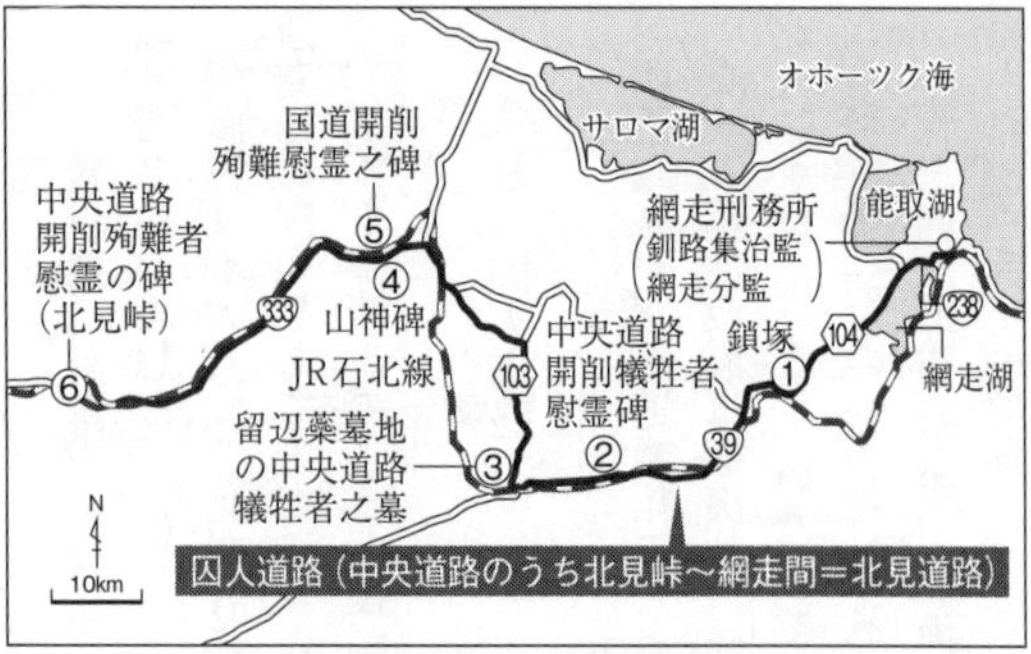

（出典・「囚人道路 北海道国策に駆り出された受刑者」『朝日新聞』2017年10月21日）

て、明治十年代を皮切りに囚人たちが北海道各地に建設された刑務所に続々と送られた。一八九五（明治二十八）年には、七〇〇〇人を超える犯罪者が北海道に護送された。

囚人たちの苦役の足跡は、現在の北海道で克明に見える。厳冬の森を切り開いた囚人たちの苦悩の凍った息遣いが聞こえる。北海道の道は、「囚人道路」「死の開拓道路」という悪名がついている。

網走監獄の囚人約一二〇〇人が駆り出され、不便で険しい山中のなか、多大な犠牲を出しながらも道路工事に取り組んだ。一八九一（明治二十四）年のわずか一年間で、一六三キロメートルの「北見道路」（網走〜北見峠）を開通させた（重松『博物館 網走監獄』）。

9　「西南の役」と国事犯

北海道で開拓に従事した囚人は、本当に極悪人だったのだろうか。

北海道に護送された囚人を調べていると、驚愕する事実に出くわした。鹿児島（薩摩藩）出身の元士族が含まれていることだ。彼らは、「出役、整列、出還房においても堂々と隊《たい》伍《ご》を組み歩調をとって行進した」と伝えられている。看守たちは陸軍省から借用した銃器まで携帯し、厳重な警備にあたっていた。この事実は、何を意味しているのか（重松『北海道行刑史』）。

明治維新を成し遂げた男たちの内輪ゲンカが深い根を下ろしていた。新政府の舵取りをめぐり、政権内部で対立が起こっていたので、政争に負けた者たちが南から北へ「流刑」にされたからだ。

維新の十傑と名高い江藤新平《えとうしんぺい》（一八三四～一八七四年・佐賀藩出身）は明治政府を辞し、一八七四（明治七）年に「佐賀の乱」を先導する。だが、反乱はすぐさま鎮圧され、首謀者の江藤新平は「晒し首」にされた。一八七六（明治九）年には熊本（旧肥後藩）で「神《しん》風連《ぷうれん》の乱」、続いて福岡県（旧秋月藩）で「秋月の乱」、山口県（旧長州藩）にも飛び火し「萩《はぎ》の乱」が起こり、士族の反乱が相次いだ（熊谷正吉『改訂　樺戸監獄』かりん舎・二〇一四年）。

侍たちのプライドを賭けた反抗は、一八七七（明治十）年に最高潮に達する。「征韓論」をめぐり下野していた旧薩摩藩の英雄・西郷隆盛を崇拝する侍たちが叛旗《はんき》を翻《ひるがえ》す。世に言う「西南の役」だ。八ヵ月にわたる戦いは、西郷隆盛の自刃《じじん》で幕を閉じた。「西南の役」で二十二名が責任を追及され斬罪。懲役を科された士族だけでも二四七九名。

これら一連の士族の反乱により、明治政府に敵対した「国事犯」が生み出された。「西南の役」を境に、不平を唱えた武士の囚人は増え続け、明治政府は彼らの収監先を北海道に求め、色丹島《しこたんとう》、国後島《くなしりとう》、択捉島《えとろふとう》にまで「島流し」をする案も出た。なぜなら、故郷の九州から極力引き離した場所に放逐《ほうちく》したかったからだ。政府に反対する危険分子を隔離排除し、内地の治安を維持したい。

西郷隆盛は若いときに二度も奄美に島流しにされたが、西郷を慕《した》い明治新政府に刃向かった志士たちは、日本各地の監獄へ投獄された。内務省直轄の福岡にある三池集治監《みいけしゅうちかん》に投獄されていた敗戦士族たちが、神戸の仮留監を経て釧路や網走に送られた。南国生まれの薩摩の侍たちにとって、極寒の地「網走監獄」は堪《こた》えたであろう。

長州藩出身の初代首相・伊藤博文は、「北海道へ違犯《いはん》の主趣たるや開拓樹蓄《かいたくじゅちく》其他便宜の工業に従事せしめ以て懲治《ちょうじ》の術を尽し将束《しょうそく》多少の公益を起し遷善《せんぜん》の囚徒《しゅうと》をして就産自立《しゅうさんじりつ》の基を開かしめる」と指示を出した（小池喜孝『鎖塚』岩波書店・二〇一八年・重松『史料北海道監獄の歴史』)。

薩摩と長州の骨肉の争いが冷酷な仕打ちを生みだした。薩摩の侍たちの帰郷の念を絶ち、刑期が終わると北海道に永住するように仕向けたのである。旧士族の残党は鎮圧され、北海道が彼らの墓場になる。

この史実を知ると、北海道の「囚人道路」がなぜ一年間で完成したのかを実感できる。極悪人の集団が、たった一年で一六三キロメートルもの道路を貫通できるのか。機械や工具もなく、人力だけで開通させた道路だ。屈強な体力と頭脳と連帯感が不可欠な事業だ。大義を掲げて無念にも敗れた九州の武士たちが極寒の地で身を捧げ、骨を埋めたからこそ完成した偉業と見るべきだ。

10　原爆投下と網走監獄

網走監獄の歴史を調べると、恐ろしい事実が次々と出てくる。一九三八（昭和十三）年に「国家総動員法」が制定され、日本全体が軍事体制に入り、この大波は網走監獄にまで押し寄せた。

網走の囚人たちは、海軍航空隊のために女満別《めまんべつ》飛行場建設に従事する。オホーツク海への玄関口である現在の「女満別空港」だ。東京の羽田から一時間四十五分で女満別まで往き来できる。

囚人による建設作業は、日本国内だけにとどまらない。日本の植民地（委任統治領）、南洋に浮かぶテニアン島の飛行場建設にも駆り出された。テニアン島は、北マリアナ諸島に浮かぶ島で、南十字星を仰ぐ南海の孤島だ。美しく碧《あお》い海岸が広がるサイパン島から約八キロメートル離れている。一九四〇（昭和十五）年、全国の刑務所から一二八〇名の受刑者が選抜されテニアン島に送られた。網走監獄からは、一〇四名の精鋭部隊が編成され応援にかけつけた。網走組は、ダイナマイトによる爆破作業と整地作業に手慣れていたので大活躍。

翌年の一九四一（昭和十六）年十月、日本人囚人部隊一二八〇名の血と汗の結晶である「テニアン飛行場」（現・ハゴイ飛行場）が完成。一四五〇メートルの滑走路は爆撃機が二機並んで離着陸可能で、地下八メートルには堅牢な弾薬庫が整備されている。テニアン飛行場は、東洋一という呼び声が上がった（重松『博物館 網走監獄』）。

しかし、歴史の逆襲がはじまる。

マッカーサー元帥指揮による勇猛果敢な海兵隊は、一九四四（昭和十九）年六月十五日（木曜日）、サイパン島に猛攻撃を開始。サイパン島の日本兵三万一〇〇〇名は、二十三日間戦い続け、弾尽き、玉砕。日本人の子どもたちも母親と共に島の北へ追いつめられ、万歳を叫びながら Suicide Cliff（自殺の絶壁）から次々と飛び降りる。その数、五〇〇〇名という。テニアン島も、米軍に奪われた（西鋭夫『國破れてマッカーサー』中央公論社・一九九八年）。

米軍は、サイパン島からボーイング社の新型Ｂ29爆撃機で福岡、大阪、名古屋、東京へ空襲をかける。隅田川が沸騰した東京大空襲では、死者が十万人を超えた。

そして、地獄が降る日がやってくる。太平洋のテニアン島から米空軍爆撃手ポール・Ｗ・ティベッツ（Paul W. Tibbets・一九一五～二〇〇七年）が操縦するＢ29爆撃機「エノラ・ゲイ」がローマ・カトリック教の司祭に祝福され飛び立った。一九四五（昭和二〇）年八月六日（月曜日）、「リトル・ボーイ」と名づけられた原子爆弾が広島市上空で炸裂《さくれつ》。推定死傷者、二〇万人。広島が地獄と化した（Ａ・Ｊ・Ｐ・テイラー『目で見る戦史　第二次世界大戦』新評論・一九八一年）。長崎への原爆投下も網走監獄の囚人たちが建設したテニアン飛行場からだ。原爆で、明治から七十七年間続いた日本帝国が壊された。

「文明開化」と「富国強兵」を掲げ、日本帝国は世界の檜舞台へ躍《おど》り出たが、短命だった。帝国の致命的な弱点は、独善的な政治家や官僚や軍閥が国民の能力や知性を評価せず、国民を信用せず、「言論の自由」を「武力革命の兆候」と思い込んでいたことだ。国民に議論や討論を許さず、軍閥や財閥がおのれたちの野望を国民に押しつけ、戦争に救いがあると妄想し、歴史を道連れにしながら、暗い一本道を疾走《しっそう》した。鮮血《せんけつ》と悲涙《ひるい》を流しながら国民がたどり着いた所には、鼻を突く異臭が漂《ただよ》い戦火でくすぶる街の灰燼《かいじん》しかなかった。

《参考文献》

・A・J・P・テイラー『目で見る戦史 第二次世界大戦』古藤晃訳・新評論・一九八一年
・岩下明裕『入門 国境学――領土、主権、イデオロギー』中公新書・二〇一六年
・植木哲也『新版 学問の暴力――アイヌ墓地はなぜあばかれたか』春風社・二〇一七年
・金子堅太郎「北海道三縣巡視復命書」北海道大学北方資料データベース
・樺太アイヌ史研究会編『対雁の碑――樺太アイヌ強制移住の歴史』北海道出版企画センター・一九九二年
・熊谷正吉『改訂 樺戸監獄――「行刑のまち」月形の歴史』かりん舎・二〇一四年
・小池喜孝『鎖塚――自由民権と囚人労働の記録』岩波書店・二〇一八年
・纐纈彌三「赤色戦線大検挙」『文藝春秋』第三三巻一六号・一九五五年
・小森恵、西田義信『治安維持法検挙者の記録――特高に踏みにじられた人々』文生書院・二〇一六年
・財団法人網走監獄保存財団、高塩博、中山光勝編『北海道集治監論考』弘文堂・一九九七年
・重松一義『博物館 網走監獄』財団法人網走監獄保存財団・二〇〇二年
・重松一義『史料 北海道監獄の歴史』信山社・二〇〇四年
・重松一義『北海道行刑史』図譜出版・一九七〇年
・徳田球一、志賀義雄『獄中十八年』講談社文芸文庫・二〇一七年
・中村睦男『アイヌ民族法制と憲法』北海道大学出版会・二〇一八年

・西鋭夫『國破れてマッカーサー』中央公論社・一九九八年
・箕輪優『近世・奄美流人の研究』南方新社・二〇一八年
・山縣為三「特高警察華やかなりし頃」『文藝春秋』第三二巻一六号・一九五四年
・吉田邦彦「アイヌ民族の補償問題――民法学からの近時の有識者懇談会報告書の批判的考察」『ノモス』二八号・関西大学法学研究所・二〇一一年
・「囚人道路　北海道国策に駆り出された受刑者」『朝日新聞』二〇一七年十月二十一日

Ⅷ　日本敗戦と共産党

1　政治的爆弾「GHQの人権指令」

人類初の原爆投下で壊された日本帝国は、戦争続行を不可能と知り「ポツダム宣言」を受諾《じゅだく》。マッカーサー元帥による日本占領がはじまった。

GHQによる戦争犯罪人捜しがはじまり、日本政府は戦々恐々としていた。民主主義を抑圧した者たちも対象だ。「ポツダム宣言」は、「日本国民の間における民主主義的傾向の復活強化に対する一切の障害を除去すべし」「言論、宗教及び思想の自由並びに基本的人権の尊重は確立しなければならない」と命令する。

一九四五（昭和二〇）年十月四日（木曜日）、GHQは皇族内閣を率いる東久邇宮稔彦王《ひがしくにのみやなるひこおう》首相に対して「人権指令」（政治的・公民的及び宗教的自由に対する制限の除去に関する総司令部覚書）を通牒《つうちょう》した。東久邇宮内閣は「人権指令」の実行は不可能と悟り、総辞職。五十四日の短命内閣で終わる。

「十月四日の指令」は、ＧＨＱや日本の自由主義者によって「日本のマグナ・カルタ」（自由の大憲章）や「政治的爆弾」と呼ばれ、日本に計り知れない影響を与えた（西鋭夫『國破れてマッカーサー』中央公論社・一九九八年）。

前日の十月三日（水曜日）、内務大臣の山崎巌《やまざきいわお》（一八九四〜一九六八年）は「思想取締の秘密警察は現在なお活動を続けており、反皇室的宣伝を行う共産主義者は容赦なく逮捕する」「政府転覆を企む者の逮捕も続ける」とまで発言していた（荻野富士夫『特高警察体制史』せきた書房・一九八四年）。だが、ＧＨＱの前で啖呵《たんか》を切っても通用しない。

ＧＨＱは天皇に関して自由な討論をした者に死刑を科すと圧力をかけていた「治安維持法」をはじめ十六の法令撤廃を指令し、思想統制に携わってきたあらゆる機関の即時解散を命じた。

悪名高き「特高」も十月六日（土曜日）に廃止された。

「政治的爆弾」は、「弾圧法令によって投獄され、拘禁されているすべての人を直ちに釈放せよ」と続く。「政治犯」を釈放せよという命令だ（西『國破れてマッカーサー』）。

十月九日（火曜日）に幣原喜重郎が内閣を組閣し、翌十日、ＧＨＱの命令に従い獄中の共産党員ら約五〇〇名を保釈。五日後の十月十五日（月曜日）、「治安維持法」が廃止された。

2　解放された「赤の戦士」

東京府中の予防拘禁所に収監されていた徳田球一には、どのような運命が待っていたのか。国民は、徳田の行方を知っているはずもない。GHQでさえ徳田が生きているのか、死んでいるのかも分からない。

一九四五（昭和二〇）年十月一日（月曜日）、米軍将校に偽装した三人の欧米人ジャーナリストが府中刑務所に乗り込み、突撃取材を敢行する。このとき、徳田球一（五十一歳）と共に志賀義雄《しがよしお》（四十四歳）も「発見」された。国民の記憶の彼方に忘れさられていた二人が生きたまま発見されたことは、マスコミで大々的に報道された。

徳田と同じように非転向を貫いた志賀義雄は、一九〇一（明治三十四）年に福岡県門司《もじ》市（現在の北九州市）で生まれ、一高、東京帝大で学んだ。在学中にマルクス主義の洗礼をうけ、学生運動・労働運動で活躍したが、検挙されて懲役十年をくらう。終戦まで獄中生活をおくり、戦後初の総選挙で大阪一区から出馬して当選し、衆議院議員として活躍した。

一九四五年十月十日（水曜日）、十八年の監獄生活を経て、徳田と志賀が府中刑務所から解放された。保釈された共産主義者たちは、熱狂する支持者たちに囲まれて、皇居の真向かいに陣取った占領軍総司令部の前に集まり、「万歳三唱」を大合唱。マッカーサーを褒《ほ》め讃《たた》えた（徳田球一、志賀義雄『獄中十八年』講談社文芸文庫・二〇一七年・西『國破れてマッカーサー』）。

一九四五年十一月七日付の「アカハタ」によると、徳田・志賀らがＧＨＱの前で「マッカーサー万歳」を唱えたことはデマであると打ち消す。しかし、十月十九日に大阪で開催された「出獄同志歓迎人民大会」に出席した徳田らは、大阪の進駐軍司令部前で「連合軍総司令官マッカーサー元帥万歳を三唱」したと報じられた（竹前栄治『占領戦後史』岩波書店・二〇〇二年）。

3　エマーソンと共産党

府中刑務所から釈放された志賀義雄は、共産党員の釈放に尽力したのは、ＧＨＱ政治顧問のジョン・Ｋ・エマーソン（John K. Emmerson・一九〇八～一九八四年）だと言った。

コロラド州出身のエマーソンは、コロラド大学とニューヨーク大学大学院で学び、外交官試験に合格。日本語を巧みに操り、江戸時代の浄瑠璃《じょうるり》・歌舞伎《かぶき》脚本作者の近松門左衛門《ちかまつもんざえもん》について造詣《ぞうけい》も深い。太平洋戦争中は、外交官としてペルー、インド、ビルマ、中国で、日本に関する情報収集に従事し、一九四四年には中国の延安《えんあん》で野坂参三と会談している。

野坂はエマーソンに、「もし日本人民が望むならば、天皇の存在を認める」「天皇制打倒という戦前の共産党のスローガンを慎重に避けて、平和回復後の皇室に関する決定については用心深く取り組む」「天皇は戦争責任を負って退位すべきである」と持論を展開。「天皇制打倒」と共産党が唱えたら、日本国民から反感を買ってしまうと、野坂は日本人の心理をよく理解していた。

エマーソンは、野坂参三に魅せられていた。野坂が抱く戦後日本の姿は「米国の権利章典」を体現した趣《おもむき》があったと述懐している。野坂が普通選挙の実施、議会による立法権の確立、政党、言論、思想、表現、人身、集会の自由、土地改革、労働組合の自由と団体交渉制度、八時間労働制、戦争犯罪人の処罰などを共産党の綱領にすべきだと主張したからである（ジョン・エマーソン『嵐のなかの外交官』朝日新聞社・一九七九年・内政史研究会編『J・K・エマーソン氏談話速記録』内政史研究会資料部・一九七七年）。

エマーソンは占領開始直後に来日し、四ヵ月滞在。一九四六年二月十五日に帰国し、国務省日本部次長となる。エマーソンは、ケネディ大統領に駐日米大使として任命されたハーヴァード大学教授ライシャワー大使の「参謀」として活躍。その後、フーヴァー研究所フェローとなった。エマーソンの貢献を讃える記念碑がフーヴァー研究所の中庭に慎ましく建てられている。

エマーソンはフーヴァーで日本語を話したかったのか、西をたびたび昼食に誘って下さり、日本について質問をされた。一九七八（昭和五十三）年のある日、エマーソンは、西に「志賀の説明は、作り話！」と強く否定した。普段、とてもおっとりとしていて、感情的な物の言い方をされないエマーソンは声を震わせ、「この出鱈目《でたらめ》の志賀の発言のため、私は一九五〇年代にアメリカ国内に吹き荒れたマッカーシーの赤狩りに引っ掛かり、大使に任命されることはなかった」とも言った（西『國破れてマッカーサー』）。

しかし、志賀の説明は出鱈目でもない。徳田球一や志賀義雄らは解放される前、ＧＨＱから尋問を受けていた。

一九四五（昭和二〇）年十月七日（日曜日）、徳田球一を尋問したのは、ＧＨＱ政治顧問エマーソン。徳田は網走での獄中生活で、右手が使えなくなり、幾度となく殴られ、さまざまな拷問を受けたと、エマーソンに語る。看守の目をくらまし、外部との接触を保つことに成功し、一九三七年、中国に対する日本の侵略戦争を拒否する宣伝用のパンフレットを国内の仲間に密送した。一九四〇年に千葉に移され、コンクリートの独房に入れられたが、食事を運んでくる少年を味方につけ、外部との接触を試みたと証言。

「治安維持法」に関しては、「天皇が責任を負うべきであり、天皇制は民主主義と相容れないし、国家神道は宗教ではない」と主張。

日本に蔓延《はびこ》る軍国主義・反動勢力は、国粋団体の「国本社《こくほんしゃ》」や「黒龍会《こくりゅうかい》」や「玄洋社《げんようしゃ》」であり、排外主義的な愛国教育を行ったのは日本大学、法政大学、中央大学だと指摘。

さらに、徳田の矛先は、自由党、社会党、共産党に及ぶ。自由党の指導者・鳩山一郎《はとやまいちろう》（一八八三〜一九五九年・公職追放され後に内閣総理大臣）は、保守的で在郷軍人会の組織者である。鳩山は三井財閥に支援されており、財閥の道具だ。

松野鶴平《まつのつるへい》（一八八三〜一九六二年・裏工作に長けたことから「松のズル平」と異名を持つ）も、三井に資金援助された職業政治家だ。

楢橋渡《ならはしわたる》（日本国憲法制定の際はGHQ幹部と頻繁に密会）は、戦時中は北京で弁護士をしながら、日本軍占領の「北京飯店」の支配人であり、中国とパリで、日本陸軍のために国際的スパイ活動を行っていた。楢橋は「反動家で革命運動の反対者」だと評している。

鳩山の相棒・大久保留次郎《おおくぼとめじろう》（一八八七〜一九六六年・内務官僚・公職追放の後に北海道開発庁長官・国家公安委員会委員長を歴任）は、特高課を管轄《かんかつ》していた内閣書記官長であり、「警察での職歴のゆえに、日本警察によって行われた虐待のいくつかの責任を取らなければならない」と密告。

社会党は天皇制と軍国主義を支持する「社会天皇党」だ、と揶揄《やゆ》する。社会党の黒幕は、松岡駒吉《まつおかこまきち》（一八八八〜一九五八年・日本労働組合総同盟会長・衆議院議長）であり、ストライキの度に資本家に接近し、ストを中止する見返りに金を貰っている。革命分子を警察に密告し、資本家との裏取引を通じて、莫大な資産を作っている。社会党のもう一人のリーダーは、水谷長三郎《みずたにちょうざぶろう》（一八九七〜一九六〇年・弁護士・商工大臣）だ。水谷は「元革命家」で労働者の利益に反して財閥と協力した汚い人物だと蔑《さげす》む。

徳田の話は続く。共産党は、長らく弾圧を受けてきたので、現在どれほどの勢力があるのか分からない。しかし、ここ数日中、東京と茨城で重要な組織が形成されているという情報を得ている。徳田をはじめ、他の共産党員が釈放されれば、強力な共産党の組織が結束されるであろう。しかし、日本共産党はソ連と関係を持ってはならない。なぜなら、日本共産党の自立心を失ってしまうからである。ソ連からの財政的援助は危険であり、一切を拒否すべきだ。日本共産党はソ連と無関係であるということが、アメリカを安心させることになる。共産主義がすぐに樹立することはないが、民主主義が一〇〇年続き、その後に共産主義を奉ずる体制が人々の間で受け入れられていくだろう。

エマーソンは、徳田球一の発言を次のように分析している。


徳田は激しい熱情家として印象づけられた。十八年間もの獄中生活が、信じる主義への彼の熱意を少しもくじかせていない。延安の岡野（註・野坂参三の変名）と同様、彼はプロフェッショナルな革命家で、絶望的にしか見えないときでも、常に自分の主義を生涯一貫して貫徹した人物である。彼の頭は獄中体験を通して、むしろさらに鋭敏になったようである。彼は政治的出来事との接触を保ち、日本の政治上の人物について驚くほどの知識を持っている。

日本を離れている共産党の他の指導者が戻ったとき、日本共産党の方針に変化がもたらせるかどうかは興味深いことである。例えば岡野は、天皇の地位については進んで妥協し、天皇の政治権力については改革を要求するものの、皇室については暫定的に受け入れるであろう。徳田は、今のところ、天皇と天皇制の打倒要求について妥協しようとしていない（竹前『占領戦後史』）。

エマーソンは、野坂参三と徳田球一の政治思想を比較分析。野坂は現実主義で、徳田は理想主義的な政策を展開していた。エマーソンは一九四四年に中国で野坂と話し合っていたので、両者の天皇制に対する姿勢を明晰に評価できたのだ。

日本共産党のもう一人の筋金入りの重鎮・志賀義雄は、GHQ民間諜報局長エリオット・R・ソープ准将から尋問を受けた。徳田球一がエマーソンから尋問を受けた同じ十月七日である。

志賀は、徳田と同じように、悲惨な拷問を切々と訴える。棍棒で強打され鼓膜《こまく》が破れ、片方の耳が聞こえなくなり、栄養失調も相まって視力が低下した。さらに酷い仕打ちは、志賀の妻を拷問にかけたことだ。特高は「佐野・鍋山の転向宣言」の多大な効果に触発され、獄中の共産主義者を転向させようと躍起《やっき》になっていた。志賀の妻・多恵子《たえこ》（一九〇六〜一九九五年）は、拷問に耐えきれず、特高に屈服する。特高は妻が転向を綴った手紙を志賀に見せて、夫の転向を促したが、志賀は受けつけず、離婚を決意する。妻の父親宛に離婚手続きの手紙を書いたが、特高は手紙を届けようともしない。

ソープ准将に志賀は最も危険な人物の名前を挙げた。自由主義的・民主的運動に強力な弾圧を加えた張本人が安倍源基だと。彼の取り巻き連中は、東京の警察署長に登用され、東京の警察署員の半分以上は安倍が任命した。大半の者たちが特高警察に配属されている。安倍源基を筆頭に警視庁や検事局の部下たちは、「ＧＨＱの指令の精神と内容を骨抜きにしようと最大の努力をするだろう」と警告。

徳田と同様に志賀は、楢橋渡の正体は怪しいと注意を促す。日本が中国の北京を占領したとき、楢橋は「北京飯店」を接収した。そこに特務機関の本部を設置し、中国での活動で巨利を得た。楢橋は鳩山一郎の政治的助言者であり、東久邇宮内閣が崩壊した後、鳩山に対する総理大臣の呼び声が大きくなったとき、楢橋は自宅を政治本部にするように準備していた。

志賀の尋問を分析していたＧＨＱの調査班は、「十九年の刑務所生活を堪え（ほとんどが独房）絶えず虐待されてきた男にしては精神力と政治、時事問題に対する強い関心を持っていた。彼は天皇制、東久邇ならびに現在の日本政府に仮借《かしゃく》ない敵意を示した」「志賀と徳田は延安にいる共産主義者岡野よりも天皇制に対してははるかに非妥協的態度をとっていることは注目すべきである」「志賀、徳田の教条的な柔軟性のない路線が日本の共産主義の流れになるか、あるいはやがて岡野の柔軟な『ソフト』な路線が優先になるかは興味のあるところである」と冷静に分析（竹前『占領戦後史』）。

戦後、日本共産党はＧＨＱが分析した路線を歩んだのか。それとも、独自の道を切り開いていったのだろうか。

4　英雄となった獄中組

敗戦直後、獄中から解放されたばかりの徳田球一と志賀義雄の「非転向・獄中十八年」の共産主義者らが国民的な英雄となり、日本共産党の立て直しを図った。

太平洋戦争中、共産党は実質的に崩壊しており、獄中にいた共産党員で非転向を貫いた者は指折りできる数しかいない。インテリたちはたやすく人を売ったことで自己嫌悪に陥っていた。日本は「恥の文化」だ。インテリは心に大きな傷を負っていた（立花隆『日本共産党の研究　二』講談社文庫・一九八三年）。

「転向組」と「非転向組」は、白黒をつけるかのようにはっきりと区別（差別）された。彼らの違いは「歩き方」にまで如実《にょじつ》に表れ、転向した者は、うつむいて前に倒れんばかりに歩く。一方で、非転向の者は、後ろへ倒れるかのようにふんぞり返って歩く（兵本達吉『日本共産党の戦後秘史』産経新聞出版・二〇〇五年）。

非転向を貫いた者たちの上下関係は、獄中で過ごした年数で決まり、「獄中十八年組」が幅をきかせた。ところが、「獄中十八年組」の思想は凍結したままだった。牢獄で拷問を耐え生き残った彼らは、天皇制打倒を旗印《はたじるし》にした。

獄中から出てきた徳田と志賀が固執したのは、「三十二年テーゼ」である。

一九三二（昭和七）年、コミンテルンは「三十二年テーゼ」を日本共産党に命令し、天皇制の打倒を呼びかけたのだ。

コミンテルンから見れば、天皇は邪魔な存在だ。支配階級である地主と資本家の上に君臨する天皇を打倒しなければ、日本で共産主義革命は成し得ない。「天皇制」という言葉は、コミンテルンが作った左翼用語である（兵本『日本共産党の戦後秘史』）。

しかし、日本敗戦直後に「三十二年テーゼ」に固執《こしつ》した日本共産党は、国民の思いを読み違えていた。当時行われた世論調査によると、言論を抑圧されていた知識階級ですら、天皇制反対は僅かに十パーセントにすぎなかった。マッカーサーも「日本国民の九十五パーセント以上は明らかに天皇制を存続しようとしている」と認めている。天皇は日本国民にとって余りにも神聖な存在だった。天皇を侮辱することは、国民の強い反感を買った。国民にはすでに別の「悪者」がいた。戦争に敗けた軍国主義者たちだ。十八年間暗い牢獄に隔離されていた日本共産党の指導者たちは国民の感情を読めなかった。ＧＨＱと日本共産党の蜜月《みつげつ》は束の間だった（西『國破れてマッカーサー』）。

天皇制の廃止は国民感情と乖離《かいり》していたが、日本共産党は「人民の民主主義」の構築、軍国主義の廃絶、小作農民への土地配分、労働組合結成の自由、十八歳以上の日本人全員への普通選挙権、そしてなによりも国民主権を主張した。まさにGHQの占領改革を体現するのが共産党であった（熊野留理子『日本教育占領』麗澤大学出版会・二〇一五年）。

5 食糧メーデー

飢えた人間にとって食糧を得るためならば、イデオロギーは関係ない。空理空論より目の前のどんぶり一杯の白米こそが正しさを証明してくれる。空腹に耐えかねた日本人は、食糧不足を訴えるために街頭で実力行使に訴えた。すきっ腹に入り込むように、勢力を伸ばしていたのが共産党だ。

天皇制を打倒して人民政府の樹立を訴えていた日本共産党は、書記長の徳田球一を筆頭として「食糧の人民管理」を主張した。一九四六（昭和二十一）年五月十九日（日曜日）、徳田球一を中心に「飯米《はんまい》獲得人民大会」、いわゆる「食糧メーデー」が開催された。群衆二十五万人が皇居前に集まり、「憲法より飯だ！」と食糧を要求（大原社会問題研究所編『日本労働年鑑　戦後特集　第二二輯』第一出版・一九四九年）。

食糧！　食糧！　ぶんどりかえせ！
働くおいらにゃ、要るだけよこせ！
働くためにはもっと食糧が必要だ！
人民の政府をうちたてろ！
憲法よりも食糧だ！
（マーク・ゲイン『ニッポン日記』筑摩書房・一九六三年）

参加者の一人で共産党員の松島松太郎《まつしままつたろう》（一九一五〜二〇〇一年）は、「詔書《しょうしょ》　ヒロヒト曰《いわ》く　國体はゴジされたぞ　朕はタラフク食ってるぞ　ナンジ人民飢えて死ね　ギョメイギョジ　日本共産党田中精機細胞」というプラカードを掲げた（吉田健二「食糧メーデーと天皇プラカード事件（三・完）：松島松太郎氏に聞く」『大原社会問題研究所雑誌』法政大学大原社会問題研究所・二〇〇三年）。

詔書という形をとることで「天皇政治をパロディー化」した。松島は、「太平洋戦争であれ、現下の飢餓・欠乏であれ、すべての元凶が天皇制にあるのだということを国民に端的に訴え」たかった。抗議文における「田中精機」とは、松島が当時勤めていた会社の名前だ。プラカードの裏面には、「働いても　働いても　何故私達は飢えねばならぬか　天皇ヒロヒト答へて呉《く》れ　日本共産党田中精機細胞」と書かれていた。半畳ほどのプラカードは、メーデーの会場でひときわ目立った。松島は当時まだ有効であった「不敬罪」に問われ、「天皇プラカード事件」にまで発展する（吉田「食糧メーデーと天皇プラカード事件（三・完）」）。

メーデー当日、共産党と社会党によって先導されたデモ隊は、「天皇陛下の前に謹んで申しあげます。私達勤労人民の大部分は、今日では三度の飯を満足に食べてはおりません。空腹のため仕事を休む勤労者の数は日毎に増加し、いまや日本の全ての生産は破滅の危機に瀕しております」と貧窮《ひんきゅう》を訴えた（大原社会問題研究所編『日本労働年鑑 戦後特集 第二輯』）。

6 共産党鎮圧

「飯をくれ」と叫ぶ日本人の「食糧メーデー」は、マッカーサーにどのような影響を及ぼしたのか。

共産党と社会党が音頭をとった「食糧メーデー」は、マッカーサーをひどく苛立《いらだ》たせていた。マッカーサーの統治能力に疑念が湧くことで、占領軍全体の「権威」が低下することを極度に恐れたのだ。食糧メーデーのデモに加えて、アメリカから送られてきた大豆や小麦粉には「家畜飼料」というラベルが貼ってあり、これを発見した共産主義者は「日本人を畜生扱いにしている」と騒ぎ立てた（クロフォード・Ｆ・サムス『ＧＨＱサムス准将の改革』桐書房・二〇〇七年）。

マッカーサーの怒りは頂点に達し、デモの翌日五月二〇日（月曜日）、食糧メーデーは「大衆示威運動」であると警告を発した。

組織された扇動の下で、集団的暴行と暴力による脅迫への傾向が増大しつつある。これは日本の発展のため重大な脅威を齎《もたら》すので、日本国民に十分に注意するよう警告する……民主主義による合理的な自由はこれまで全て許されていたし、今後も許されるであろう。規律なき一部分子が現在行おうとしている暴力の行使は許されない……占領の基本的目的と連合国軍の安全をも脅かすからだ……少数分子どもが、この最低限度の自重をしなければ、私はかかる憂うべき事態に対して、しかるべき措置をとらざるを得なくなろう（西『國破れてマッカーサー』）。

五月二十四日（金曜日）、国民の困窮を憂いておられた昭和天皇は、自らマイクの前に立ち、「祖国の再建は食生活の安定にある。全国民は乏しきをわかち、苦しみを共にせよ」と御言葉を述べられた（大儀敏雄『混迷のなかの飽食』医歯薬出版・一九八〇年）。

昭和天皇は、皇室が保有している貴金属を売却して、食糧を調達することまで考えられていたが、この計画はマッカーサーの反対に遭う。皇室財産を処分して、食糧を配れば、昭和天皇の権威や名声が上がることになるからだ（木下道雄『側近日誌』文藝春秋・一九九〇年）。

六月十二日（水曜日）、マッカーサーの警告は現実のものとなり、「占領目的阻害行為処罰に関する勅令」が公布され、デモ活動の抑制に歯止めがかけられた。マッカーサーの独断により、民主主義下における「合法デモ」と「大衆示威運動」が区別された。彼の権威を傷つける行動は、大衆示威運動と見なされ鎮圧される憂き目にあう。

7　野坂参三の凱旋

天皇制打倒を訴えた徳田球一と志賀義雄の「獄中十八年組」の威光に影を落とすかのように、一九四六（昭和二十一）年一月十二日（土曜日）に野坂参三（一八九二～一九九三年）が中国の延安《えんあん》から釜山《プサン》経由で引揚船「黄金丸」に乗り博多港に妻の龍《りょう》（一八九六～一九七一年）と共に上陸した。

野坂参三は、慶應義塾大学を卒業し、一九一九（大正八）年に英国に渡り「グレートブリテン共産党」に入党したが、英国から追放され、ソ連に入国。一九二二（大正十一）年、日本に帰国した野坂は、慶應義塾大学の講師となり、日本共産党結成に参加。一九三一

（昭和六）年、神戸から夫人と一緒にソ連に逃亡し、モスクワでコミンテルンの中央委員に選出された。

米陸軍省軍事情報局の秘密報告書『インテリジェンス・レビュー』誌によれば、野坂は一九三五（昭和十）年に密かに帰国し、地下工作を一九四三（昭和十八）年まで続けたあと、また中国に渡り、日本軍に対する抵抗戦線に従事したと云う（熊野『日本教育占領』）。

しかし、野坂が日本に一時帰国していたとは当時の状況からは考えにくい。野坂自身も、ソ連に逃亡した後、一九三四（昭和九）年から一九三八（昭和十三）年末まで「米国に滞在していたことを明かせなかったので、日本にできるだけ近いところから進歩的船員の手を借りて日本に文書を送った」ことが誤解されているのだろうと話している（宮地健次郎「訳者あとがき」エマーソン『嵐のなかの外交官』）。

日本敗戦時、中国の延安にいた野坂参三の日本帰国を許したのは誰か。なぜ野坂は延安で活動していたのか。

中国共産党の活動拠点である延安には、日本人捕虜が集められていた。野坂は、コミンテルンの資金と中国共産党の援助で、元日本軍将兵へ反戦工作を展開。「日本工農学校」を開校して活動家を育成した。この野坂の活動が「日本人民解放同盟」につながっていく。太平洋戦争中、日本共産党とコミンテルンの唯一の活動ともいえるものだ（富田武、和田春樹編訳『資料集　コミンテルンと日本共産党』岩波書店・二〇一四年）。

戦時下日本におけるコミンテルンの影響は、限りなく小さい。野坂らの少数の亡命党員を除き、ソ連から日本に派遣されていた天才スパイのリヒャルト・ゾルゲ（Richard Sorge・一八九五～一九四四年）に協力した尾崎秀実《おざきほつみ》（一九〇一～一九四四年・朝日新聞記者・近衛文麿のブレーン）らの関係者たちだけである。

コミンテルンを過大評価しすぎ、幻影に脅え、歴史を観る眼を曇らせてはいけない。コミンテルンは、一九四三年にスターリンの手によって解散させられていた（秦郁彦『陰謀史観』新潮社・二〇一二年）。

野坂参三は、終戦になると日本への帰国を支援してくれるよう、コミンテルンにではなく、アメリカに要請した。GHQは野坂の帰国要請を承認。なぜなら、徳田球一と志賀義雄の指導で過激さを増していた日本共産党を野坂が和らげてくれることを期待していたからだ（熊野『日本教育占領』）。

8　四重スパイ・野坂参三

野坂参三は日本に帰国する直前、一九四五（昭和二〇）年十月から十一月にかけて、延安からモスクワを極秘訪問。ソ連の情報参謀本部と秘密会談をもつ。

野坂はスターリンの直参スパイで、信頼されたスパイだけが受け入れられる内務人民委員部（ＮＫＶＤ）と連邦軍参謀本部情報総局（ＧＲＵ）直属の工作員。実績と信用がなければ、直属の工作員になれない。

一九三一（昭和六）年に妻と一緒にソ連に亡命した野坂は、コミンテルン執行委員会幹部会員になり、同志の山本懸蔵《やまもとけんぞう》（一八九五〜一九三九年）を内務人民委員会に密告。山本は、拷問され銃殺された。信頼を勝ちうるには仲間まで売る。

一九四五年十月三十一日（水曜日）、モスクワで行われた会合で野坂は天皇制存続を容認する発言をしている。

日本大衆の天皇への崇拝はまだ消えていない。日本共産党が天皇制打倒のスローガンを掲げるなら、国民から遊離し、大衆の支持は得られないだろう……（中略）……延安で反戦同盟に参加した日本人捕虜とこの問題を討議したが、天皇制打倒のスローガンは不評だった……（中略）……戦略的には打倒を目指しても、戦術的には天皇に触れないのが適当だ。当面は日本における絶対主義体制の廃止、民主体制確立というより一般的なスローガンを掲げながら、天皇制存続の問題は国民の意思に沿って決定すると宣言した方が適当だろう（名越健郎『クレムリン秘密文書は語る』中公新書・一九九四年）。

この野坂の見解は、スターリンの片腕モロトフ外相（一八九〇～一九八六年）に報告された。「東京裁判」において、天皇訴追が最大の焦点となったが、オーストラリアと中国は天皇訴追を要求。だが、ソ連が提出した戦犯リストには、昭和天皇は除外されていた。スターリンは、東京裁判が始まる直前に「ソ連は昭和天皇に戦争責任を負わせるという意見に賛成しない」「軍国主義勢力を裁くべきだ」と通告した。野坂の見解がソ連の政策決定に与えた影響は未知数だが、まるで野坂の意見がスターリンに反映されたかのようだ。

さらに、野坂は、ソ連と協力体制を確立する決意を表明し、ソ連に物質的支援を求める。

（一）五万ドルの資金援助
（二）五〇～六〇人分の民間服
（三）モスクワとの通信網確立
（四）妻（野坂龍）の合法的出国
（五）日ソ協会の設立
（六）ソ連の対日宣伝放送強化

（名越『クレムリン秘密文書は語る』）

ソ連から活動資金を引き出す根性は、日本共産党が誕生したときから変わらない。

9　愛される共産党

ソ連の密命を帯びた野坂が日本に帰国して二日後の一九四六年一月十四日（月曜日）、戸籍上の名前であった「参弍《さんぞう》」を「参三」と改めた。野坂の誕生日は、三月三〇日で三男だったことから、父親は「三三」という意味を込めて「参弍」と名付けた（井上敏夫『野坂参三 予審訊問調書』五月書房・二〇〇一年）。

ここで謎が浮上する。改名のことではない。名前を偽るのはスパイの常套手段だが、なぜ、野坂の身分は保障され、安全に帰国できたのか。終戦を迎えたとはいえ、世界的に暗躍している共産党員が祖国に凱旋できるのか。米ソ冷戦はすでに始まっていた。

一九四五年十月にソ連と協力することを約束したのも束の間、野坂は朝鮮半島南部に駐留している米陸軍司令部軍政庁のジョン・リード・ホッジ軍政長官（John Reed Hodge・一八九三〜一九六三年）に一九四五年十二月二十七日付で英文の手紙を送る。「岡野進」と変名を使う。

親愛なるＪ・Ｒ・ホッジ将軍

拙い英文で失礼する。私は日本の政治亡命者で、北支で「日本人民解放連盟」を組織し、日本軍国主義反対と民主化のために闘ってきた。元日本共産党中央委員で、「日本工農学校」も編成した。延安を訪れた外国人記者は私の活動について報じている。四四年七月、延安に米軍オブザーバー拠点が設置された後、私は日本帝国への米国の心理戦に協力し、日本軍や日本の国内情勢に関する情報や資料を提供した。米軍拠点の全メンバーはたぶん私のことを知っており、とりわけ昨年、延安に駐在したジョン・エマーソン米大使館二等書記官とは緊密に連携した。同時に私は、日本への心理戦を担当した米軍スタッフにも協力した。その証拠として、エマーソン氏の名刺や自分の略歴を添付する。

私と、「日本人民解放連盟」のメンバーである森、梅田、山田の三名は今年九月初め、米当局によって米国機で他の乗客とともにカルガンに到着し、そこからモンゴル（内モンゴル自治区）を経由して十二月十三日平壌に到着した。平壌で得た情報では、朝鮮半島南部を日本人が通行するのは、反日活動が激化しているため極めて危険で、朝鮮と日本間には海上輸送が機能していないという。このため、われわれが平壌から安全に帰国するには、平壌から三八度線を通過し、釜山を経て日本に到着するまで、米当局の安全への特別な配慮や交通機関の提供なしには不可能な情勢だ。三八度線の一定の地区までは朝鮮の友人の支援で到達できる。それ以降の行程への協力を検討いただけるなら、深く感謝する。

帰国したら、われわれは全力で日本軍国主義の消滅と民主主義の設立、太平洋の恒久平和のためあらゆる努力を行う。これまでやってきたように、日本で共通の利益に向け、米当局に協力するため全力を尽くす覚悟だ。中国には、「日本人民解放連盟」のメンバーが約一千人おり、彼らも朝鮮半島経由で帰国しようとしている。彼らも軍国主義反対、民主化のために戦う闘士であり、彼らの帰国にも支援を賜りたい（しかしわれわれ四人の帰国は急を要しており、彼らの問題は別途対処してほしい）。

私はあなたの回答を、平壌の朝鮮共産党組織委員会の金日成書記のところで待っている。回答は、ソウルの南朝鮮共産党指導者、朴憲永に送ってほしい。彼がそれを、金日成を通して私に送ってくれる。

好意的回答を待ちながら

ススム・オカノ

（名越健郎『秘密資金の戦後政党史』新潮社・二〇一九年）

野坂は、ソ連について一切触れず、米軍の協力を取りつけようとした。平壌から朝鮮半島の三十八度線を越え、釜山から日本に戻るまで、身の安全の確保を米軍に頼ったのである。野坂は、エマーソンの名前を出しながら、いかに自分が大物なのかを誇示している。エマーソンは、まさか自分の名刺がこのように利用されるとは思ってもいなかったろう。

野坂の手紙は、すぐさま東京のGHQに送られた。

驚くことは、北朝鮮を建国することになる金日成《キムイルソン》（一九一二〜一九九四年）の庇護《ひご》下に野坂が居たことである。野坂参三の人脈は底なしだ。野坂は、特高警察、日本共産党、英国、ソ連、中国、北朝鮮、そして米国を手玉にとっていた。

GHQは、野坂を教養豊かで頭脳明晰な男とみなしており、徳田球一や志賀義雄よりも聡明だと評価していた。米国は、一九四五（昭和二〇）年十二月三十一日（月曜日）の大《おお》晦日《みそか》に野坂が朝鮮半島三十八度線を越えることを許可。年をまたいで一月一日（火曜日）、野坂はソウルに向けて出発した。一九四六（昭和二十一）年一月三日（木曜日）、マッカーサー直々の命令でソウルに向けて野坂を尋問するように電報が送られる。釜山の港に保護拘置されていた野坂の尋問は一月九日（水曜日）には終わり、同日、日本を目指して出発する旨がGHQに報告された（Henry Oinas-Kukkonen. 2003. *Tolerance, Suspicion, and Hostility.* Westport: Greenwood Press）。

釜山で引揚船「黄金丸」に乗船した野坂は、一九四六年一月十二日（土曜日）、博多港に上陸（註・十日に九州に到着という指摘もある）。二日後の一月十四日（月曜日）、「参三」と改め心機一転し、彼はマッカーサー司令部を表敬訪問した。安全に帰国できたことに感謝の意を表したのだろう。

卓越した政治的「手品師」である野坂は、共産党は「大衆と国民の党であらねばならない。それには人民から愛される党であり、共産党と聞いて国民が逃出すような印象をあたえてはならない。もしそのような事があればそれは吾々党員の罪だ」と宣言した（西『國破れてマッカーサー』）。

野坂の意見は、日本共産党中央委員会に取り入れられた。日本共産党のテーゼとして、皇室はいずれ廃止させるが、今すぐ皇室を廃止すべきではない。皇室が維持されるべきかは、民主主義が確立された後、日本国民が判断すべき事柄とした。野坂は、徳田球一や志賀義雄の過激な路線を和らげ、ＧＨＱの期待に応えた。野坂は、ＧＨＱの茶坊主でもあった（熊野『日本教育占領』）。

野坂の効果はすぐに現れる。「平和革命」をめざす、「愛される共産党」の始まりである。「愛される共産党」という台詞が大流行した。

野坂参三は、謎多き男だ。

彼は英国に留学し、グレートブリテン共産党に入党。帰国後、日本共産党の設立に参加したが特高警察に検挙された。だが、「目の病気」を理由にすぐに仮出獄したのだ。「目の病気」といっても、手術をするほどの重傷でもなかった。このとき、野坂は「転向」した可能性が高い。「転向」する素振りはしたはずだ。そうでなくては、特高警察が野坂を釈放するはずがない。野坂が特高のスパイになった可能性は捨て切れない。共産党の幹部であった田中清玄《たなかせいげん》（一九〇六〜一九九三年・日本共産党中央委員長・転向し反共主義に転じる）は、一九二八年三月十五日（木曜日）の弾圧のとき、野坂参三は「転向」したと明かしている（田中清玄『田中清玄自伝』文藝春秋・一九九三年・井上『野坂参三予備訊問調書』）。

保釈された野坂はソ連に渡り、コミンテルンで活動。同志の共産党員を密告し、スターリンの恐怖の大粛清に手を貸し、ソ連の内部と密接な関係を築く。渡米・中国滞在を経て、終戦後に日本へ凱旋。アメリカのスパイになったという説もある。何重スパイなのか、わからない。

ソ連崩壊直後、日本共産党は独自に調査し、一九九二（平成四）年に野坂をソ連のスパイと確認し、共産党名誉議長から解任・除名した。翌年の十一月十四日（日曜日）、野坂参三は波乱の人生を一〇一歳で閉じた（熊野『日本教育占領』）。

《参考文献》

・井上敏夫『野坂参三予審訊問調書——ある政治的人間の闘争と妥協の記録』五月書房・二〇〇一年
・大礒敏雄『混迷のなかの飽食——食糧・栄養の変遷とこれから』医歯薬出版・一九八〇年
・大原社会問題研究所編『日本労働年鑑 戦後特集 第二二輯』第一出版・一九四九年
・荻野富士夫『特高警察体制史——社会運動抑圧取締の構造と実態』せきた書房・一九八四年
・木下道雄『側近日誌』文藝春秋・一九九〇年
・熊野留理子『日本教育占領』麗澤大学出版会・二〇一五年
・クロフォード・Ｆ・サムス『ＧＨＱサムス准将の改革——戦後日本の医療福祉政策の原点』竹前栄治編訳・桐書房・二〇〇七年
・ジョン・エマーソン『嵐のなかの外交官——ジョン・エマーソン回想録』宮地健次郎訳・朝日新聞社・一九七九年
・竹前栄治『占領戦後史』岩波書店・二〇〇二年
・立花隆『日本共産党の研究 二』講談社文庫・一九八三年
・田中清玄『田中清玄自伝』文藝春秋・一九九三年
・徳田球一、志賀義雄『獄中十八年』講談社文芸文庫・二〇一七年
・富田武、和田春樹編訳『資料集 コミンテルンと日本共産党』和田春樹、Ｇ・Ｍ・アジベーコフ監修・岩波書店・二〇一四年

・内政史研究会編『J・K・エマーソン氏談話速記録』内政史研究会資料部・一九七七年
・名越健郎『クレムリン秘密文書は語る――闇の日ソ関係史』中公新書・一九九四年
・名越健郎『秘密資金の戦後政党史――米露公文書に刻まれた「依存」の系譜』新潮社・二〇一九年
・西鋭夫『國破れてマッカーサー』中央公論社・一九九八年
・秦郁彦『陰謀史観』新潮社・二〇一二年
・兵本達吉『日本共産党の戦後秘史』産経新聞出版・二〇〇五年
・マーク・ゲイン『ニッポン日記』井本威夫訳・筑摩書房・一九六三年
・吉田健二「食糧メーデーと天皇プラカード事件（三・完）：松島松太郎氏に聞く」『大原社会問題研究所雑誌』法政大学大原社会問題研究所・二〇〇三年
・Henry Oinas-Kukkonen. 2003. *Tolerance, Suspicion, and Hostility: Changing U.S. Attitudes toward the Japanese Communist Movement, 1944-1947.* Westport: Greenwood Press.

Ⅸ　戦後も活躍した特高警察

1　日本政府の抵抗

日本が惨敗した直後、日本帝国政府は特高警察を廃止するつもりなぞ微塵《みじん》もなかった。むしろ、敗戦後の混乱を危惧しており、「治安維持法」を堅持《けんじ》して社会運動の取り締まりを強化する方針だった。

マッカーサーが厚木飛行場に降り立つ前、日本政府は一九四五（昭和二〇）年八月二十四日（金曜日）に「警察力整備拡充要綱」を閣議決定した。

（一）警察官の人員を現在の定員（九万二七一三人）から二倍にする。

（二）騒擾《そうじょう》事件・集団的暴動・天災などに対処するため、集団的機動力を持つ警備隊（二万人を常設し、必要があるときは四万人を一般警察官によって編成）を置く。

軍・憲兵なき後、現在のような装備では鎮圧が困難なので、軽機関銃・自動短銃・小銃・自動貨車・無線機などの武器・機材を整備して武装警察隊とする。

（三）海軍なき後の領海内警備のため、水上警察を強化（一万人）する。

（大日方純夫『近代日本の警察と地域社会』筑摩書房・二〇〇〇年）

軍隊と憲兵が解体されたので、治安維持の全責任を警察が担うことになった。九月七日（金曜日）には、復員軍人を警察官に吸収すべく、陸海軍大学校出身者と優秀な憲兵将校を警察上級幹部二〇〇〇名に採用し、警部補に陸軍士官学校・海軍兵学校出身者をも雇う計画を立案した。さらに、特高警察を倍増して拡充することが盛り込まれた（大日方『近代日本の警察と地域社会』）。

十月五日（金曜日）、日本政府は「警察力整備拡充要綱」をGHQに提出し、お伺いを立てる。ところが、前日の四日に「人権指令」が発せられていた。時すでに遅し。警察力の増強どころか、「特高警察」は廃止された。

十月四日（木曜日）、在職中の内務大臣、警保局長、警視総監、大阪府警察局長、各県警察部長四十七名、特高・外事課長五十四名、特高係警部一六八名、警部補一〇〇〇名、巡査部長一五八七名、巡査二一二七名、合計四九八三名の警察幹部と特高関係警察官が罷免《ひめん》された（連合国最高司令官総司令部編『GHQ日本占領史　第十五巻　警察改革と治安政策』

日本図書センター・二〇〇〇年）。日本帝国の警察機構は、「ポツダム宣言」を理解していなかった。理解できなかったのだろう。

2　毛利基の叙位

世の中には、逃げ足の早い人間がいる。自己保身に駆られ、組織からいち早く逃げ出し、風見鶏《かざみどり》のように空気を読み、戦後の日本で安穏《あんのん》に暮らした卑怯者《ひきょうもの》たちだ。その代表格が長年にわたり特高課長を務めた毛利基《もうりもとい》である。

毛利は、「戦争責任」をとって自害などしない。彼は敗戦を迎えた途端に病気を理由にして九月十五日（土曜日）付で退官した。特高解体の一ヵ月前だ。ＧＨＱの占領政策がはじまったことで、思想警察の特高が狙われることを瞬時に察知したのだろう。毛利は退職金をもらい、郷里の福島県伊達郡大木戸村（現在の伊達市国見町）に引っ込み、百姓《ひゃくしょう》を営む（宮下弘『特高の回想』田畑書店・一九七八年）。共産党からの報復に怯えただけでなく、ＧＨＱから戦犯容疑にかけられてしまうと自覚していたのだ。

退官した毛利基は、故郷に帰る前、内務大臣山崎巌《やまざきいわお》から特別表彰を受けていた。九月十七日（月曜日）午前十一時、内務大臣室で山崎内相から賞詞《しょうし》及び記念品が贈られた（「毛利氏に内相賞詞」『朝日新聞』一九四五年九月十六日）。

山崎内相は、翌日の九月十八日（火曜日）に内閣総理大臣宛に書類を作成する。

内閣大臣官房　甲第三六五二號

別紙　毛利　基　特旨叙位ノ件

上奏書進達ス

昭和二十年九月十八日

内務大臣　山崎　巖　印

内閣總理大臣　稔彦王　殿下

別紙

叙正五位

昭和二十年九月十五日依願免本官

昭和七年七月十四日警視廳警視以来在職十年以上

元埼玉縣部長從五位　毛利　基

右文武官叙位進階内則第四條ニ依リ謹テ奏ス

昭和二十年九月十八日
内務大臣　山崎　巌　印
（「元埼玉県部長毛利基外一名特旨叙位ノ件」叙位許可書・国立公文書館蔵）

山崎内相の推薦に対して、東久邇宮首相はいかなる対応をしたのか。首相の返答文書が残っている。

元埼玉縣部長毛利基外一名特旨叙位ノ件
右謹テ裁可ヲ仰ク

昭和二十年九月二十一日
内閣總理大臣　稔彦王　印
（「元埼玉県部長毛利基外一名特旨叙位ノ件」）

毛利は、「人権指令」（十月四日）が発せられる前に逃げ切った。責任を追及されることもない。それどころか、惨敗で日本が大混乱しているときに叙位を受けられ、記念品を贈られ、退職金までしっかり受けとった。逃げ足の早さは、一流だ。小林多喜二の撲殺も免罪《めんざい》されたままだ。毛利基は、一九六一（昭和三十六）年十二月十七日（日曜日）に死去。享年七十一。

3　逃げ切った特高警察

特高警察の元締めであった安倍源基は、回顧録『昭和動乱の真相』（原書房・初版一九七七年・中公文庫・二〇〇六年）で、「特高警察は、治安維持法、その他の法令を厳正に守って忠実に職務を実行しただけのことである。ＧＨＱが、一巡査にいたるまで罷免追放したことは、あまりにも理不尽な占領政策であった」と憤慨《ふんがい》している。

安倍源基の認識は一面的だ。毛利基のように、ＧＨＱの動きを事前に察知して処分を免れた輩《やから》がいる。特高警察の幹部や内務省のエリートたちには、十月四日の「人権指令」が発せられる前に人事異動が実施された。

なぜ、このような事態になったのか。

「人権指令」には抜け穴があったからだ。十月四日以前に他の職に移ったものは、この指令に抵触しなかった（註・恐ろしい指令が漏れたのだ）。

審査を受けるはずの特高警察関係者は一万五〇〇〇人ほどいた。しかし、「十月四日現在の在籍者」という日付で区切ってしまったため、五〇〇〇人以上もの元特高警察関係者が罷免対象から外れた。免れた特高官僚たちは、素知らぬ顔で国会議員になったり、地方自治体の要職に就く。他省庁・府県庁関係・市町村官吏・外郭《がいかく》団体などに転属した（荻野富士夫『特高警察体制史』せきた書房・一九八四年）。

アメリカ人特派員のマーク・ゲイン（Mark Gayn・一九〇二～一九八一年）は、「五ヵ月前、我々は特高関係の連中を追放する指令を出したが、日本側ではどうしたか知らないがともかくそれを事前に嗅《か》ぎつけた。そしてその指令が出る直前この連中は辞職した。日本側は、これで彼らの履歴は無傷だと主張する。日本政府はすぐさまその連中を警察署長に任命した」と疑念を投げかけている（マーク・ゲイン『ニッポン日記』筑摩叢書・一九六三年）。

特高課に配属されていた巡査などの下級警察官は、解体されて罷免された日に職を失う。その一方で、エリートの特高官僚は「免官《めんかん》」ではなく「休職」扱いであった。罷免されることもなく、戦後の官僚体制のなかで大手を振るった（柳河瀬精『告発 戦後の特高官僚』日本機関紙出版センター・二〇〇五年）。

4　特高警察官の天下り

特高警察官たちの具体的な転職先はどこか。

長野県における特高警察官の再就職先の統計が残っていた。

特高警察官再就職先（長野県）

	警部	警部補	巡査部長	巡査	合計
県職員	3	18	20	10	51
地方事務所（県職員のうち）	—	(15)	(7)	(1)	(23)
勤労署（県職員のうち）	(1)	(1)	(9)	(4)	(15)
市役所・村役場	—	—	1	1	2
勤県農業会	1	—	2	—	3
外郭団体	—	1	1	4	6
民間会社	—	1	6	16	23
退職（休職中家業含む）	—	4	6	10	20
合計	4	24	36	41	105

（参照・治安維持法犠牲者国家賠償要求同盟長野県本部編『治安維持法と長野県』治安維持法犠牲者国家賠償要求同盟長野県本部・1988年）

長野県全体で一〇五名の特高警察官がいたが、休職後の再就職先の約半分が県職員になっている。農業会や外郭団体を含めると、長野県に関連する再就職は七十五パーセントを超えている。

特高警察の階級別にみると、警部・警部補級は県職員（公務員）への転職が圧倒的だ。しかし、巡査部長・巡査級になると、公務員への転職の割合は小さくなり、民間会社や退職を占める割合が大きくなる（治安維持法犠牲者国家賠償要求同盟長野県本部編『治安維持法と長野県』治安維持法犠牲者国家賠償要求同盟長野県本部・一九八八年）。

つまり、特高警察官のなかでも幹部は優遇され、下級の者たちは冷遇される。まさに「官僚国家・日本」の縮図だ。弱い者ほど不憫《ふびん》な目に遭う。

５　都道府県知事への栄転

戦後を謳歌した特高官僚は、わんさかといる。各県の特高課長を歴任していた内務官僚のエリートは、都道府県知事に就いた。なぜ、選挙をせずして、官僚が知事になれるのか。

日本で知事を選挙で決めるようになったのは、一九四七（昭和二十二）年に「地方自治法」が成立してからだ。それまでは、「官選知事制度」の下、内務省を中心として、中央官庁から派遣された人物が知事に着任していた。

日本で満二十五歳以上の男子全員に選挙権が与えられたのは一九二五（大正十四）年。都道府県知事は、民意が一切反映されない、特権階級と官僚エリートの特別席なのだ。中央集権主義は、明治維新からの産物である。

逃げきった特高官僚の主要表を掲げる（次ページ）。リストを見れば、説明は不要だ。

６　公安警察の創設

特高警察が廃止されたので、日本の警察組織は権力の維持に必死だった。ＧＨＱに頭を下げて奉仕し、存在意義を証明したい。特高警察に関与したものは、「公安警察」の創設

京都府警察部長	高橋 貢 （たかはし みつぐ）	滋賀県特高課長、茨城県特高課長、新潟県特高課長
福岡県警察部長	土屋 香鹿 （つちや こうろく）	徳島県特高課長、山形県特高課長、埼玉県特高課長
鹿児島県警察部長	中川 淳 （なかがわ じゅん）	岩手県特高課長
高知県警察部長	古屋 亨 （ふるや とおる）	岩手県特高課長
静岡県警察部長	古屋 久雄 （ふるや ひさお）	山形県特高課長、熊本県特高課長、北海道特高課長、警保局事務官上海領事
大阪府警察局長	増原 恵吉 （ますはら けいきち）	和歌山県特高課長、警保局事務官北京駐在官
富山県警察部長	三島 利美 （みしま としみ）	北海道特高課長
宮城県警察部長	保岡 武久 （やすおか たけひさ）	大阪府特高課長
兵庫県警察部長	松尾 楸 （まつお しゅう）	愛媛県特高課長、岡山県特高課長、大阪府外事課長、警保局事務官ハルピン駐在官
佐賀県警察部長	忽那 寛 （くつな ひろし）	福井県特高課長

（参照・柳河瀬『告発 戦後の特高官僚』）

官職	氏名	特高官僚歴
千葉県知事	生悦住 求馬（いけずみ もとめ）	警保局図書課事務官、図書課長
山口県知事	岡本 茂（おかもと しげる）	香川県特高課長、新潟県特高課長
香川県知事	田中 省吾（たなか しょうご）	長野県特高課長、大阪府特高課長、警務官
愛媛県知事	豊島 章太郎（てしま しょうたろう）	兵庫県特高課長、大阪府特高課長、警務官、警保局外事課長
福島県知事	増田 甲子七（ますだ かねしち）	警保局図書課
警保局兼大臣官房勤務	秋山 博（あきやま ひろし）	大阪府外事課警部、岡山県特高課長、愛知県特高課長、大阪府特高課長、警視庁特高第二課長
警保局警務課長	広岡 謙二（ひろおか けんじ）	鹿児島県特高課長、宮城県特高課長、警視庁特高部特高第一課長
警保局教養課長	安田 巌（やすだ いわお）	秋田県特高課長、神奈川県外事課長
警視庁警務部長	小川 喜一（おがわ きいち）	大阪府外事課長、警視庁特高部外事課長、警保局事務官上海領事
警視庁経済警察部長	西村 直己（にしむら なおみ）	静岡県特高課警部
警視庁消防部長兼勤労部長	藤田 次郎（ふじた じろう）	富山県特高課長
長野県警察部長	岡田 聡（おかだ さとし）	石川県特高課長
和歌山県警察部長	荻野 隆司（おぎの たかし）	福岡県外事課長
鳥取県警察部長	樺山 俊夫（かばやま としお）	宮崎県特高課長

に望みを託した。一九四五(昭和二〇)年十一月一日(木曜日)、警察官全員に対して、「合衆国進駐軍の凡《すべ》ての将校に対し敬礼を行ふべきこと」「特に星章《せいしょう》を附したる陸海軍将官の凡ての乗用車に対し敬礼を行ふべき」と指示が出された(広中俊雄『警備公安警察の研究』岩波書店・一九七三年)。敬意を示すのか、媚《こ》びを売っているのか。

さらに、特高警察の解体からわずか二ヵ月後、内務省警保局に「公安課」が設置され、各府県にも「警備課」が新設された。「特高警察」の復活という批判をかわすために「公安」や「警備」というように曖昧な言葉が用いられた。これが、「公安警察」の誕生につながる。

マッカーサー元帥は、共産党のデモに怒りを覚えていた。特高警察が廃止されたことで共産党員が町中を闊歩《かっぽ》し、大衆運動が盛んになったからである。労働運動も飛躍的に増加する。食糧不足と貧困が加わり、共産党と社会党が主導する大規模デモの勢いが増す。日本政府は共産党を野放しにしたくない。デモが起こる度に、共産党と社会党の労働運動に対して、GHQの態度が硬化する。社会秩序保持声明が出され、GHQに有害な行為は禁止された。日本警察に「公共の秩序」を護るという大義名分が生まれた。

共産党や社会党が煽動する労働運動に対して、GHQの態度が厳しくなっていくにつれて、「公安警察」は役割を見いだしていく。民主化という警察制度改革と並行しながら、特高警察は「公安警察」に変貌《へんぼう》し成長してゆく(荻野『特高警察体制史』)。

7　諜報機関へ再就職

特高警察に従事した者のなかには、ＧＨＱの諜報機関に再就職した人間もいる。なぜなら、ＧＨＱ内部には共産主義に強い警戒心を抱く将校がいたからだ。軍事局・諜報部門を司《つかさど》る参謀第二部（Ｇ—２）のチャールズ・Ａ・ウィロビー少将である。ウィロビーは、フーヴァー研究所東京オフィスの活動に協力した将校だ。

ウィロビーは、一九四五年の終戦と同時に「米ソ冷戦」が始まったと判断し、ソ連との衝突は時間の問題であり、この戦いに勝つためには「保守的な日本」を求めていた。

ウィロビーの部下のほとんどが軍人だ。ウィロビーは、マッカーサーの第一子分ホイットニーを敵視していた。民政局長のホイットニーを「文化人」「かしこい男」と皮肉りながら、共産主義に寛容なことが我慢ならない。徳田球一や野坂参三といった日本共産党の大幹部たちが保釈されたり、帰国してくるのを苦々しく思っていた。ウィロビーは民主化政策により日本が赤く染まることを防ぐために、ＧＨＱ職員の思想調査まで密かに行っていた（チャールズ・Ａ・ウィロビー『新版　ウィロビー回顧録　ＧＨＱ知られざる諜報戦』山川出版社・二〇一一年）。

ウィロビーの「Ｇ—２」は、ホイットニーの民政局を目の敵《かたき》にしていた。楢橋渡《ならはしわたる》による「酒、女、土産などによる買収工作」により、「占領軍の日本占領政策は、日本政府に通告されるまえ、殆《ほと》んど洩《も》れている」と憂慮し、情報を漏洩《ろうえい》しているのは民政局の職員だと目星をつける（木村文平『米軍の諜報戦略』東京ライフ社・一九五六年）。

ＧＨＱには「ニューディーラー」（New Dealer）と呼ばれる左派集団が「民主化」という衣《ころも》をかぶって、日本人共産主義者を擁護し、急激な日本解体を推進させていた。ニューディーラーとは、一九二九年の大恐慌発生直後にフランクリン・ルーズベルト大統領政権によって推し進められた連邦政府主導の新経済体制「ニューディール政策」を経験し、社会主義的な思想を持つ人々である。とくに民政局でニューディーラーが職員の大半を占めていた。ウィロビーは、自前の調査機関を使って、ソ連共産党とつながっていると疑念のあるニューディーラーをＧＨＱから追い出してゆく（熊野留理子『日本教育占領』麗澤大学出版会・二〇一五年）。

ＧＨＱ内で諜報活動を掌握《しょうあく》したウィロビーは、日本の元軍事諜報官・軍事警察・特高警察から共産主義者弾圧の専門家を採用する。ウィロビーは、「日本人将校たちは、あのいまわしいポツダム宣言によって辱《はずかし》めを受け、道ばたにほうり出されていた」「そこで私が手をさしのべた」と断言する。ＧＨＱに奉仕した彼らには、高給が支払われ、元特高警察官は共産党撲滅のプロとして重宝《ちょうほう》された（荻野『特高警察体制史』・吉原公一郎『謀略の構図』ダイヤモンド社・一九七七年）。

8　免罪された戦犯

ウィロビーのお眼鏡に適《かな》い戦犯指定から免れた者もいる。

その筆頭が陸軍中将の有末精三《ありすえせいぞう》（一八九五〜一九九二年・元参謀本部情報部長）。有末は、陸軍士官学校と陸軍大学校を首席で卒業した秀才。アジア・太平洋戦争では、参謀本部第二部長として諜報作戦の中核にいた人物だ。終戦後は、ＧＨＱと陸軍との連絡委員長に任命され、敗戦時に米軍の進駐先遣隊を厚木に出迎えた責任者である。

有末は、終戦と同時に焼却することになっていた諜報関係資料を秘密裏に保管。なんと、有末はこの極秘資料をウィロビーに提出。そして、共産主義者に対する諜報網を作ることをウィロビーに提案した。有末は、この功績により、戦犯指定から免除された。ＧＨＱの高官は有末を「グッド・インフォーマー」（良き情報提供者）として重宝した（熊野『日本教育占領』・村山有『終戦のころ』時事通信社・一九六八年）。

ウィロビー率いる「Ｇ—２」は、日比谷の日本郵船ビルにオフィスを構え、三階の部屋に「戦史室」を新設した。この戦史室で一〇〇人以上もの日本人諜報員が働く。彼らの多くは、戦犯か追放にされるべき旧日本陸海軍の参謀たちであったが、ＧＨＱ勤務になったことで高給で雇われ、食料品、宿舎、酒、煙草、贅沢品がふんだんに支給された。有末の証言によると、戦史室が設けられた頃の給料は年間二万円ほどだったという（ハリー・E・ワイルズ『東京旋風』時事通信社・一九五四年・有末精三、大井篤、児島襄「内側から見たG2」『朝日ジャーナル』第一八巻一八号・一九七六年）。

ウィロビーが創設した戦史室には、有末精三を筆頭に、服部卓四郎《はっとりたくしろう》（一九〇一～一九六〇年・東條陸相秘書・作戦課長・著作に『大東亜戦争全史』）、河辺虎四郎《かわべとらしろう》（一八九〇～一九六〇年・元参謀本部部長）、中村勝平《なかむらかつへい》（一八九四～一九七一年・海軍少佐）、大井篤《おおいあつし》（一九〇二～一九九四年・元海軍大佐）ら旧軍人たちが東京裁判の訴追《そつい》を免れ、こっそりと囲われていた。戦史室では、日本人は元の階級名で呼ばれ、階級に応じた礼節を受けた。彼らは、太平洋戦争の研究を行い、*Reports of General MacArthur*（一九五〇年・全四冊が刊行されたのはマッカーサー死後の一九六六年）を完成させた。さらに、日本や中国や朝鮮の共産主義に関する情報を提供した（加藤哲郎「ゾルゲ事件の三つの物語」『在日ロシア大使館シンポジウム報告』二〇一〇年）。

歴史には不思議な窓がある。覗《のぞ》いてみよう。ウィロビーの戦史室を牛耳っていたのは、元東京帝国大学教授荒木光太郎《あらきみつたろう》（一八九四～一九五一年・経済学者）と夫人光子《みつこ》（一九〇二～一九八六年）である。光子は、三菱商事の社長を歴任した荘清次郎《しょうせいじろう》（一八六二～一九二六年）の娘。荒木光太郎は、日独交換教授として夫人を連れてドイツ留学し、有末精三や河辺虎四郎らの陸軍軍人と交友を持つ。日本敗戦を迎え、一九四五（昭和二〇）年十一月に荒木は帝大を辞職。ナチス・ドイツと親密な繋がりがあり、軍国主義・超国家主義者の大学追放が吹き荒れる前に自ら辞職したのだ。「Ｇ―２」の戦史室で日本側の主任（チーフ・エディタ）として、荒木に白羽の矢が立った。

ウィロビーと荒木夫妻の出逢いの経緯は不明だが、家族ぐるみのつき合いがあった。世田谷にあった荒木邸には、ウィロビー自らが光子を迎えにきたほどだ。「社交界の花」とも呼ばれた麗《うるわ》しい光子は、女流彫刻家の顔を持ち、英語とドイツ語が堪能でナチス高官やスパイ・ゾルゲともつき合いがあった。日独伊三国同盟時代、駐日イタリア大使ジアチント・アウリッチ（Giacinto Auriti・一八八三～一九六九年）の愛人であったという噂も流れた。

ウィロビーの厚い信任を得ている光子は、戦史室の仕事に口を挟む。いや、夫に代わり、実質的な日本側の主任に収まる。彼女の指示で *Reports of General MacArthur* には、一流の画家たちによる「戦争画」が豊富に掲載された。光子は辣腕《らつわん》を発揮し、「郵船ビルの淀《よど》君《ぎみ》」とまで陰口を叩かれた。個人用にジープまでが支給された（北原恵「《御前会議》の表象」『甲南大學紀要　文学編』一五一巻・二〇〇八年・小堀聡『荒木光太郎文書解説目録　増補改訂版』名古屋大学大学院経済学研究科附属国際経済政策研究センター情報資料室・二〇一八年・ワイルズ『東京旋風』・吉原『謀略の構図』）。

有末精三によると、光子夫人は「非常にチャーミングな女性だから、ウィロビーが気にいったということは事実」だと言う。さらに光子夫人は、藤田《ふじた》嗣治《つぐはる》（一八八六～一九六八年）の絵画を積極的に集めていたと証言する（有末、大井、児島「内側から見たG２」）。

藤田嗣治は、日本軍の推進する美術制作の中枢にいた人物で、『アッツ島玉砕』（一九四三年作）や『哈爾哈《ハルハ》河畔之戦闘』（一九四一年作）など戦争記録画を描いた世界的に著名な画家である。陸軍・海軍ともに、従軍画家を戦地に派遣し、絵画を戦意高揚のプロパガンダとして用いた。ところが、藤田嗣治は日本が戦争に敗れると、すぐさまGHQに擦り寄り戦争画蒐集の責任者になる。節操《せっそう》のない行動に、非戦を貫いた画家たちから猛反発を受ける。「うまい汁を吸った茶坊主画家」「娼婦《しょうふ》的行動は美術家全体面汚しだ」と批判を浴びせられ、藤田は戦争画家としての責任を問われた。日本に居づらくなった藤田は、一九五五（昭和三〇）年にフランス国籍を取得し、日本国籍を抹消。藤田は日本を去るとき、「絵描きは絵だけ描いて下さい。仲間げんかをしないでください。日本画壇は早く世界水準に達してください」と捨て台詞を吐いた（北村小夜『画家たちの戦争責任』梨の木舎・二〇一九年・溝口郁夫『絵具と戦争』国書刊行会・二〇一一年・神坂次郎他『画家たちの「戦争」』新潮社・二〇一〇年）。

「G―2」戦史室の日本側の実質的主任は荒木光子であったが、その一方でGHQ側の主任はメリーランド大学歴史学教授のゴードン・W・プランゲ博士（Gordon W. Prange・一九一〇～一九八〇年）だった。プランゲは、『トラ トラ トラ』『ゾルゲ・東京を狙え』などを刊行し、太平洋戦争史研究の草分けとなる。彼は日本から帰国するとき、ウィロビーの協力を得て、一九四五（昭和二〇）年から一九四九（昭和二十四）年にかけて発行された出版物や検閲文書をメリーランド大学に一括収蔵《いっかつしゅうぞう》させた。占領下の日本で出版された印刷物は、ＧＨＱの検閲を受けなければならない。検閲済みの本や雑誌、パンフレットやポスターが、山のようにあったのだ。推定十五万冊以上もの印刷物は「プランゲ文庫」と命名され、メディア史研究の貴重な宝庫となっている（註・メリーランド州はワシントンＤＣ・首都に隣接する）。

9　ＧＨＱと諜報機関の饗宴

嫌な話は続く。ウィロビー少将の宴会に招かれる日本人が出てくる。

第二章の「日本国憲法」で触れたように、楢橋渡《ならはしわたる》（内閣書記官長・伊藤博文の旧別邸「滄《そう》浪閣《ろうかく》」で憲法談義）は、ラウエル中佐やケーディス民政局次長を招き宴会を催していた。華族出身の美しい女性たちがＧＨＱ将校をもてなした。

第三章の「東京裁判」では、日本の元海軍大臣は、キーナン検事（大酒飲みでサーモンが大好き）と、熱海で芸者を呼んで豪遊していた。

第四章の「特高警察と共産党」では、どんな醜い宴《うたげ》がひらかれていたのか。

一九四九（昭和二十四）年六月八日（水曜日）の夜、東京麹町《こうじまち》一番町に建っている四階建て鉄筋コンクリートの邸宅「澤田邸」（東京都千代田区一番町二〇—七・現在この地にはマンションが建っている）の大広間で、ＧＨＱ首脳部と二〇名弱の日本人がご馳走を頬張《ほおば》り、高級酒に酔いしれていた。

ＧＨＱに接収されていた澤田邸は、東京裁判の証拠資料を集めていた基地の一つである。本来の持ち主は、外交官の澤田廉三《さわだれんぞう》（一八八八〜一九七〇年・鳥取県出身・兄の節蔵《せつぞう》も外交官として活躍）。東京帝大を卒業し外交官試験に首席合格をした澤田は、駐フランス特命全権大使、駐ビルマ特命全権大使を務めたが敗戦後に公職追放され、日本独立後、初代国連大使としてニューヨークに赴任した。澤田の妻は、岩崎美喜《いわさきみき》（一九〇一〜一九八〇年・戸籍上は「美喜子」だが、本人は「美喜」を貫き、婚姻後の戸籍は「美貴」となっている。一九四八年に混血孤児のための施設「エリザベス・サンダース・ホーム」を設立）。「岩崎」という名字から分かるように、三菱財閥の創業者・岩崎弥太郎《いわさきやたろう》（一八三五〜一八八五年・土佐藩出身）の孫娘である。

重工業を中心に発達した三菱は、「零戦《ゼロせん》」を開発したことでも知られる。一九三七（昭和十二）年、日本海軍は三菱重工業に対して海軍の主力戦闘機の製造を要請。堀越二郎《ほりこしじろう》（一九〇三〜一九八二年・工学博士）らの卓越した設計グループは、海軍からの不可能に近い性能要求を満たすべく、「日本人の血の通った飛行機」を造り上げ、一九四〇（昭和十五）年に正式に採用された。昭和十五年は、神武天皇即位紀元の「皇紀二六〇〇年」にあたるので、末尾のゼロをとって「零戦」（零式艦上戦闘機）と名付けられた（堀越二郎『零戦』角川書店・二〇一二年）。零戦は、一千馬力の小型エンジンを搭載し、徹底した軽量化を図り、空気抵抗が少なく、抜群の旋回性を誇った。日本の技術を結集し、熟練されたパイロットが操縦する零戦は、真珠湾攻撃・アジア太平洋戦争で大活躍し、米空軍からは「ゼロを避けろ」とまで怖れられた。

だが、栄華に輝く三菱財閥は、ＧＨＱから狙い撃ちにされ、岩崎家は一族三親等まで会社の役職から追放され、資産のほとんどを失った。本郷にある岩崎家の本邸（重要文化財に指定され「旧岩崎邸庭園」として開放されている）も、ＧＨＱに接収され、「キャノン機関」と呼ばれる秘密諜報機関の本部にされた（青木冨貴子『ＧＨＱと戦った女　沢田美喜』新潮社・二〇一五年）。

ジャック・Ｙ・キャノン（Jack Y. Canon・一九一四〜一九八一年）は、ウィロビー少将直属の情報将校だ。「キャノン機関」の諜報員たちは、岩崎邸を「本郷キャンプ」と呼び、彼らは占領下日本で暗躍した。キャノン機関は「Ｚ機関」という異名を持つ。ロシアのバルチック艦隊を破った東郷平八郎《とうごうへいはちろう》（一八四八〜一九三四年）にあやかったものだ。東郷は日本海海戦で「Ｚ旗」を掲げ、「皇国ノ興廃《こうはい》此ノ一戦ニ在リ、各員一層奮励《ふんれい》努力セヨ」と兵士たちを鼓舞した。「Ｚ機関」は、日本が共産勢力に飲み込まれないために、日本の興廃を賭けるという意気込みで命名された（延禎『キャノン機関からの証言』番町書房・一九七三年）。

総勢二十六名からなるキャノン機関のメンバーは、捜査権まで持っている者までおり、彼らの身分は日本の警察によって保障されていた。「国家警察庁長官・斎藤昇」と署名された身分保証書には、（一）「上記の者は連合軍特別情報班員である」、（二）「上記の者は武器を携帯し公務を遂行するに際しては捜査および逮捕をなす権限を持つ」、（三）「すべての機関は、上記の者の要求があった場合、全面的に協力せよ」と書かれていた（延『キャノン機関からの証言』）。

澤田邸で開かれた酒宴のＧＨＱ側の出席者は、ウィロビー少将と彼の部下たち。日本側は、キャノン機関の身分保障をしていた国家警察本部長の斎藤昇《さいとうのぼる》（一九〇三〜一九七二年・内務省入省・山梨県知事・内務次官・警視総監・警察庁長官を経て政治家に転身・厚生大臣）、警視総監の田中栄一《たなかえいいち》（一九〇一〜一九八〇年・内務省入省・警視総監・内閣官房副長官を経て政治家に転身・通産政務次官）、現職の日本警察首脳部、警察官や検事たちである。招かれた客の五分の四は公職追放された者たちだ（小林五郎『特高警察秘録』生活新社・一九五二年）。

ウィロビーは、日本の元特高警察官や諜報機関員で、のちに再就職したものを総動員して、国際共産主義の動きを追っていた。彼は情報を集めるための資金に糸目をつけない。ウィロビーはこの情報をもとに、米国内の共産主義者を摘発すべきと報告書（『ウィロビー報告』）を提出した。これを発端として、米国内で「マッカーシー旋風」（赤狩り）が吹き荒れた（チャールズ・Ａ・ウィロビー『赤色スパイ団の全貌』東西南北社・一九五三年・加藤「ゾルゲ事件の三つの物語」）。

ウィロビーは諜報機関に従事した日本人に感謝と慰労《いろう》をこめて饗宴《きょうえん》を催し、「諸君は、我々の共同の敵をたおすために実に大なる貢献をして下さった。感謝に堪えない。どうか今後も、我々の共同の敵、共産主義者の活動に対しては、これを防圧するため、一層の御健闘を願う」と褒め讃えた。出席した日本人は酒宴を愉《たの》しみ、夜更けになるとウィロビー少将の署名入りの感謝状をはじめ、ウィスキーや煙草《タバコ》などが贈呈された（小林『特高警察秘録』）。

日本の元特高警察を歴任した高級幹部たちが、ＧＨＱに頰ずりして擦り寄っていた姿が目に浮かぶ。ウィロビーの夜会に参加していた国家警察本部長の斎藤昇は、『随想十年』という回顧録を一九五六（昭和三十一）年に刊行。驚くことに、ウィロビーの名前は一文字も見当たらない。キャノン機関という言葉さえもない。取り上げないことでウィロビーとの関係性が露見しないように取り繕っている。このやり方も史実の改竄《かいざん》だ。嘘をついたのだ（斎藤昇『随想十年』内政図書出版・一九五六年）。

しかし、真実を隠すことはできない。憲法制定の舞台裏である「滄浪閣《ろけん》」の出来事がケーディスの愛人から漏れたように、思いも寄らぬところから真実は露見する。

「Z機関」のリーダーであるキャノンの自宅で料理人をしていた日本人がいる。山田善二郎《やまだぜんじろう》（一九二八〜二〇二二年・社会運動家・日本国民救援会会長）という人物である。山田は、三重海軍航空隊に入隊し、特別攻撃隊に志願したが選考に落ちたところで終戦を迎えた。職を探して横浜の将校クラブに通い、食堂で働いて生計を立てていた。一九四八（昭和二十三）年五月頃、進駐軍専門の職業紹介所でコック兼ハウス・ボーイの求人広告を見つけ、住み込みで働くようになる。その家が横浜市中区大和町にあるキャノンの自宅で、キャノンは玄関ではなく台所から出入りしていた。山田は、キャノンの家では頻繁にパーティーが開かれており、「国警長官の斎藤昇も家族連れでよく顔を出し」た常連客で、「警視総監だった田中栄一の姿も時々みかけました」と証言する（猪俣浩三『占領軍の犯罪』図書出版社・一九七九年）。

日本警察の指導部はウィロビーと宴会、腹心のキャノンとも宴会、宴会政治に明け暮れ、権力にべったりと寄り添い、保身にひた走っていた。

焼け野原の東京で、いや日本中で、食べ物もなく、住む家もなく、戦地へ出兵した夫や息子は生存さえも分からず、まだ帰国せず、希望もなく絶望的な毎日に耐えていた国民は、日本帝国の戦争指導者たち、昨日まで国民を「一億総玉砕」へと駆り立てていた戦争推進者たちが「鬼畜米英」と共にご馳走を腹一杯に食べ美酒に酔っていると知ったら、本気で革命を起こしただろう。

10　戦争責任とは

「治安維持法」という負の遺産から学ぶべきことは大きい。

「治安維持法」と聞くと、共産党という非合法左翼を取り締まる法律だと勘違いされやすい。これまで論じてきたように、実態は全く違う。西鋭夫の日本を愛した父親までもが、「治安維持法」の餌食《えじき》にされた。

「治安維持法」の適用範囲は、(一) 共産党員及び協力者、(二) 共産党と関係を持つ外郭団体の関係者、(三) 労働組合関係者、(四) 反戦主義者、(五) 極右及び国家主義者、というように拡大していった。共産党員でもなく左翼思想にも被れていないから、自分は「治安維持法」とは無関係だという認識は浅はかである（内田博文『治安維持法の教訓』みすず書房・二〇一六年）。

権力は暴走し、増長する。その好例がナチス・ドイツである。アドルフ・ヒトラーを支持したドイツ国民の一人は、己の無知を後悔し反省文を綴った。


　ナチスが最初共産主義者を攻撃したとき、私は声をあげなかった。

私は共産主義者ではなかったから。

社会民主主義者が牢獄に入れられたとき、私は声をあげなかった。
私は社会民主主義者ではなかったから。

彼らが労働組合員たちを攻撃したとき、私は声をあげなかった。
私は労働組合員ではなかったから。

そして、彼らが私を攻撃したとき、
私のために声をあげる者は、誰一人残っていなかった。

（内田『治安維持法の教訓』）

権力の暴走を阻止するには「悪法批判」が重要である。「悪法」が制定されると、司法は刑事裁判を通じて「悪法」を幇助《ほうじょ》する。「治安維持法」の拡大解釈、法運用にお墨付《すみつ》きを与えた司法の者たちの責任はどうなるのか。

官僚や司法や特高は、無批判に法律に忠誠を誓っているのか。それとも、自らが権力を握ったかのように酔いしれて驕《おご》り高ぶっていたのか。多くの特高警察官は権力犯罪の片棒を担いでいたが、咎《とが》められることもなく、反省を求められることもない。その代表格が安倍源基だ。

安倍は、「警察官の中には行き過ぎをした者もあるであろうが、結局は治安維持法その他の取締法規を、官吏《かんり》として忠実に執行したものに過ぎぬ。特高に対する大半の非難は、これら取締法規を制定した政府や国会が、之を負うべきもの」と責任を擦《なす》り付けている（安倍源基「序文」小林『特高警察秘録』）。

なぜ、共産主義の取り締まりをしたら、小林多喜二のような撲殺《ぼくさつ》が留置場内で度々起こったのかに対して反省もない。無責任の構造が罷《まか》り通っている。

特高警察による拷問は、警察署内の密室で行われた犯罪である。被害者は証拠を集めて裁判に訴える手段もない。被害者の証言のみだ（「特高警察黒書」編集委員会編『特高警察黒書』新日本出版社・一九七七年）。

特高警察に拷問され、人生を台無しにされた被害者に対する謝罪はなされたのか。「戦争責任」「戦後補償」というと、中国や韓国への謝罪と賠償と考えがちだ。しかし、日本国内における「戦争責任」の追及がなされておらず、「戦後補償」もなされていない。「治安維持法」の犠牲者の被害救済と名誉回復を図るべきだ。

「治安維持法」で実刑を受けたものは、戦後に「その刑は無かったものと見做《みな》す」と通知され、戸籍《こせき》に記されていた前科は抹消《まっしょう》された。これが名誉回復か。一言の謝罪もなく、補償もない。しかも、特高警察の犯罪（虐殺・拷問・虐待・凌辱）は見過ごされたままだ。

日本国民への謝罪はいつだ。「戦争責任」をめぐり国民への謝罪がなされたとき、日本は偉大な国への第一歩を踏み出す。国の禊《みそぎ》は、まだ始まってもいない。

《参考文献》

・青木冨貴子『ＧＨＱと戦った女　沢田美貴』新潮社・二〇一五年
・安倍源基『昭和動乱の真相』中公文庫・二〇〇六年
・有末精三、大井篤、児島襄「内側から見たＧ２」『朝日ジャーナル』第一八巻一八号・一九七六年
・猪俣浩三『占領軍の犯罪』図書出版社・一九七九年
・内田博文『治安維持法の教訓――権利運動の制限と憲法改正』みすず書房・二〇一六年
・大日方純夫『近代日本の警察と地域社会』筑摩書房・二〇〇〇年
・荻野富士夫『特高警察体制史――社会運動抑圧取締の構造と実態』せきた書房・一九八四年
・加藤哲郎「ゾルゲ事件の三つの物語――日本、米国、旧ソ連」『在日ロシア大使館シンポジウム報告』二〇一〇年
・北原恵「《御前会議》の表象――『マッカーサー元帥レポート』と戦争画」『甲南大學紀要　文学編』一五一巻・二〇〇八年
・北村小夜『画家たちの戦争責任――藤田嗣治の「アッツ島玉砕」をとおして考える』梨の木舎・二〇一九年
・木村文平『米軍の諜報戦略』東京ライフ社・一九五六年
・熊野留理子『日本教育占領』麗澤大学出版会・二〇一五年
・神坂次郎、福富太郎、河田明久、丹尾安典『画家たちの「戦争」』新潮社・二〇一〇年

・小林五郎『特高警察秘録』生活新社・一九五二年
・小堀聡『荒木光太郎文書解説目録 増補改訂版』名古屋大学大学院経済学研究科附属国際経済政策研究センター情報資料室・二〇一八年
・斎藤昇『随想十年』内政図書出版・一九五六年
・治安維持法犠牲者国家賠償要求同盟長野県本部編『治安維持法と長野県』治安維持法犠牲者国家賠償要求同盟長野県本部・一九八八年
・チャールズ・A・ウィロビー『赤色スパイ団の全貌――ゾルゲ事件』福田太郎訳・東西南北社・一九五三年
・チャールズ・A・ウィロビー『新版 ウィロビー回顧録 GHQ知られざる諜報戦』延禎監修・山川出版社・二〇一一年
・「特高警察黒書」編集委員会編『特高警察黒書』新日本出版社・一九七七年
・ハリー・E・ワイルズ『東京旋風――これが占領軍だった』井上勇訳・時事通信社・一九五四年
・広中俊雄『警備公安警察の研究』岩波書店・一九七三年
・堀越二郎『零戦――その誕生と栄光の記録』角川書店・二〇一二年
・マーク・ゲイン『ニッポン日記』井本威夫訳・筑摩叢書・一九六三年
・溝口郁夫『絵具と戦争――従軍画家たちと戦争画の軌跡』国書刊行会・二〇一一年
・宮下弘『特高の回想』田畑書店・一九七八年
・村山有『終戦のころ――思い出の人びと』時事通信社・一九六八年
・吉原公一郎『謀略の構図』ダイヤモンド社・一九七七年

・延禎『キャノン機関からの証言』番町書房・一九七三年
・連合国最高司令官総司令部編『ＧＨＱ日本占領史 第十五巻 警察改革と治安政策』荒敬訳・日本図書センター・二〇〇〇年
・「毛利氏に内相賞詞」『朝日新聞』一九四五年九月十六日
・「元埼玉県部長毛利基外一名特旨叙位ノ件」叙位許可書・国立公文書館蔵

あとがき

岡崎匡史

時間《とき》の流れは早い。

初めてスタンフォード大学フーヴァー研究所を訪れたのは、二十二歳のときだった。西先生が私のためにお膳立てをしてくださった。当時、私は英語もろくに喋ることも出来ず、研究の真似事をしていた学生にすぎなかったが、「やる気」だけはあった。

フーヴァー研究所で私の前に立ち並ばれたのは、中国研究の大家ラモン・マイヤーズ教授（二〇一五年逝去）、軍事史研究のマーク・ピーティー教授（二〇一四年逝去）、朝鮮半島分析の権威トマス・ヘンリックソン教授、日本研究のフレドリック・R・ディキンソン教授、占領史の西鋭夫教授であった。超豪華人からのレクチャーを受けた。

彼らの講義に圧倒された。講義の半分くらいしか理解できない。分からなくても、若い

時に世界のトップに触れることが重要だと西先生に諭された。このとき、研究者としての

「基準」を教えられた。同時に、目の前が開けたかのように新しい願望が湧き上がった。

フーヴァー研究所のアーカイブズに案内され、見真似で史料調査をしたが、迷い込んだ子羊を見るかのような教授陣の視線が痛かった。アーカイブズ調査には、前もって綿密な準備と知識がないと不可能な作業なのだと思い知った。

あれから十七年の歳月が流れようとしている。ようやく、自信を持って自分なりの研究手法を確立できるようになってきたが、まだ「基準」には追いついていない。

『占領神話の崩壊』は難産だった。第一次史料が膨大にありすぎて、テーマを選定するだけでも一苦労。四ヵ月間、アーカイブズを棲み家にして、「フーヴァー・トレジャーズ」のすべての史料に目を通し、史料目録を作成することからはじめた。「日本国憲法」「東京裁判」「特高警察と共産党」の三部で構成されているが、各章だけでも「博士論文」として提出できる作品である。

研究者がアーカイブズ調査に没頭できる回数は、限られている。想像以上の体力と精神力が要る。多額の研究費も要る。長い時間も必要だ。古文書の読み過ぎで、私の視力は一・二から〇・四まで落ちた。座りすぎて腰痛にも苦しんだ。広いスタンフォード大学のキャンパスで自転車を飛ばしていたら、ミツバチと正面衝突をして、瞼《まぶた》を刺されて、あやうく失明しかけた。執筆の構想を練っていたら、階段から一歩足を踏み外し、右足を剝離

い。

骨折した。ストレスで体重が一五キロ減ったと思ったら、なぜか二〇キロもリバウンドした。悪戦苦闘の日々が走馬燈《そうまとう》のように蘇る。しばし、英気を養い、新たな研究を開拓したい。

最後に、研究を支えてくれた両親（秀行・敏子）、そして妻の宙子《ひろこ》に感謝したい。語学と芸術に堪能な妻がいなかったら、アメリカ生活は成り立たなかった。新たな喜びにも恵まれた。娘が誕生した。私の地元にある「箭弓稲荷神社《やきゅういなりじんじゃ》」に命名をお願いし、千賀子《ちかこ》と名づけて頂いた。ニコニコと微笑む娘を見るたびに、父親としての責任を全身で感じる。この純粋な感動を「幸せ」というのだろう。

二〇二一年　夏

あとがき

西　鋭夫

一九四五年の夏から米軍の日本占領が始まった。戦勝国の「東京報復裁判」で日本人のA級戦犯が裁かれ、七名が絞首刑になった。日本は、刑死七名で戦争責任は決着したかのように、検証しなければならない過去を振り返らず、「戦後復興」の旗の下で脇目も振らず経済大国になってゆく。

だが、あの裁判で海軍や陸軍の上層部は戦友を裏切り、日本を米国に売った。それらの戦争指導者たちは、戦争末期に声高く「一億総玉砕」と国民を駆り立てていたが、世界的規模のアヘン製造と販売に深く関わっていた。裏切りもアヘンの真実も戦後教育に一行も出てこない。風化させれば、無罪になるのか。

日本はGHQ直筆の「平和憲法」を鵜呑みにしなければ、天皇の命が危ないと脅された。

「平和」とは、自衛のためにも武器を持たないと誓った「第九条」である。吉田茂外務大臣がGHQ草案を日本国憲法にするための裏取引をした。元帥の許可で吉田は総理大臣にしてもらった。「あの平和」の真実は、美しくない。米軍基地が日本列島に永久に存在するのは、憲法の負の遺産だ。

日本人ほど学問を崇める国民は世界でもまれだ。だが、日本には「言ってはいけない」「書いてはいけない」ことが多い。明治維新の元年から「言論の自由」は、ない。時の政府に自信がないので、批判を受け止めるだけの度量もなく、反対意見を許さない。帝国政府の姿勢が醜い形で表面化したのは「治安維持法」だ。共産主義や社会主義に染まった国民は極めて少数だったが、容赦なく弾圧された。殺された。特高警察がナチス・ドイツ秘密警察の様に振る舞った。

歴史を紡《つむ》ぐ道のりで大切なのは、捏造された「神話」ではなく、色あせない「史実」だ。幸運にも、「フーヴァー・トレジャーズ」の山の中に貴重な第一次史料が埋まっていた。

岡﨑は、私が日本大学大学院で指導した院生の中で、圧倒的に優秀だった。一〇〇〇ページの博士論文は、読み応えがあった。「頭が良い」だけでは、卓越した学術書を書き上げられない。根気と体力と指先が震えるような期待と焦燥感が必要だ。学問の世界には終わりがない。天井もない。岡﨑は「学問の極限を追う人」になる素質を持っていると判断したので、厳しい機会を与えるために「スタンフォード大学のフーヴァー研究所へ来るか」と誘った。私の判断に狂いはなかった。

『占領神話の崩壊』は、私の初めての共著だ。岡崎と組んで創り上げた研究論文は、近現代史に多大な貢献をするだろう。私が岡崎から多く学んだことは、岡崎からの恩返しと受け止めている。

そして、厖大な『占領神話の崩壊』は、中央公論新社の藤平歩《あゆむ》氏の惚れ惚れする編集眼力の恩恵を受け、読みやすい学術書になった。藤平氏に、西と岡崎は深い敬意と感謝を表したい。

二〇二一年　夏

文庫版あとがき

岡崎匡史

深夜まで膨大な史料や文献と格闘し、夢のなかでも文章を添削しており、朝の寝起きと共に執筆をしていた。

陽が当たらない地下室のアーカイブズは、紙の劣化を防ぐため乾燥して寒い。史料のページを捲《めく》ると埃《ほこり》が舞い上がり、鼻水やくしゃみが出る。疲労で免疫力が下がり、風邪も数回引いた。

解読は、寿命が縮むほどの肉体酷使。

頭が割れるような苦しみにも耐えた。

芸術を育む時の厳しい年月は、当然の犠牲だったのだ。見返りは、新史実を発見した時に指先まで震えさせる高揚感。何度も体験した。

文庫版『占領神話の崩壊』は、日本近代史研究を志す若者の原動力となって欲しい。

二〇二四年　初夏

ら　行

わ　行

や　行

ま　行

は 行

な 行

た　行

さ　行

か 行

索　引

あ　行

『占領神話の崩壊』　二〇二一年七月　中央公論新社刊

文庫化にあたり、単行本巻末の「フーヴァー・トレジャーズ目録」は収録しませんでした。

引用文中に、今日の歴史・人権意識に照らして不適切な語句や表現が見られますが、作成・執筆・刊行当時の社会的・時代的背景と史料的価値に鑑みて、そのまま掲載しました。

中公文庫

占領《せんりょう》神話《しんわ》の崩壊《ほうかい》

2024年7月25日　初版発行

著者　西《にし》 鋭《とし》 夫《お》
　　　岡《おか》崎《ざき》 匡《まさ》史《ふみ》

発行者　安部順一

発行所　中央公論新社
〒100-8152　東京都千代田区大手町1-7-1
電話　販売 03-5299-1730　編集 03-5299-1890
URL https://www.chuko.co.jp/

DTP　ハンズ・ミケ
印刷　三晃印刷
製本　小泉製本

Published by CHUOKORON-SHINSHA, INC.
Printed in Japan　ISBN978-4-12-207540-5 C1121

中公文庫既刊より

各書目の下段の数字はISBNコードです。978－4－12が省略してあります。

に-16-1
國破れて マッカーサー 西 鋭夫
永久平和と民主主義なる甘い言葉と引き換えに日本人の「誇り」を扼殺し、憲法第九条の中に埋葬したマ元帥。その占領政策を米側の極秘資料を駆使して解明。
204556-9

あ-1-1
アーロン収容所 会田雄次
ビルマ英軍収容所に強制労働の日々を送った歴史家の鋭利な観察と筆。西欧観を一変させ、今日の日本人論ブームを誘発させた名著。〈解説〉村上兵衛
200046-9

あ-72-1
流転の王妃の昭和史 愛新《あいしん》覚羅《かくら》浩《ひろ》
満洲帝国皇帝弟に嫁ぐも、終戦後は夫と離れ次女を連れて大陸を流浪、帰国後の苦しい生活と長女の死……激動の人生を綴る自伝的昭和史。〈解説〉梯久美子
205659-6

あ-97-1
馬鹿八と人はいう 一外交官の回想 有田八郎
外相を四度歴任、日独同盟に異議、戦後は再軍備反対、都知事選に二度挑む。三島由紀夫の「宴のあと」のモデルとして知られる波瀾万丈の自伝。〈解説〉竹内 洋
207163-6

い-10-2
外交官の一生 石射猪太郎
日中戦争勃発時、東亜局長として軍部の専横に抗し、戦争終結への道を求め続けた著者が自らの日記をもとに綴った第一級の外交記録。〈解説〉加藤陽子
206160-6

い-41-3
ある昭和史 自分史の試み 色川大吉
十五年戦争を主軸に、国民体験の重みをふまえつつ昭和という時代を鋭い視角から描き切り、「自分史」のさきがけとなった異色の同時代史。毎日出版文化賞受賞作。
205420-2

い-65-2
軍国日本の興亡 日清戦争から日中戦争へ 猪木正道
日清・日露戦争に勝利した日本は軍国主義化し、国際的に孤立した。軍部の独走を許し国家の自爆に至った経緯を詳説する。著者の回想「軍国日本に生きる」を併録。
207013-4

い-108-6
昭和16年夏の敗戦 新版
猪瀬直樹
日米開戦前、総力戦研究所の精鋭たちが出した結論は「日本必敗」。それでも開戦に至った過程を描き、日本的組織の構造的欠陥を衝く。〈巻末対談〉石破 茂
206892-6

い-108-7
昭和23年冬の暗号
猪瀬直樹
東條英機はなぜ未来の「天皇誕生日」に処刑されたのか。敗戦国日本の真実に迫る『昭和16年夏の敗戦』完結篇。新たに書き下ろし論考を収録。〈解説〉梯久美子
207074-5

い-122-1
プロパガンダ戦史
池田徳眞
両大戦時、熾烈に展開されたプロパガンダ作戦は各国でどのような特徴があったか。外務省で最前線にあった著者による今日に通じる分析。〈解説〉佐藤 優
206144-6

お-47-3
復興亜細亜の諸問題・新亜細亜小論
大川周明
チベット、中央アジア、中東。今なお紛争の火種となっている地域を「東亜の論客」が第一次世界大戦後の〈復興〉という視点から分析、提言する。〈解説〉大塚健洋
206250-4

お-98-1
統帥乱れて 北部仏印進駐事件の回想
大井篤
北部仏印への武力進駐強行を企てる現地陸軍と、絶対反対の遣支艦隊司令部の確執を綴る迫真の記録。半藤一利による著者インタビューを付す。〈解説〉大木 毅
207227-5

か-41-1
朝鮮戦争 米中対決の原形
神谷不二
軍事的には双方得るもの皆無、しかし米中対決の発端となり戦後史に一時期を画した戦争を初めて事実に即して解明した先駆的業績。〈解説〉阪中友久
201696-5

き-13-2
秘録 東京裁判
清瀬一郎
弁護団の中心人物であった著者が、文明の名のもとに行われた戦争裁判の実態を活写する迫真のドキュメント。ポツダム宣言と玉音放送の全文を収録。
204062-5

く-30-1
ラバウル戦線異状なし 現地司令長官の回想
草鹿任一
激戦下の南太平洋において落日無援の孤城を守り抜き、自給自足で武器と食糧を調達、最後まで航空戦を指揮した名将の回顧録。初文庫化。〈解説〉戸高一成
207126-1

各書目の下段の数字はISBNコードです。978－4－12が省略してあります。

く-31-1
連合艦隊 参謀長の回想
草鹿龍之介
航空戦の時代を予見、参謀長として真珠湾、ミッドウェー、南太平洋海戦、あ号作戦を指導、艦橋内の確執を入り混ぜ奮戦と壊滅の真相を描く。〈解説〉戸高一成
207137-7

し-5-2
外交五十年
幣原喜重郎
戦前、「幣原外交」とよばれる国際協調政策を推進した外交官であり、戦後、新憲法に軍備放棄を盛り込むことを進言した総理が綴る外交秘史。〈解説〉筒井清忠
206109-5

し-10-5
新編 特攻体験と戦後
島尾敏雄
吉田満
戦艦大和からの生還、震洋特攻隊隊長という極限の実体験とそれぞれの思いを二人の作家が語り合う。関連するエッセイを加えた新編増補版。〈解説〉加藤典洋
205984-9

し-45-1
外交回想録
重光葵
駐ソ・駐英大使等として第二次大戦への日本参戦を阻止するべく心血を注ぐが果たせず。日米開戦直前まで約三十年の貴重な日本外交の記録。〈解説〉筒井清忠
205515-5

し-45-2
昭和の動乱（上）
重光葵
重光葵元外相が巣鴨獄中で書いた、貴重な昭和の外交記録である。上巻は満州事変から宇垣内閣が流産するまでの経緯を世界的視野に立って描く。
203918-6

し-45-3
昭和の動乱（下）
重光葵
重光葵元外相は巣鴨に於いて新たに取材をし、この記録を書いた。下巻は終戦工作からポツダム宣言受諾、降伏文書調印に至るまでを描く。〈解説〉牛村圭
203919-3

た-73-1
沖縄の島守 内務官僚かく戦えり
田村洋三
四人に一人が死んだ沖縄戦。県民の犠牲を最小限に止めるべく命がけで戦い殉職し、今もなお「島守の神」として尊敬される二人の官僚がいた。〈解説〉湯川豊
204714-3

と-2-2
時代の一面 東郷茂徳 大戦外交の手記
東郷茂徳
開戦・終戦時に外務大臣を二度務め、開戦阻止や戦争終結に尽力。両大戦にわたり直接見聞、関与した事件・諸問題等について克明に綴る第一級の外交記録。〈解説〉東郷茂彦
207090-5

と-18-1
失敗の本質 日本軍の組織論的研究
戸部良一／寺本義也／鎌田伸一／杉之尾孝生／村井友秀／野中郁次郎
大東亜戦争での諸作戦の失敗を、組織としての日本軍の失敗ととらえ直し、これを現代の組織一般にとっての教訓とした戦史の初めての社会科学的分析。
201833-4

と-31-1
大本営発表の真相史 元報道部員の証言
冨永謙吾
「虚報」の代名詞として使われ、非難と嘲笑を受け続ける大本営発表。その舞台裏を、当事者だった著者が関係資料を駆使して分析する。〈解説〉辻田真佐憲
206410-2

と-32-1
最後の帝国海軍 軍令部総長の証言
豊田副武《そえむ》
山本五十六戦死後に連合艦隊司令長官をつとめ、最後の軍令部総長として沖縄作戦を命令した海軍大将が残した手記、67年ぶりの復刊。〈解説〉戸高一成
206436-2

と-35-1
開戦と終戦 帝国海軍作戦部長の手記
富岡定俊
作戦課長として対米開戦に立ち会い、作戦部長として戦艦大和水上特攻に関わった軍人が、日本海軍の作戦立案や組織の有り様を語る。〈解説〉戸高一成
206613-7

の-2-3
海軍日記 最下級兵の記録
野口冨士男
どこまでも誠実に精緻に綴られた、横須賀海兵団で過ごした一九四四年九月から終戦までの日々。戦争に行くはずのなかった「弱兵」の記録。〈解説〉平山周吉
207080-6

の-3-13
戦争童話集
野坂昭如
戦後を放浪しつづける著者が、戦争の悲惨な極限に生まれえた非現実の愛とその終わりを「八月十五日」に集約して描く、万人のための、鎮魂の童話集。
204165-3

の-3-15
新編「終戦日記」を読む
野坂昭如
空襲、原爆、玉音放送……あの夏の日、日本人は何を思ったか。文人・政治家の日記を渉猟し、自らの体験を綴る。戦争随筆十三篇を増補。〈解説〉村上玄一
206910-7

の-20-1
潜艦U-511号の運命 秘録・日独伊協同作戦
野村直邦
戦時中ベルリンで三国同盟の軍事委員を務め、Uボートの日本回航を担った著者が枢軸国側から描く迫真の戦争秘史。私家版の自叙伝を増補。〈解説〉大木毅
207326-5

各書目の下段の数字はISBNコードです。978-4-12が省略してあります。

は-57-3
神やぶれたまはず 昭和二十年八月十五日正午
長谷川三千子
玉音放送を拝したラジオの前の人びとは、一瞬の静寂のうちに、何を聞きとったのだろうか。忘却された奇蹟を掘り起こす精神史の試み。〈解説〉桶谷秀昭
206266-5

は-68-1
大東亜戦争肯定論
林　房雄
戦争を賛美する暴論か？　敗戦恐怖症を克服する叡智の書か？「中央公論」誌上発表から半世紀、当時の論壇を震撼させた禁断の論考の真価を問う。〈解説〉保阪正康
206040-1

は-69-1
岸信介証言録
原　彬久編
戦後日本最大の政治ドラマ、安保改定。岸首相は何を考え、どう決断したのか。改定準備から内閣退陣に至る政治過程を岸の肉声で濃密に再現した第一級の文献。
206041-8

ほ-1-1
陸軍省軍務局と日米開戦
保阪正康
選択は一つ——大陸撤兵か対米英戦争か。東条内閣成立から開戦に至る二カ月間を、陸軍の政治的中枢である軍務局首脳の動向を通して克明に追求する。
201625-5

ほ-1-18
昭和史の大河を往く5　最強師団の宿命
保阪正康
屯田兵を母体とし、日露戦争から太平洋戦争まで、常に危険な地域へ派兵されてきた旭川第七師団の歴史を俯瞰し、大本営参謀本部の戦略の欠如を明らかにする。
205994-8

ほ-1-19
昭和史の大河を往く6　華族たちの昭和史
保阪正康
明治初頭に誕生し、日本国憲法施行とともに廃止された特権階級は、どのような存在だったのか？　華族たちの苦悩と軌跡を追い、昭和史の空白部分をさぐる。
206064-7

み-39-2
三木清　戦間期時事論集　希望と相克
三木　清
長山靖生編
不況にあえぐ国民が軍部の暴走に同調する中、現実に寄り添いながらも理想を捨てなかった三木清の時事随想を収録。気骨のある精神と生き方に学ぶ。
207184-1

み-56-1
知覧からの手紙　新版
水口文乃
特攻隊員が愛する人に伝えたかった思いとは。戦後六十年以上を経て、婚約者が語り尽くした、あの時代とある愛のかたち。全面改稿を施したロングセラー新版。
207422-4

み-57-1
侍従長回顧録
三谷隆信

昭和23年から40年まで戦後17年間にわたって侍従長を務めた著者が、外交官時代、昭和天皇の地方巡幸、皇太子（現上皇）訪英を回想。〈解説〉古川隆久

207500-9

や-59-1
沖縄決戦 高級参謀の手記
八原博通

戦没者は軍人・民間人合わせて約20万人。壮絶な沖縄戦の全貌を、第三十二軍司令部唯一の生き残りである著者が余さず綴った渾身の記録。〈解説〉戸部良一

206118-7

よ-24-7
日本を決定した百年 附・思出す侭
吉田茂

偉大なるわがままと楽天性に満ちた元首相の個性が描き出した近代史。世界各国に反響をまき起した名篇が文庫にて甦る。単行本初収録の回想記を付す。

203554-6

よ-24-8
回想十年（上）
吉田茂

政界を引退してまもなく池田勇人や佐藤栄作らを相手に語った回想。戦後政治の内幕を述べつつ日本が進むべき「保守本流」を訴える。〈解説〉井上寿一

206046-3

よ-24-9
回想十年（中）
吉田茂

吉田茂が語った「戦後日本の形成」。中巻では、自衛隊創立、農地改革、食糧事情そしてサンフランシスコ講和条約締結の顚末等を振り返る。〈解説〉井上寿一

206057-9

よ-24-10
回想十年（下）
吉田茂

戦後日本はどのように復興していったのか。下巻では、ドッジライン、朝鮮戦争特需、三度の行政整理など、主に内政面から振り返る。〈解説〉井上寿一

206070-8

よ-24-11
大磯随想・世界と日本
吉田茂

政界を引退したワンマン宰相が、日本政治の「貧困」を憂いつつ未来への希望をこめ、その政治思想を余すことなく語りつくしたエッセイ。〈解説〉井上寿一

206119-4

よ-38-1
検証 戦争責任（上）
読売新聞戦争責任検証委員会

誰が、いつ、どのように誤ったのか。あの戦争を日本人自らの手で検証し、次世代へつなげる試みに記者たちが挑む。上巻では、さまざまな要因をテーマ別に検証する。

205161-4

各書目の下段の数字はＩＳＢＮコードです。978－4－12が省略してあります。

よ-38-2
検証 戦争責任（下）
読売新聞戦争責任検証委員会
無謀な戦線拡大を続けた日中戦争から、戦後の東京裁判まで、時系列にそって戦争を検証。上巻のテーマ別検証もふまえて最終総括を行う。日本人は何を学んだか。
205177-5

タ-5-3
吉田茂とその時代（上）
ジョン・ダワー
大窪愿《げんじ》二 訳
戦後日本の政治・経済・外交すべての基本路線を確立した吉田茂――その生涯に亘る思想と政治活動を日米関係研究に専念する著者が国際的な視野で分析する。
206021-0

タ-5-4
吉田茂とその時代（下）
ジョン・ダワー
大窪愿二 訳
長期政権の過程を解明。諸改革に見る帝国日本と新生日本の連続性、講和・再軍備を巡る日米の攻防、内部抗争で政権から追われるまで。〈解説〉袖井林二郎
206022-7

タ-11-1
戦争か平和か 国務長官回想録
ジョン・ダレス
大場正史 訳
対日講和に奔走しアイゼンハワー大統領下で冷戦外交を主導、ソ連・中国の脅威、安保理の機能不全のなか平和への策を提言。〈解説〉土田 宏
207252-7

チ-2-1
第二次大戦回顧録 抄
チャーチル
毎日新聞社 編訳
ノーベル文学賞に輝くチャーチル畢生の大著のエッセンスをこの一冊に凝縮。連合国最高首脳が自ら綴った、第二次世界大戦の真実。〈解説〉田原総一朗
203864-6

ハ-16-1
ハル回顧録
コーデル・ハル
宮地健次郎 訳
日本に対米開戦を決意させたハル・ノートで知られ、「国際連合の父」としてノーベル平和賞を受賞した外交官が綴る国際政治の舞台裏。〈解説〉須藤眞志
206045-6

マ-13-1
マッカーサー大戦回顧録
マッカーサー
津島一夫 訳
日米開戦、屈辱的なフィリピン撤退、反攻、そして日本占領へ。「青い目の将軍」として君臨した一軍人が回想する「日本」と戦った十年間。〈解説〉増田 弘
205977-1

モ-10-1
抗日遊撃戦争論
毛 沢東
小野信爾／藤田敬一
吉田富夫 訳
中国共産党を勝利へと導いた「言葉の力」とは？ 毛沢東が民衆暴動、抗日戦争、そしてプロレタリア文学について語った論文三編を収録。〈解説〉吉田富夫
206032-6